HOWARD GRUETZNER
Alzheimer's
A Caregiver's Guide and Sourcebook

完全版
アルツハイマー病
介護者のためのガイドブック

ハワード・グリュツナー……［著］

菊池貞雄……［訳］

学文社

地域社会とその人々の幸福のための献身的な戦士へ

Bob Herbert に

ALZHEIMER'S: A Caregiver's Guide and Sourcebook:
3rd Edition by Howard Gruetzner.
Copyright © 1992 by John Wiley & Sons, Inc.
All rights reserved.

Japanese translation rights arranged with
John Wiley & Sons International Rights, Inc.
through The Asano Agency, Inc. in Tokyo.

目　次

第 3 版への序文　　v
謝　辞　　viii
特別な謝辞　　xi

第Ⅰ部　介護者の体験

1. アルツハイマー病とは何か？　　3
   ある症例の病歴　3／早期の発見と治療　5／この疾患の原因――多数の因子　7／統計値　9

2. アルツハイマー病の症状と段階　　13
   アルツハイマー病の症状　13／アルツハイマー病の段階　26／第Ⅰ段階：早期の錯乱的段階　27／第Ⅱ段階：後期の錯乱の段階　28／第Ⅲ段階：早期の認知症　30／第Ⅳ段階：中等度の認知症　32／第Ⅴ段階：後期の認知症　35

3. うつ病とアルツハイマー病に罹患した人　　38
   うつ病のための危険因子　40／うつ病の徴候と症状　41／抑うつ的な症状と障害　44／アルツハイマー病をもつ，うつ病の原因　52／うつ病のための治療　55／悲嘆と対処の方法　61

4. アルツハイマー病の考えられる原因　　67
   何がアルツハイマー病を引き起こさないか　67／遺伝の理論　68／ウイルス説　71／免疫系の理論　72／アルミニウム説　73／心理社会的因子と認知症　74

5. アルツハイマー病をめぐる 6 つのゆき渡っている神話　　83
   神話 1：アルツハイマー病の症状は，老年の正常な徴候である　83／神話 2：老衰は，老年期の問題の通常の原因である　84／神話 3：アルツハイマー病をもつ人のためには何事も行われ得ない　86／神話 4：アルツハイマー病は，厳密に言えば精神病である　86／神話 5：家族のみが，アルツハイマー病をもつ人を，世話しなければならない　88／神話 6：アルツハイマー病をもつ人々の，すべての親戚の人たちは，この疾患が，遺伝する見込みがある　89

6. 対処方法：介護者の経験のためのステップごとの手引き　　92
   仮説に基づいた，症例の病歴　92
   1. 初期の症状に注意すること　93
   2. 疑念を確証すること　94
   3. 情報を請い求めること　95
   4. 行動をおこすこと　96
   5. 調査結果の重要性を考えること　96
   6. 資源を確保すること　97
   7. ケアを計画すること　98
   8. 管理する介護者のストレス　99

7. 家族のケアからアルツハイマー病のケアまで：介護することのために準備すること　　104
   アルツハイマー病を介護すること，と伝統的な家族ケアの相違点　111／慢性疾患に共通の，諸問題に対処すること　114／援助することのための，動機づけ　126

8. 行動上の変化を理解すること　129
われわれが誰であるか，ということに対する，早期の脅威　130／関係づけることに対する，喪失の衝撃　130／行動を理解するための試み　132／あなたの期待を修正すること　132／行動についての，古い信念に疑いをもつこと　134／情動とアルツハイマー病の行動　141／情動的，および行動的コミュニケーション　144／行動とストレス　146／破局的な反応　148／過度の無能力　149／要　約　150

9. 家族の適応のいろいろな段階　153
病気を受け入れること　153
1. 否　認　156
2. 過度の没入　158
3. 怒　り　159
4. 罪の意識　160
5. 承　認（Acceptance）　162

10. ケアに対する家族の反応　164
家族の支持のための要求　164／適合する家族たち，対，抗争的な家族たち　165／親についての，新しい考え　168／団結的，対，分断された家族たち　168／生産的，対，非生産的な家族たち　169／脆弱な，対，安定した家族たち　170／家族の役割と通則　171／危機の間の，家族の役割　173／介護者たちと，介護すること　177

11. 価値，信念，そして介護者の体験　184
期待は，われわれの感情，および反応に影響を及ぼす　184

12. アルツハイマー病の行動に肯定的に反応する方法　189

13. うつ病とアルツハイマー病の介護者　212
介護者のうつ病は，どれくらい普及しているか？　213／われわれがうつ病を認めそこなう理由　214／抑うつ的障害　216／全般性不安障害　219／介護者のうつ病のための危険因子　220

14. 進行中の介護のストレスに対する対処の方法　231
変化の分析と管理を学習すること　231／ストレッサー，ストレス，および対処すること　233／思考とストレッサーに反応すること　236／ストレス，および自己に話しかけること　239／理性的でない信念がストレスを引きおこす　241／対処のモデル　244／ストレスの異なったタイプ　248／ストレスの徴候　249／対処（coping）の例　250／異なったストレッサーのための対処の方法　251／介護者たちのための 12 の歩み　258

15. 地域社会の資源を調査すること　259
地域社会の資源に頼ることは，介護者に対する過度の強要を軽減する　259／アルツハイマー病のケアのための，地域社会の資源　262／ナーシングホームケアについての考慮すべき点　264／最後の資源について考慮すべきこと　269

第Ⅱ部　研究と治療

16. 脳における異常な変化　276

脳の中の物質的な変化　277／脳の解剖学　278／神経原線維変化　279／老人斑，あるいは軸索の（アミロイド）斑 (Senile or Neuritic Plaques)　284／顆粒空胞変性 (GVD: Granulovacuolar Degeneration)　288／平野小体 (Hirano bodies)　289／コンゴーレッド好性のアンギオパチー (Congophilic Angiopathy)　290／脳における化学的変化　292／脳の解剖学について，更に多くのこと　293／コリン作動性の系 (Cholinergic System)　295／セロトニン作動系 (Serotonergic System)　297／ノルアドレナリン作動系 (Noradrenergic System)　298／ソマトスタチン (Somatostatin)　299／グルタミン作動系 (Glutaminergic System)　299／神経伝達物質の欠乏を治療すること　300／要約　301

17. 治療の可能性　302

アルツハイマー病の治療における薬物の役割　302／あなたは薬物の調査研究に参加すべきだろうか？　304／薬物研究における統一の無さ　304／コリン作動性の作因　306／利用しうるコリンエステラーゼの阻害薬　309／コリン作動性受容体のアゴニスト（作動薬）　312／Naloxone および Naltrexone　312／血管拡張性および抗知性薬性作因 (Vasodilators and Nootropic Agents)　313／神経ペプチド (Neuropeptides)　314／中枢神経刺激薬 (Psychostimulants)　315／グルタミン作動性の作因 (Glutaminergic Agents)　315／併用薬の研究　316／エストロゲン，抗炎症性作用物，抗酸化剤 (Estrogen, Anti-Inflammatory Agents, and Antioxidants)　317／スタチン (Statins)（コレステロール低下剤）　320／神経の移植　321

18. 精神医学的な薬物と認知症　323

副作用　325／神経安定薬 (Neuroleptics あるいは抗精神病薬 Antipsychotics)　326／穏和安定薬　327／抗うつ薬　328／要約　330

あとがき　331
訳者あとがき　333
付録A　作業進行表　335
付録B　自助 (Self-Help) グループと援助しうる組織　351
付録C　インターネットと World Wide Web 資源　358
文　献　360
索　引　369

第3版への序文

　合衆国においては，今日，アルツハイマー病（AD）をもつ500万の人々がいる．そしてその数がますます増大しつつある．この疾患は最後には脳を事実上役に立たなくする．またそれは生活をめちゃめちゃにする——アルツハイマー病に罹っている人々の生活も，またかれらにもっとも親密な人々の生活の両方ともを．それは最後に死に帰着する進行の遅い，また逆転できない疾患である．

　しかし，アルツハイマー病に直面した家族たちは，もはやこの難しい病気だけを押し分けて進まなければならないのではない．とても大きな進歩が，この疾患を理解することの，また好結果のケアと管理の技法を工夫することの中で行われつつある——すなわちそれは，この書物の中で理解し得る専門用語によって示される情報である．この情報によってアルツハイマー病の患者をケアすることは，家族たちが可能と考え得るであろうよりもはるかにより確実な体験でありうる．

　私が1970年代の初期に認知症に罹患した人々と一緒に仕事をし始めたときに，認知症に対する態度は，われわれがわれわれの年をとっている市民たちに対して有していた否定的な社会的態度を反映していた．評価と治療に対していかなる包括的な，敏感な接近法もなかった．幸運にも，より歳をとった人々に対する態度は変化した．しかしわれわれはアルツハイマー病をもつ人々を援助するために，なおなすべき多くの仕事をもっている．投薬が疾患過程を遅くし，あるいはおくらせることを徐々に明らかにするに従って，これらの人々は，やがてより機能的なレベルに留まりうるようになる．かれらはなお運転のような活動に関する多くの制限に直面するであろう．かれらがまだ実行できること，そしてかれらがかねてからずっとそのようである，人々により相応した生活様式（ライフスタイル）のための機会を，作り出すことをわれわれは確かに必要としている．

　この書物は，家族と専門家の両方ともにこの疾患，疾患をもつ人の行動，そしてアルツハイマー病患者たちをケアすることの要求に効果的に対処するための方法についてのよりよい理解を与え得る．最初の15章は，最初はアルツハイマー病のうつ病またその他の精神医学的障害に苦しんでいる，テキサス州中心部の初老の人に対する著者の21年間の専門的な仕事にもと

づいているが，アルツハイマー病の症状と段階を包括し，また介護することへの困難な移行に関する情報と同様に，疾病が進行するに従って予想すべきことについての概観を供給する．アルツハイマー病をもつ人々と，家族の介護者たちによって体験されたうつ病を包含する章がある．介護者たちが，介護することの独特な，また慢性的なストレスに対処しうる方法が供給される．特別な部分は地域社会の中で利用できるアルツハイマー病のケアのための資源——毎日のケアの重荷からの，しばしばその良さが認められた息抜きが家族たちに準備され得ている，資源の完全な範囲を探求する．この書物は診断的資源の場所を示すこと，ホームヘルスサービスおよびナーシングホームへの配置に関する助言をもまた含んでいる．

　アルツハイマー病の可能な原因は第Ⅰ部で考察される．遺伝学はこの疾患の原因に対する重要な手がかりを供給してきた．しかし症例の単にわずかなパーセンテージが，既知の遺伝子の突然変異に関係づけられる．この議論はADにかかわる心理社会的因子にもまた取り組んでいる．われわれは現在アルツハイマー病のための危険因子を考えることができる．そしてアルツハイマー病へのいくつかの経路が検証された．研究のその他の面は，第Ⅱ部で考察される．2つの章がアルツハイマー病が進行するに従って，脳の中で実際に起ることを，介護者たちと専門家たちの両方ともに熟知させるために計画されている．治療に寄与しうる他の研究の発見と同様に，現在の薬物療法的研究についての概観が含まれている．治療法の主眼は治療法を見つけることから，この疾患の進行を遅くし，あるいは予防する薬物を開発することへと移動した．

　認知症の患者のケアマネージメントは，しばしば伝統的な精神医学的薬物の慎重な使用から利益を得ることができる．これらの薬物は疾患の行動上の，また情動的な徴候を減じるために役に立つ方法を提供することによって，障害された個人が家族の中で適切にケアされうる期間をもまた延長しうる．この書物の中で概説されたケア・マネージメントの原理を，また現存する資源の積極的な利用を理解することによって，介護者たちはかれらに直面している身体的および情動的挑戦に対処するためによりよく準備されるであろう．

　この最新のものにされた，そして改訂された版は4つの新しい章を含んでいる．すなわち第3，7，13，および14章である．第3章はアルツハイマー病に関連があるうつ病を考えている．うつ病は，ときどき疾患に関連した喪失に対するひとつの反応である．それは脳損傷の領域および神経伝達物質における変化にもまた関連している．いくつかの抑うつ症状は，ADの早期の徴候でありうる．介護者たちは，最愛の人たちにとっての治療を模索しうるために，うつ病を再認識する必要がある．うつ病は単にADによって説明されうるよりも，苦しむことおよび機能のより大きな喪失の原因である．この章は，介護者たちが抑うつ的である最愛の人たちを支持するために使用しうる治療法と接近法を考察する．

　介護することについてのわれわれの体験は，つねに，家族の成員が急性の病気をもっている，あるいはけがから回復しつつあるために家族的環境の中で生じる．時間のかなり特別な期間ののちに，介護者と介護を受け入れる人は，かれらの普通の役割を再び始め得る．第7章は，ケ

アのこの伝統的なタイプとアルツハイマー病の介護者の，しばしば自己を忙殺する役割の間の相違を調べる．家族の成員たちは，かれらが直面するであろう変化と難問を認識しうるとき，介護することの慢性的なストレスにいっそう慎重に対処しうるであろう．

　介護者たちはかなりうつ病にかかり易い．第13章は，介護者のうつ病と，臨床的に抑うつ的になるための機会を増加する因子を調べる．この章は，介護者たちが，発現する見込みがより多くある特別な抑うつ的障害を考察する．うつ病を発現する介護者たちの大多数が，一度も以前に抑うつ的なエピソードを体験しなかったことは，ときどき気づかされて意外と思われる．

　第14章は，慢性のストレスを，すなわち介護者のうつ病のもっとも重要な根源をしらべる．最初は介護者たちは，介護する状況の中で変化を形づくることによってストレスを処理する．しかし，かれらはかれらが変えることができない問題と状況にもまた直面している．他のタイプの対処のストラテジィが必要である．かれらが問題を考える方法を変えることは，ストレスを減じるための方法であるだろう．変えられ得ない状況を受け入れることは，連続的にそれを変えようと努めること，そして失敗することよりも，変えることのできない問題に対してより良い好結果を生む反応である．介護者たちは対処の新しい方法を学習しうる．対処することは，介護者たちが介護することのストレッサーを処理するために所有しているもっとも有益な道具のひとつである．順応性のあるそして多数の対処のストラテジィを使用しうる人々は，いっそう多く成功する．

　私はこの書物の新しい章および最新のものにされた部分の中で"クライエント（client─来談者）"あるいは"患者"の代りに"アルツハイマー病をもつ人"という言葉を用いた．私はアルツハイマー病をもつ人を記述するために"アルツハイマー病の犠牲者"という表現を用いることもまた回避した．あいにく，読者はこの書物の他の部分に，いくつかのこれらの好ましくない言い方を見出すであろう．私は，それらがアルツハイマー病を取り扱うために学習することの中で，われわれが行いつつある進歩に，またどれくらい，われわれがこの疾患をもつ人々を大切にするようになりつつあるかに気づかせるものとして役立つであろうことを望んでいる．われわれは，ADをもつ人々の同一性と個性を支持するための有意味な方法を見出す必要がある．

　私は，このガイドブックが介護者の仕事をより楽に，よりためになるように，またより建設的にするであろう包括的な参考書として役立つことを期待する．次いで，私はそれが，アルツハイマー病にさいなまれてとりつかれた人々の生活をより幸せに，より安全に，そしてより気楽にするために役立つであろうことを望む．最後にこの書物は読者にアルツハイマー病をもつ人々に対して理解し，そして反応するための新しいそして有意味な方法を示すであろう．

謝　辞

　私は，この書物の初版とその後の改訂版のために，支持してくださった家族・個人的な友人たち，専門職の同僚たちにとりわけ感謝する．認知症をもつ親戚を世話することという難題を観察することは，知らせることと，得るところのあることとの両方ともであった．われわれはアルツハイマー病をもつ最愛の人たちを世話している家族たちのために，すぐ役に立つより多くの情報を所有している．しかし，多くの家族の介護者たちにとって，この情報とかれらを援助するために計画されてきた資源に接近し，また利用することは，まだ困難である．私はこの新しい版が，かれらが最愛の人たちを世話するように，かれら自身を気にできるために，家族たちの手中に有益な情報を入れるであろうことを期待する．

　私はProvidence Hospitalの一部門である地方の精神科病院De Paul Centerのスタッフ，St. Vincent de Paulの慈善事業の婦人会，および原稿に対して役に立つ意見を提供してくれたその病院に関連した精神科医たちにお蔭を被っている．原稿を読み，また意見を述べるために時間を要した精神科医たちは，Stephen Mark, M. D.; Bergen Morrison, M. D.; Thomas Stidvent, M. D.; および Jack Wentworth, M. D. を含んでいる．私は Rod Ryan, M. D., 家庭医療の医師（family practice physician）からのそれ以外の励みとなる意見をもまた有難く思っている．

　老年学的研究のためのBaylor大学研究所のDennis Myers, Ph. D. は，この書物の第1部を精神衛生および加齢についての教課課程で使用した．私は，Myers博士の意見と，教科書としての，この書物の有用性に関するかれの学生たちの意見を，有難いと思っている．WacoにおけるMc Lennan（2年制）短期大学精神衛生準学士号課程プログラムのMartie Sauterは，学生たちや介護者たちを訓練するために，この書物の有用性を記述することに関して非常に寛大であった．

　かなりの単純化が，研究と治療法に関する科学的研究を扱ういくつかの章を理解できる，また有意味なものにするために必要であった．そのような題材を単純化することについての，ひとつの危険は，その正確さが危うくされるであろうことである．私は神経外科医のR. H. Saxton, M. D.; 神経学者Mark Schwartze, M. D.; 家庭医療の医師であるEdward Cooney, M. D.; 放射線科（専門）医，R. L. Zeigler, M. D. を含む多くの医師たちによって行われた意見に感謝

する．病理学者であるCharles Conley, M. Dの意見は非常に役に立った．生物学者であるBill Kershは，脳の中の化学的変化に関連する部分に更に目を通した．

加齢のための地域機関である，政府のテキサス会議の心の副所長であるHazel Limbackは，この計画に首尾一貫した支持と激励を下さった．私はアルツハイマー病に冒された人々と，かれらの要求に対するかの女の関心の真価を認める．私は，この疾患によって作り出された特別な要求に関連するテキサス州，州知事の執務室，テキサス加齢局内部の計画者によって示された関心をもまた有難く思う．

Danny Fredはタイプすること，書き直すこと，および編集することによってたゆまない助力を供給した．私の同僚の一人Samantha Andersonは，編集すること，および書き直すことに，役にたつ援助を提供した．Jeanne Levyは，第II部の最初の草稿をタイプすることに特別の時間を費した．そして，その草稿は多分外国語で書かれたように思われた．私はひとりの友人，Pam Richard, R. N.による他のタイプすることによる援助に感謝する．かの女は思いやりをもって，かの女の時間と支持を提供した．

Katherine Gregorは専門的な客観性，明確さ，および感受性によって決定稿を編集した．Lynn Pearsonは書物全体のためにタイプすること，書き直すこと，そして編集することによるたゆまない助力を提供した．かの女は，とくに原稿を簡単に，そして読みやすくしつづけることに関して役に立った．最初の改訂版の中の，新しいいくつかの章のためのPatty Hawkの編集は，私が伝えたいと思っていた考えについて敏感でまた支持的であった．Wileyでの私の最初の編集者であるTed Schefflerは，新しいいくつかの章のために勇気づけと支持を与えてくれた．私はテキサス出版開発会社とともに，Nancy Marcus Landに，書きおろしの書物の著作に関するかの女の助力のために，有難く思っているのに変化はない．Tom Millerは，大量市場版のための，またこの改訂版のためのWileyでの私の編集者であるが，われわれのどちらもが予期したよりも，はるかにより長い完成化の過程の間，非常に支持的であった．私の父W. A. Gruetznerは，最初の締切り時期の頃に亡くなった．

MHMR加齢事業のスタッフは，われわれのクライエントの要求に応対することに関して，かれらが体験しているよりもより多くの支持を供給した．私は，Vanessa Hummel, Terry Brandon, Melissa Talamantes, およびMelba Ogleに感謝する．私の謝意は，最初の改訂版の執筆中に，作品の統一を保ったスタッフの方へおもむく．すなわちNata Boone, Curtis Garner, Sandra Priest, Angie Scott, Angela Antis, David Beyer, M. D., およびShamji Badhiwala, M. D., これらの医師たちの両方ともが，アルツハイマー病のためのわれわれの助力を支持しつづけている．Nata Booneは，この版のために，私にとって重要なコンサルタントであった．次のスタッフは，もっとも最近の版の作業の間中，非常に支持的であった．すなわちSharon McElvany, Manuel Edquist, Jim Moore, Bob Smith, およびWesley Walkerである．私は，この地域社会の精神衛生センターの有用性および私がアルツハイマー病をもつ人々とかれらの家族たちを助けるために私が受ける支持を，非常に有難く思う．長年にわたる友人，

Vicki Cotrell, Ph. D. はより早期の改訂版に含まれた，いくつかのいっそう難しい概念を定式化することに関して役に立ってくれた．

　この書物および初版についての調査の多くのものは，Texas 州，Waco の Veteran's Administration Medical Center（復員軍人局医学センター）の図書館で指導された．私は初版のために，その施設の図書館のスタッフ，とくに Barbara Hobbs に恩を受けている．スタッフは変わったがしかし，かれらはあとの版についての調査の間中役に立ってくれたし，また非常に親切であった．私は，Joann Greenwood とかの女のスタッフ Sandi Cooper-Hudson，および Charmain Hardour に，かれらがかれらの傑出した資源をうまく利用したことを認めたい．私は，実際にかれらの助力を有難く思っている．

　このタイプの計画のための着想をまとめつつあるときに，家族と友人たちは進んでこの含意を"強く主張された"孤立と受けとるに違いない．私は，これらの個人たちによる支持の現れとしての多くの行為に感謝する．私の妻は，これまで私が知っているであろうよりも，おそらくいっそうしんぼう強くまた，思いやりがあった．私は，かの女の勇気づけを知っている．そして愛は私にとって重要である．

　私は，私の多くのクライエントたちとかれらの家族たちに感謝したい．かれらは見知らぬ人たちに，そしてひとりの無経験な人同様に，専門家との関係を開始しなければならない誰かに，かれらの問題と要求の管理を任せた．私は，これらの他の"見知らぬ人たち"すなわちわれわれのクライエントたちと家族たちによって学習されうることを，有難く思う．

　私は，Wiley がアルツハイマー病を思いやる，より多くの人々によって読まれることをこの書物のために可能にしたのが非常にうれしい．最後に私は，私の妻 Ginger に感謝する．かの女の私，私の著述，そして，私がそれを実行する必要がある理由への支持のために．

特別な謝辞

*詩*について

MAUDE NEWTON は，生命が人に手渡しうるもっとも困難な体験のひとつをきりぬけた，すなわち，かの女の夫 Frank が，死に向かって徐々にゆっくりと進むのを見守ることという体験をである．Frank Newton，かれは Texas 州 Del Rio で銀行業，不動産，および保険業に関する成功した経歴から隠退してしまっていたが，アルツハイマー病に罹患した．

　Newton 夫人はかの女の夫とともに，すべてのこの病気の段階を経験し通すに従って，かの女は，詩歌の形式でかの女の思うところと思いやりの温みのある年代記に着手した．"私は手もとにあったものは何でも取りあげはじめた——封筒の背面，書簡箋，何でも——その瞬間にどんな風に私が感じていたかについて書くために"，かの女は言った．"私はそれが私にたくさんの善良なことを遂行していたのに気づいた．私はたとえ単なる一枚の紙の上でとしても，私の感情を言葉に表していた．"かの女の子供たちは，かの女が，すべてのかの女の走り書きした思いを蓄えていると強く主張した．のちになって，かれらは，タイプを打ちコピーをしてコレクションに跳躍させた．Newton 夫人の詩は，個人的な進んで行く道の中に，いくらかの問題を提出する．そしてわれわれは，かの女に，かの女の詩の少しをわれわれに再版することを許してくれたことのために感謝する．

第Ⅰ部
介護者の体験

　アルツハイマー病は治癒され得ない．第Ⅰ部は，われわれがこの疾患について知っていること，そしてアルツハイマー病があると診断された個人たちをケアするためになしうることについて，焦点を合わせる．この状態およびその行動上の徴候についてのよりよい理解は，介護者たちに，最愛の人々の要求にいっそう効果的に答えることを可能にする．

　アルツハイマー病の患者，およびかれの，あるいはかの女の行動についての，われわれの考えは脳障害の影響を考慮に入れていない．われわれは脳障害の行動が，それによって理解されうる参考文献のいかなるフレーム（情報）をも所有していない．第Ⅰ部は介護者たちが，かれらの最愛の人々の問題や要求に，より多く効果的にまた明確に反応しうるようにこの情報の展望を提供する．

　介護者の体験は，アルツハイマー病の患者および，かれの，あるいはかの女の家族のこの病気に対する適応能力によって特徴づけられる．第Ⅰ部は，いくつかの方法によってこの適応状態を調べる．病気の段階と家族の適応が熟慮される．ステップごとの指針は，初期の症状が気づかれる時期から，ケアが計画され，そして介護者のストレスが直面される時点までの体験を詳述する．これらのステップへの実際的な接近法が考慮に入れられる．地域社会の資源は，社会的な支持が，介護者たちにとってかれらの最愛の人々，およびかれら自身の増大する要求に備えるための，非常に重要な方法であるので，第Ⅰ部の最後の章でくわしく述べられる．

たそがれ

あの時がふたたび現れる
昼間の明かるさが夜の中に次第に消えてゆくあのとき
あの時——
あなたが遅くまで仕事をしていた
（そして私はほんの少しの間待たねばならなかった）時にはいつでも
私は床の上の書類を拾い上げたし
ちょっとクッションをふんわりさせる
そしてあなたの帰りを待ってドアを開ける
ソファーに座ることは心地よかった
そしてあなたを身近にふれる——
あなたの一日について聞き
また私のものをあなたと共有するために

それはいつも一日のうちで私のお気に入りの時間であった
喧騒が去ったとき
ふたりが共にした何かを話すための

今，私はそれを非常に恐れる
私は座り，そしてそれが訪れるのを待ち構えるのが嫌だ——
あなたなしで
それはちょうど私が堪え忍ぶのを学ばねばならないとき——
生き抜くために

Maude S. Newton

1. アルツハイマー病（Alzheimer's Disease）とは何か？

■ある症例の病歴

　Jewell Johnson は，かつてはかの女の近所の人々の中で，全く活動的であった．かの女はまた教会に規則正しく通った．これらの活動は，3年前のかの女の夫の死後も大して変化しなかった．かの女の友人たちと家族は，悲嘆の期間を通じてかの女がいかに完全に過ごしたか，そしてかの女の人生を生き続けさせたかによって，感銘を与えられていた．かの女は，つねに，かの女の夫よりもより強固であったし，またより健康的であった．Johnson 夫人は，このとき 74 歳であった．そして加齢のための模範であると思われた．

ふだんと違う行動

　数か月前に，かの女のもっとも親密な隣人たちが変化に気がつき始めた．かの女は，教会から離れ去った．かれらは，かの女の感情が傷つけられてしまっているのだとわかった．明らかにかの女は，かの女の日曜学校クラスの会計係として数百ドルを紛失して，いくつかの間違いをしてしまっていた．だが，それはかの女の作り話ではなかった．Johnson 夫人は，だれかが金を盗んでしまったのだと強く主張した．金はすべて現金であった．そしていくつかの理由のために，かの女は一度も金を銀行に預けていなかった．

　かの女は，次第に頻繁に家庭にとどまり始めた．かの女が，隣人たちの訪問に賛成しないことも，またかれらを驚かせた．かれらは，かの女について心配させられるようになり，親戚たちを呼び集めようと考えたが，しかしかの女の息子と娘は，両方とも数百マイル離れて住んでいたし，また定期的に電話をかけていた．息子と娘の専門的な仕事は，非常に頻繁に母親を訪ねることを困難にしていた．牧師は訪問しようと努めた．しかし Jewell は，かの女を訪問しようと努めた牧師と，他の教会のメンバーに対して，かの女に似合わず無礼であった．

毎日の家事と個人衛生はおろそかにされた

　庭は，秋以来そのままにしておかれた木の葉によってまだおおわれた．現在は冬のまん中であった．ときどき，隣人たちは Jewell の様子をみるのであった．1週間に数回，かの女の朝刊は庭の中でそのままになっていた．そしてこのことは，隣人たちにかの女の様子をみるための口実を与えた．かの女は，つねにかの女の化粧着を着て，寝室用の軽いスリッパをはき，ドアのところまでやってきた．かの女は，かの女がかぜをひいてしまって，また休息中であることを弁解しながら新聞のことでかれらに感謝した．かの女は，かれらのかの女を手伝うための申し出を拒絶した．もしもかれらが，これらの申し出をあまりにも長すぎて続けるならば，かの女はいっそうおちつかなくなり，また激越化されるようになるのを常とした．二，三回，かの女はドアを突然閉めてしまった．

　かの女のより親密なすぐ隣の隣人は，娘の Joan を呼んだ．Joan はかの女の母親との電話での会話——より短いまたいっそう漠然とした話であったが——がそれほど風変りではなかったので，警戒心がなく母親に感化された．かの女の母親はつねに自信があり，独立心があった．かの女がその様に援助を受け入れたがらないことは，驚くべきことではなかった．Jewell が，かの女の娘に絶対に何も問題を話していなかったことは，不思議であった．たぶんそれは会話がより短く，また非常にばく然としていたのが原因であった．隣人は，Jewell の動きに注意するように頼まれた．そして娘はかの女の母親を訪ねた．

行動の変化は否認された

　会話は愉快ではなく，非常に長くもなかった．Jewell はあらゆる問題を否認した．そしてかの女の娘に隣人がおせっかいをしていたと話した．Jewell は，隣人の息子がかの女の家を手に入れようと努めていたと考えた．すぐ隣の隣人は決して正直ではなかった．妄想症(paranoia)がいっそう活発になるに従って，Jewell はいっそう混乱状態になり，そしてかの女の娘に夢中になった．娘の Joan は隣人を呼び，そしてかの女が次の週末には倒れるだろうと話した．

紙幣は支払われなかった

　次の日，ガス会社と電気会社の両方ともが，Jewell の家に対するかれらの供給を中断した．真冬に，かれらは，通常は中年を過ぎた人々に対する供給を中断はしない．隣人は Jewell の代わりに抗弁した．しかし全く役に立たなかった．かの女は3か月より以上の間，かの女の紙幣を支払わなかった（およそおなじ期間にかの女は教会に通うのを止めた）．玄関まで Johnson 夫人を連れてくるための試みは失敗した．かの女は窓の外を短い間眺めるのを常とした．しかしそれはかの女が行うのを常としたすべてであった．だれも家の中に入り込むことはできなかった．隣人たちは娘を呼び寄せた．しかしかれらは援助したいことのほかには何も考えることができなかった．

妄想が次第に生じる

その夜遅くに，隣人たちは，Jewellの家の外で金切声がきこえていることによって目を覚まさせられた．ほとんど凍てつくような寒さであったのに，かの女はガウンを着てかの女の家の外に居た．かの女は，かの女がおちつくのを助けようとつとめた隣人たちを恐れた．かの女は，屋根裏部屋であちらこちら徘徊しているかの女の夫について話し続けた．かの女は，夫を恐れていた．警察官が呼ばれ，そしてかれらが現場に現れたときには，Johnson夫人は怖がらせられ，そしてまだ非常に混乱させられていた．かの女は全く錯乱しており，また屋根裏部屋にいるかの女の夫についてのみ話すことができた．かれらは調査したが，しかし丁度かれらが期待したように——屋根裏部屋の中には誰の気配も見出せなかった．危機用の直通電話（ホットライン hotline）で電話がかけられ，それから，Johnson，夫人は，かの女がかの女自身にとって危険になってしまったので，入院させられた．

家族と本人のより綿密な調査は，意外な新事実を示しつつあった．食物は何もなかった．かの女は，おそらく数日の間とりたてて言うほどの何も食べていなかった．台所は不潔であったし，またガスバーナー（火口）は，ガスの供給が終結させられてしまっているにも拘らず，まだ栓がひねられていた．警察官は家の残りの部分を調査した．衣類は四方に置かれている．トイレは数日間水を流して洗われていなかった．そしてJohnson夫人は，かの女の寝室で何回かの不幸な出来事を経験してしまっていた．新聞紙は集められて，読まれずに居間の床の上に置かれている．請求書と他の郵便物は，新聞紙の傍に山となって積み重ねられていた．

精神医学の病院で安定化されたのちに，完全な検査が指示された．その完成時に，唯一の結論がこの1年間を通じて，何がJewell Johnson夫人の身の上に起こったかを説明することができた．何かが明らかに具合が悪かった．かの女の行動上の変化がそれを示唆する以前にもである．実際には，かの女が記憶と思考に関して経験していた困難を，たいそううまく代償してしまったことは感嘆すべきであった．診断はさけられなかった——アルツハイマー病（Alzheimer's disease）が確からしい．

それは1980年のことであった．そしてかの女の家族と友人たちは当惑させられた．かれらは，一度もアルツハイマー病（AD）のことを聞いていなかった．かれらは"老衰（senility）"の診断を受ける覚悟があった．たぶん，うつ病あるいは老年がかの女の諸問題を説明できるであろう．当時は，現在は，認知症を連想させる行動上の問題や精神医学的症状をもつより老いた人々は，家族がかれらを管理できないときに，評価のために入院させられた．Jewell Johnsonの家族および友人たちのようにこれらの個人たちは，何が起こっているのか，そしてどちらかというと何をやることができるかを理解しようと努めた．

■早期の発見と治療

より多くの人々が，この新しいミレニアム（1千年の期間）にアルツハイマー病のことを聞い

たし，またそれが脳を冒すひとつの状態であることを理解しているだろう．しかしながらかれらは，Johnson夫人の家族や友人たちが1980年に知ったよりも，今日いっそう多くのことを知っていないだろう．アルツハイマー病が疑われるときでさえ，あまりにも多すぎる時間が症状を観察することと，専門家の援助を受けることとの間に，過ぎる．このことは，疾患の進行をおそくすることができ，そしてADをもつ人々がより長い期間にわたってよりよく機能することを助ける治療法が現在利用できるために，重要である．

　治療が，脳の中の神経細胞のいっそう広汎な，そして不可逆性の悪化が遅延させられ，そして症状が管理されうるように，できるだけ早く開始されることが重要である．次いで，人々は症状に影響を及ぼし，そして疾患に適応するようになる決定に関係する．しかし人々はまだADの症状を他の状態によるものとし，また援助を求めない．最愛の人がADを発現しつつあるかも知れないと疑う人々は，診断を求めることを遅延させ，あるいは回避する．早期の症状はゆっくり現れるので，それらは最初は重要であるとは思われないだろう．人格の変化，不十分な判断力，そして忘れっぽさは，しばらくの間は見落とされるかも知れない．早期の症状をもつ人々は，それらを代償することができ，あるいは家族の成員たちが承認する他の説明を提案することができる．家族の成員たちは，早期の症状が生じるときに，専門的な援助を求めることをためらうであろう．

　アルツハイマー病は，記憶，思考，推論，判断，見当識そして言語における能力の徐々の，しかし進行性の喪失を引き起こす脳の疾患である．それは，事物を再認し，見分け，そして運動活動を実行することの能力がなくなることの原因となる．この疾患をもつ人々は，結局は服を着ること，料理すること，そして入浴することのような毎日の生活のもっとも基本的な活動を実行することができなくなる．ADは正常な加齢の結果ではなく，それは65歳あるいはそれ以上の年齢の人々でいっそう頻繁に起こる．

単純な忘れっぽさより以上

　アルツハイマー病は，中年を過ぎた人々によって経験される，時々の忘れっぽさよりずっとそれ以上に，重大である．しかしながらその早期の段階で，この疾患は普通の忘れっぽさから区別することが困難であるかも知れない．この疾患は脳を徐々に冒し，また人々は通常早期の症状を代償するために，ADをもつ人も，かの女の周囲の人々も最初は現実の問題と思わないだろう．アルツハイマー病が，脳に対して与える緩慢な，しかし進行性の障害の結果は，人が正常な生活よりも，より大きくストレッサー，主要な健康の諸問題，あるいはこらえられる限度に対処する能力を拡げる状況を経験するまで，あるいは重大な行動上の問題，運転の事故，未払いの紙幣，あるいは毎日のはたらきの中での重要な変化が起こっていることの否認や回避を不可能にするまで，気づかれ得ない．

■この疾患の原因——多数の因子

　研究は本疾患を理解することへ向かって，かなりの進歩を遂げた．進行中の研究は，本疾患の隠れた原因を明らかにすることに，より接近しつつある．ADは，ひとつの明白な原因による単純な疾患ではない．それは，時間のある期間にわたって起こり，また脳を冒す出来事の複雑な継起（cascade）の結果として発現する理解困難な疾患である．アルツハイマー病は，遺伝学的および環境的因子の組み合わせから，同様に，確認されつつある他の因子から生じる．酸化のストレスと連接した遊離基の損傷，疾患に関連した脳の炎症，そして脳梗塞にともなわれた損傷のような，非遺伝学的因子が本疾患の発現にひとつの役割を演じていることが信じられている．それによって疾患が発現する多数の遺伝学的および非遺伝学的メカニズムは，研究者たちがひとつの限定的な治療法を指し示す明確な（clear cut）原因を検証する際に直面する困難を証明している．ADを予防し，あるいはその進行を遅延させることは，多数の接近法にかかわりがある．

ありうる原因

　アルツハイマー病（Alzheimer's = ALTS-hi-merzと発音される）は，最初1906年にドイツの神経学者Alois Alzheimerによって検証された．かれの対象は51歳の女性で，記憶に関する問題と失見当識の徴候を示した．のちになってアルツハイマーは，この女性の状態の付加的な症状としてうつ病と幻覚を検証した．この女性の状態は悪化しつづけた．重症の認知症が明白になった．そしてかの女は，最期は精神科の施設で55歳で死んだ．剖検はかの女の脳が，皮質の萎縮と神経原線維変化（neurofiprillary tangles）と，軸索の斑状構造物（neuritic plaques，老人斑 senile plaque）と呼ばれる大脳皮質の中の異常を有していたことを示した．脳の中のこれらの変化は，この女性の記憶，かの女の失見当識，そしてかの女の認知的および情動的衰退を引き起こしたと考えられた．

　βアミロイド（Beta-amyloid）は，神経細胞（neuron）の外で斑状構造物（plaque）になって集積する異常な蛋白質であるが，ADの可能な原因であるもの，あるいは原因に非常に接近しているものとして，暗に意味されている．タウ（tau）蛋白は，神経細胞の内部のよじられたからまり（twisted tangles）の中に集積しているが，何人かの研究者たちによって本疾患過程の中で原因となる役割をもっていると考えられている．正常なタウ蛋白は，微小管（microtubules）を結合させ，また安定化させるのに役立つ．微小管は細胞の内部の骨格様の構造の一部である．ADに関しては，タウ蛋白は，化学的に変化され，そしてそれは微小管がばらばらに崩壊する原因になる．微小管の瓦解は，細胞内の交通がそれによって運ばれる連絡路を崩壊させる．

　遺伝学的因子は，確かに本疾患にかかわりあいにされている．しかしアルツハイマー病は遺伝学的に複雑な，また異種性の（heterogeneous）疾患である．実際には，ADの症例の単に小さな部分が，遺伝学的な欠陥によって引き起こされる．これらについては，次節と第4章で考

察されるであろう．研究はまた本疾患に関する遺伝子の連鎖の一部を同定した．これらの遺伝学的因子は，本疾患の原因とはならないで，それらはアルツハイマー病にかかることのための増大された危険にともなわれる．科学者たちは AD を発現するためのかかりやすさ（敏感さ）を与えるかも知れない他の因子，たとえば高脂肪の飲食物および高いコレステロールのレベルを同定しつつある．さらに多くの研究がこれらのそして他の発見が，決定的と考えられ得るまでに，遂行されなければならない．われわれはアルツハイマー病が多数の原因となる因子と，危険因子との組み合わせによって引き起こされることを知っているのである．

遺伝学的原因および危険

　3つの染色体——21，14 および 1——の上の遺伝子の欠陥が，少数の家族における早発性のアルツハイマー病を引き起こすことが知られている．本疾患はこれらの個人たちで，60歳以前に起こる．常染色体性優性遺伝（Autosomal-dominant inheritance）は，つねに早発性の症例にかかわりあっている．遺伝のこの形式は，AD をもつ人の第一等の血族，たとえば兄弟たちあるいは子供たちの50%に起こる．疾患のこの病型は，30歳と60歳の間に発現し，また家族内で生じるので，それはしばしば早発性家族性 AD と呼ばれている．それは，アルツハイマー病の症例の単に5%を占める．アルツハイマー病のもっともありふれた病型は，65歳およびそれより年長の人々に生じる．そしてそれゆえに晩発性と呼ばれる．

　晩発性の AD にかかわり合わされていると確証された唯一の遺伝子は，APOE である．このアポリポ蛋白 E（apolipoprotein E）遺伝子は，対立遺伝子（alleles）と呼ばれる3つの正常に存在する形態をもっている．これらの対立遺伝子は 2，3 そして 4 と呼ばれている．本疾患の早発性の病型を決定する染色体，21，14 そして 1 の上のアルツハイマー病の遺伝子と違って，apo E-4（対立遺伝子4）は危険因子として作用する．しかしすべての人々が apo E-4 によってAD にかかるのではない．対照的に，apo E-2 をもっていることは，保護的な因子である．それでアポリポ蛋白 E のこの形態をもつ人々は，AD を発現する見込みがあるものと同じではない．Apo E は元来，そこで人々がアルツハイマー病が発現する年齢の修正者として作用する．

　いくつかの他の遺伝子が，晩発性のアルツハイマー病にともなわれるだろう．たとえば染色体 12 は，何が AD の原因となるかについて，いくつかの解答を提供することができる数個の遺伝子をもっているであろう．晩発性の AD で見出された遺伝子の連合のすべてが危険因子であるという結果にはなり得ないだろうが，それらは晩発性アルツハイマー病の原因であるものが現れる状況が，非常に複雑であることを例証している．遺伝学的因子は，ひとつの役割をもっているであろうが，しかしそれらはアルツハイマー病の謎に対するすべての解答を提供してはいない．病気の発病年齢の大きな差異が，一卵性双生児について存在する．いくつかの症例で，本疾患は単にかれらのうちの1人を冒す．これらは，遺伝学のほかに何かがかかわりあっているという2つの反論できない事実である．環境的な因子は，どういうものかひとつの役割を演じている．実際は，遺伝学的および環境的諸因子の相互作用は，何時，そしてどのように

本疾患が表現されるかにおける相違の多くを説明するだろう．

他の原因によるものとされた，より歳をとった人々の症状

　アルツハイマー病は，最初は60歳未満の人々で確認され，そして他の原因が，より歳をとった人々の中での類似の症状について考えられたために，アルツハイマー病は，稀であると考えられた．1970年代まで，いくつかの研究は，アルツハイマー病が，より歳をとった人々の中で発見された症状について責任があるという結論に帰着することはなかった(Katzman, 1976)．その時以来，われわれは本疾患がこの人口の中で発見されたもっともふつうの類型の認知症であることを学んできた．ADをもつ人々の10%より少数の人々が，60歳未満である．

■統計値

　アルツハイマー病の500万の症例が，2000年に予想された(Weiner, 1996)．世界中では，2,200万の人々がADに苦しんでいると評価されている．本疾患の有病数（あるときの本疾患をもつ人々の数）は，65歳を越えて5年毎に2倍になる．およそ360,000人の新しい症例（罹病：incidence）が米国で毎年生じているであろう(Brookmeyerら, 1998)．罹病率は年齢とともに有意に増加する．たとえば，85歳以上の人々の20ないし47%が認知症を有しているし，またアルツハイマー病は，これらの症例の50%以上の割合を占める．より歳をとった人々の米国内の人口は，遠からず大幅に増加するであろう．ベビーブーム期に生まれた人々の加齢は，次の30年ないし40年の間の本疾患をもつ人々における相当な増加の原因になるだろう．2040年までに，米国内の1,400万の人々が，アルツハイマー病に罹患していることが予想されている(Evans, 1990)．

　アルツハイマー病の有病数(prevalence)は，人種的および民族的集団の間で一様ではない．いくつかの研究は，危険がアフリカ系のアメリカ人たち，およびスペイン系のアメリカ人たちについては，白人たちよりもより高度であるだろうと示唆している．さらに多くの研究が，これらの相違点についての根拠を決定するために必要とされる．それらの相違点は，ADの発現に関して環境の，また遺伝学的危険の異なる役割を反映しているかも知れない．白人でない人々は，より長い間生きていて，また将来は加齢者の人口の中の増加する割合を占めるであろう．とくにより歳をとった年齢の集団の中では，アルツハイマー病にもっとも罹患しやすい．2050年までに，85歳以上の加齢者の人口のうちで，非・白人の割合は，16%から34%にまで増加するであろう．

　アルツハイマー病は，認知症，すなわち知的能力の喪失および社会的および職業的に役目を果たすことの障害によって特徴づけられたひとつの症状群を引き起こす，もっともありふれた神経学的疾患である．女性に関する本疾患の罹病率は，男性に関するよりもより高値である．本疾患はいかなる社会的・経済的な境界線も認めない．余命(life expectancy)は，ADの発病

後およそ 1/3 まで減じられる．AD をもつ人々は，診断を受けたのち平均して 8 ないし 10 年生きる．本疾患は 20 年まで持続し得る．悪化と重症度の程度は変化する．

アルツハイマー病は，毎年 10,000 人より以上の人々を葬り去って，合衆国では 4 番目の主要な死因である．しかし呼吸の状態，うっ血性心不全，および感染症が，これらは本疾患の末期の段階に発現するが，しばしば死の原因として示され，そしてこの事実（本来の死因）を目立つというほどでないものにする．

アルツハイマー病の（に要する）費用

アルツハイマー病のケアは，1 年につき 1 千億ドルより以上を合衆国に費させることが概算されている (Weiner, 1996)．軽度の AD をもつ 1 人の人をケアするための概算された 1 年間の費用は，18,408 ドルである．中程度の AD をもつ 1 人の人については，費用は 30,096 ドルである．重症の AD をもつ 1 人の人をケアするための費用は 36,132 ドルである．

アルツハイマー病によって早めに冒された個人たちが直面した費用は，より極端になる．アルツハイマー病をもつ人々は，同一性および自己─評価 (self-esteem, 自尊心) の根源であった生活様式と，親族関係との接触をうしなう．安全のために，かれらはいくらかの責任を早期に放棄することを要求されるかも知れない．そしてそれは，退屈さ，不活発さ，および自己─喪失のより大きな意識に帰着しうる．適切な機会とともに，AD をもつ人々は，いっそう意味を感じて，生活にかかわりあうことができる．

家族の介護者たちは──かれらはアルツハイマー病のケアの大部分を供給しているが──かれらの身体的および精神的健康に対する相当な，そして不変の陰性の影響に苦しんでいる．しばしばかれらは，介護することがかれらの全生活を圧倒するために，自己の喪失に苦しんでいる．

何　故 ?

私は次のように話されるのを聞いた．
"もしも神が存在しなかったならば
私達は同じものを考え出すだろう，
なぜなら私達のもっともひどい困苦の限られた時間のなかで
私達はだれかを心に抱かねばならないから
私達がそれに頼るある力を"

私にはわからない…
私は信じようとして懸命にやってみる──
だが私達は理性をもった人間だ
私は考えなければならない，
と言うよりは何故私は心を与えられたのか？

私は考えに考える
それなのにそれは全く理屈に合わない
何故愛情深き父なる神は，望まれるのか
私の連れ添う者に，こんなにされるのを？
何故父なる神は，私に添う者から取り去ろうとされるのか
かれの心──かれの誇りを？
まだ生き生きと生存しているのに？

何故父なる神は，かれから奪いとろうと思われるのか
ここで生きのびているかれの喜びを？
何故かれをこんなにしておくのか──
みすぼらしいよろめき歩く戯画
かつてあった男の？

断じて私のためにではない──
信じようとする私の力をためすため．
もしもそんな風ならば，それはその目的をくじいてしまった
それは私を苦しめられたままにまた傷つきやすくしておいた
答えをもとめることに──そして何も見出さないことに
そして呼びさまされることに──
おお神よ──もしもあなたが私の神であるならば，何故？

Maude S. Newton

2. アルツハイマー病の症状と段階

■アルツハイマー病の症状

欠陥の原因となる神経学的状態
考えることと思い出すこと

　アルツハイマー病は，脳の機能に障害を起こす神経学的状態である．その正確な原因は知られていない．しかし先導する諸理論が第4章と第16章で探究されている．この病気の症状は，どのように人間が思い出し，そして考えるかということについての多くの領域における欠損を表現している．たとえば，記憶についての問題は，名前，日付，場所，紙幣が支払われたかどうか，あるいは，何かが再三再四言われたかどうかを忘れることとして明らかにされるだろう．知的な能力は，最後には失われる．罹病した人による推論は，もはやかれのあるいはかの女の問題を理解し，そして処理することを好結果にみちびく方法ではない．毎日の状況についての判断は，徹底的に減じられる．言語的な表現のための能力は，徐々に衰退し，そしてADをもつ人は，他の人々がかれに対して言っていることを理解できない．疾患が進行するにつれて，かれは，徐々に話すための能力を喪失するであろう．妄想および幻覚のような精神医学的症状が生じうる．人は，不安でおちつかず，激越興奮するようになり，そして抑うつ的であるように見える場合さえある．かれの人格は変化するだろう．事実上，かれは同一人物であるとは思われないだろう．

　アルツハイマー病は，*認知症*として知られた症状群の特徴を示している症状のグループをもっている．忘れっぽく，そしてかれら自身を適切にケアすることができなくなっている中年を過ぎた人のこの状態は，かつて老衰(senility)と呼ばれた．老衰のような言葉は，ADを記述するために頻繁という程でなく使用されているが，他の言葉もやはり用いられている．老人性認知症(senile dementia)あるいは原発性変性性認知症(primary degenerative dementia)は，ときおりADを記述するために用いられる場合がある．ある家族の成員が，アルツハイマー病をもっていることを告げられることよりもむしろ，（複数の）家族が最愛の人たちが認知症をもっていることを頻繁に聞く．いくつかの例では，家族たちも専門家たちも，最愛の人たちが

認知症をもっているがしかしADではないという印象を与えて，その診断を明らかにしない．

何故家族の成員たちが，認知症の診断が実際にはアルツハイマー病であるかも知れないということをはっきりさせないかには多数の理由がある．医師が診断するとき，ある人々はそれを疑う筈がない．アルツハイマー病の診断を怖れていて，しかも認知症の診断を受ける家族たちは診断の明瞭化を避けるであろう．否認と心痛のために，家族たちは，アルツハイマー病でないあらゆる診断によっていっそう気楽になるために，診断の明瞭化を妨げる．これらの状況においては，認知症とアルツハイマー病は，明白に異なった状態であることが理解されるであろう．家族たちはアルツハイマー病がもっとも普通のタイプの認知症であることを知らないのである．

家族の成員たちには，最愛の人たちが恐らくアルツハイマー病であるときに，かれらにそれをもっていることを告げられないいくつかの理由がある．医師は，ADの診断を行うまで，より長い間患者を観察することを望むであろう．評価が行われる医師の診察室あるいは他の場所へ，ADの症状をもつ人々がたどりつくことは困難である．医師たちは，かれらの評価を完全にすることができないかも知れない．そのような症例では，かれらにとってADの診断を行うことは適切ではないであろう．医師たちは，人がアルツハイマー病をもっていると信じるかも知れないが，しかし診断を行わないであろう．ばく然とした診断を受けるか，あるいはいかなる診断をも受けない家族の成員たちは，ADと診断された同じ症状をもつ人々をケアしている他人たちと，かれらが話すときに混乱させられる場合がある．

自分たちが，ADあるいは別のタイプの認知症をもつ最愛の人を世話していることを知らないか，あるいは理解していない介護者たちは，かれらがかれらの最愛の人にかかわっている方法を変える理由はないのである．診断を告げられていないのは，アルツハイマー病である．かれらは，アルツハイマー病の支持グループを捜し求めること，あるいはかれらの最愛の人の世話をするかれらを助けるであろう情報を集めることを知らないであろう．介護の状況に対するかれらの適応は，精神医学的症状，行動上の諸問題，そしてかれらの最愛の人の人格における当惑させられる変化の上に集中されるであろう．家族の成員たちは，ADをもつ人をどのように世話するか，そしてこの病気に対処するかを学習する機会をもつために，診断をはっきりさせることが重要なのである．アルツハイマー病に罹患した人々は，かれらの生活について重要な決定を行いうる，また前方に横たわっている変化に対処することを学習しうるために，かれらの診断について知る権利を有している．

認知症：知的な能力の喪失

認知症は，そのより広い意味で，かれのあるいはかの女の知性を働かせる人の能力の喪失あるいは障害を指している．認知症の本質的な特徴は，社会的あるいは職業的な機能を妨げるに充分に重篤な，知的な能力の喪失である．アルツハイマー病をもつある公認会計士は，記憶，推論，および計算能力の障害のために，かの女の仕事をなしとげることができなくなるであろ

う．ある農業経営者は，作物を植え，そして刈り入れることができなくなるであろう．種子を購入すること，そしてどれくらい多量の種子を，植えつける人たちあるいは種まき機に提供するかを，計算して出すことが不可能になるであろう．

　アルツハイマー病は，認知症のもっともふつうのタイプであるにも拘わらず，それは単に認知症化する (demeting) 病気ではない．多数の卒中発作は，アルツハイマー病に似ている認知症の原因となりうる．血管性認知症は，認知症の第二のもっともふつうのタイプである．血管性認知症とアルツハイマー病が存在するとき，卒中発作の損傷は AD の症状をいっそう重篤なものにすることがありうる．AD に焦点を合わせた研究は，認知症を引き起こす他の状態をいっそう綿密に調べてきた．いくつかは頻繁には論じられていない．他のものはいっそうありふれたものに，そしてあるいは更にしばしば診断されるようになるであろう．認知症の原因になりうる他の疾患へ，しだいに集中を増すことは，AD についてのわれわれの理解を発展させることである．たとえば，*tau* 遺伝子の突然変異に附随した認知症の一型が発見された．

　これらの突然変異をもつ人々は，AD にともなわれる老人斑を発現しなかったけれども，かれらの脳は神経原線維変化 (tangles) だらけであった．レヴィ小体をもつ認知症，AD のレヴィ小体変形および前頭側頭型認知症はいっそうありふれているように思われ，また AD から鑑別することが困難である．レヴィ小体は，脳の中の神経細胞の内部に発現する異常な核である．しかしそれらの外観は場所によって変化する．レヴィ小体認知症は脳の二つの領域，すなわち黒質 (substantia nigra) と青斑 (locus ceruleus) によってパーキンソン病にもまたともなわれる．最後に，HIV-1（ヒト免疫不全ウイルス，エイズウイルス）感染は HIV-1-連合認知症複合 (HIV-1-associated dementia complex) と呼ばれた重症の認知症の一型の原因になる．

　うつ病および他の精神医学的状態は，認知症の結果であるように思われることもある．中年を過ぎた人では，重症のうつ病は認知症に似ていることがある．この状態は仮性認知症あるいは"偽性 (false)" 認知症と呼ばれるのを常とした．重症のうつ病が記憶障害の原因になっていることが考えられるが，しかし記憶が抑うつ的な症状の好結果の治療によって改善されないとき，おそらく認知症のいづれかのタイプが発現しつつある．

　基礎となる医学的状態が，認知症を示唆する症状の原因となりうる．たとえばビタミン B_{12} 欠乏，甲状腺障害，そして悪性貧血．適当な治療はつねに症状を逆転させる．症状が医学的治療に反応しないとき，アルツハイマー病あるいは認知症の別のタイプが存在するという疑いが増大する．

　アルツハイマー病は，認知症のあらゆる他の可能性のある原因が確認され，そして加療され，あるいは除外された後でのみ与えられる予想される診断である．他の加療しうる状態が，この過程の中で確認されることもある．個人の役目を果たすこと，およびクオリティ・オブ・ライフ (quality of life 生活の質) は，AD と同時に存在する他の健康問題を処理することによって改善しうるのである．

　いくつかの医学的な検査は，AD を診断するのを助けるために発展した．しかしそのどれも

100％正確ではない．診断の正確さが改善され，またより多くの注意が精神状態および毎日の生活活動の遂行に向けられたので，単に AD を診断するために他の状態を除外することの過程は，もはや必要ではない．他のありうる状態がつねに考慮に入れられている．しかしアルツハイマー病は，もはや除外的な診断として考えられない．診断は，病歴および認知症症状群を構成する症状の確認にもとづいて行われうる．

　DSM-Ⅳ（アメリカ精神医学会，1994）によって特定化されたものとしてのアルツハイマー病型の認知症のための診断基準は，診断の過程にかかわりあった人によって症状（複数）およびそれらがどのように認識され，そして評価されうるかを明記している．多数の認知的欠損は (1) 記憶障害および (2) つぎの認知障害のうちのひとつあるいはそれ以上のもの，すなわち失語症，失行症，失認症，および実行機能における障害あるいはその一方，この 2 つの両方ともによって徐々に明らかになり，証明されなければならない．実行機能は計画をたてること，組織する（まとめる）こと，筋道をたてること (sequencing)，および抽象すること (abstracting) にかかわりあう認知能力に関連する．（失語症，失行症および失認症は，のちほどこの章で説明される．）他の状態もまた（基準が）満たされなければならない．たとえば，疾患の経過は徐々の発病と継続する認知的な衰退によって，また他の既知の医学的あるいは精神医学的状態によってではなく，特徴づけられなければならない．

認知症のための第一の基準：知的な機能の重篤な喪失

　認知症のための第一の基準は，社会的あるいは職業的機能を妨げるのに充分な重篤さをもった*知的な能力の喪失*である．これらの能力が障害されるばかりではなく，それらは人が平常の仕事に関連した活動を充分満足に遂行できない程度にまで冒されるのである．たとえばある教師は授業の準備をすることが，そしてクラスに対するかれの提示をまとまった，またわかりやすいものにしておくことができなくなるであろう．かれは，アルツハイマー病の過程が開始する前には，かれにとって理解することが非常に容易であった情報を，供給することができなくなるかも知れない．新しい学究的な要求は，全くストレスの多いものになるであろう．社会的な状況の中で，かれは，会話についていくことで苦労するであろう．そして議論の新しい論点によって，混乱させられるようになるだろう．社会的な要求は，いっそう面倒になることがある．そしてかれは，社会的な状況の中ではひきこもり，あるいはいっそう不安になるだろう．かれの他の人々に対する返答は，道理に合うというほどではないであろうし，また手近の話題に非常によく関係づけられていないであろう．

きまりきった活動が，ますます困難になる

　アルツハイマー病が進行するにつれて，毎日の生活のありふれた活動をうまくなしとげるための人の能力は，衰退するであろう．食事を料理する，紙幣を支払う，家を掃除する，入浴する，服を着る，あるいは電話のダイヤルをすることすら，そんなことのために必要とされる思

考能力は徐々に減じるであろう．記憶の問題のために，人はまた仕事が見おとされていることが全く明白であるにも拘わらず，仕事が行われてしまったと主張する．

記憶の問題

　*記憶障害*は，アルツハイマー病の経過の間，多くの徴候を示す．忘れっぽさは，しばしば老年のひとつの状態として表に載せられている．また，実際に多少の記憶喪失は，よりおそい年齢では正常である．鍵あるいは小切手帳を置き忘れることは，われわれの年齢に無関係に，われわれのすべてが経験したことである．アルツハイマー病によって起こる記憶障害は，なおさら広汎でまた無能にするものである．記憶についての諸問題は，つねにこの状態のもっとも早期の，そしてもっとも明白な症状である．それはまたアルツハイマー病をもつ個人たちによって，しばしば否認されるひとつの症状である．

　最近の記憶，すなわち，過ぎ去った30分の間中に経験された出来事および見聞（情報information）についての記憶は，アルツハイマー病ではほとんど，より早期に冒される．そのような記憶の喪失は，明らかに人の毎日の生活環境に影響するのである．紙幣は支払われない．ガスは出されたままにされるだろう．約束は守れない，あるいは毎日のきまった仕事を見失わないことが障害される．直後再生（immediate recall）は，今しがた言われたばかりのある事をくり返し伝えるための能力である．アルツハイマー病に罹患している人々は，良好な直後再生をもっている．しかし少量の情報はあとで思い出されるらしい．新しい情報は容易には思い出されない．

　最近の記憶の問題は，アルツハイマー型の認知症をもつ人々にとって，新しい題材あるいは活動を学習することをもまた困難にする．たとえば，時間と場所に間違いをしないこと，新しい名前を学ぶこと，あるいは買物の目録を思い出すこと，そしてそれらは最近の記憶の（ための）能力に関連するのだが，疾患が進行するにつれてますます困難になる．失見当識，それは時間を，人を，そして場所を忘れることに関連するが，アルツハイマー病で起こることがあり得る．たとえば，人は週の，月の，あるいは年の（一定の）日を思い出すことができないとき，（障害の）ある程度に達しているであろう．そのような失見当識と記憶の問題は，人が迷い子になることの一因であるだろう．そして，とくに新しい状況あるいは場所で明白になるであろう．

過去の記憶は，より長く残存する

　遠隔記憶（remote memory）は，人の過去についてのかれの把握である．たとえば，これはかれが生まれた場所，かれが生まれたとき，かれの両親ときょうだいたち，かれが通学した場所，そしてかれが学校を卒業したときについての情報に関連している．個人の経歴は，遠隔記憶の中に記録されている．遠隔記憶は，過去の大統領たち，戦争，経済的および政治的出来事についての事実をもまた含んでいる．アルツハイマー病の早期の段階において，遠隔記憶は，明白という程ではなく冒される．しかし，歳月を越えていっそう著しく障害されるようになる．

直接的な質問，あるいは直面することは遠隔記憶に存在する欠陥を曝露するであろう．かすかな記憶は，最近の記憶が非常にはげしく冒されるために，個人が現在起こっていることに関係づけることができなくなるときに，逃道として役立つであろう．

　毎日のきまりきったことの持続は，記憶を障害された人々にとって助けになる．そのようなきまりきったことは，衰えてゆく記憶が，毎日の出来事と相互作用を統御することの中で，個人を助けることができないために，予測できず，また不安定になった生活を組織することに役立ちうる．

　知的な働きの喪失と，障害された記憶は，アルツハイマー型認知症における本質的な構成要素である．しかし，認知症のいくつかの他の症状もまた存在していなければならない．これらのうちのいくつかは，この病気の経過の中でもっと後まで生じない．そしてひとりの人と別の人とでは，かなり変化するのであろう．少なくとも次の症状のうちのひとつが，原発性の変性性認知症として診断されるためには，存在しなければならない．

過った判断―危険な状況

　*障害された判断および洞察*は，アルツハイマー病をもつ人々の生活の中で明らかにされる症状である．障害された判断は，人の生活の多くの領域の中で起こり，そして危険な結果に帰着することがありうる．たとえば人は，かの女の能力が重大に障害されたことが明白であるときに，あくまでも車の運転をすると主張するかも知れない．かの女は，かの女の財政をかの女が明白に管理できないときでさえ，だれかと同様に管理できると強く主張するだろう．料理およびストーブに点火することは，不充分な判断力が危険である上に明白になり得る活動である．もちろん，認知症の過程は，障害された判断力に責任がある．しかしながらいくつかの周囲の状況は，不充分な判断力の発揮を制限するよりもむしろ助長する．ある介護者たちが，これらの種類の行動に直面することについて理解できることであるが，不安になるのも無理はないであろう．実際に介入するための必要性は，アルツハイマー病の患者たちに起こりうる危険とともに，つねに増大する．とくにかれらが他の人々に対する危険を携えているときには．（運転はこのタイプの状況のひとつのよい例である．）

ものごとの間の相違点と類似点を見分けるための能力

　*抽象的思考の障害*は，毎日の活動の中で認めることはより困難である．それは，あるタイプの質問に対する返答によっていっそう容易に評価される．たとえば，"せいては事を仕損じる"のような諺は，認知症を有する人々にとっては適切に説明することが困難である．ものごとの間の類似点と相違点は識別され得ない．椅子と机は，両方ともが家具であるために同様である．そのような連想は，アルツハイマー病を有する人によって行われないらしい．言葉や概念に正確な意味を与えることは，抽象的な思考や推論を必要とする仕事の他の例である．

　アルツハイマー病は，脳の皮質を冒す．皮質は，第16章でいっそう特殊的に論じられるが，

しかし，われわれはここでひとつの論点を充分に確立しなければならない．皮質，すなわち脳の外部の層によって統制されているいくつかの人間の機能がある．これらの機能のうちのいくつかは，言語および運動の能力にかかわりあいがある．

失語症―言語を話すこと，そして理解することについての問題

　アルツハイマー病に付随する皮質のはたらきのひとつの障害は，失語症である．失語症は，言語の理解あるいは言語の産出に際して前もって所有されている能力の喪失である．脳に対する損傷のために，個人は話を理解することができない．言語的な表現もまたアルツハイマー病で障害されるようになる．これらの話すことの欠陥は，脳卒中については普通であるように，突然には起こらない．話すことの能力は，徐々に侵蝕される．個人間の変動は，疾患過程の間に起こるがしかし，つねに話すことの問題は，言葉の発見における多少の障害をもって始まる．話をしているときに，人は言い分を通すことに，あるいは質問にすぐに答えることに困難を経験するだろう．自発的な話は口数の多い，またつかまえどころのないものになりうる．かれの意見は，論点のまわりをさまようが，しかし結局それに達することはない．あとになって言葉を発見することの問題，および事物の名称を言うことの不可能が，非常に明白になる．

　他の人々の言うことの理解が障害されるようになる．そのために人は会話に加わりたがらない．話された言葉あるいは言葉の組み合わせもまた誤用される．さらにのちには，誤用された言葉でさえ，それらが代用されているもとの言葉とはより少ない意味がある関係をもっている．人は自分に言われることを，まさにそのままくりかえすであろう．結局，音と言葉を産出するための能力は，人がかれの言語（を発するための）器官を調整することに障害をもっているために，減弱されている．話をするための完全な無力は，アルツハイマー病のまさに最後の段階の間に多くの人々に起こるであろう．

意図的な運動を実行することの障害

　その上に，運動の障害が，アルツハイマー病のために起こることがある．失行症は，熟練したそして意図的な運動行為を実行するために，前もって所有されている能力の喪失である．それは脆弱さの結果ではなく，むしろ意図した運動を行うことを人に妨げるのは脳損傷である．ときどき，アルツハイマー病の患者たちが記憶の諸問題と，仕事の論理的な連続を理解することの無力のために，あるいはかれらが失行症の徴候を示しているために，服を着替えるのに苦労するのかどうかを決定することが困難である．病気の後期の，フォーク，スプーン，あるいはカップをしっかり握ること，そして意図された運動を実行することの障害は当然，失行症に帰せられるべきであろう．

事物と人々を認めるための無力

　失認症，事物と人々を認めるための無力は，アルツハイマー病における別の脳障害である．

失認症は記憶の問題ではない．脳の損傷は，情報については，正確に処理されることを不可能にする．視覚的な情報は，それが認識できないように脳によって歪曲される．障害された人は，かの女の家庭を認めないであろう．ときどき，かの女は，かの女の配偶者が，たとえその配偶者がすぐ近くに座っていてさえ，どこにいるかを尋ねることがある．

数的な熟練が減退し，そして失われる

　数学的な計算を行うための能力もまた，アルツハイマー病によって失われる．このことは，単に記憶についての問題ではない．数的な熟練だけが失われる．たし算，引き算，そして他の数学的な演算は，うまく行われ得ない．そのような問題は上首尾の毎日の生活のための，とくに紙幣を払うこと，そして収支決算が合った計算をチェックしつづけることにおける障害をつくり出す．もし人が数学を用いることを必要とする職場で使われているならば（たとえば，売場の店員，そして会計係），計算の問題は，他の問題が明白になる以前にもち上がるであろう．

書字の熟練は徐々に侵蝕される

　書字の能力は，結局は障害されるだろう．最初には，人はパラグラフ（文章）を書くことにいくらかの障害をもつであろう．そしてそれは，かれに多くの情報に屈しないことを要求する．徐々に文章を書くための能力がむしばまれるだろう．言葉は不正確に用いられ，そして誤って綴られる．結局，人は，自分の名前を書くことができなくなるであろう．読まれたものの意味を理解することは，記憶および知的な諸問題のために，より早急に消失するにも拘わらず，読むための能力は，より長い間損なわれていないであろう．

　アルツハイマー型の認知症の別の症状は，幾何学的な素描を描くこと，そして写すことの障害である．立体の図形はとくに複写することが困難である．より単純な図形を描く，あるいは複写するための能力は，疾患が進行するにつれて低下するであろう．これらの能力の喪失は，重要に思われないかも知れない．しかし，視―空間的熟練の全般的喪失は，毎日の生活に衝撃を与える．書くこと，読むこと，近所にたどりつくこと，あるいは家庭の中の品目のありかを見つけることは，すべて視―空間的能力に関連している．

人格変化は早期に顕著になる

　人格変化は認知症とともに生じる．つねにこれらの変化は，病気の非常に早期の段階を過ぎてから明白になる．ある人格変化は機能することにおける損失のための，失敗した埋め合わせ（compensation）に対するひとつの反応であるかも知れない．脳の損傷もまた人格を変える．アルツハイマー病によって，人格特性は，いっそう明白になりまた実際に強調されるようになるであろう．疑い深い人は，妄想病患者になるかも知れない．些細な悩みにつねに激しく反応してきた個人は，くだらない問題にさらにしばしば，またさらに激しく反応するであろう．個人の人格は進行性の脳損傷の結果として変化するであろう．そして人はかれ自身であるとは思わ

れないであろう．

せん妄は除外されなければならない

　前に記述された症状の確認のほかに，ひとつの決定的な状態が，ありうべき認知症の診断のために満たされなければならない．個人は*清明な意識*を示さなければならない．そしてそれは，せん妄が症状を作り出しているといういかなる証拠もないことを意味する．せん妄は，人の意識の混濁で，直接の環境についての減損した意識（awareness）をともなう．せん妄状態である人は，かれの環境の中で起こっていることに注意を転換し，集中し，そして持続することが困難であるのに気づく．これらの出来事についてのかれの知覚は障害される．言語は首尾一貫しなくなるであろう．失見当識および記憶障害が存在するかも知れないが，しかし，それらは認知症によってではなく，せん妄によって引き起こされる．アルツハイマー病に罹患している人々は，ときどき根底に潜んでいる感染症あるいは他の医学的問題のためにせん妄で苦しむことがある．そしてそれらは，認知症をいっそう悪くしたと思わせる．

　われわれが論じてきた症状は，認知症を診断する専門家にとっての基準をあらわしている．しかしながら診断が行われうる以前に，認知症の原因が決定されなければならない．認知症の原因となりうる多くの状態がある．アルツハイマー病はいっそうふつうであるだろう．しかし，それは，他のすべての状態が適切に除外されたときに推定される診断としてのみ行われうる．症状の歴史は，非常に重要である．なぜなら，脳卒中のようなある認知症化の状態は突然起こるからである．パーキンソン病のように他の疾患においては，認知症はアルツハイマー病と同等の期間にわたって徐々に現れる．たとえ，認知症のための他の潜在的な原因が除外されたとしても，状態の経過は監視されなければならない．いくつかの症例では，進行は非常に急速に進む，あるいは停止しているように見えるかも知れない．そのような現象は，再考されるためにいくつかの症例を必要とするであろう．重症のうつ病は認知症にそっくりなことがあるが，しかし，治療によって認知症様の症状は改善するだろう．

認知症は，治療されうる状態が原因になることがありうる

　認知症の原因になるいくつかの状態は，うまく治療されうる．それゆえに認知症を逆転させる．いっそうありふれた治療されうる状態のいくつかが表に作られている．これらの状態は必ず認知症を引き起こすのではないことに，またいくつかの状態はその上せん妄を引き起こしうることに留意されたい．

認知症症状およびせん妄の可逆性の原因

	せん妄	認知症
うつ病		はい
うっ血性心不全	はい	はい
急性心筋梗塞	はい	
腎不全	はい	はい
低血糖症	はい	はい
高血糖症	はい	はい
甲状腺機能低下症	はい	はい
甲状腺機能亢進症	はい	はい
肺炎	はい	
憩室炎	はい	
一過性（脳）虚血（Transient Ischemia）	はい	
脳卒中	はい	はい
硬膜下血腫	はい	はい
脳震盪	はい	
神経梅毒	はい	はい
結核	はい	はい
脳腫瘍	はい	はい
脳膿瘍	はい	はい
正常圧水頭症 　（脳脊髄液の異常な流出）		はい
糞便の埋伏（Fecal Impaction）	はい	
尿閉	はい	
感覚遮断状態（盲あるいは聾のような）	はい	はい
環境の変化と隔離	はい	はい
電解質の異常		はい
生涯のアルコール依存症		はい
貧血	はい	はい
低酸素症をともなう慢性肺疾患	はい	はい
栄養物の欠乏 　（ビタミン B_{12}, 葉酸, ニコチン酸〈niacin〉のような）		はい
薬物中毒	はい	はい
膀胱, 尿路感染症	はい	

　この状態の表は, 不完全であるのに, 多くの状態が, 認知症とせん妄の両方ともの原因となりうることを例証している. 検査室の, そして他の診断的テストと同様に適当な身体的な検査なしに下されることは, アルツハイマー病, あるいは別の非可逆的な認知症の診断にとって悲劇的であるだろう. そのようなテストは, 治療しうる状態を現わすであろう. 認知症の評価に

関連している適切な医学的な人員の重要性は，いくら強調されても足りないくらいである．

　これらの治療しうる状態のほかに，他の非可逆的な認知症（治療され得ないそれら）が考えられなければならない．アルツハイマー病は血管性認知症によって追随される，もっともありふれた認知症である．そしてその血管性認知症は，多数の発作によって引き起こされる．初老期の人（中年を過ぎた人）のすべての認知症のおよそ50％が，アルツハイマー病によって引き起こされ，20ないし25％が，血管の疾患によっておこされ，そして別の20％は，これら2つの状態の組み合わせによって引き起こされる．他の状態は認知症の10％以下の原因である．次の表は，より一般に知られている状態のいくつかを表している．もちろん，これらのうちのいくつかは，いまだに全く稀である．たとえば，クロイツフェルト・ヤコブ病とピック病である．進行麻痺，それは中枢神経系の梅毒のひとつの病形であるが，梅毒の好結果の治療によって稀なものになりつつある．

非可逆的な認知症

　アルツハイマー病（Alzheimer's Disease）
　ピック病（Pick's Disease）
　血管性認知症（Vascular Dementia）
　クロイツフェルト・ヤコブ病（Creuzfeld-Jacob Disease）
　レヴィー小体をもつ認知症（Dementia with Lewy Bodies）
　クールー（Kuru）
　進行麻痺（General Paresis）
　パーキンソン病（Parkinson's Disease）
　ハンチントン病（Huntington's Disease）
　ウイルソン病（Wilson's Disease）
　ビンスワンガー病（Binswanger's Disease）

血管性認知症は，除外されなければならない

　血管性認知症は，認知症の第2の主要な原因であり，またアルツハイマー病が疑われるときには，除外されなければならない．認知症にそっくりでありうる精神医学的障害の一群もまた存在する．これらの障害は，それらが真の認知症ではないために，仮性認知症あるいは偽性認知症（pseudodementia）と呼ばれている．通常，うつ病は，それが認知症の症状を生じるのに充分に重症であるときには，偽性認知症と考えられる．その上に，統合失調症は，認知症を連想させる症状を作り出すことがありうる．相応な個人的な病歴なしに，症状が思考障害と認知症のどちらが原因になっているかを決定することは困難であるだろう．血管性認知症は，かなり詳細にわたって論じられている．というのはそれは，最初の評価の際に認知症の可能性のある原因だと考えられる見込みがあるからである．（うつ病，すなわち認知症に関係づけられる見込

みのある別の候補は，第3章で十分に論じられている）．

何回かの脳卒中発作の累積的な影響が，認知症を起こすことがありうる

　たいていの人々は脳卒中発作を熟知している．そしてそれは脳に対してさまざまな程度に損傷を引き起こす．多数の発作の累積的な影響は，脳の多数の領域を損傷することによって認知症を起こす．唯1回の発作あるいは梗塞は，たとえ最初，これが問題に見える場合があるにしても，通常は認知症を引き起こさないであろう．しかしながら，卒中発作ののちに，人は普通はある程度の回復へ向かって進む．ある患者たちについて，回復は部分的であるかも知れない．しかし，多くの回復については，毎日の働きに対していかなる重大な影響を残すこともなくかなり完全でありうる．

血管，あるいは動脈の閉塞が原因になった卒中発作

　卒中の病型と重症度は変化する．ある発作は，大，あるいは中等大の血管の閉塞によって引き起こされる．大動脈の閉塞は知的能力，随意的な運動，および言語を損なうことによって大規模な脳損傷を生じうる．血管あるいは小動脈の閉塞にともなわれる脳損傷は直ちに明白にはならないであろう．たとえば，知的な働き，あるいは随意的な運動に対するそのような卒中発作の影響は非常に微妙なので，それら（の影響）は認められないかも知れない．他の小動脈に関連してそのあとの発作が起こりうるだろう．これらの多数の発作の累積的損傷は，恐らく認知症の発現時の病像を産出するであろう．小さな発作の累積的影響が適切に観察され，そして監視され得ないとき，認知症が，多数の小さな卒中発作によるものかどうか，あるいは脳の働きの劣化が，アルツハイマー病のような原発性の認知症が原因であるかどうかを決定することはいっそう困難である．

　唯一回の卒中発作は，つねに認知症の診断のためのすべての基準を満たさない，かなり特殊な症状に帰着する．卒中発作によって引き起こされた問題のいくつかは，次のような随意的な運動の麻痺と制限を含んでいる．すなわち言葉をはっきりと発音できないことから言葉を正確に使用しそして理解することの問題までの言語障害（表出的および受容的失語症），情動的な不安定さ（気分が急速に変化する），そして記憶あるいは知的能力の障害．症状がはっきりしているときにはそれらは，また突然現れるであろう．もし1回以上卒中発作が起こるならば，欠陥は段階的な悪化の経過をたどるように思われるであろう．さらに1回の発作が起こるであろう．そのとき障害された人は，多少の進行を示し，そして好転するだろう．もしもう一回発作が起こるならば，他の欠陥が明白になるであろう．多少の回復が行われるであろう．しかし別の発作が起こるたびに，能力の全面的なレベルは別の段階に悪化するであろう．欠陥は，最初は人のすべての機能に関連しないであろう．しかしそのあとの発作は，認知症，すなわち血管性の認知症を起こすであろう．

一種の卒中発作は，アルツハイマー病から鑑別することが困難である．

　一種の卒中発作の結果は，アルツハイマー病から鑑別することが非常に困難である．*角回症候群*（*angular gyrus syndrome*）は中大脳動脈によって血液と栄養素を供給されている脳領域に関連している（CummimgsとBenson，1983）．素因となる医学的因子は，高血圧あるいは心疾患である．失語症，書字困難，計算力の欠損，左右側の失見当識，および記憶問題（実際には言葉を思い出すことの障害）はこの種類の卒中発作の症状の一部分である．卒中発作におそわれた患者は，かれの言語的な実行について弁解的であり，そして挫折感をもたせられるであろう．しかしアルツハイマー病の患者は，そのような諸問題に気づかないであろう．そして会話にかかわりあいになることがいっそう困難であるだろう（CummimgsとBenson，1983）．

　CATスキャン（computerized axial tomography，コンピュータ軸位断層撮影）は，つねに脳に対するより大きな卒中発作による損傷を確認するのに役立つ．しかしながら，小さな発作は，必ずしも発見されうるとは限らない．そしてそれは，しばしば損傷される領域が非常に小さい角回症候群を有する症例でありうる．

　血管性認知症は，一群の症状がアルツハイマー病型の認知症を示しうる前に除外されなければならない．ときどき，評価の過程に関連させられた専門家たちは，アルツハイマー病と血管性認知症の間の区別をするために，症状の相違点をはっきりと確認しなければならないだろう．検査室で行われる検査，医学的な来歴，あるいはCATスキャンでさえ，必ずしもその区別をすることにおいて役に立ちうるとは限らない．

　たとえ卒中発作が，症状の突然の出現の原因になるとしても，発作の犠牲者は小さな卒中発作によって引き起こされた微妙な変化には気づかないであろう．家族たちは，行動におけるそのような変化を確認することができないであろう．あるいは，かれらは，そのような変化を他の原因によるものとするであろう．卒中発作はつねに痛みがない．それらは，人が眠っている間に起こりさえするであろう．何回かの卒中発作から生じる早期の症状は，めまい，頭痛および減じられた体力および精神力を包含しうる．ばく然とした身体的な愁訴があるかも知れない．卒中発作が突然起こりうるという事実にも拘わらず，発症は徐々でありうる．そのような発現はたやすくアルツハイマー病と混同されうる．多くの時に発作の開始は，錯乱状態によって前兆にされる．

　卒中発作は，必ずしも脳損傷を示唆しない他の特徴をもつことがありうる．障害された個人は，ときどき不充分な判断と洞察力を表わすであろう．せん妄が起こり得る．そして家族の成員たちは幻覚を観察するであろう．情動的な変化は一般的であるだろう．卒中発作を経験してしまった人は，社会的な状況の中で気転あるいは感受性を示さないであろう．他の人々に対するかれの関心は減少しうる．そして他の人々と物事への関心の狭隘化は増大する自己への没頭に帰着しうる．うつ病は卒中発作のありふれた結果である．

内科的疾患は，卒中発作のための危険を生じる

　発作のための危険を作り出す多くの内科的疾患がある．高血圧，糖尿病，および心疾患は，卒中発作および血管性認知症にともなわれる．卒中発作は，死の主要な原因であるために，発作の疑いのあるときは決して軽々しく治療されてはならない．もしも卒中発作が起こったとしても，積極的な医学的治療は，血管性認知症に帰着しうるだろうその次の発作を予防しうる．その上に，アルツハイマー病をもっていることが知られている人も，卒中発作を経験しうる．実際に認知症の20ないし25パーセントは，アルツハイマー病と血管性疾患の組み合わせによって引き起こされている．アルツハイマー病の患者における卒中発作あるいはその後の（複数の）発作を予防することができるときに，混合された欠陥は避けられうる．

■アルツハイマー病の段階

進行性の悪化の程度は異なる．　多くの病気は，進展と回復の段階（複数）をたどる．しかし，アルツハイマー病については，いかなる回復もない．おそい，進行性の経過は行動と能力のいっそうはるかな悪化に帰着する．何人かの犠牲者たちにとって，とくに60歳以下の人々にとって，段階（複数）は急速に移り，そして疾患は3ないし5年以内に死に終わる．しかし，発病がもっとおそい年齢で始まるとき，この疾患は10年あるいはそれ以上の年数にわたってゆっくりと進行するであろう．

病気を理解することは，適応に役立つ．　アルツハイマー病の早期の段階にある人とかの女の家族の両方ともが，疾患が進行するにつれて当然予想すべきことを知ろうと欲する．きたるべきことを理解することは，家族に最愛の人の適応を容易にするために，また徐々に家族全体に対する疾患の影響を受け入れるために，将来の段階（複数）に向かって準備をすることを可能にする．

諸段階を理解することは，家族たちと専門家たちの両方ともに役立つ．　この章で論じられた疾患の諸段階は，本質的にはニューヨーク大学医学センターにおける精神医学の準教授であるBarry Reisberg博士によって展開されたそれらである．これらの諸段階についての一般的な知識は，つぎのことを行うために，家族たちと専門家たちの両方ともに役に立つことができる．すなわち，

・正確に状態を評価しそして診断する．
・いろいろな症状を同定し，そして病気が発展するに従って，それらの症状の進行を追跡する．
・病気が発展する速度を決定する．
・患者のいろいろな能力について現実的な将来の見込みを心に抱く．

・家族と患者の両方ともの適応を評価する．
・適切な資源の利用によって家族を助ける．

欠陥の徴候は，多くの因子に依存する．　あらゆるアルツハイマー病の状態は，諸段階についての次に述べる議論の中に示された，徐々の衰えに正確に追随はしないであろう．多数の因子によるものとされうる個人的な変動がある．多数の因子とは，発病前の人の知能および能力，かれの人格と問題に対処するための基本的な方法，他の健康上の諸問題，夫婦間の関係，そして環境的支持の程度である．

■第Ⅰ段階：早期の錯乱的段階（Early Confusional Phase）

忘れっぽさが問題になる．　アルツハイマー病の発端の諸段階の間に，患者は単に忘れっぽいと思われるであろう．しかしかれの記憶問題が悪化するに従って，患者の社会的および職業的熟練は著しく減退し始めるであろう．かれはつねにかれの増大しつつある記憶問題を否認する，またときどきうまく代償するであろうにも拘わらず，かれはかれの誤りのすべてを理解することができないであろう．

錯乱とよりおそい反応は，運転に影響する．　早期の諸段階において，人にとって，変化と新しい事物を処理することがより困難になる．もしもかれが，よく知らない地域へ旅行するならば，道に迷い，また当惑するようになるであろう．しかしながら，かれは，おそらくまだおなじみの路を一人きりで動いて行くことができる．交通に関して，かれの集中力と記憶力が減退するに従って，かれは反応することがよりおそくなるであろう．

社会的な会話に関する早期の問題が，表面化する．　この段階の間に，人はかれの考えを伝えるための適切な言葉をみつけることで苦労するであろう．まだ慣れない人々の名前や最近の会話を思い出すことにおける問題は，ますます明白になるだろう．同様に，かれは書物，雑誌あるいはテレビが示す少量の情報をもち続けるであろう．

人格変化が現れる．　人はかれの自発性およびひらめきを失い始めるであろう．社会的にものを言うならば，かれは，かれが話しそして行うことにおいてよりおそくなり，そしてより少なく弁別するであろう．かれの減じられた自発性，エネルギー（気力），および意欲（drive）が顕著になるであろう．かれは，かれの記憶問題によって生じた不確実さの結果として，いっそう容易に失敗させられ，不安に，そして腹をたてるようになるであろう．この不安は，人が社会的あるいは仕事に関係した状況を大いに必要とする中にあるときに，もっとも明白であるが，かれに不慣れな，あるいはむずかしい状況を完全に回避させるであろう．

否認は，早期の諸問題の認識を表面に出さない． この早期の段階の間の人の障害の程度にもかかわらず，かれの家族は少数の特殊な問題にだけ気づいているであろう．個人は，かれの欠陥をおおいかくすために，かれの残存している力を利用しつつあるだろう．この否認は，しばしば，家族の成員たちを人の諸問題の厳しさを考慮しないことに導く．アルツハイマー病の最初の段階を通り抜けつつある人は，苦しめられているように見える．しかしその理由は，しばしばかれにもっとも親密な人々にとっては神秘（ミステリー）である．

早期の情動的な症状に，精神衛生の専門家たちの注意がひかれる． この時点では，症状は身体的よりもむしろ情動的であるように思われるために，大概は精神医学者たちと他の精神衛生の専門家たちが，診断と治療を依頼される見込がある．薬物療法が，情動的な症状を取扱うために考慮されるかも知れない．アルツハイマー病の最初の段階の諸特徴を現わす，すべての人々が，実際にはアルツハイマー病に罹患してはいないことへの留意は重要である．しかし，もしもアルツハイマー病の症状が存在するならば，ひとつの診断が，たとえその人の行動の完全な意味を直視することが苦悩を与えるであろうとしても，考えられなければならない．アルツハイマー病を有する人は徐々に，しかし劇的に変化するであろう．そして，その人をそっくり過去におけるように処遇し続けることは不正直，その上非現実的である．

疾患の過程は，能力と活動における変化に帰着する． ADの諸問題が単なる怠惰，不注意，あるいは瞬間的な不合理な行動によって引き起こされないことを理解するのが決定的に重要である．本疾患は犯人（のようなもの）であり，そして介護者はかれの最愛の人がゆっくりと衰えゆくに従って，諸問題のいっそうの悪化の準備を始めなければならない．

■第Ⅱ段階：後期の錯乱の段階

記憶の諸問題は，いっそう明白になる． アルツハイマー病が進行するにつれて，記憶に関する諸問題はいっそう明白になり，またいくらかいっそう行きわたるようになる．たとえば，現在の出来事についての人の記憶（retention）は衰退する．かの女は容易に話の筋道を見失い，そして後に続く会話の中に顕著な困難を経験するであろう．かの女の反応は状況に調和しないであろう．同様にかの女の個人的な経歴についての記憶はおぼろげになるであろう．

意思決定，および財務管理は悪化する． 計画をたてること，あるいは意思を決定することは，人にとって極端に困難になり，また家族にとって挫折感をもたせることと同様になる．家族の成員たちは，かの女がかの女の財政状態や他の重要な責務を完全に処理していないことが明白になるにつれて，それらについてかれらの親戚を支援する必要を感じるであろう．

問題の否認は，家族の仕事をいっそう困難にする． 障害された親戚は，援助を喜ばないであろう．かの女は，かの女の諸問題をいまだに否認しているであろうし，またあらゆる援助を干渉と考えるであろう．介護者は，最愛の人の障害された判断として，かの女の諸問題，およびかの女の支援のための必要性の，両方とも是認をかの女が拒否することに遭遇するかも知れない．認識におけるこれらの相違は，家族内部で更にいっそう多くの葛藤を，生じ始めることがあり得る．その上，AD をもつ人は，社会的状況を処理することがあまりにも困難すぎるものになるに従って，概して，それらを回避することを選択するであろう．

運転は，より危険になる． 人の運転もまた心配の源泉になる．この段階で，アルツハイマー病の患者は，おそらく適度な安全さをもって熟知している路線を走ることができる．しかしながらかの女は，不測の状況に対して，誤りや不適当な反応を生じやすい．かの女は潜在的に危険な交通の状態に対して過剰反応し，あるいは少しも反応しないだろう．家族は運転の機会を制限すること，あるいは除去することをまじめに考えなければならない．

時間と場所に関する見当識が障害される． 人の記憶のいくつかの面—時間・場所，および人に対するかの女の見当識—は，この段階ではまだ損なわれていないであろう．しかしながら，集中することにおける障害は，これらの事物を思い出すことを，あるいは過去の二，三分あるいは過去の一週間の出来事を思い出すことを，骨の折れることにするだろう．対照的に，遠い過去の記憶はおどろくほどはっきりしており，また正確でありうる．かの女はさらにしばしば，過去の出来事について話し，しかし現在の出来事についての会話を避けるであろう．

監督することは，支持的援助を意味する． AD の人は，この段階の間に，多少の監督されることと毎日の支持を要するであろう．かの女は，生活のあらゆる面で欠陥がないにも拘わらず，かの女は，収入を処理することや紙幣を支払うことのような，いっそう複雑な領域で援助を要するであろう．所得税の通知をファイルする，小切手帳の収支決算を合わせる，そして紙幣を支払うために必要な，ストレスと細部にわたる機構の混合は，かの女が処理しうることより以上であるだろう．

AD に罹病している人は，自分の考えに夢中に，また抑うつ的になる． 人が，かの女の能力が知らぬ間に抜け落ちていくのを理解するに従って，かの女は，ますます自分の考えに夢中になり，また他人の感情に無神経になる見込みがある．しばしば人は，かの女の状況をさらに悪くしながらうつ病の中におちこむ．介護者は，最愛の人がそれらをもっていることを否認する諸問題のために，かの女を助けようと努めるのだが，おそらく拒否されており，また感謝されていないと思うことがありうる．

■第Ⅲ段階：早期の認知症

依存性は，介護者の負担を増加する． このときまでに，アルツハイマー病に罹患している人は，かの女のケアのために，他の人々に全く依存的になってしまっていた．その依存性は，その人の要求のすべてに応じ，そしてかの女の安全を危害から遠ざけるための介護者の責任の意義を増大させる．毎日どんなにたくさんのことが行わなければならないかを理解することは，実際のケアにかかわり合っていない誰かにとっては困難である．実際に他の家族の成員たちは，かれらが，毎日の介護が精神的および身体的に要求することが，どんなに骨の折れるものであるかを理解できないために，一次的な介護者を支持しないであろう．早期認知症の段階にある人は，以下のことを必要とする．

・たいていの活動を開始する際の援助
・かの女の"考えること"を助けるためのだれか
・かの女の依存性が増大するのにともなう現場でのケア
・かの女の要求を表現する際の援助

犠牲者は，（車の）運転をしてはならない． 早期認知症の症状を示している人は，危険なドライバーである．たとえば，かの女はスピードを増し，あるいは気づかないで停止信号を通り抜けて運転する．同様に運転している間に出会ったストレスの多い状況は，劇的にかの女の判断に影響しうる．それゆえに，家族の成員たちは，患者が運転しないという保証をかれら自身で引き受けなければならない．

記憶の空所は，不安定さ，および防御的な行動を始動する． たとえかの女の諸問題が，周囲で誰にもかれにも明白であるとしても，患者はかの女の誤りを否認し，そして遮蔽しつづけるであろう．会話の中でかの女は見当ちがいに，あるいは理不尽に思われる見聞を捏造するであろう．実際に，かの女は記憶の喪失によって生じた知識の空所の中を勇敢にも満たそうと努めている．患者は，有意味な生活を維持するために，かの女自身の現実の断片を修復された状態に引き寄せようと努めている．

　かの女の記憶がわるくなるにつれて，不安定さの強められた意識は発達して，疑念とパラノイアになる．判断と推論は，さらに悪化する．疑い深さは，家族の成員が非難あるいは疑念が理由がないことを証明しようと努めるときでさえ，怒りをともなうであろう．激越興奮化された行動が発現しうる．

情動的な反応が，いっそう目立つようになる． 患者の情動的な不安定さは，心理学的，社会的，また神経学的ないろいろな根源の混合に原因がある．この段階の間に，アルツハイマー病の患者は，明白な原因によって，あるいはそれなしで周期的な叫ぶ発作（periodic crying spells）

および突然の気分の変化を経験するかも知れない．そのような不安定さは家族にとって怖がらせること，そして，腹立たしいことでありうる．支持と理解を伝える慰めと鎮静化の接近法は，介護者の側のよい反応である．

記憶の欠損は，たえず変動する． ほとんど瞬間から瞬間までに基づいた記憶における変動は，第Ⅲ段階ではまれではない．介護者たちは，そのような変動が，かれらの親戚がよりよいと思われている当時のうちの最良のときにする，そしてかの女がいっそう悪いと思われているときの意気消沈を回避する，この疾患の標準的な部分であることを現実のものとしなければならない．

論理的な，規則的な系列をなす推論および活動は減少する． 行動および課業の正確な連続を思い出すための人の能力は，重大に障害されるようになる．この無能力は着衣あるいは身ぎれいにすることのような領域で目立つであろう．そこではかの女は，課業の唯一の部分を完全にしてもよいのだが．

自立が励まされる． つねに，かの女は，援助によってかの女の毎日のきまった仕事の一部を続けてなしとげることができる．しかしある事が，かの女にとって仕上げるにはあまりにも複雑で理解しにくいと推測することによって，かの女の依存性を不必要に増大させるのは容易である．たとえば，第Ⅲ段階までで，かの女は，適切に似合ったそして適当な衣類を選ぶ際に援助を必要とするであろうが，しかし，このことは，その上かの女が，服を着替えられないことを意味しない．アルツハイマー病に罹患した相当数の人々は，同じ衣類を着替え，あるいは洗たくすることなしに毎日着用したいと思うであろう．この種類の行動は，介護者たちを刺激して全体の作業を引き受ける気にさせるであろうけれども，患者は可能なかぎり，かの女自身のケアをするために励まされなければならない．

単純な決定が，圧倒するようなものになる． 早期の認知症の間に，人は食べること，あるいは着ることに関する単純な決定をさえ，することがなかなかできないであろう．しかし，介護者は，まだ，はい，あるいはいいえの応答を要する，簡単な二者択一を提案することができる．入浴，あるいは汚れた衣服を拾い上げることのような2つの必要な二者択一のうちで，ひとつの選択を示唆することは，役に立つであろう．これは，患者が活動の少なくともひとつの望ましい経過に着手するであろう機会を増加させる．

社会的なひきこもりは，障害された思考能力をともなう． 障害された人は，社会的および課業に向けられた活動の両方ともからひきこもることが予想されうる．かの女の減じつつある思考および推論の能力は，ストレスの多い状況に適応するためには，かの女をより少なく融通の

きく，そしてより少なく才能のある人にするであろう．もしもかの女が押し動かされるならば，かの女は非常に不安になり，また怒るという両方ともの状態をきたすであろう．もしもかの女があまりにもしばしば押し進められすぎるならば，かの女は実際に必要な，ストレスの多い活動を実行することを拒むであろう．それにも拘わらず，かの女はなおいくつかの社会的な状況を楽しむであろう．たとえば教会に，あるいは映画に行くことは，まだ相当につらくないであろう．一方で，長い時間をかけて友人を訪問することは，圧倒されるものになるであろう．

介護者たちは，支持を必要とする． この時点では，介護者たちは，かれらの全時間の責務から，かなりの感情的な支持および気分転換を必要とする．家族の成員たち，友人たち，そして隣人たちは，最初の介護者が必要とする支持および気分転換の両方ともを供給することができる．それは親戚と一緒に側に座っていること，毎日の家事を行うことでも，あるいは訪問することでもある．介護者たちは，かれらに対して発せられた強い要求を処理するために，かれら自身の能力を注意深く監督しなければならない．またかれらは必要とされるに応じて援助を求めるために躊躇してはならない．

■第Ⅳ段階：中等度の認知症

ADに罹患した人は，能力の喪失に対して，いっそう激しく反応する． 主要な変化は，早期の認知症から中等度の認知症へ疾患が進行するに従って起こる．そして介護者たちの深くかかわり合うことが，相当に増大する．病気の間中，患者は，かの女の心がこっそり立ち去りつつあるという実感から，かの女自身を保護するために否認を用いることに，かなり成功してきたであろう．しかしながら，否認は，より少なく効果的な保護装置になりつつある．ひきこもりは，激越興奮，パラノイア（paranoia，妄想症），および妄想（delusions）に向かう傾向によっておきかえられつつある．安全への要求は，人の心によって満足させられ得ない．この時点では，環境は構造，きまった仕事，ケアすることによってこの要求を満たすことができる．

妄想． 妄想は，しばしば外界の中での喪失の恐れ，および想像された脅威を反映する．配偶者たちは誠実でないことで非難されうる．隣人たちと友人たちは，信じられないような事柄のために責められることがある．

睡眠障害および幻覚． この段階の間に，患者の睡眠はよりしばしば中断され，不安定になる．かの女は，眠ることをほとんど不可能にする幻覚のあるいは妄想的な恐れによって目をさまさせられるであろう．そしてかの女は夜に徘徊しはじめるかも知れない．

反復性の行動． たくさんの情動的な変化が，中等度の認知症の段階の間に現れる．それらは，

引き出しから衣類を引っぱり出すこと，そしてそれらを再三再四とりかえることのような強迫症状を含むであろう．人は活動のひと続きをしとげるのに充分に長い間，かの女の考えをもちこたえることができないであろう．強迫的思考あるいは反復性の考えと懸念はある人々においていっそう明白であるだろう．

運動と協調の障害． 運動と協調についての問題は，今やいっそう明白になり，そして実行を著しく妨害するようになるであろう．人は歩行について，そして更衣，摂食，かの女の歯をみがくこと，等々のために必要とされる目的のある協調された運動について，障害を徐々に示すであろう．摂食障害は，体重の減少の一因となるだろう．また過度の摂食が問題になるだろう．

毎日の活動を援助することは，絶対に必要である． この時点では，ADの人は，毎日の生活のたいていの活動についての援助を必要とする．介護者は，以来，患者の社会的および行動上の期待に，注意深くまた敏感に適応しなければならない．個人は，情動的な過負荷に帰着しうるだろう状況におかれてはならない．かの女は，激しい，そして怖がらせるような方法でやりすぎることができるであろう．

乱暴な行動の根源． アルツハイマー病に罹患した人の乱暴な行動の多くは，過度の周囲の強い要求によって始動される．人は，かの女のどんな行動が予測されるかを理解することができない．それで不適切に反応するだろう．状況にすばやく反応するように迫られることは，さらに不適切な反応を促進する．あまりにも多すぎる選択あるいは選択できるものは，いっそう不安や激越興奮を促進しうるし，あるいは今まで以上のひきこもりに帰着するであろう．

入浴の問題が発生する． 中等度の認知症の段階は，入浴についての現実的な恐怖を生じる．この恐怖は，しばしば介護者たちによって単純ながんこさ，および非協調性として誤って解釈される．しかし実際には，入浴に関する人の恐怖は，もっともな心配にかかわっている．患者は水温を調節する方法を，また石けんや手ぬぐいを使う方法を忘れている．かの女の障害された協調は，バスタブの中へ入り，そして出ることにおける困難を生じる．そしてかの女は倒れることを，恐れるであろう．その上に，個人衛生の社会的な重要性についてのかの女の思慮は，失われてしまっている．入浴に関する葛藤を減じるために，介護者はタオルで洗うことをタブ浴に代用することが，あるいは入浴の頻度を減じることができる．ときどき患者は，緊張をやわらげるためのひとつの方法として，とくに鎮静的な身体のマッサージが同時に行われるときには，熱い蒸気浴（hot bath）を受け入れるであろう．

出来事や体験の事情が，わからなくなること． 中等度の認知症にある人々は，一般にかれらの周囲の事物，その年の時節，その年自体，また時と場所についての他の表示を知らない．記

憶の能力は自宅の住所，および居場所についての断片的な知識にまで悪化する．喪失した状態になることは，ほとんど不可避的になる．そして，介護者たちにとって現実の苦労の種になる．患者は，親しい人々と見知らぬ人を見分けることができるであろう．しかし，しばしばかの女は，かの女がもっとも頼りにしている人，かの女の配偶者を同一と認めることができない．かの女は，つねに，かの女自身の名前を知っており，そしてかの女の過去について多少の大ざっぱな思い出すことをもっているであろう．しかしかの女は，すべての最近の出来事および体験について，大部分，知らない．かの女は，いかなる明白な意味もないかずかずの情報を知らせるだろう．アルツハイマー病の犠牲者にとって，世界は，怖がらせるようなものに，そして大いに御しがたいものになってしまっている．認知，記憶，そして知覚の能力の喪失は，かの女の生活の数々のものを，ひとつの有意味な全体の中に組織することからかの女を妨げる．

介護することは，より孤独に，またいっそう隔離することになる． この段階では，介護することは，昼も夜もの大部分を占める．それにも拘らず，介護者は患者からほとんど承認を受けないか，あるいはいかなる承認も受けない．やさしさはめったにみられない．それが何かのとるに足りない動作，あるいはジェスチュアの中に読み取れるとき以外は，このことは多くの介護者にとって非常に認めることが難しい．なぜならかれらは，当然かれらの親戚から感謝の気持ちと賛成を得ようとするからである．

　もしも介護者が，ADに罹患した人のために孤独なケアを引き受けるならば，かれは，身体的にも社会的にもきびしく孤立化させられる見込みがある．友人たちは，もはや訪ねてこないし，そして地域社会の活動は制限される．もっとも重大な孤立は，介護者にかかわる患者の無能力によってつくり出される．すべての決定は，かれの双肩の上に下る．介護者が，感情的な孤立と別離のために，かれ自身で確言し，そして補償をする方法を見出すとき以外は，介護することの代りにいかなる報酬も感謝もない．

介護者はヘルパーをやとい，あるいは患者を施設に預けなければならない． この段階の間に，介護することの感情的な重荷が，家庭内にヘルパーを雇い入れるべきか，あるいはひょっとして患者を施設に預けるべきかどうかについての難しい決定を行うことに，かかわりあっていた人々を押しやる．第Ⅳ段階では，専任の援助者を雇うことが，介護者たちにとっての理想的な状況である．しかし，熟練した専任のヘルパーを雇うことは，費用がかかる．それゆえに非常勤のヘルパーは，最良の選択肢であるだろう．けれども，最初の介護者は，直接のケアおよび監督することという消耗する（ほどはげしい）作業のいくらかの軽減を得なければならない．その上に患者は，ある様式の精神医学的あるいは他の専門的な精神衛生的な援助を必要とするであろう．

介護者たちは，支持グループを必要とする． 　ヘルパーによる援助があってさえ，介護者の役割は，ことごとくかれの生活を打ちひしぐほどつらいものになるだろう．患者の睡眠の問題は，介護者の睡眠を崩壊させる見込みがある．かの女の激越興奮は，管理をいっそう面倒に，そして疲れさせるものにする．かの女の妄想的な信念は，苦痛を与え，そして怖がらせるようなものである．家族の支持グループは，援助することができる．介護者もまた，他の支持的な資源（resources）を確保することに関して，個人的なカウンセリング（指導，相談）および援助のための必要を感じるであろう．

　介護者は，必要とされるに従って，援助と支持のために家族全員を頼りにしなければならない．患者の最後の数週間，数か月，あるいは数年のための他の準備に関する主要な決定は，すぐにこようとしている．そして少数の介護者たちは，そのような決定を何らかの程度の家族のインプットおよび支持なしに行っていなければならない．

　家族の成員たちが，活動のもっとも適切な進行を実際に支持しないときには，最初の介護者は，かれが正確な決定を行いつつあることを，他の人々によって再保証されなければならない．争いは，親戚たちが病気の含意や介護することの毎日の重圧を理解していないために現れることがある．

■第Ⅴ段階：後期の認知症

　"未来を見通した訣別" あるいは "絶えまのない死" のような言回しはこの疾患の最後の段階を記述するために用いられてきた．介護者たちは，非常に小さな部分については，しばしば人生についてのすべての問題が，ひとつの言葉によってもっともよく要約されるように思われるひとつの反応—"なぜ？"（"WHY"）それだけを発するに違いない．

介護することの限界を認めよ． 　決定は，今や最愛の人の賛成のうなづきなしに行わなければならない．何が最善であるか，あるいはかの女が，何をのぞんでいるだろうかについての理解力は，人が一人きりで決定しなければならないという事実と拮抗する．本人の生活と同様に制限されたものになってしまうが，（介護することは）家族にとってまだ有益であり，そしてさようならを言うことは難しい．それにも拘わらず，受難の最後を見ることが望まれる．介護者は，かれの最愛の人が家にいることを望むであろうけれども，かれがもはや全時間のケアを提供することができないときには，施設が唯一の現実的な選択肢であるだろう．

　否認は，病気の感情的な衝撃から，ADに罹患した患者を保護し続けるだろう．かの女はまだ微笑むこと，笑うことができるであろう．そしてときどき生活を楽しむように思われうるであろう．

何もかもの，より少ない量．　生活の感情的な体験は，たとえ言葉が失われてしまっていてさえ，継続しうる．行動的には，本人は扱いにくくなるのと同様に，おそらく従順になる．精神安定剤（tranquilizers）についての必要性は，かの女の行動がいっそう容易に管理されるようになってしまったために小さくなる．

　かの女の運動能力は，悪化しつづけるであろう．そして結局は歩き，座り，そして微笑するためのかの女の能力は，かの女の膀胱と大腸の機能の制御力と同様に，失われるであろう．喪失は一様ではないであろう．すなわちまだ歩きつつある人は，突然歩き方を忘れてしまうためにかの女が倒れるので，床の上で発見され，あるいは捕らえられるであろう．そのような症例は，卒中発作あるいは一過性虚血発作（そこで脳に対する血液の供給が一時的に中断される状態）が起こってしまっていないことを保証する，医学的注意が必要であるだろう．

運動の問題に取り組むこと．　アルツハイマー病をもつ人を，かの女が歩くことができる限り，歩行を援助することは重要である．かの女は，かの女の協同運動機能を喪失してしまっているので，歩行補助器を使用することができないであろう．しかし手すりや他の支えは，援助することができる．その上，支持を提供する家具を配列しなおすこと，また（動き易いカーペットのような）障壁（barrier）を取り除くことは，役立つであろう．老年病者用の椅子および他の制限的な道具の使用は，できるだけ多く，回避されなければならない．そのような制限は，激越興奮と落ち着きのなさを増大する．

摂食障害．　この最後の段階の間に，患者は結局，食物を咀嚼し，そして飲み込むための能力を失うであろう．介護者は食物を小さなかたまりに切らねばならないだろうし，あるいは，ほとんどすべてにわたって，柔らかな食餌を調理しなければならないだろう．もしも患者が食べることを拒むならば，給食の他の方法が考慮されなければならない．

いっそう構造化された，非常に監督された，ケアが必要である．　脳の活動が，はげしく障害されるようになるに従って，患者は誤嚥，肺炎，感染症およびそれ以外の疾患のほかに，ますます（てんかん）発作を起こしやすくなる．かの女は，呼吸および嚥下において窒息すること，閉塞あるいはそれ以外の諸問題が起こりうるので，かの女は，摂食中の援助が必要であるだろう．呼吸の諸問題は，本人が寝たきりになるときにはとくに，減じられた活動性によって悪化することがありうる．

最後の調和．　昏迷は，この最終の段階で起こり，そして結局昏睡および死に帰着する．病気の間じゅう，介護者はかれの最愛の人のためにケアすることの間に，次々と続く挑戦に直面しなければならなかった．人間的接触は，ADの人にとって現実として重要であった．そのような接触は，たとえ本人が外観は応答することができないとしても，なお重要である．忍耐と親

切は，それらが偉大な強さを必要とするにも拘わらず，必要である．最愛の人の一触れ，愛情のこもった声，そしてそこにいることは，かの女が，もはやだれでもに手を伸ばすことができないときでさえ，本人を身体的に，そして感情的に元気にしておくのを助ける．

3. うつ病とアルツハイマー病に罹患した人

　アルツハイマー病に罹患した人は，毎日の生活の社会的な状況と，平常の活動の中で機能するためのかれらの能力を，さらに制限しうる他の健康上の問題を発現することがありうる．行動におけるはっきりした変化と精神医学的症状が，アルツハイマー病に付随しうるが，これらの症状は，それらが突然に現れるとき，その他の健康上の問題からもまた生じうる．しかし，アルツハイマー病とともに，ふつうに見られる別の健康上の問題がある．介護者たちは，それを認め，そしてそれに適切に反応しうることが絶対必要である．この問題はうつ病である．そしてそれは，AD に罹患した人，およびかれのあるいはかの女の介護者たちに対して重要な衝撃を及ぼしている．うつ病で悩んでいるとき，アルツハイマー病をもつ人々は，いっそう苦しめられまた興奮させられること，しかも毎日の生活の機能する，そして実行する活動について，より大きな諸問題をもつことが知られている．家族の成員たちは，かれらの最愛の人たちによって体験された，増大した機能障害と気分に関連した障害のために，さらに多くのストレスと心の重荷を経験する．このことはゴミの山の中に倒れていることという時々の体験（のことを言っているの）ではない．それはいっそう重大である．だが，うつ病は AD に加えて診断することが非常に困難なのである．
　AD に加えてうつ病を確認することは，抑うつ的な症状がしばしば一時的であるか，あるいは大うつ病性障害でみられるそれらよりも重症，そして普及されているというほどではないためにいっそう困難である．うつ病とアルツハイマー病は症状を共有する，そしてうつ病のいくつかの症状は，実際には AD の早期の徴候を表しているかも知れない．うつ病は，必ずしもわれわれが大部分それを予想するであろうときに起こるとは限らないであろう．そこでわれわれは，AD をもつ人々が，抑うつ的になったのはいつで，また何故であるかにもとづいてわれわれの仮説を再考する必要がある．たとえば，認知症症状に気づいており，またアルツハイマー病をもつことが何を意味するかを理解している人々は，認知症の早期の段階において抑うつ的になることという，より大きな危険を所有しているかも知れない．この喪失に対する心理学的反応は，しかし，うつ病が，認知症症状についてほとんど意識していないばかりでなく，いっそう重症に進行した認知症を経験している人々に起こるという事実を説明してはいな

い (Devanand, 1999). それでもやはり，より少なく重症の認知障害か，あるいはいっそう重症の機能障害をもつ AD に罹患した人々は，抑うつ的になることのためのより高度の危険を所有している (Payne, 1998).

　最近の研究は，抑うつ症状が，ある人々がアルツハイマー病と診断される前，3年の間に，発現しうることを決定した (Visser, 2000). 相当数のうつ病は，軽症でまた一過性の症状をもっているが，アルツハイマー病に加えて認められるうつ病性障害は重症でありうる. われわれは，アルツハイマー病をともなううつ病についていくつかの事実を結論しうる. すなわちそれはありふれており，多数の原因を有しており，またアルツハイマー病の過程の異なった時点で起こる. 症状の重さは変化し，そして症状の表現は，その間にうつ病が発現する段階に依存するだろう. われわれは，発病と症状の表現における相違は，実際にはうつ病の異なった病型を特徴づけうることに気づくだろう. われわれは，なお，うつ病とアルツハイマー病について学ぶべきそれ以上のものをもっている.

　認知症によるものとされたいくつかの問題は，うつ病によって引き起こされうる. アルツハイマー病をもつ抑うつ的な人々は，いっそう激越興奮化させられるらしい. そして管理することが，より多く困難である行動の問題をもっている. かれらはさらに多く，妄想で悩んでいる見込みがある. かれらは服を着ること，身づくろいすること，食べること，入浴および毎日の生活の他の活動における，より大きな障害を示しがちである. うつ病と AD をもつ人々は，さらに多く認知障害を示すであろう. うつ病は，アルツハイマー病と同一のものとして扱うことは困難であるだろう. しかしアルツハイマー病とは異なって，うつ病は治療を受けることができる.

　うつ病を認めること，そして治療することは，AD をもつ人々とかれらの介護者たちにとって，意味のある利益を生み出す. それは，かれらの苦悩と苦痛を減じる. それはかれらの気分と見通しを改善する. それは，かれらのエネルギー（気力）を増大させ，また毎日の生活の活動の中で機能するためのかれらの能力を改善する. コミュニケーション（伝達）および人間関係 (relationship) は，改善され，そして協調性 (cooperativeness) は，いっそう有望になる. うつ病の治療は，介護者たちの苦悩をもまた緩和し，そして事実上かれらのケアの重荷を減じる. いくつかの実例では，うつ病は，アルツハイマー病の到来を前ぶれするだろう. 抑うつ症状は，認知障害が，まだ認知症のための基準を満たすのに充分に重症でないときに認められるであろう. 抑うつ症状は，AD の前駆症状的な段階を告げているかも知れない. ——すなわち，アルツハイマー病の症状が認められうる以前に，出現する徴候である. AD およびうつ病の早期の認知および治療は重要である.

　この章は，介護者たちがうつ病を認める，そして管理することができる方法を論じている. うつ病とアルツハイマー病によって共有された症状が論じられている. AD をもつ人々によってより多く頻繁に体験されたうつ病のための危険因子と，うつ病の病型が示されている. うつ病のいくつかの病型と AD との間に存在すると思われる独特の結合が考慮に入れられる. AD 関連うつ病の原因が調べられ，そしていろいろな治療法が論じられる. 介護者たちによって有

効に利用されうる接近法が含まれている．

■うつ病のための危険因子

　うつ病あるいは抑うつ症状は，アルツハイマー病ではありふれている．しかしうつ病の診断をすることの難しさは，有病数の比率における幅の広い変動によって示唆される．アルツハイマー病をもつ人々の0から86パーセントが，うつ病をわずらい，あるいはその症状のいくつかを明らかにする (Migliorelli et al., 1995)．実際の臨床的なうつ病よりもむしろ抑うつ症状が，そのような広く変化する評価を説明しているだろう．

　うつ病とアルツハイマー病は，いくつかの症状を共有している．しかしそれらの症状はADを共存するうつ病と同一のものとして扱うことにおいては障害になりうる．不充分な集中力は，アルツハイマー病の特徴を示す障害に類似した記憶に関する諸問題を生じるであろう．アルツハイマー病の無感情 (apathy) は，うつ病についてはふつうである興味あるいは欲望の喪失に類似している．それにも拘わらず，大うつ病は，アルツハイマー病を発現する個人たちの30から50％までを冒す (Backman et al., 1996)．アルツハイマー病をもつ人々もまた，気分変調性障害 (dysthymic disorder) と呼ばれる別のうつ病性障害 (depressive disorder) を発現することが知られている．

　大うつ病は少なくとも2週間にわたって存在しなければならない症状を有する．うつ病の重症の，急性の病型である．それは，脳中の（神経）化学的伝達物質のレベルにおける生化学的変化によって引き起こされる．アルツハイマー病においては，脳のいくつかの部分の，解剖学的変化のあるものがひとつの役割を演じるであろう．気分変調性障害は，うつ病の慢性的な病型である．その症状は，少なくとも2年間にわたって存在しなければならない．この障害は，人格，個人的な喪失，および環境のストレスを及ぼすもの (stressors) のような諸因子によっていっそう多く影響される．

　アルツハイマー病に罹患したある人々は，うつ病のためのより高度の危険を有している．うつ病の個人史，あるいは家族歴は，アルツハイマー病に加えてうつ病を発現することという危険を増大する．ADに罹患した女性たちは，うつ病のためのより大きな危険を所有している．妄想と早発性の認知症の存在は，うつ病のための危険を増大する．

　早発性アルツハイマー病は，40代早期から50代後期までにあるだろう人々に起こる．これは，成人の発達の重大な心理社会的期間である．子供たちは，より年長になりつつある．ある人たちは，まだ両親に依存しており，他の人々は学校にいる，あるいは職業人たちおよび家族たちであることを始めている見込みがある．ADに冒された個人たちは，成就の頂点にあるだろう．かれらは，60代に入るので，かれらが従事する他の活動，あるいは役割を点検しつつあるだろう．それは，親族関係については強固にされるべき，そして夫婦にとっては子供たちや職業生活の要求に適応したいためにあと回しにされたものごとを実行すべき時期であるだろ

う．アルツハイマー病は妨害するのである．

　認知症をもつ人々は，とくに早発性の認知症の場合は，かれら自身の，またかれらが心に描いた生活の喪失の重大な意味を体験することがありうる．配偶者，親，そして従業員としてのかれらの自己の意味を支えてきてしまった活動がおびやかされる．かれらが得ることを期待した時間は，短くなりつつある．これらの環境は，アルツハイマー病を発現する本人が，かれの将来に対して本疾患の過程がもつであろう衝撃に過敏なので，うつ病を促進することがありうる．アルツハイマー病関連のうつ病は，心理社会的変化に関連づけられうる．それは脳損傷によって作り出された脳化学における変化にもまた，関連づけることができる．

　われわれが理解しているようなうつ病は，ADの中間の段階までの早期の間に，より頻繁に観察されるが，しかしさらにあとの諸段階で発現しうる．人々は疾患についてより多くの意識をもっており，そして疾患過程が進行する前に，かれの人生に対してその影響を及ぼすと考えられている．この意識は，喪失に対する心理学的反応をさらに多く促進する見込みがある．ある個人の意識，洞察，そして対処するための能力は，抑うつ的障害のいくつかの病型のための危険を決定する．うまく対処する，そして良い社会的な支持をもっている人々にとっての危険は並はずれているという程ではない．疾患過程の中で，早期にそれが起きるとき，ADうつ病は多くは非ADうつ病のように見える．しかし，アルツハイマー病にともなわれたすべてのうつ病が，不充分な対処のスキル（熟練），あるいは社会的支持における欠陥から生じるのではない．あるうつ病は，今しがた注目したばかりの危険因子とはいっそう少なく関係しているであろう．

　ADをもつ人々を冒しているうつ病のいくつかの類型がありうる．いくつかは認知症の徴候に先行する．他のものは認知症の症状が確認されたのちに発現する．うつ病は認知症のための診断の仕上げの間に考えられる．それは認知，記憶，および行動に対して影響を及ぼすので除外すべきひとつの状態である．しかし，診断の後は，保健の専門家たちは，アルツハイマー病とうつ病がいくつかの症状を共有するので，抑うつ的症状に気づいているのと同様ではないであろう．診断の後，介護者たちは，うつ病の徴候と症状を認めるためには，最良の立場にいる．

■うつ病の徴候と症状

受動的な症状と激越興奮

　いくつかの抑うつ的な症状は，他の疾患に似るよりも，アルツハイマー病の症状により類似している．これらは受動的症状と呼ばれる．それらは無感情，社会的ひきこもり，および活動のより低い水準を含んでいる．興味と自発性の喪失，緩慢になった歩行と運動の反応，制限された感情的表出，そして話すことにおける減少は，うつ病と認知症によって共有された他の受動的症状の例である．

　認知症による受動的な症状は，本疾患の重篤さが進行するに従って，増大する傾向がある．

それらは，いっそう重要な機能障害が起こったことを示している．しかしながら，本疾患の進行が，より後期の段階に進行してしまっていない，そして受動的症状が広がっているときには，うつ病がそれらの（症状の）根源である可能性が考えられなければならない．

　このひとつの例を考えてみよう．Johnは，最近アルツハイマー病をもっていると診断された．かれは，非常にわずかの話を始める．かれは，かれが楽しむのを常とした活動に少しの興味を示し，そしてかつてはかれにとって全く重要であった問題について感情を示さない．Johnは，完全にひきこもっておりそして不活発である．かれの記憶は軽度に障害されており，そしてかれにとって考え，しかも問題を解決することは困難である．もしもJohnがやはりADの症状をもっていなかったならば，かれの症状はうつ病を示唆しているかも知れない．もしもかれが睡眠に障害をもってしまったり，食べることに気をつけなかったり，悲しそうに見えたり，そしてどのようにかれが感じているかについて質問されたときに涙もろくなったならば，かれが抑うつ的になっていることの可能性はいっそうより大きくなるであろう．価値がない，絶望的だ，そして無力だと感じているという徴候は，かれが重症のうつ病に罹患していることを確実にしておく．

　アルツハイマー病がいっそう進行しており，そして受動的な症状が支配的である時に，うつ病を認めることは，なおいっそう困難である．受動的な症状は，認知症においてもまた見られるので，それらは，ADに併発したうつ病の指標としてはあてにはならない．われわれは，認知症とうつ病の間を区別するために，他の症状を捜す必要がある．たとえば，もしもJohnが価値がないという感情，そして無力という感情を表現したならば，かれが抑うつ的である可能性は，はるかにより大きくなるであろう．生きることを望まないという表現，死についての他の考え，および自殺念慮は，うつ病の重要な症状であるだろう．

　アルツハイマー病をもつ人々は，かれらが，何を感じているかということを詳述できるというほどではない．低い自己評価，絶望的なこと，そして死についての思うところを認めることは，いっそう困難になるであろう．介護者たちは，それでも，最愛の人たちがどのように感じているかを探究する必要がある．われわれは，最愛の人たちが，かれらの思うところと感情を伝達する方法を見つけるのを助けることができる．抑うつ的な人々は，かれらが忍耐力と感情移入の精神によって接近されるとき，いっそう気楽に開放されているのである．ときどき，ADをもつ人の体験をやさしく質問することによって，われわれは，身体的問題が活動の欠乏と寝室へのひきこもりの原因であることを発見する．言いかえると，もしも愁訴が漠然としているならば，それはうつ病を示唆しているかも知れない．

受動的な症状は，対処行動を表しているかも知れない

　アルツハイマー病の受動的症状は，不愉快な，あるいは抵抗できない状況に対処するためのひとつの試みを表しているかも知れない．ADをもつ人々が用いる他の心理学的防衛の方法がある．もっともありふれたものは，否認である．そしてそれは，障害の現実に集中する対決を

避けるために用いられる．ADをもつ人々は，ストレスの多い状況からひきこもることによって対処しつつあるだろう．かれらは，かれらの環境が，彼らに対して行っている要求についてある程度の抑制を保持しようと努めつつあるだろう．かれらは，たとえば，かれらが処理する方法を知らない要求に応じることを拒むであろう．かれらの要求からの無言の撤退は，そのような行動が顔をたてるための努力を表しているかも知れないので，（認知症症状や抑うつ症状とは）別に考えられる必要がない．受動的な症状は，障害の苦しい発覚露見を妨げる精神的および感情的な均衡を維持することによって個人を助ける，心理学的防衛法を表しうるのだろう．

　アルツハイマー病から生じる受動的行動は，介入に対してあまり反応しやすくはない．うつ病による受動的症状は，ADから生じるそれらよりも，治療に対していっそう反応しやすい．これらは，うつ病の特殊な症状についての議論の中で検討されている．

激越興奮とうつ病

　激越興奮と激越性行動は，アルツハイマー病をもつ人々における破壊的な，また不穏な行動の幅広い範囲を描写している．激越性行動は，落ち着きのなさ，被刺激性，歩き廻ること，および徘徊を含んでいる．介助に対する抵抗，そして言葉による，また身体的な攻撃性は他の激越性行動である．これらの行動は，しばしば，介護者たちにとって，服を着ることや入浴，あるいは危険な状況に最愛の人たちを入りこませないこと，のような毎日の生活の活動について，かれらを介助しているときに，管理が困難である．激越性の行動は，AD過程におけるいくつかの時点での発生は，一般的である．介護者たちは，かれらが，ストレスの多い要求を行い，あるいは，かれらが，かれら自身で非常に激越しているために，ケアを受ける人にとってろうばいさせる状況をつくりだすであろうときに，この行動を誘発するのかも知れない．しかし，ADをもつ人々におけるいくつかの激越性行動は，下にあるうつ病のために生じるのであろう．

うつ病，アルツハイマー病，および記憶障害

　中年を過ぎた人における記憶の諸問題は，老年によるものとされるのが常であった．"高齢の"というレッテルがときどき利用された．動脈の硬化，不充分な循環，あるいは酸素の欠乏は，責任があると考えられた．酸素によってこの状況を改善するための努力は失敗した．結局は，より歳をとった人々にみられた症状の結合は，アルツハイマー博士が中年の女性で確認したそれらによって構成された．アルツハイマー病は，老年，あるいは老年のとっぴな言動ではなく，記憶についての諸問題，機能の喪失，そして他の行動的な，また精神医学的症状の原因であった．

　記憶障害は，アルツハイマー病以外の状態によって引き起こされることがありうる．いくつかの薬物は，精神錯乱，およびうつ病の原因になることがありうる．記憶障害は，精神病および不充分な集中力が存在するときに，他の精神医学的状態から生じることがありうる．うつ病

は，記憶の諸問題の別の潜在的な根源である．ありうるうつ病を治療することは，記憶の欠損の他の源泉が除外されうるように，認知症の疑われた症例を診断することへの，ひとつの重要な接近法である．しかし，認知症そしてうつ病でないものは，つねにしばしばうつ病に付随する，根底にある記憶の諸問題の原因である．記憶の障害は，大うつ病によって起こることがありうる．しかし，記憶の機能は，気分および他の抑うつ的症状に付随する改善があるときに改善される．他の抑うつ的症状がうまく治療されて，それなのに記憶障害が残存するとき，アルツハイマー病，あるいは認知症の類似した病型が存在するだろう．

うつ病とアルツハイマー病は，いくつかの他の方法でつながれているかも知れない．何人かの研究者たちは，重症のうつ病が，アルツハイマー病のような疾患過程に対して，脳をいっそう傷付きやすくする損傷を引き起こしうると信じている．他の人々は，アルツハイマー病にともなわれた損傷が，脳をうつ病に対して，いっそう罹患しやすくすると信じている．毎日の活動における興味の喪失および無感情のようないくつかの抑うつ的な徴候は，AD の早期の症候として確認されてきた．これらの症状は，認知障害はまだ非常に明白ではないために，認知障害に対する心理学的反応として生じるのではない．それらは，脳の化学的および物理学的特性を変化することにともなわれる，行動上の，また感情的変化の結果である．

うつ病をもつアルツハイマー病は，多くの異なった顔をもっている．より後期の人生で初めて起こるいくつかの抑うつ的なエピソードは，アルツハイマー病の前ぶれであることの疑いをかけられる．アルツハイマー病とともにみられるうつ病のある表現は，アルツハイマー病のひとつの亜型をあらわしているのかも知れないと考え得る．抑うつ的な症状は，脳に対する構造的な損傷の特殊な領域と，疾患過程によって賦活されてきた神経化学的変化のために，認知症の症状より以前に出現するであろう．認知症の徴候と症状は，疾患の進行における，より後期に明白になる．

要約として，他の抑うつ的な症状の好結果の治療に反応しない，記憶の諸問題は，おそらくうつ病によって引き起こされてはいない．そのような症例における記憶障害は，おそらくある医学的状態に関係づけられる．いくつかの病気は，治療することができるであろう．しかしより歳をとった人々では，この状況は認知症のひとつの類型が発現しつつあるという重大な関心をよび起こした．実際に，これらの晩発性の症例の追跡調査は，つねにアルツハイマー病型の認知症を確証している．人生におけるおそくに，うつ病の最初のエピソードを経験することは，とくに有意な認知障害がうつ病を特徴づけるときには，AD の早期の徴候であるかも知れない．うつ病は，それがアルツハイマー病と共存するときには，うまく治療されることがありうる．うつ病に関係づけられた記憶の諸問題は，抑うつ的症状における改善とともに減弱する．

■抑うつ的な症状と障害

うつ病は，単にあなたの身にふりかかった何事かについて，二，三日にわたって気がふさい

でいるという問題ではない．うつ病は，個人が時間の特殊な期間にわたって経験してしまわなければならない一群の症状である．認知症をもつ人々は，大うつ病性あるいは気分変調性障害を発現することがありうる．大うつ病性障害は，大うつ病と呼ばれるであろう．うつ病のこのタイプは，気分変調性障害よりもいっそう重症である．大うつ病は認知症を示唆する症状を引き起こしうるし，また認知障害および機能することの喪失の一因として除外されなければならない．気分変調性障害は，うつ病の慢性的な表現である．大うつ病性エピソードについてよりも，より少数の症状が必要とされる．これらは，少なくとも2年間にわたって存在しなければならない．大うつ病性エピソードにおいて，抑うつ的な気分か，またはほとんどすべての活動における興味あるいは楽しさの喪失かが，少なくとも2週間にわたって存在していなければならない．

　大うつ病性エピソードと気分変調性障害は，症状だけにもとづいて鑑別するのが困難なことがある．介護者たちにとっては，どちらの障害が存在しているかを決定するよりも，うつ病の徴候や症状を認めることが更に重要であるために，診断基準をそれ以上論議する必要はない．介護者たちは，かれらがうつ病を示唆する症状を観察するときには，専門的な援助を捜し求める必要がある．医学の専門家たちは，介護者たちの観察を相当に役に立つと思うであろう．

　これらの障害の症状は，下記のものを含んでもよい．すなわち

- 集中する，あるいは考えるための，あるいは決定を行うための減じられた能力
- 空虚に，悲しく，ごみ捨て場の中に墜落したと感じること，涙もろく，あるいは過度に声をたてて泣くという報告によって示唆された抑うつ的な気分．
- 睡眠についての障害，とくに夜の中間，あるいは早朝に覚醒すること，そして眠りに戻ることができない．睡眠にとりかかることもまた，ひとつの問題になるであろう．過度に眠ることはより少なく頻繁にみられる．
- 疲労あるいは気力の喪失．
- 無価値の感情，妄想的な内容をもっているかも知れない過度の不適当な罪の意識．
- 自己評価（自尊心）の喪失
- 絶望の感情
- 食欲および体重における有意の変化
- 死について繰りかえし起こる思い，計画なしにくりかえし起こる自殺念慮，あるいは自殺することのための特殊な計画

　これらの症状は，抑うつ的な個人の生活の社会的，職業的，あるいは他の重要な領域における重大な苦悩を引き起こす．ところで，うつ病の症状と，ADで起こる類似の症状の表現を調べてみよう．

抑うつ症状と認知機能

　うつ病は，認知機能に対して重要な強い影響を及ぼす．突然の認知の衰退は，多分うつ病のひとつの徴候である．徐々に認知機能が衰えることは，アルツハイマー病ではより一般的である．注意と集中は，情報については，それがわれわれの短期間の記憶の中に蓄えられるように，はっきりと受け取られるために必要である．これらの活動と問題解決および学習のような認知的過程は，うつ病に影響されやすいので，記憶障害は，ときどきうつ病の症状であると思われる．記憶障害が，うつ病について，とくにより歳をとった人々において観察されるが，それはうつ病のひとつの症状であるよりもむしろ，ひとつの結果である．それは不充分な集中と注意から生じる問題——情報について，さらに永続する記憶の中に蓄積されることを非常に困難にする問題である．長期の記憶の中に蓄積された情報は，重度に抑うつ的な個人にとっては，思い出すことが極度に困難である．

　抑うつ的な人々は，しばしば集中すること，思い出すこと，そして考えることがなかなかできない．かれらは簡単な決定を行うことができない．アルツハイマー病をもつ人々は，かれらの記憶の諸問題を否認し，あるいは軽視する．かれらは，ある事の，あるいはだれかほかの人の，罪にしようと努めるかも知れない．かれらは，もしも直面しない，同情心をもった方法で，前者の選択が差し出されるならば，かれらは記憶の諸問題を自認するであろう．考え，集中し，あるいは決定することができるための減じられた能力は，ときどき最初に記憶に関する諸問題として考えられる，抑うつ的症状の重要な一群を表している．

抑うつ的な気分

　うつ病の他の中核症状群は，悲しい気分と憂うつであることとともに進行する思いと感情を指している．認知症が，記憶，および考えそして推論するための能力の障害によって識別されるのに対して，うつ病は，気分障害として特徴づけられる．この抑うつ的あるいは不機嫌な気分 (dysphoric mood) は，うつ病の大部分の症例における原発性の症状である．それは，全般的な不満，不快，あるいは不和の感情として表現されることがありうる．抑うつ的な人々の意見は，非常な空虚さ，あるいは深い悲しみの感情を示唆している．絶望の感情がしばしば表現される．泣くこと，あるいは涙もろさが，頻繁に，抑うつ的な気分にともなって起こる．けれどもある抑うつ的な人々は，少しも，何も感じていないし，また感情的に平板に見える．他の人々は，どう見ても次のように見える．すなわち，ゆっくりとそして非常な努力をもって動くこと，悲しくそして疲れたように見えること，そして質問に対してゆっくりとまた重苦しく答えること．

　抑うつ的な気分の徴候は，どれくらい多くの認知障害が AD によるものであるか，を決定することに関して，有用でありうる．抑うつ的である人々は，しばしば朝に，より悲しい気分を経験し，そしていっそう混乱させられるであろう．かれらの気分と仕事は，一日のうちのよりおそくに改善される傾向がある．AD をもつ人々は，一日のうちのより早期にかれらの最

善の状態になる傾向がある．かれらの認知の能力は，1日のよりおそくには衰退する．そしてかれらは，毎日の生活の要求に，対処することができるという程ではない．ときどきかれらは，一日のうちのよりおそくに，そして夜になるまで，多くの錯乱状態および激越興奮を示す．これらは日没現象（sun downing）の徴候である．

日没現象は，ADの中等度から，重症の段階までにより一般的であるように思われる．ADをもつ人が午後おそくあるいは夕方にいっそう激越化されるように，おちつかなく，不安に，活動的に，錯乱させられるように，あるいはけんか好きになるときそれは存在するだろう．介護者たちが，初めてこれらの行動を観察するとき，かれらは，それらの行動が，非現実的な強い要求，悪化させる活動，騒音，痛み，あるいは他のタイプの身体的苦痛のような，苦悩を与える刺激に対する反応ではないことを確認している必要がある．

日没現象は，1日のうちのより遅くに最高に達する，身体的および精神的疲労の増強によって引き起こされうる．減じられた昼の光，および増大された影による失見当識はその一因となるであろう．アルツハイマー病が，体内時計，あるいは概日周期（circadian rhythm）を統制する脳の特殊な部分に対する損傷の原因になるという証拠がある．このことは，個人の正常な睡眠覚醒周期（sleep-wake cycle）の重大な破壊を引き起こす．

日没現象問題に対するいくつかの接近法は，多分介護者たちに役に立つ．第一にある刺激が問題をつくりだしていないことを確信しなさい．たとえば，あまりにも多すぎるカフェイン．朝までカフェインの摂取を制限しなさい．明るい，おちついた照明の使用は，見通しの明るい結果を生み出した．ぎらぎらする光は，取り除かれなければならない．介護者たちは，期待に関して融通性がきかなければならないし，また最愛の人たちを安心させるために，穏やかに応答しなければならない．不安，落ちつきのなさ，そして激越興奮が医学的状態，あるいは投薬に関係づけられないことを確かにするために，医師に診察して貰いなさい．もしもこれらの接近法が役に立たないならば，専門家の援助が探し求められなければならない．神経安定薬が，日没現象に関係づけられた行動上の諸問題を管理するために必要になるであろう．

睡眠障害

眠ることに悩みをもっていること，あるいはあまりにも度がすぎて眠ることは，うつ病の症状である．これらの障害の両方ともが，アルツハイマー病でもまたみられる．睡眠にとりかかる際の困難は，入浴のような就寝時刻の前に開始された活動に関連した，激越興奮によって引き起こされうる．別の時刻が，これらの活動のいくつかのために，更に適切であるかも知れない．心配ごとと恐れは，睡眠を妨げ，あるいは遅延させ得る．幻覚あるいは妄想的信念は，睡眠の諸問題の原因になりうる．ひとは，寝入ることをいやがっているかも知れない．かの女の錯乱状態のために，かの女は，かの女が帰宅するか，あるいは仕事に行くように，何事かをしなければならないと信じているかも知れない．

薬物，とくに激越興奮，あるいは睡眠のために，投与されたそれらは，鎮静化することがで

きるが，しかし，昼間にうたたねすることの原因になりうる．抗ヒスタミン剤，および抗けいれん剤は，そのような結果になりうる．薬物における変化，それらが投与される時刻，あるいは服用量は，これらの諸問題を解決するのに役立つかも知れない．睡眠／覚醒周期は，しばしば昼間のあいだに眠り，そして夜の大部分を，眠れないで身体を横たえているときには，逆転されることがありうる．このことは，より多くの失見当識および錯乱状態の一因となりうるであろう．いっそう自然な睡眠／覚醒周期をとりもどすために，介護者たちは夜の特別な時間に，かの女をベッドに横にすることよりも，朝の定刻に，その人を起こすためにより多くの注意を払わなければならない．

　昼間の間に眠ることを，ケアを受ける人たちに認めることは，この時間のあいだの介護者たちに要求されるものを軽減するけれども，かれらが，かれら自身眠る必要がある夜には，この要求されるものが増加する見込みがあるだろう．日中ずっと続く倦怠感は，睡眠（障害を）問題にする別の一般的な理由である．日中続く有意味な，そして刺激的な活動の欠如は，居眠りすることやうたた寝することを促進しうる．日中の間中続く体操や運動は，よい睡眠の助けになりうる．日中続く睡眠は，強要的な，あるいは混乱させる環境を相手にすることを，回避するひとつの手段であるかも知れない．

　ある人々は，かれらが夜の間中によく眠ることができなかったために，日中ずっと過度に眠る．かれらは，必要とされた休息の遅れをとり戻しつつある．そしてそのことは，もしもそれが，夜の睡眠を妨害しないならば，有益であるだろう．疲労した人々は，いっそう激越化され，また不愉快になる．行動を管理する問題は，夜間の睡眠に関する問題に帰着することがありうる．ときどき日没現象は，午後の中途で，午後おそくまで増強する激越興奮によって先行されうる．より多くの休息は，激越興奮と疲労を緩和させるのに役立つであろう．

　睡眠障害は，抑うつ的な人々の頻繁な愁訴である．それらは，夜の中間あるいは朝早くに寝つき，そして目ざめることにかかわっている．度が過ぎて眠ることもまた，起こりうる．黙想的な思考，失望，および心配はありふれている．不安がしばしば存在する．ある人々は目ざめて単に横になっており，そして眠気を誘うには到らない．

　夜の中間に覚醒させることは，全く妨害的でありうる．ときどきそれは悪夢（nightmares）のためである．他の場合には，抑うつ的である人々は，かれらが目ざめるのち，過去あるいは将来の状況についてのやっかいな考えに気づくようになる．かれらは，かれらが眠りに戻ることができるように，かれらの心から不必要な考えを放逐するための闘争によって，いっそう覚醒状態になる．抑うつ的個人たちはまた，朝のうちに非常に早くに目ざめるかも知れない．そしてすでに留意されたいくつかの同じ理由のために，眠りに戻ることができないかも知れない．

　睡眠に関する問題は，しばしば，アルツハイマー病のケアか，またはうつ病か，の重要な治療上の焦点である．どちらもの場合に，介護者たちは，かれらがかれら自身で睡眠をとりにがすという可能性に直面しないように，この問題にとり組む必要がある．

疲労，あるいは気力の喪失

　睡眠の諸問題は，抑うつ的な症状の別の群，すなわち疲労あるいは気力の喪失の一因となる．うつ病に罹患した人々は，しばしば疲れていることに，また何かをするための気力をもっていないことについて，不調を話す．しばしば疲労あるいは気力の欠乏は，服を着ていないこと，ベッドから出ないこと，あるいは他の毎日の活動をなしとげないことのための，弁解として述べられる．人々は，かれらの精神状態のために，ものごとを行うことに抵抗するであろう．しかしうつ病は，身体的な機能および身体的症状の知覚に対して，かなりの強い影響をもっている．

うつ病と身体的愁訴

　抑うつ的な人々は，概して，疲労，頭痛，消化不良，便秘，めまい発作，胸部の緊縛感（chest tightness）あるいは疼痛，排尿障害，および性的な欲動の喪失のような，身体的な愁訴を申し出る．これらの身体的な心配がたびたび知らせられ，そしてうつ病の他の症状が観察されるとき，うつ病が存在する見込みがある．しかし身体的な症状が，他の医学的諸問題を示唆しうることがあるので，医師による診察が考慮されなければならない．

　ある人々は，かれらが抑うつ的であるときに，感情的な症状よりも，より多く身体的症状を表現する．身体的症状についてのかれらの報告は，かれらのうつ病の感情的な面を仮面でおおう．ときどき抑うつ的な人々は，かれらの感情的な心配が，他の人々に対してさらす意思がない弱点を表明しているために，それらを表現することについてより多く防御されているかも知れない．

無価値と罪の意識の感情

　無価値と，過度の，あるいは不適切な，罪の意識の感情は，抑うつ的な症状のもうひとつの群を表している．妄想，あるいはまちがった信念は，これらの認知（perception）を反映しているかも知れない．罪の意識は，単に病気であることについての，自責あるいは罪責のそれではない．しかし過度の罪の意識は，人がアルツハイマー病を引き起こしたと信じていることから現れうる．不作為あるいは犯行の罪——人がしそこなってしまった，あるいはしてしまってはならないこと——が本疾患の原因であると信じられている．この種の罪の意識は，つねに別の家族の成員との関係の中で，たくさんの，他の未完成の仕事があるときに存在する．罪の意識は理性的ではない．さらに，人はかの女の信念によって思いとどまらせられ得ない．ある人々は，かれらが，自分たちが価値がなく，そして当然罰せられるべきだと信じているために，援助を拒絶する．抑うつ的な人々は絶望の感情によって，低い自己評価をもっている．

　介護者たちにとって，これらの症状に反応することは困難である．それらの症状が，そこで起ってくる状況を考慮することによって，かれらは困惑させられる．介護者たちは，かれらが，アルツハイマー病のよくない予後のために，最愛の人たちに希望をもたせうることを信じない

であろう．しかし，うつ病は，アルツハイマー病それだけによるものとされてきたであろう障害を悪化させる．たとえば，抑うつ的な気分は，非常に憂うつな将来を描く．このタイプの精神的／感情的な風景にさらされた介護者たちは，介護する状況について，健康的な見地を保持し，また最愛の人が必要とする支持を提供することが，より困難であるのに気づくであろう．うつ病のうまく行った治療と，機能と展望の改善の中に，そこに見出される現実的な希望がありうる．無価値そして絶望的であること，不快になること，そして断念することという症状は，気分の改善とともに減退する．

食欲，および体重における変化

うつ病は，食欲および体重における変化をともなう．アルツハイマー病をもつ人々は，ときどきかれらが食べることを忘れるか，あるいは一人で食べることができないために，食物をとらない．体重の減少，および食欲についての問題と思われることが，アルツハイマー病について起りうる．体重および食欲についての問題は，他の理由で，うつ病の重要な症状として生じる．

うつ病は，有意な体重の減少か，または体重の増加かの，原因である．これらの症状は，食欲および食べることの習慣における，主要な進行する変化に関係づけられうる．いくつかの説明がある．食物は，よい味がしないであろう．しばしば，人々はまさに，何かを食べたいという欲望をもっていない．かれらは空腹ではない．他の人々は，不安から身をかわすためにか，あるいはかれらの空虚さを満たすために，食べすぎる．過度の罪の意識，あるいは無価値の感情をもつある人々は，罰としてかれら自身を飢えさせる．かれらは死にたいという願望をもっている．体重の減少は，抑うつ的な人々が摂食しているときでさえ起りうる．体重の減少が他の健康上の諸問題について起こるので，このこともまた心配のための根拠になる．

アルツハイマー病の認知症症状群に付随した摂食困難は，いくらか異なっている．食物をとっていると報告する人々は，かれらが少しも食物をとっていないか，あるいはかれらが覚えているよりもより少なく食物をとっているために，体重が減少する．このことはたいてい，これらの人々がひとりきりでいるとき，あるいは多くの時間管理されていないときに生じるらしい．かれらについて，かれらがつねに食べているように食物をとっていると報告することが共通している．かれらは，かれらが支度したものについて，いかなる記憶をもあるいは証拠をももっていない．かれらはまた，かれらがすでに食べてしまったと信じているために，食物を謝絶するであろう．ある人々は，やけくそになって食べあさり (have eating binges)，また甘い菓子を熱望する．これらの可能性は，うつ病が原因として関係させられる前に，体重の変化の根源として除外されなければならない．

死と自殺の考え

死，自殺についてのくりかえし起こる考え，あるいは自殺するための計画は，うつ病の非常に重い症状である．アルツハイマー病をもつ個人たちが，自殺のような目標に向かって意図的

な活動を起こしうるであろうとは、ありうるとは思われない。ところがかれらは自殺できるし、またかれらはそれを実行する。全国紙はアルツハイマー病に関連した自殺についての物語りを掲載してきた。幇助自殺（assisted suicide）もまた起こる。これらの自殺の多くは、うつ病によって押し進められてしまった。そこには、また夫や妻がアルツハイマー病をもつ人を殺し、またそれから自殺してしまう例がある。

うつ病以外の因子が、自殺行為的行動にかかわりあいにさせられ、そして自殺を完全にしたかも知れない。アルツハイマー病をもつ抑うつ的な人々は、かれら自身とかれらの将来について大そう悪く感じることもあるので、死はかれらの苦痛を免れる唯一の方法と考えられる。かれらは財政上の事情に、またかれらの家族への重荷になっていることについての心配をもっているであろう。アルコールは、自殺の概念構成と危険をつのらせるであろう。人生の減少する質は、別の因子であるだろう。これらの諸因子によって影響を受けているがしかし、抑うつ的ではないアルツハイマー病をもつ一部の人々もまた、かれらの人生を終えることを選ぶであろう。

興味と喜びの喪失

無感情、倦怠、およびひきこもりは、抑うつ的な症状の別の重要な群を表している。すなわち、たとえすべてではなくても、たいていの活動における興味、あるいは喜びの重大な喪失である。この喪失は、広汎性である。いかなる興味あるいは喜びも、以前に楽しかった活動から得られることができない。アルツハイマー病では、無感情および倦怠は、人々が諸活動への深いかかわり合いを開始し、あるいは維持することができないであろうために生じる。かれらは、何事かをしたいのかも知れないが、しかしどのようにしてある活動を計画し、あるいは開始するかを理解していないであろう。構造、慣例および勇気づけられることが、つねに必要とされる。一歩一歩の教育もまた助ける。救助を提供すること、あるいは交替する活動が役に立つであろう。

うつ病もまた存在するとき、他の諸因子が考慮される必要がある。人は過去において愉快であった活動を提供される必要がある。可能なときはいつでも、ひとつの選択をするために、かの女を勇気づけなさい。選択肢があまりにも多すぎて圧倒されるかも知れない。それであなたの最愛の人のために決定をしてあげなさい。

参加への障害は、確認され、そして修正されなければならない。たとえば介護者たちは、どのようにして気力の欠乏、あるいは過度に挑戦されることが、いろいろな活動をいっそう少なく魅力あるものにするかということを理解する必要がある。雑音、不充分な照明、またあまりに多すぎる気を散らせることは、最良の意図を妨害する。関心をもつための個人の徐々の努力を忍耐強くはげまし、またそれに報いることが役に立つこともある。

人々に物事を実行することから利益を得るであろう方法を思い出させることもまた役立つ。たとえば、あなたたちが散歩に行く前に、どんなに度々かれらがいっそうくつろいでいると感

じ，またより多くの気力をもっていたかを思い出すことにかれらを誘ってみなさい．きれいな景色や快い音を，かれらに思い出してもらいなさい．いくつかの活動は，かかわりあいにされている他の人々，あるいは，あなたが行くかも知れない場所のためにいっそう楽しくなる．天候，1日のうちの時刻，ある活動にとりかかるために要した時間，そして雑音あるいは群衆のような他の諸因子が，考慮に入れられなければならない．これは，介護者たちにとってかれらもまた楽しむことができる何事かに，かかわりあいにされるための機会であるだろう．

　精神的な苦悶，身体的な苦痛は，うつ病性障害を特徴づける．アルツハイマー病をもつ人々における重症でないうつ病でさえ，無能力，行動障害，減退した自己のケア，機能することおよび心理学的な幸福における，突然の減退に帰着することがありうる．怒りの突発，増強させられた無感情，そして攻撃性の再発は，これらの行動がうつ病の非定型的な表現でありうるために，評価される必要がある．アルツハイマー病におけるうつ病の原因は，複雑にされている．それには多数の原因があるらしい．

■アルツハイマー病をもつ，うつ病の原因

　アルツハイマー病とともにみられたうつ病は，心理学的，および生理学的諸因子の相互作用によって引き起こされる．アルツハイマー病を発現するある人々は，より多く遺伝学的にうつ病にかかり易いかも知れない．ある人々はうつ病の以前のエピソードを経験してしまっており，あるいは慢性のうつ病に苦しみ続けてきた．アルツハイマー病のいくつかの症例は，実際にうつ病として始まるように思われる．認知症の症状が認められるのは，もっとあとにすぎない．

　AD は神経細胞と神経伝達物質の喪失に帰着する脳損傷を引き起こす．これらの物質的および化学的変化は，気分，行動，および認知に関する諸問題の一因になる．脳のいくつかの部分における神経細胞のより多くの喪失は，AD をもつある個人たちをうつ病にかかり易くする．ノルエピネフリン (norepinephrine) およびセロトニン (serotonin) のような神経伝達物質は，AD においては枯渇させられる．この両方ともが気分障害に関係させられる．神経伝達物質であるアセチルコリン (acetylcholine) の喪失は，行動のほかに気分にまで影響しうるのかも知れない．最初には，下にある生物学的諸因子によって引き起こされたうつ病は，心理学的諸因子によって影響を及ぼされうる．しかし，これらはその発現のために必要ではない．ひとつの良い例は，AD あるいはその症状についての個人の比較的な無関心の間に生じる，うつ病の生物学的なタイプである．うつ病は，いっそう進行した AD でもまた観察される．

　心理学的諸因子は AD をもつ人々を，うつ病にかかり易くする．ある対処および人格の表現様式，社会的支持の不足，重大な同時に存在する病気，そして喪失によって起こされた併発症は，うつ病に対する脆弱性を増大する．AD に逆らって，かれらの期待を実行することができない人々は，より多く罪の意識と自尊心の喪失に苦しむ傾向があるだろう．うつ病は，かれらの最善の努力にも拘わらず，失敗の圧倒的な意味が支配的であるときに，発現するであろう．

他の人々に度が過ぎて依存してきた人々は，重荷になること，そして見捨てられることをいっそう恐れるかも知れない．そして，さらに不安に，また抑うつ的になる見込みがある．前に何回か一続きのうつ病に苦しんだ人々は，うつ病のその次のエピソードにいっそう罹患しやすい．

否認のような心理学的防衛は，喪失と外傷に対処するために利用されうる．ADから生じる欠陥について人がもっている認識の程度は，うつ病を助長するだろう．そしてそのことは抑うつ的でないアルツハイマー病の患者たちが，抑うつ的であるそれらの人々よりも，より多く否認を示すことを指摘する研究によって示唆されている（Migliorelli et al., 1995）．しかし否認は，認識の欠乏の徴候，あるいは真の心理学的防衛なのか？　われわれは，認識の欠乏が，問題の再認を否定するときに，否認が起こると推測しているのか？

認識と洞察は，うつ病の発現にかかわり合いにされた因子であるだろう．われわれが，否定的な出来事に気づけば気づくほど，それらの出来事はわれわれを傷つけるであろう，とわれわれは信じうる．われわれの反応は，何が起こっているか，そしてその出来事がわれわれに何を意味するのか，についてのわれわれの知覚によって影響を及ぼされる．それは脅迫か，あるいは心配のためにはいかなる理由もないのか？　問題について認識をもっている人々は，疾患とかれらに対するその影響に比較的に気づいていない人々よりも，より多く反応性のうつ病に脆弱であるだろう．かれらは何が起こっているかについての認識によって圧倒されうる．そしてそれは，われわれが，うつ病が本疾患のより早期の段階にいっそう頻繁に起こると信じている理由である．しかし認識をもっている人々は，かれらが，自分たちの身の上に起こっていると知覚していることの含意から自分たちを守るために，否認のような防衛に対するより大きな要求を心に抱くであろう．かれらは，アルツハイマー病に対処するために残っているもっとすぐれた認知能力をもっている．認識は，自動的にうつ病を引き起こさない．認識の欠乏もまた，アルツハイマー病をもつ人々をうつ病を発現することから除外しない．

実際の喪失が，うつ病を始動する．それだから脅かされていても，あるいは象徴の喪失であってもよい．その同一性と幸福が，もっぱら継続されあるいは置き換えられ得ない活動および関心によって定義される人々は，個人の同一性および自己評価に対する重大な脅威を経験する．かれらは，かれらがより小さい価値をもっていると，またかれらが，アルツハイマー病が発現する前にあったように，有能な人々として尊重されていないと感じるであろう．最愛の人々が，活動と役割に関して，かれらの参加が制限されるとき，それはかれらを不快にさせる――たとえかれらがそのような行動のための理由を理解できないとしても．

介護者たちは，もちろん，認知症をもつ人の安全を確保するために，手段を講じなければならない．これらの手段は，ときどきアルツハイマー病をもつ人がそれらを公明正大ではないと知覚するために，葛藤を導き入れる．それらは自己評価，個人の管理，および生活の満足に対してかなりの強い影響をもっている，一連の喪失を始めさせる．車の運転，財政状態を管理すること，そして料理に対する制限は，理解し，あるいは引き受けることが容易ではない喪失を表している．ある人々はこれらの安全な手段を，重要である何もかもを持ち去ると感じる．

記憶の喪失は，アルツハイマーをもつ人の同一性，能力および自己評価を削りとる．介護する状況は，それが個人の人格の同じ諸特徴に打撃を与えるために，まったく否定的でありうる．人の自分自身についての展望に対する，これらの毎日の攻撃は，うつ病の潜在的な根源を表している．徐々に，人の自身についての展望は，激しく脅かされる．そしてできばえ如何できまる程度にまで，それは承認することが非常に困難になるであろう．自己評価は，機能の喪失によって激しく挑戦される．

　アルツハイマー病をもつ人々は，かれらが実行できないことについて，たくさんの否定的な通告（message）を受けている．かれらは，かれら自身，および最愛の人々にとってのかれらの価値についての肯定的な通告を必要とする．介護者と協力すること，あるいはかれを援助することは，本疾患が原因になった限界に対する，ひとつの重要な適応である．家族の介護者が，この行動のよさを認めるのを聞くことは，役に立つかも知れない．

　AD をもつ人々は，介護者たちが，かれらが申し出る援助を正当化する必要があるために，しばしば否定的な知らせを受け入れる．介護者が紙幣を支払うことを代わって引き受けるときに，何が起こるかに目を向けてみよう．AD をもつ人は，もはや紙幣を支払うことができないで，かの女が，どんな紙幣が支払われるために必要か，を決めることができないし，また小切手に正確に書き込むことができない，という事実にも拘わらず，かの女が問題をもっていることを否認する．それにも拘わらず，かの女は，かの女の夫の援助を好まない．夫は，妻にかの女が自分が何をしているかを理解していないし，また金を委託されてはならないと告げる．この問題を説明するためのよりよい方法がある．それは，かの女の能力と完全性に対する，多くの個人的な公然の侮辱のうちのひとつである．自分たちの同一性と自己評価を，業績と高い水準の個人的な能力に基礎を置いてきた人々にとって，これらの出会いは全く苦痛であるだろう．

　介護者たちが，最愛の人たちともってしまった関係と，かれらの相互作用の質は，うつ病の発病においてひとつの重要な役割を演じうる．介護者たちは，肯定的な，そして有意味のフィードバックを生ぜしめることができる唯一の人々であるだろう．かれらは AD をもつ人にとって何が重要であるかを知って以来，報酬行動（reward behavior）のために最良の立場にいる．介護者たちは，ストレスおよびうつ病に対するかれら自身の脆弱性（vulnerability）を知っていなければならない．うつ病は伝染性でありうる．アルツハイマー病をもっている抑うつ的な人をケアすることは，この危険を増す．介護者たちにとって，ケアを受ける人より以前に，うつ病を発現することがありうる．抑うつ的な介護者たちは，最愛の人たちにかかわることに，より多くの困難を経験するであろう．かれらにとってうつ病のための治療を探求するいくつかの理由がある．ひとつは最愛の人のケアに，いっそう肯定的にかかわりあうことができることである．

■うつ病のための治療

　介護者たちは，最愛の人々におけるうつ病の徴候を見るための，また，ついでかれらのために援助できる，比類のない立場の中にいる．医学の，あるいは精神衛生の専門家たちは，ついで，うつ病が存在するかどうかを決定し，そして治療を示唆するであろう．医学的な諸問題，あるいは投薬は，いくつかの抑うつ的症状の原因であるかも知れない．そのような事の評価を通じて介護者たちは，治療を供給する専門家たちのために，役に立つことができる．抑うつ的であると考えられた人の病歴は，絶対必要である．そして家族の介護者たちは，情報の貴重な出所であるだろう．かれらは，また最愛の人々が，治療的状況に対応するのを援助することができる．

　介護者たちは，抑うつ的な人の回復に重要な貢献をすることができる．かれらの抑うつ的な人との関係は，かれらに，この人の同一性と自己評価を正当と認めることを可能にする．かれらは有意味な方法で，人の肖像を描く過去から，経験と記憶を持ち出すことができる．専門家たちは，家族の介護者たちの観察と，治療に関連した変化についての，フィードバックなしには不利な立場にある．抑うつ的な人々と，かれらの介護者たちは，これらの専門的な援助者たちとの支持的な関係から，利益を受けることができる．

　うつ病を治療することのために，いくつかの接近法がある．薬理学的治療がしばしば推奨される．治療は，抑うつ的な人に利益を与えることができるし，そしてそれはまた，介護者たちをかかわり合わせることができる．しばしば投薬と精神療法の組み合わせは，好結果の治療 (treatment) のための機会を増加する．AD，うつ病および介護に関する支持的教育は，絶対必要である．教育的な手段に加えて介護者たちは，より多くの社会的および感情的な支持を必要とするであろう．

薬理学的治療 (Pharmacological treatment)

　アルツハイマー病をともなううつ病は，つねに抗うつ薬の投薬に反応し易い．より新しい抗うつ薬の投薬は，三環系と呼ばれる抗うつ薬のより古い種類に代わる効果のある選択肢である（第18章の抗うつ薬の表を見よ）．三環系の抗うつ薬は，副作用，とくに錯乱状態や記憶喪失を増強する副作用についてのより高い可能性をもっている．認知症をもつ人々は，amitriptyline (Elavil) あるいは doxepin のような三環系の抗うつ薬を服用するときには，せん妄を発現するより大きな危機に陥っている．そしてこれらの抗うつ薬は，より多く認知障害を増強する見込みがある．三環系の抗うつ薬が必要とされるときには，desipramine あるいは nortriptyline がいっそう有益であるだろう．

　より新しい抗うつ薬は，新しい世代の抗うつ薬と呼ばれ，そしていくつかの異なる類別を包括している．もっとも普通の種類は，選択的セロトニン再取り込み阻害薬，あるいは SSRIs として知られている．Zoloft (Sertraline)，Prozac (Fluoxefine)，Paxil，Celexa および Luvox

(Fluvoxamine)は現在のSSRIsの商品名である（読者は一般名と商品名とを一対にするためには第18章を参照してもよい）．これらの抗うつ薬は，神経伝達物質であるセロトニン（serotonin）を排除することによって，選択的に神経細胞に阻害的に作用する．他の新しい世代の抗うつ薬は，Effexor (venlafaxine)，Wellbutrin (Poupropion)，Remeron (mirtazapine) および Serzone (nefazodone) を包括している．これらの抗うつ薬は，うつ病にかかわり合いがあると考えられている，神経伝達物質における化学的変化に作用する．

　新世代の抗うつ薬は，うつ病にかかわり合いのある化学的不均衡（imbalance）に対して，いっそう特殊的に作用する．口渇（dry mouth），嘔気，不安，激越興奮，胃腸の不調（gasrointesinal complaint），および不眠のような副作用が生じるかも知れないが，それらはつねに投薬の調整ののちには緩和される．

　同一の抗うつ薬は，だれでもにとって適切ではない．あるものは，他のものよりもいくつかの抑うつ的な症状に対して，いっそう有効に作用する．これらの薬物の治療的な作用とそれらの副作用におけるわずかな相違点は，医師たちにとっては，肯定的な結果を最大限に強化し，否定的な効果を最小限度にし得るように考えるために重要である．たとえば Serzone および Remeron は，夜間の睡眠を促進するかも知れないが，しかし昼の間に眠気を誘うことをもまた増強するかも知れない．Effexor は，頭痛，嘔気および血圧上昇を引き起こすかも知れない．それは他の薬物と影響し合うことがないので，多数の薬物を服用している人々にとっては，より安全な選択であるかも知れない．

　抗うつ薬を服用しているより歳をとった人々では，体位性低血圧の危険がある．そしてそれは，椅子あるいはベッドから立ち上がるときの転倒の危険を増大させる．もしも人が，かの女が起床しつつあるときに，めまいがしているように見えるならば，かの女はゆっくりと起きることを勧められなければならない．もしもこれが助けにならない，また転倒の危険が存続するならば，投薬の変更が行われる必要がある．

　アリセプト（Aricept）のような新しい薬物が開発されている．Exelon (Rivastigmine) は 2000年の4月の発売について認可されていた．いくつかの他の薬物が，おそらく今年利用できるであろう．どのように抗うつ薬と他の薬物が一緒に作用するかを監視することが必要である．最近，アリセプト（Aricept）とパキシル（Paxil）との間のありうる相互作用が報告された．Paxil は Aricept の代謝をおそくしうるし，また Aricept のより高い（血中）濃度は，副作用の原因になる．不眠，錯乱状態，被刺激性，および重症の下痢はその例である．いくつかの副作用は重大でありうるだろう．医師あるいは薬剤師は，すべての投薬に可能な副作用について相談されなければならない．

　おのおのの個人は異なっている．ひとりの人にとって効果的な抗うつ薬は，別の人にとっては同様によく作用しないかも知れない．いくつかの抗うつ薬は，特殊な個人のために適切な投薬法を見出そうと努められる必要があるだろう．もしも副作用がまさに生じようとしているならば，それらは最初の二,三週間以内に現れる．投薬による療法を個人に適したものにするこ

と——すなわち，もっとも有効な服用量および薬物を服用する時刻を知ること——は副作用を減じるための，ひとつの解決法である．つねに2週間，ないし1か月以内に，特別な薬物が有効であろうかどうか決定することが可能である．いくつかの症状の除去は，明らかにより早めに行われるであろう．

不安および激越興奮は，しばしばうつ病とともに生じる．もしもこれらの症状が，SSRIを服用した後に発現するならば，それらは投薬の副作用であるかも知れない．これらの症状は，つねに一時的であり，また身体が投薬に適応するに従って鎮静する．もしも睡眠についての問題があるならば，別の抗うつ薬，Desyrel が追加されてもよい．この抗うつ薬もまた，激越性のうつ病を治療する際に役に立つ．

いくつかの抗うつ薬が，認知症とともにみられる他の行動上の症状の治療について有用であることが証明されつつある．Paxil は，言語性の激越興奮（verbal agitation）の加療に関して効果的であった．Trazodone は，激越興奮の加療のために使用され，また不眠を扱う際に役に立つ．Citalopram は，比較的新しい抗うつ薬であるが，抑うつ気分と同様に恐怖，パニック，被刺激性および落ちつきのなさ（restlessness）の治療に関して有益であることが発見された．その抑うつ気分についての有効性に加えて Luvox は，不安，被刺激性，恐怖，パニック，落ちつきのなさ，および錯乱状態の加療において，相当に有望であることを示してきた．結果は（良，否が）混合されている．しかしアルツハイマー病についてみられた行動上の症状を加療する際の抗うつ薬の使用が，促進されつつある．

気分および行動の障害は，うつ病と AD の共通の特徴である．他の精神医学的症状は，介護者たちに対して心を動揺させ，またストレスのより大きな負荷をさえつくり出すうつ病によって，徐々に現れうる．これらの症状は，妄想，幻覚および激越興奮を含んでいる．しばしば行動の管理は，重症の睡眠障害，援助に対するより大きな反抗，そして症状に付随する家族を見捨てようとする企てのために，いっそう困難になる．他の接近法がうまくいかないときには，別の薬理学的解決法が考慮される必要がある．

非定型抗精神病薬と呼ばれる神経安定薬のより新しい形態は，抗うつ薬のように，作用がより多く選択的で，より古い薬物よりもよりすぐれた副作用のプロフィールをもっている．それらは精神病の結果として生じる妄想，幻覚，激越興奮，攻撃性，およびこれらの症状に関連する重症の睡眠障害を管理するために役に立つ．

非薬理学的治療法

抗うつ薬の投薬を含まない他の接近法もまた有用でありうる．多くの症例でこれらは，もしもうつ病および関連する症状が，穏やかであるならば，投薬の前に考慮されなければならない．アルツハイマー病をもっている抑うつ的な個人たちは，精神療法，介護者たちや他の家族の成員たちとの支持的な相互作用，運動，そして構造化された毎日の諸活動によって恩恵を受けることができる．うつ病とアルツハイマー病についての介護者の教育は，介護者の反応が，AD

のための支持的なケア，そしてうつ病からの回復に対する最愛の人の適応に，直接的に影響するので，重要である．次の提言は，うつ病あるいは AD に関連する要求のための支持的な活動である．すなわち，

- 感情移入，忍耐および無条件の肯定的な関係をもって最愛の人たちに応じなさい．
- あなたたちがそこで援助し，そして支持しなければならないことを，最愛の人々に説明し，そして安心させなさい．
- あなたたち2人が，起こっていることの処理を学習できるという印象を与えなさい．そしてできないときは，よろしい．それならば，それは，だれかの援助を手に入れるためのよい考えであるかも知れない．
- 考え，あるいは行うために役に立つかも知れない少しの事柄について，意見を話してあげなさい．あなたが，何かが肯定的で，また役に立つと判断するときはいつでも，それを知られるままにしておきなさい．たとえば，"私はあなたが続け，そして今日早目に服を着た習慣のよさを認めます"．
- 人の本来の真価を強化しなさい．そして現在の否定的なものによって，押し流されることを回避しなさい．もしもあなたが，その否定的なものにとらわれさせておくならば，事態は変わることがありうる．
- 最愛の人の表立たない意見をおきかえるための肯定的な反応を，それとなく言いなさい．たとえば，"私は，いまこれをやることはできないかも知れません．けれども私は，まだ信頼できる人なんですよ"，あるいは，"私はもはや，全く何かに値しないのです"，あるいは "私は，何かをまちがいなくやることができません" と言うかわりに "私は，それをいまやることはできないけれども，多分，あとでやるでしょう" と言う．
- 楽しかった活動の数を検証し，そしてふやしなさい．たとえば歩くこと，音楽に耳を傾けること，手作業をやること，友人たちを訪問すること，あるいは快い思い出に関連した場所へ行くこと
- あまりに退屈で，また腹立たしすぎるようになった物事を行うことから，あなた自身に出直しの機会を与えることに同調しながら，その人が楽しくすごしている仲間たちと一緒の散歩を計画しなさい．
- あなたがたの両方ともにとって，より楽しく，そして意味がある見込みがあることを，最愛の人と一緒にしたいと思いなさい．もしもある活動が，あたなにとってやがて有益になり，そして最愛の人に対して，いかなる否定的な影響ももっていないであろうならば，それをおやりなさい．
- 特殊な課業あるいは活動に関して，あまりにも漠然としすぎる期待を伝えることをしないで，それらに対して開始される最愛の人たちを援助しなさい．ことばによる援助，身体的な助力，そして開始される人を援助することは，強く望まれた行動のためのきっかけとして役立つ．

- いったん人が課業にかかわり合いにされるならば，注意，および参加と協力の現在のレベルを維持するために断続的に望ましい行動を促進し，そして強化しなさい．
- 課業と活動についての注意，努力および完全化に対して肯定的でありなさい．そして意味のある賞賛と正しい評価を示しなさい．道のりのおのおのの一歩で，人の苦労に報いうるようにできると，あなたが信じている行動を形づくるために，一歩ずつの接近法を活用しなさい．これらの歩みは次のレベルへ人を動かすために，助けになるきっかけをもまた供給する．
- 人が，成功のための機会をもつように，現実的な期待をもちなさい（肯定的なものを増強し，否定的なものを減少させなさい）．うつ病は，否定的なものの意識を強め，それは，より大きな欲求不満と気力の喪失に帰着する．さらに，複雑な課業を単純な歩みに分解しなさい．そしていっそう自主的に，またうまく，最愛の人がある行動を完成させるのを援助するために，口頭での，身体的な，そして視覚的なきっかけを与えなさい．
- 最愛の人々について，いっそう大きな現実的な期待をもつこともまた，あなた自身の欲求不満を軽減する．このようにして，あなたはかれらが実行できることについて，前より気分がよくなる．
- どのように最愛の人たちが（いやそれを言うならあなたたちが）物事を実行しているかについてのあなたたちの意見（信念）に目を向けなさい．かれらが機能の前のレベルを継承することができないときに，かれらに対して否定的なメッセージを伝える可能性に，あなたは未だにしがみついてはいませんか？
- くつろがせなさい．たいそう重要であることを常とした非常に多くの事柄，たとえば，毎日入浴することは，おそらく生と死の重大事ではない．
- 個人は熟練（skills）の見地からは，無能力であるだろう．しかしなお価値のある人間である．かれの人間的価値を，あなたたちの最愛の人に思い出させなさい．そしてひとつ，あるいはもっと多くの疾患が問題を引き起こしており，まただれもかれを非難してはいないことを，かれが理解するのを助けてあげなさい．
- 最愛の人々が楽しむ特定の好結果を推賞するために，あらゆる機会を捕えなさい．シャツを着ること，あるいは何かを見つけることは，かれらにとって重要であるだろう．その上，あなたたちにとっては，最愛の人たちにあなたたちが真価を認めていることを知らせなさい．たとえば，あなたたちが気がついている永続的な，そして素晴らしい人格特性を指摘しなさい．これらの諸特徴の認識は，かれらの個性を支えている．
- アルツハイマー病も，うつ病も，あらゆる問題に責任はない．これについてあなたが信じていることに目を向けなさい．介護者たちは――どのように，かれらが要求に対して解釈し，そして反応するかという理由で――いくつかの問題の根源であるかも知れない．われわれは問題の根源としての，他の健康状態の影響，あるいは環境の効果を見のがすことができない．

- いくつかの問題は修正されうるし，そして他の問題を，あなたは受け入れるべく学習しなければならないことを覚えておきなさい．
- 否定的な，そして品位を下げるような批評を避けなさい．たとえば次のように言うことの方がいっそう支持的である．"あなたは，もはや何もまちがいなくやることができない"よりも"もしもあなたが今これを私と一緒にやってくれるならば，それは助けになるでしょう"．
- 親しい，温かい，そして居心地のいい環境をつくり出しなさい．そして強い要求や不安を少なくしなさい．騒がしい雑音は，いらいらさせることがありうる．暗い部屋は気がめいる．
- 倦怠感，興味，および自発性の喪失を償うために，肯定的な刺激を供給しなさい．
- 歩くこと，あるいは規則的に単純な運動を実施することのような身体的な訓練は，うつ病やストレスに対応するための，ひとつのすぐれた方法である（身体の運動は，現在は他の主要な疾患についてそうなってきているように，アルツハイマー病にとって，ひとつの保護的な因子であると考えられている）．
- 一日のうちのおそくに増強する疲労と錯乱状態を償うために，くつろぎと休息のための機会を組み込みなさい．
- 人が楽しむ，そしてかかわることのできる会話の話題に加わりなさい．絵画，音楽，衣服のスタイル，古い車，仕事，そしてずっと昔の列車旅行は，全てが再認（recognition）と意義によって充たされた記憶を始動するのに役立ち得る（過度に間違いを正すこと，あるいは正確さについてあまりにもひどく細かすぎることという間違いはしないように）．
- あなたが参加している関係についての記憶を始動するために，同様の接近法を用いなさい．
- 起こっていることに，ユーモアを見つけるための機会を待ち求めなさい．そして，物事をすっかり楽しくしなさい．
- 何かに*関して*，あるいは何かについて，笑いなさい．けれども何かを見聞きして笑わないように．
- 親族の関係，および個人間の状況を不安定にすることを避けなさい．対人関係的因子がうつ病の一因となる．あなたたちが示している表情は，最愛の人たちが見ている表情であるだろう．かれらは，同じように反応するだろう．
- あなた自身の感情的な状態の価値を検討しなさい．さらに，あなた自身に気をつけることにいっそうの努力を傾けなさい．

アルツハイマー病をもつ人々は，精神療法（therapy）から利益を受けることができる．介護者たちもまた，精神療法そしていっそう形式化された問題解決から利益を受けることができる．かれらは，習慣的な反応がもはや効果的でないときには，問題に対して考えることを学習し，そして問題に対して，それぞれに反応することができる．職業的な援助者たちは，地域社会の

資源を仲間に入れることによって，助けることができる．かれらは永続する，そしてやっかいな状況に対して観察し，解釈し，そして反応するための新しい方法を発見することができる．

　精神療法は，介護者たちと"患者"，あるいは"依頼人（クライアント）"として確認された家族の成員の両方ともにとって，支持の根源である．そこには，現在の状況では処理され得ない親戚関係の中に，長く続いた問題があるのかも知れない．喪失に対応することは，とりわけ困難であるだろう．いくつかの対処のストラテジィは，役に立たないばかりでなく，介護者たちおよびケアを受けいれる人たちにとっては問題の根源であるだろう．たとえば，もしもあなたが習慣的にやや離れたところに諸問題を取っておくことによって，それらを片付けるために回避を利用したならば，あなたはうつ病のより大きな危険を有している．何もこれまでに解決されていないし，また諸問題は結局混乱する．

　うつ病は，アルツハイマー病についてはふつうである．治療は苦悩を軽減する．うつ病に関連するより大きな能力障害は，逆転させることができ，また毎日の生活における個人のはたらきは，高められる．介護者の親戚関係のいっそうの肯定的な面を回復するための機会は，治療がうつ病の衝撃を減じるにつれてより大きくなるであろう．これらの因子は結局ADをもつ人々，またそれらの因子を気にかけている最愛の人々にとっての，人生のよりよい特質になる．

■悲嘆と対処の方法

　悲嘆と対処行動は，苦悩の代わりに希望を与え，人々が喪失とストレスに適応するのを助ける．悲嘆する過程は，いくつかの抑うつ的な症状に関連するであろう．それは，実際には喪の過程の併発のために，うつ病に帰着するかも知れない．しかし，悲嘆は回復の正常な過程である．悲嘆は喪失に対する反応である．ADをもつ人々，そして最愛の人々は，多数の喪失に直面する．他の喪失は，障害された記憶が焦点であるときには明白ではない．喪失はアルツハイマー病をもつ人々の尊厳と価値の観念をおびやかす．かれらを害悪から保護するための制限が自己評価を低減させ，またかれらの自己の意義を逓減することは皮肉である．われわれは，かれらがかれらの喪失についてどのように感じているかを，また自己を明らかにする活動および重要な役割にしがみつくためのかれらの努力を，どのように認識しているかを理解する必要がある．われわれは，アルツハイマー病に関連づけられる問題点への対処と，われわれがADをもつ人々にしている要求によって圧倒されることとの間の相違を把握する必要がある．そのとき，われわれは，かれらの適応を妨げるよりもむしろ，それを支持することができる．かれらの自己の意味と，個人の同一性を次第にそこなう代わりに，それを肯定しなさい．かれらの価値を否定するよりも，むしろわれわれの生活の中でそれを高めなさい．

　アルツハイマー病をもつ人々は，かれらに影響する変化に対処するために努力する．われわれは，対処反応を表す悲嘆のいくつかの徴候を認めることができるであろう．いくつかの行動上の，また感情的な反応は不安にさせるかも知れない．しかし，それらの反応は，喪失に対す

る個人的な反応を，そして自己に対する脅威を表している——たとえば怒り，怨恨，恥，そして変化に対する絶望的な断念．あまりにもしばしばわれわれはこれらの行動をそれらの機能の真価を認めることなしに処理し，あるいは確定しなければならない諸問題として考えすぎる．それらは，個人の主観的な体験への窓であるだろう．自己防衛あるいは抗議のこれらの表現は，どのように最愛の人たちが対処しているかということについて，われわれにそれ以外の多くのことを示しているだろう——そこでは，かれらは，疾患が与えてしまった，そしてかれらが行うことができることに，そしてかれらが誰であるかに，関してもつであろう衝撃に対して適応することの過程の中にある．かれらが，何かを実行する方法を思い出すことができないとき，かれらにとって恥辱，および欲求不満は何を意味するのか？　どんなことを，別の人に，かれの代りに話させたいと思っているのか？

　同一性についてのかれらの意識，あるいは自己の印象は，徐々に，障害された記憶，および意味のある役割，親族関係，活動性の喪失によって浸食されるであろう．かれらの対処するための努力は，自己の意味，自律性，安全，慰め，活動範囲，独立，自己の価値，資格，あるいは権利を保護するのに役立つであろう．かれらの反応のいくつかは，その後の喪失を妨げるための試みを表すだろう．これらは，喪失を生み出す変化についての理由が，理解され得ないために認めることがいっそう困難である．

　ときどき，これらの喪失は，"自己の喪失"として集合的に描かれる．そしてそれは，かれらがかつてあった人を示唆するために，非常に僅かのものが残されている存在として，進行した認知症をもつ人々をみなすように誘惑しつつある．しかし記憶の中にたくわえられた，あの自己の意味にまさる自己の部分がそこにある．記憶を超えて広がる自己の部分は，個性と呼ばれた．そして認知症をもつ人々の感情，情動，そして反応を含んでいる（Kitwood, 1993）．介護者たちが，料理あるいは運転のようないろいろな活動に対して制限を加えるとき，アルツハイマー病をもつ人々の激越化された反応は，かれらの同一性の防衛であるだろう．

　われわれが，非協力的，あるいは反抗的と呼ぶ行動のいくつかは，抗議のひとつの形態であるかも知れない．それは自己を保持するための，ひとつの試みをあらわしているかも知れない．われわれはそれを，悲嘆のひとつの徴候として，あるいは適応の別の形態として理解することができるであろう．そのとき，われわれは，ADをもつ人々の感情的な経験が意味すること，そしてそれが，どのようにかれらの喪失の意味に，また個性の保護に，関係づけられるのかを理解するための機会をもっている．この見地は，抑うつ的な症状にいっそう適切に取り組むことに関して重要であるかも知れない．

　われわれは，悲嘆の過程についていくつかの見解を検討する．次いでわれわれは，アルツハイマー病をもつ人々が，かれらの身の上に起こっていることに対して，どのように考え，適応しているかに目を向ける．悲嘆の過程についてのひとつの見解は，自己の喪失に対して，どのように人々が適応しているかに取り組んでいる（Cohen, 1991）．私は，完全な自己喪失が起こることを信じない．記憶の中にたくわえられた多くのイメージは忘れられ，ふきとられるが，

しかしなお明瞭さと意識をもった，感情的な反応および瞬間の中に存在する多くの人間がいる．われわれは，アルツハイマー病をもつ人々の体験を理解し，また真価を認め，そしてかれらが次の段階を通り抜けるに従って，かれらの適応的な試みと対処行動の努力を支持する必要がある．

　再認および関心：あることが悪いという意識．
　否認："これは私には起こり得ないだろう"という信念．
　怒り／罪の意識／悲しみ："何故，それが私の身の上に起こっているのか？"に対する反応．
　対処行動：変化され得ないことに適応するための努力，たとえば"もしも私が，私の人生を続けなければならないならば，私は……しなければならない"．
　成熟：毎日できる限り完全に生きること．
　自己からの分離：自己の意味は失われるが，しかし執着への要求は継続し，そして安全と慰安への要求が増大する．

　適応のために苦闘するに従って，アルツハイマー病をもつ人々は自分たちを独特に，また活力に満ちたものにすることにしがみつこうと努める．われわれは，たとえかれらがもはやかれらを働かせることはできないであろうとしても，個性のすべての権利をまだ完全に付与されている個人たちとして，かれらを処遇することを強く要求される．おそらく，どのように最愛の人々が対処しようと努めつつあるか，そしてどのようにかれらが喪失を承認しようと努めつつあるかに更にそれ以上気づいていることによって，われわれはどれくらい満足にかれらが思い出し，あるいは実行することができるかについて，われわれの懸念の域を脱する（かれらの）個性の要求に応じることがありうる．われわれが，そのような大きさの喪失を経験するとき，われわれが一人きりでないのを知ることが重要になる．われわれは，われわれの喪失の意味が別の人，とくにわれわれを愛しまた尊敬する人々にとって重要であるという再保証によって，いっそう安全だと感じる．そしてわれわれにもっとも親密な人は，われわれを励ますであろう．アルツハイマー病をもつ人々にとってはそのようである――かれらが，かれら自身についてもっている記憶の究極的な衰退にも拘わらず，これらの要求は残存し，より多くさえなるだろう．認知障害が，この病気をもつ人々にとって，即時性（直接性）によって明かにされている世界の中で，より多くの予測不可能性に対処することをいっそう困難にするので．

　悲嘆について別の展望は，否認，怒り，抑うつ，承認，および再建という一連のものに関連している．ADにはこれに類似したものがある．悲嘆は，単に時期ではなく仕事を行う治癒のひとつの力動的過程である．それは段階によって示唆された，細かな順序正しい一連のものをたどるのではない．経験は，認知症をもつ人々にとって，かれらの経験の連続が，かれら自身の再認のつかの間のひらめきと，失われたことについてのすみやかに薄らいでゆく展望に細分化される前に，完全にすることは困難であるだろう．

　疾患の過程それ自体が，喪失についてのある意識を形作ること，そしてそれを切り抜けて努

力することを，われわれに可能にする能力を危うくする．悲嘆に対処するために必要な，記憶，推論および他のスキルの障害は，ADによって影響され，また喪失の好結果の解決をいっそう困難にする．アルツハイマー病の診断は，自己の喪失を意味しないであろう．しかしそれは別の謎（enigma）をつくり出す．

　この謎は，自己の変化する意味の中で生まれる．自己をはっきりさせる活動，および役割における変化は，"その人らしい人"の意味を弱め，そして細分化する．それほど障害は，疾患に本来的に起こる．認知症における自己についての，ひとつの研究は，"その人らしい人"の意味がしばしば不断の変化の状態の中にあることに留意している（Harris and Sterin et al., 1999）．そしてわれわれ自身であることが，われわれが実際にわれわれらしくないことを行っているために，異った誰かになりつつある人と，他の人々がわれわれを見なすときに，いっそう困難になる．

　喪失は，多様なレベルの上で起こり，またこの変化する自己の意味の別の根源である．どんなにわれわれがわれわれの人生における有意味な役割の喪失，自立の喪失，資格の喪失，尊敬と自己価値の喪失，そして記憶の喪失によって影響されるであろうかということを，心に描きなさい．それから，どんなにわれわれが，われわれの他の人々との関係によって限界を決められるかを想像しなさい．アルツハイマー病は，これらの喪失の根源である．われわれは，それらの喪失が，アルツハイマー病をもつ人々の個人の同一性にとって脅威であるために，これらの喪失の話題に耳を傾ける必要がある．

　アルツハイマー病をもつ人々の感情的な反応は，かれらの自己の意味を維持するための努力につなげられる（Harris and Sterin et al., 1999）．かれらは一般に欲求不満，当惑，恥辱，怒り，意気消沈，恐怖，能力の脱強化，および無益を表明する．ときどきかれらは，かれらの喪失についてこれらの感情を心に抱くがしかし，それらを最愛の人々，あるいはかれら自身に向ける．

　アルツハイマー病をもつ人々は，かれらの自己の意識を維持するために，また自制の分別をもつために，多様な対処行動のストラテジィを利用する．HarrisおよびSterinは毎日のきまった仕事を続けること，表をつくること，そしてカレンダーを自分のものにすること，家族の成員たちから支持を受けること，支持グループに耳を傾けること，ユーモアの感覚をもつこと，そしてかれらの信頼を頼りにすることが，効果的な対処行動のストラテジィであることを発見した．他のスキルと経験をもつ人々は，かれらのために独特な対処行動のスキルを次第に獲得した．そしてそれは，介護者たちが調べることができるある事である．そこには最愛の人たちが，ささやかな勇気づけや援助によって雇用されることができる，その病気以前に利用した，対処行動的接近法があるのかも知れない．

　HarrisおよびSterinは，疾患の挑戦，自己に対する疾患の脅威に対することについての，いろいろなパターンを確認した．これらの反応は，しばしば個人の生活により大きな方向と目的を与えた対処方法の報告にもとづいた，適応の状況をもたらしている．

私が死ぬまで，私は生きるだろう． この信念をもつ人々は，疾患とともに生きることに積極的にかかわりあわされた闘士たちであった．これは，それによってADをもつ人々が疾患の管理を行い，またかれらの人生を，かれらがなしうる最良のものにする姿勢である．この信念をもつ人々は，自制を保持するための方法を求めた．そしてそれらをはっきりさせるいろいろな活動にたずさわった．

私が持っているものを，私は承認する． これらの人々は，かれらの診断によって驚かされた．しかしそれを承認した．そしてかれらの新しい生活を，それに適応させた．かれらは，かれらの個人の同一性を新しい役割に適応させることによって，かれらの自己の意味をそこなわなかった．

私には何も，具合のわるいところはない． この信念をもっている人々は，かれらの状況を否定した．そして診断を承認することができないであろう．診断はあまりにも手ひどすぎた．そしてかれらは，かれらの世話をしている人々に対する怒りとして否認を表現した．かれらは疾患の症状を否認した．否認は，かれらの自己の意味を保持するために，これらの人々にとって必要であった．

私は，単に一日を終えるために奮闘している． この見方をもつ人々は，ADとたたかうことに多くの場合に成功をおさめることはなかった．ADとともに生きることは，抵抗できなかった．そしてかれらは，かれらに親密な他の人々に本疾患を隠そうとつとめた．かれらは，アルツハイマー病をもっていることという衝撃に対処しようと，そして自己同一性に対するその影響を理解しようと努めつつあった．

私は断念している． この信念をもつ人々は，確固たるものであったが，しかし，もはや疾患と対処すること，そしてかれら自身のままでいることはできないであろう．もしかしたら，このことはかれらがアルツハイマー病の運命を承認したい，と思ったことを意味する．たぶんこの信念は，かれらにより多くの自由を与えた．たぶん，かれらは，かれら自身の重要な面を見捨てたし，また失った．

　これらの報告は，ADをもつ人々の行動のいくつかにとっての根拠を，われわれが理解するのに役立つ手がかりを差し出している．かれらは，われわれが以前知っていた人々よりも，なお，より多い．かれらは，多くの方法で特徴づけられうる．われわれは，かれらの個性に似つかわしい記述を手に入れる必要がある．もしもわれわれが，どのように最愛の人々が疾患に対応しようと努めているかについて，より確実な状況を得るならば，われわれはいっそう支持的なパートナーになるであろう．

この研究にかかわり合った人々のすべては，それがどれほど進行性の記憶の喪失と一緒に生きることに似ているかについて，何か個人的なものを共有した．自己同一性，自己評価，そして自己概念はすべて危うくなっている．3つのものの価値はかれらがつねにそのようであった，人々に調和した自己，その自己の観念の輪郭を明らかにすることのために，非常に重要であることが発見された．介護者たちは，あらゆる理性にかなった方法によって，これらの価値に気をくばらなければならない．アルツハイマー病をもつ人々は，意味のある生産性，自律，そして慰安および安全を尊重する．もしもかれらの同一性が維持されなければならず，そしてこれらの価値が敬意を表されなければならないならば，かれらの必要をみたすことは，大部分は他の人々の意志次第であろう．本人のこの肯定は，確かに喪失を和らげ，またうつ病の衝撃を軽減する別の方法であるだろう．

4. アルツハイマー病の考えられる原因

　アルツハイマー病への多くの端緒が確認されてきた．しかし更に，単一の原因の説明に収束しなければならない．アルツハイマー病が，多くの因子によって引き起こされる複雑な疾患である，という増大する証拠がある．そしてこれらの因子は，この疾患として表現されるためには，ある連続あるいは結合となって作用しなければならない．異常なタンパク，βアミロイド (beta-amyloid) は，ひとつのよい例を提供している．それは本疾患の少なくともひとつの遺伝的な原因に関連し，またニューロンの死を惹起することに関係している．ある人々は，それが本疾患の発現に非常に重要な，また促進的な役割をもっていると信じている．その本疾患のさまざまな面との，多くの結びつきの証拠があるにも拘わらず，βアミロイドの役割は，熱情的な科学的研究のトピックにとどまっている．

　考えられる原因のうちで，遺伝的因子は，明確に症例の低い百分率で本疾患を引き起こす唯一の因子である．遺伝的因子と，スローウイルス，免疫系，および脳の炎症に関連する理論が，この章で論じられる．過剰なアルミニウムの摂取もまた論じられる．

　ある心理学的因子が，アルツハイマー病の発病と，その症状の重篤さに影響を及ぼしうることもまた非常に見込みがあるように思われる．それゆえに，われわれは，環境，精神医学的病歴，社会的および感覚的剥奪 (social and sensory deprivation)，そして支持およびコントロールについての人の思慮を考察する．

■何がアルツハイマー病を引き起こさないか

　アルツハイマー病を引き起こさないものについては，またひとつの言葉が適切と思われる．それは単純な老年，動脈の硬化，あるいは卒中によって惹起されるのではない．一番大切なことには，それは人間の性格あるいは行動によって引き起こされない．"悪い"あるいは"怠惰な"人々は，しばしば"善良な"人々より以上にはアルツハイマー病を発病しない．誰も，いつか"当然"アルツハイマー病にかかるにきまってはいないのである．介護者たちおよび他の人々は，この不可解なるものを理解するために苦闘しているが，これらの人々は，おそらく潜

在意識的に，途方もない説明を創造しようと試みられるかも知れないけれども，犠牲者あるいは誰かほかの人が，本疾患のために責を負うべきであると考えることは，単に困難な状況を不必要に，より厳しくしうるのである．アルツハイマー病の犠牲者の表面の"気違いじみた"行動は，脳における，非常に事実上の，物質的なそして化学的な変化によって生じさせられる（16章を見よ）．そして，その変化に関して，人間は，いかなる制御能力をももっていないのである．これらの変化の，また本疾患それ自体の真の原因が，近いうちに確認されうることを期待しよう．

■遺伝の理論

アルツハイマー病に関連がある遺伝子と遺伝的因子

遺伝子および遺伝的因子は，アルツハイマー病で重要な役割をもっている．証拠は，今日5つの染色体——1, 12, 14, 19 および 21——の上の遺伝子を本疾患につないでいる．1990年代の初期に，染色体 21 は，それらの指導的な遺伝的研究の関心の多くを引きつけた．研究者たちは，染色体 12 の上で，晩発性アルツハイマー病のための他の遺伝子の証拠を発見した（Stephenson., 1997）．反復実験は，この発見を支持しなかったにも拘わらず，この領域に他の疑わしい遺伝子がある．これらは結局は，AD についてのわれわれの知識にそれ以上のものをつけ加えるであろう．

遺伝的因子は，他の脳疾患の発現に関係があることがすでに知られている．ハンチントン舞踏病およびダウン症候群はその2つの例である．アルツハイマー病とダウン症候群は共通していくつかの特徴をもっている．アルツハイマー病で生じるアミロイド斑（amyloid plaques）および神経原線維変化（neurofibrillary tangles）は，ダウン症候群をもつ個体の脳組織の中に見出される．ダウン症候群をもつ個体は，かれらが 40 歳を過ぎて生きるならば，必ずアルツハイマー病を発病する．ダウン症候群をもつ人々では，染色体 21 番の余分のコピーがある．染色体 21 番とアルツハイマー病とのこのつながりは，遺伝学的探求に新しいエネルギーをもたらした．

染色体 21 番に関連した，家族性アルツハイマー病

その後の研究は，染色体 21 番の上の遺伝学的欠損が，早発性アルツハイマー病をもつ家族の非常に少数のものにおける，常染色体性優性遺伝として知られた遺伝学的伝達のひとつのパターンの原因であることを示した（St. George-Hyslop et al., 1987）．この研究は，一親等（両親，兄弟あるいは姉妹，そして子供たち）の 50％ が本疾患を発病するであろうことを示している．染色体 21 番の上の欠損は，異常なアミロイド蛋白質の形成に関与した遺伝子突然変異（gene mutations）をもまた含んでいる．

APP 遺伝子

　アミロイド前駆体蛋白（amyloid precursor protein, APP）遺伝子は，染色体 21 番の長腕の上にある．それは毎日の神経細胞の保存に関与させられ，また普通の脳蛋白，それについてはアミロイド前駆体蛋白と名づけられている普通の脳蛋白を調節する．APP は，アルツハイマー病の症例の老人斑（plaques），および小さい血管の血管壁の中に見出されるアミロイドの親蛋白である（DeKosky, 1996）．APP 分子は，神経細胞膜と相互に作用するので，2 つの酵素 β セクレターゼ（beta-secretase）と γ セクレターゼ（gamma-secretase）によって断片に切り出される．それらの断片のひとつが異常な蛋白 β アミロイドに帰着する．

　世界中で，20 より以下の家族が，アミロイド前駆体蛋白遺伝子の突然変異をもっている（Roses, 1996）．

　これらの家族の成員たちは，すべての早発性家族性アルツハイマー病の 10% より以下を表している——すなわちアルツハイマー病の多数の症例がその中にある家族で，発病は一般に 65 歳以前に起こっている．染色体 21 番の上の遺伝的欠損による常染色体性優性的伝達は，AD のこのタイプの一例である．早発性家族性アルツハイマー病は，一般人口の中では稀である．またおそらく，すべてのアルツハイマー病の症例の 5% より以下を含んでいる．染色体 21 番の上のアミロイド前駆体蛋白遺伝子における突然変異をもつ家族は，発病年齢がつねに 40 代あるいは 50 代であることを除いて，アルツハイマー病の典型的な表現をもっている．ときおり発病年齢は 60 代である．より若年の発病年齢は，APOE（アポリポ蛋白 E apolipo-proteinE）e4 対立遺伝子にともなわれることがある．

家族性，および散発性（sporadic）の症例

　染色体の連鎖が，本疾患が，そこで遺伝のあるパターンに従っている，と思われる他の家族の家系を説明するために考えられてきた．いくつかの世代を冒す遺伝のパターンのある類型をもつ，少数の家族が世界のあちらこちらで確認されてきた．染色体 21 番に加えて，遺伝の常染色体性優性のパターンが染色体 1 および 14 に関連づけられた．アルツハイマー病の家族的な病型は，これらの染色体に連繋された遺伝子突然変異の遺伝によって引き起こされる．別の遺伝子，アポリポ蛋白 E（apoE）は，AD の散発的な病型で，主として発病年齢に重要な役割を果たす．これらの症例は，遅発性のもので，また 60 歳あるいはそれ以上の年齢で起こる．この遺伝子は，染色体 19 の上にあり，また感受性遺伝子である．なぜならそれは発病年齢に，また多少はアルツハイマー病に罹患するための個人の危険に影響するからである．

　染色体 14 は，プレセニリン（presenilin）1 遺伝子における遺伝子突然変異をもっている．プレセニリン 1（PS-1）は家族性の AD の症例の大多数の原因である．これらは，すべての本疾患例の 5% より以下のものを表している．残りの 95% は，外観は偶然の発生による散発的な症例である（Roses, 1996）．PS-1 をもつ人々の発病年齢は，通常は，40 歳代，あるいは 50 歳代早期である．30 歳代および 60 歳代早期の発病が報告されてきたが，65 歳より後の発病は全く稀

である．発病の年齢は，apoE によって影響されない．疾患の進行は，比較的急速で，6 ないし7年の期間にわたって存在する．これらの症例は，てんかん発作 (seizures)，不随意の筋収縮 (myoclonus)，および言語の欠陥にともなわれる．

　AD の症例の 1％以下のものは，染色体 1 番の上のプレセニリン 2（PS-2）遺伝子における突然変異によって引き起こされる．罹病した家族のたいていのものは，合衆国に住んでいるVolga German 家系，イタリア人の親類関係，そしてひとつのスペインの家系の出身者である．発病年齢は非常により巾が広く，また40歳から75歳まで広がっている．ApoE は発病年齢に関連はない．これらの症例における疾患の持続期間は11年である．

　たいていの家族性の症例は，早期の発病であるが，しかし染色体19番の上の遺伝子の突然変異と関係づけられた所見は，普通の晩発性のアルツハイマー病のための増加した危険 (Corder et al., 1993) と，beta-amyloid に結合している蛋白（アポリポ蛋白E）の両方ともを一連のものとした．このようにして，3 つの染色体（1番，14番，21番）は，遺伝の常染色体性の様式にともなわれ，別のもの，染色体19番は，アルツハイマー病に対する危険あるいは感受性を示す複雑な様式に関連づけられる．染色体12番の上の遺伝子もまた，感受性を増すことが考えられる．

ApoE 遺伝子

　アルツハイマー病のもっともふつうの類型，晩発性のもの（65歳とそれ以上の年齢）は，主として AD の散発性の病型である．晩発性の症例の50から70％は，染色体19番の上に発見され，またすでに血液中のコレステロールのキャリアーとしてよく知られている．アポリポ蛋白E（apoE）遺伝子の種々の形態の遺伝に関連する (Roses, 1996)．アルツハイマー病の危険因子であることに加えて，apoE は血管の変化においてひとつの重要な役割をもっていることが知られており，また脳出血のためのひとつの危険因子である．動物の研究で，アポリポ蛋白 E は，脳の血管のアミロイドの蓄積に関係づけられてきた．人間において，これらの蓄積は，発展して脳のアミロイド血管病 (cerebral amyloid angiopathy) と呼ばれた状態になる．そしてこの状態は，出血性の脳卒中のおよそ3分の1の原因である．apoE のひとつの形態 E4 は，AD のためのひとつの危険因子として確証された．明らかに，E4 の形態は，より多く脳の血管の損傷に帰着する見込みがあるために，それは脳出血のためのひとつの危険因子でもある．ApoE は，この種のアミロイドの増加に責任があるかも知れない．そしてそれは何故，血管性認知症がしばしばアルツハイマー病と共存するかを説明しているかも知れない．

　アポリポ蛋白 E 遺伝子の3つの形態，あるいは対立遺伝子がある．すなわち apoE2，apoE3 および apoE4 である．ApoE3 は，一般人口においてもっともありふれた形態である．人口の50％より以上が，apoE3 対立遺伝子の対になった組をもっている．ApoE4 はアルツハイマー病を発病させる危険を増大する．2 つの apoE4 遺伝子——父親からひとつ，そして母親からひとつ——を受けつぐ人々は，より普通の apoE3 対立遺伝子の2つをもっている人々よりも，

少なくとも8倍より多く，本疾患を発病させるらしい．E4対立遺伝子のひとつあるいは2つをもつことは，症状がそこで発現する年齢にもまた影響するように思われる．もっとも少なく普及した対立遺伝子apoE2は，実際にはアルツハイマー病を発現させるための危険を低下させるだろう．

ApoE4とアミロイド

apoE4への関心は，別の理由によって高度である．その関心は急速に，そして緊密に，βアミロイドに（apoE4を）結びつける．apoE3はそうではない．apoE4蛋白は普通に溶解しやすいβアミロイドが不溶解性になることの原因になる．このことは，脳の中のβアミロイドの沈殿を増強させるであろう．ApoE4は，βアミロイドがそれから形成されるまさしくその蛋白──アミロイド前駆体蛋白を調節することにひとつの役割をもっていると考えられる．

遺伝的な選別

ApoE4は，アルツハイマー病を発病させるためのひとつの危険因子である．アルツハイマー病発病の危機におかれた人々を，かれらのapoE状態にもとづいて検証する，テストの一般的使用は重要性をもつものである．予言的なテスト施行は，常染色体優性遺伝子に利用できる．しかし，apoEの状態は，ある人がアルツハイマー病に罹患するであろうかどうかを，予言することはできない．この遺伝子をもつある人々は，アルツハイマー病を発病しないが，この遺伝子をもっていない他の人々が発病する．E4対立遺伝子をもっていることは，症状が現れるまで明確にAD（アルツハイマー病）を予言しない．

遺伝的因子は，アルツハイマー病が発病にいたるいくつかの様式を理解するための根拠を提供する．しかしながら，これらの因子でさえ，あの多くの症例を説明はしない．アルツハイマー病は，多数の因子の間の相互作用によって引き起こされるのである．遺伝学を参加させる発見は，アルツハイマー病の困難な問題における，多数のもののうちのより多くのものを関係づけ続けている．まだ確認されていないが，他の遺伝子がわれわれが本疾患の原因を理解する点で，より多くの関連をつけるのにわれわれの助けになる見込みがある．環境をかかわり合わせる他の未確認の因子は，本疾患発病のための引き金として作用し，また遺伝的因子と影響し合うに違いない．

■ウイルス説

極端に遅発性の，そして感染性のウイルスが原因であるかも知れない

別の理論が，アルツハイマー病が，数十年間の潜伏期を要するかも知れない極端に遅発性の感染性のウイルスによって，引き起こされると考えている．他の神経学的障害が，そのようなウイルスが原因であることが発見されてきた．これらはクールー（kuru），クロイツフェ

ルトーヤコブ (Creutzfeld-Jakob) 病，そしてゲルストマン－ストラウスラー症候群 (Gerstmann-Straussler Syndrome) (Prusiner, 1984) を含んでいる．これらのウイルスは羊，およびヤギにおける神経学的障害，スクレピー (scrapie) の原因になるウイルス性の作用物に類似している．この感染性の作因，プリオン (prion) は，通常のウイルスよりもはるかにより小さい．

アルツハイマー病が伝染されうることは，一度も証明されたことがなかった

アルツハイマー病にとって，そのようなウイルスが存在することを証明するためには，臨床的研究は，本疾患が伝染されうることを示さなければならないだろう．今までのところは，脳の組織から本疾患を動物に伝染させようと試みる実験室の実験は，失敗に終ってきた．しかし，動物は，単に本疾患に罹り易くなかったこと，あるいは本疾患のための潜伏期が研究の継続期間よりも，より長いことがありうる (Prusiner, 1984)．（たとえばクールーおよびクロイツフェルトーヤコブ病は，20年ないし30年にわたって潜伏することが知られている．）そのような長い潜伏期は，アルツハイマー病につねに見出される発病のおそい年齢と，両立するように思われるであろう．

いくつかの研究は，アルツハイマー病がウイルス性，および家族性／遺伝的諸因子の組合せによって引き起こされるという理論を慎重に考えた．他の研究は，アミロイド斑とウイルス様の作因との間の関係を示唆した．アルツハイマー病が，ウイルスによって惹起されるという考えを確証するか，または否定するかのために，いかなる堅固な証拠も存在しないので，この理論は，更に深い研究のための，ひとつの活動的な領域のままにとどまらなければならない．

■免疫系の理論

年齢は，より強力な危険因子である

増加する年代学的な年齢は，アルツハイマー病にとってもっとも強力な危険因子である．中年を過ぎた人は，癌，遅発性の糖尿病，および慢性関節リウマチのような，更にそれ以外の自己免疫疾患にかかる傾向がある (Nandy et al., 1983)．多発性硬化症およびハンチントン舞踏病を含む他の神経学的疾患は，免疫系の変化をかかわり合わせることが知られている．いくつかの研究は，脳の免疫機能の異常がアルツハイマー病の進行の一因となりうることを報告している (Peskind, 1996)．ニューロンの喪失および老人斑 (plaque) と神経原線維変化 (tangles) の出現は，部分的に免疫系のメカニズムによって仲介されるかも知れない (Rogers et al., 1992)．

慢性の感染性の状態はADの脳を冒す．これは，われわれが創傷――潮紅，疼痛，熱，そして腫脹とともに想起する炎症ではない．それは，脳の免疫反応の特徴を示している一次的反応に関係する．免疫系の侵襲は，アルツハイマー病におけるニューロンの破壊の大部分に責任があるかも知れないという可能性が存在する (McGreer and McGreer, 1996)．脳の炎症性の反応は，βアミロイドの産出に参加させられるであろう．炎症は，重大な変性の前の神経細胞に対する神経毒性の影響への反応でありうる．非ステロイド性抗炎症薬が，アルツハイマー病発現

の危険を減じるかも知れないという発見 (Breitner および Gau, 1994) は，変化した脳の免疫機能がいろいろにかかわりあわされているという示唆に付加的な支持をさしのべる．免疫反応と炎症の基礎的な過程が，アルツハイマー病の脳の中に観察されうるという証拠によってさえ，ひとつの重要な問題が残っている．この疾患における免疫のメカニズムは，単に損傷を受けた脳を健康に復させるのを助ける自然の過程を反映しているのか？　あるいはこれらのメカニズムは損傷の根源であるのだろうか？ (Rogers et al., 1992).

■アルミニウム説

脳の中のアルミニウムの高いレベルが，アルツハイマー病の原因になりうる

　幾人かの研究者たちが，アルツハイマー病および他の認知症における神経原線維変化が脳の中のアルミニウムの過剰によって引き起こされうるだろうことを理論化した．人間の脳におけるアルミニウムの濃度は，年齢とともに増加することが知られている (Yates, 1979；Jenike, 1985)．アルミニウムの異常に高いレベルが，他の認知症に悩んでいる人々の脳の中に発見された (Thienhaus, 1985)．これらは本疾患に恐らく関係がないだろうけれども，これらの指摘は同時に，高いレベルのアルミニウムが，確かにいかなる確実な証拠もないけれども，ことによるとアルツハイマー病に関係づけられ得ることを示唆している．

キレート化 (chelation：ギリシア語のカニのはさみを意味する．２つ以上の配位基が金属原子と複素環化合物を形成することを言う《最新医学大辞典，医歯薬出版，1987》) 療法は，有効だと立証されなかった．

　何人かの保健開業医が，キレート化療法を宣伝した．そしてこの療法が，アルミニウムのレベルを減じ，またそれ故にアルツハイマー病を特徴づける障害を改善するであろうことをほのめかしている．キレート化は，金属中毒のためのひとつの化学療法的療法である．平易に言えば，アルツハイマー病の治療のために，キレート化を用いることについて，いかなる学問的支持もない．しばしばこれらのクリニックは，患者の問題は，治療しうる"血管性認知症"によって引き起こされると想定して，アルツハイマー病を正確に診断しないのである．キレート化療法は費用がかかり，重大な副作用を生じうるし，また絶対にアルツハイマー病の患者たちを救うことにはならなかったので，そのような治療は，思いとどまらせられなければならない．簡単に言えば，それはあまりにもしばしば，治癒のために必死になった家族のハンドバッグを空にするのである．

　アルミニウムについての懸念は，結局アルミニウム製の料理道具やアルミニウムを豊富に含んだ制酸剤，および他の薬物を使用することの危険について，多くの家族を悩ませることになった．これらの産物の長びいた使用がどんな経路でも，アルツハイマー病という形をとりがちであるといういかなる証拠もないにも拘わらず，何人かの研究者たちは，人々が，かれらの

医師たちの投薬法が，アルミニウムの要素において極度に高度であるならば，かれらの医師たちからより少ないアルミニウムを含む投薬法を要求しようと思うだろうと示唆している（Shore および Wyatt, 1983）．

■心理社会的因子と認知症

否定的な心理社会的因子が，障害をつくり出す

　心理社会的因子は，誰でもに対して肯定的および否定的両方ともに，強力な影響を及ぼすことができる．肯定的な側面では，相応な年収，首尾一貫した家族の支持，そして居心地のいい家庭環境のような事柄は，認知症をもつ人の世話をすることを，はるかにより小さい心の重荷にする．否定的な側面では，重大な健康の問題，極端な家族の争い，そして毎日の日課がないことが，アルツハイマー病のケアと病気への適応における障害をつくり出すことがありうる．このコンテクストで考えれば，心理社会的因子は，アルツハイマー病をもつ人が長い持続の中でどのようにくらして行くであろうかということに，一定の関係をもちうるのである．

　その上に，本疾患の原因についての感情（feelings）は，アルツハイマー病の患者たちに対する介護者たちの態度と，家族の態度の両方ともに影響を及ぼすことがありうる．家族の成員たちは，ときどきかれらの親戚の，すなわちかれの，あるいはかの女の状態の原因と，あるいは一因となり得たであろうかれらの親戚の経歴の中に何かがあるかどうか，を知りたい気持になる．家族の成員たちは，ときどき認知症の症状を急激に発現することを，重い，最近かかった病気のせいにする．しかし，もしもかれらの親戚の状態が，アルツハイマー病のための基準を満たすならば，これらの他の医学的問題は，とっくに認知症の原因としては問題外とされたであろう．

医学的外傷は，症状を促進することがありうる

　われわれは外傷的，医学的状態の悪影響あるいは，深刻な喪失，あるいは心理社会的ストレッサーに対する反応がアルツハイマー病の進行の一因となるように思われる，少数の症例に遭遇してきた．ときどき，重症の医学的状態によってトラウマを受けた人が，認知症の症状を発現し始めるであろう．通常，これらの症状は，非常に微妙な形態をとって発病に先行したが，しかしのちになっていっそうはっきりしたものになる．付け加えるならば，より歳をとった人々にとって起こる病院一型のせん妄と違って，これらの症状は消失しない．実際に，こういう人の知的な，そして記憶の能力はもとにもどらないばかりでなく，悪化し続ける．これらの医学的状態は，アルツハイマー病の原因にはならない．それらは単に疾患の過程の悪化を促進する．

配偶者の喪失に対する反応が，認知症の症状をおおい隠すことがありうる

　喪失，あるいは他のストレッサーに対する反応の場合において，もっともふつうの状況は，配偶者の喪失である．配偶者の死より先んじて，生き延びる配偶者は，しばしばケアと感情的な適応の緊急な必要を考慮に入れて，比較的適切に事物を処理しているように思われるだろう．いかなるかすかな認知症の症状も，環境に対する正常な反応として説明されうるのである．われわれはまた，医学的に病んだ配偶者が，ケアの状況の"認知的な"管理者であった症例を経験してきた．かれ，あるいはかの女は，家事の活動，紙幣，そして医薬を統制しつづけた．これらの人々は，たとえ身体的に病んでいるとしても，のちになってアルツハイマー病型の認知症に罹っていることが気づかれた配偶者にとって，ある意味では介護者であった．この大切な他人が，死ぬか，あるいはナーシングホームへ行くときに，家庭に残された配偶者は，組織体，きまりきったこと，そして支持の実質的喪失を体験するであろう．悲嘆および抑うつあるいはその一方が観察されるであろう．

　悲嘆，あるいは抑うつは直ちには現れないだろう．しかしそれはのちになって，劇的な人生の変化に対処するための反応として，明らかになるであろう．最初には，記憶および知的な能力の障害が，認知症の症状か，あるいは偶然に起こったことに対する反応かどうか，を決定することは難しいかも知れない．偽認知症は，うつ病の病型となって現にあるかも知れない．そしてそれは，アルツハイマー病と共存しうるのである．

　医学的な問題，および重要な心理社会的喪失は，アルツハイマー病の症状を増強しうるのである．またその一方で，これらの出来事は，本疾患の原因とはならない．それらは，すでに潜行性に発達していた症状を目立たせるのである．

過去の出来事と，アルツハイマー病との間に，いかなる関係もない

　家族たちは，ときどきアルツハイマー病のために，たとえいかなる関係がないとしても，人の人生における心理社会的ストレッサー，あるいは他の過去の出来事をとがめようと努める．親戚の考えは，ときどき行われなければならなかった，あるいは行われてはならなかったものごとに集中する（すなわち，かれはより精を出して働かなければならなかった，あるいはかれは，あまりにも精一杯働きすぎた）．家族の成員たちは，かれらの親戚の行動における変化を生じさせた，過去のある特別な出来事を示すかも知れない．たとえば，かれらは次のように言うかも知れない．かれらの親戚（病者）は，かれの両親が死んだ後，あるいはかれが15年前に職を失った後，あるいはかれがかれの兄と荒っぽいだらだら長引くけんかをした後は，決して同一人物ではなかったと．かれらは，これらの問題をアルツハイマー病のための説明として復活させようと努めるかも知れない．確かに，行動上の変化は，これらの種類の出来事ののちに，かれらの親戚に起こったであろう．しかしこれらの出来事が，脳変性疾患の原因になったと信じるためのいかなる理由もない．

　アルツハイマー病に冒されたある人が，発病前に，長い間苦しい生活を経験してしまったと

き，かれの家族の内部には，かなりの激しい感情と葛藤があるかも知れない．家族の成員たちは，かれらの罹病した親戚がかれらに，あるいは他の人々に対して行ったと，かれらが信じているものごとについて苦々しく思ったり，怒りっぽかったりするであろう．この場合には，家族が言っていることが，アルツハイマー病の原因である．かれらは実際に，当然受けるに値する罰だと思う．敵意と怒りは，激発することがありうる．そして介護することは，そのような家族の成員たちには，提供しにくくなるであろう．この状況は濫用のための危険を増大する．しかしながら，罹病した親戚の過失（commission），あるいは怠慢（omission）の"罪"は，アルツハイマー型の状態の原因とはならなかったのである．

家族の適応の過程は，ときどき何故愛された人がアルツハイマー病を徐々に発現したのかということについて，信念（beliefs）を持ち出すことがありうる．これらの信念は，いま詳述したばかりのそれらとは違って，つねに家族の成員たちの，この病気との妥協するための試みを表している．

精神医学的問題についての病歴は，危険を増大しない

精神医学的問題を経験してしまった人々は，必ずしもアルツハイマー病に，より罹患しやすくはない．しかし，相当数の家族は，慢性うつ病のような精神医学的疾患が，もっとあとの脳障害に責任があると信じているだろう．実際はこの主張にはいかなる証拠もない．ひとつの研究報告がアルツハイマー病をもつ人々が，精神医学的エピソード，とくにうつ病のより高い罹病率を示しているように思われ，そしてこのうつ病は，本疾患の症状の開始より，はるかにより早期に生じることを示唆している（Agbayewa, 1986）．

精神医学的エピソードは，しばしば認知症の，より明白な症状に対する前兆である

この研究の著者は，精神医学的エピソードが，おそらく本疾患の前駆症状的段階を表しうるだろうことを示唆している．うつ病に加えて，妄想性障害（paranoid disorders）は，アルツハイマー型の認知症の潜在的な前兆として，強く関係があるものとされた（Agbayewa, 1986）．この研究領域は，存続されなければならない．しかし，報告された所見は慎重に判断されなければならない．現在は興味の喪失や，自発性の欠乏のような抑うつ症状のみが，ADの可能な前駆症状的な徴候として確認されてきている．

精神医学的症状は，アルツハイマー病の経過の間に明示されることがありうる．妄想，幻覚，激越興奮（agitation），不安，抑うつ（depression）および破局的な反応（catastrophic reaction）がそれぞれ生じうる．精神医学的徴候，それらの激しさ，および持続期間はある個人と別の個人とでは異なることがありうる．家族を含む環境はなかなかの影響力をもっている．

感覚障害は，幻覚および妄想の一因となる

現存する，視覚的および聴覚的問題のような感覚障害は，個人間の変動の一因となる．たと

えば，有意味な聴覚障害をもつ人々は，かれらがアルツハイマー病に罹患していない時期でさえ，いっそう幻聴を生じやすいことがありうる．アルツハイマー病における音についての推論と解釈における限界は，幻覚のより大きな（発生の）可能性をつくり出し，そして妄想はときどきこれらの幻覚から次第に生じる．

幻覚は，知覚における異常を表す．これらの誤った知覚（misperception）は，聴覚，視覚，触覚，嗅覚および味覚という感覚によって体験された，と報告されるものについて少しも外界の証拠なしに生じる．幻覚を正当と認める外界の現実は存在しないのに，幻覚の感覚的証拠はこの体験をもっている人々にとって，非常に現実的である．ときどき，これらの人々にとって体験がかれらに現実的であるのに，それが実際には起こっていないことを知ることが，気晴らしになる．すなわちかれらの聴覚および視覚は，何かの理由で歪曲されている．かれらにとってかれらが安全であると，またあなたがたが，かれらに誰にも，あるいは何によっても害を与えさせないであろうと知ることは慰めである．幻覚は錯覚から区別されなければならない．錯覚は外界の刺激の誤った知覚にかかわりがある．錯覚は幻覚のように，アルツハイマー病の進行した段階でいっそうふつうにみられる．

妄想は思考における異常を表す．これらの誤った信念は確証された事実か，または人の文化的な背景および信念かによって説明され得ない．妄想的な信念は，非常に堅固にされうるために，信念に反対するいかなる事実に基づいた証拠も承認されないであろう．しばしば，確固たる，そして堅固にされた信念をもつ人々は，これらの信念が，かれらが個人的に攻撃されていると感じるために，問題にされるときに，腹を立てるように，そして，熱情的になる．アルツハイマー病をもつ個人たちは，妄想を発現する．本疾患関連の記憶，認知の障害，推論そして論理的に問題を解決するための能力の喪失は，この状態の一因となる．妄想は，本疾患の中間的な段階から後期にいたるまでの間において，よりふつうにみられる．

いくつかの妄想が共通している．ADをもつ人々は，かれらがありかを見つけることができないときに，かれらの個人的な財産を盗む者だと家族や友人たちを非難する．だれかがADの患者たちから盗んでいるという，誤った信念が確立されるようになるとき，アルツハイマー病をもつ人々は，ときどき不合理な場所にものを隠すことにより多くの努力を傾倒する．それ故に，介護者たちでさえ，物を見つけ出すことができないために，ものが盗まれているという信念を強めるのである．物を盗ると言って他の人々を責めることは，ADに罹患した人々の記憶の欠損を理解するための無能力が原因である攻撃である．

ADをもつ人々にみられた別の妄想は，かれらの収縮しつつある世界の中心を，最愛の人たちを世話することにした，配偶者たちにとくに苦痛を与える．ADをもつある人は，しばしば友人，あるいは隣人，あるいは忘れてしまっていなかった他の人と情事をもっていると，かの女の配偶者を非難することがある．この考えは，記憶の喪失および脳機能の他の障害から生じる不安定さと，社会的な断絶に対する反応であるかも知れない．ときどきこれらの障害は，信頼のための基盤になってきた親密さと親交を解体する．失認症は，ひとつのそのような障害で

ある．それは親密な人々，場所および物を認知するための能力を障害する．妄想的な信念は，それが原因で発現しうるのである．家族の成員たちは，詐欺師であるということで責められるかも知れない．ADをもつ人は，あなた（かの女の配偶者）がかの女の配偶者とともに実行したことを知りたいと要求する．かの女が，50年の間結婚生活を送った，ある人の顔あるいは声に見分けがつかなくなる．

　人格的な因子が，アルツハイマー病に付随する精神医学的症状に入っている．ある個人が，この状態を発現するときまでは，かれの人格の特性は，充分にはっきりさせられている．永続する人間の特徴，どのようにかれが社会的に行動するか，そしてどのようにかれが状況に典型的に反応するかということは，かれの人格の指標である．疑い深い，また妄想的なタイプは，かれらがアルツハイマー病に罹患するとき，さらに激越興奮状態になり，そして疑うようになるだろう．つねに依存的であった人は，さらに依存的で不安定になるであろう．

親密な，よく組織化された，安楽な環境は，対処の問題を最小限度にする

　物理的な配置，そして社会的および心理学的含意を含む環境上の因子は，どのように個人がアルツハイマー病に対処するかということに，相当な影響を及ぼす．介護の環境もまた，介護者の有効性と忍耐力を，多少は左右するであろう．
親密な，よく組織化された，そして安楽な環境は，アルツハイマー病患者のケアに支持的でありうる．患者が，浴室を見つけるのを援助するために日中ずっと充分な照明をすること，そして夜間には，それに必要なだけの照明をすることは，有用でありうる．より後期には，サインが浴室のドアを示すために使用されることがありうる．重要な思い出させる人物たち，名称，そして電話番号が描かれたポスターは，介護者が短い時間の間，（患者の傍を）去ってしまっていなければならないときに，あるアルツハイマー病の患者たちの安全を増大させる．家は，夜に，家庭の外での患者の徘徊を防ぐためにしっかりと閉じられることがありうる．その上に，家族の人々は，不必要な騒音や平静を失わせる気を散らすことを減じるために，静かな，くつろいだやり方の中に追いやられていることがありうる．

社会的な接触は，患者と介護者両方ともにとって，重要である

　完全な社会的孤立は，介護者と患者両方ともにとって有害である．外部の社会的接触は，アルツハイマー病の患者について長々しくある必要はなく，友人たちと他の家族によるある程度の不変性が社会的結束の意識を保持するのを助ける．たとえば訪問（時間）の長さは，患者と介護者の両方ともを含むために，前もってセットされ，また手はずを整えられることがありうる．患者が会話に疲れ，そしていくらかひきこもり始めるときには，訪問者は，社会的な相互の影響のために（患者と介護者）双方の人の要求を満足させて集中された，いくらかの時間を介護者とともに費やすことができる．ときどき，アルツハイマー病をもっている人々は，かれらの限界について自覚しており，それで訪問者がまだそこにいるときでさえ，部屋を立ち去るか

4. アルツハイマー病の考えられる原因   79

も知れない．訪問者と介護者の両方ともが，異議なしで立ち去ることを受け入れなければならない．患者は，とどまることを強制されてはならない．その上に，介護者たちは，疾患があるにも拘わらず，愛されそして受け入れられている，病いに冒された親戚たちを再び保証する必要がある．

心理学的環境

　心理学的環境は，元気づけ，そして支持的でなければならない．静かな雰囲気は，患者と介護者の両方ともをいっそうくつろがせる影響を及ぼす．もちろん，いくつかの刺激や活動はケアを受けている人の伸びうる素質次第で，保持されなければならない．あまりにも多すぎる強い要求は，より多く落ちつきのなさや，激越興奮を生じさせることがある．病に冒された親戚は判断において，かれのまちがいや過失の多くについて，もはや責任がある状態が保持されていないだろう．介護者の強要的な訂正は，患者からのより反発的な反応に帰着することがありうる．アルツハイマー病の患者の自己評価（自尊心）を支持するためのいかなる機会も，見逃されてはならない．有意味な報酬は，もっともとるに足らない仕事を手伝うことのためであっても重要である．

　この本の中で，多大な強調が家族の成員たちの，病に冒された親戚の変化した行動についてのかれらの考えに置かれている．家族たちが，脳障害の見地から，かれらの親戚の行動についてさらに多くのことを理解できるときには，かれらはその行動にいっそううまくかかわることができる．かれらの反応は，同じ程度の怒りやフラストレーションなしにいっそう過敏でありうるのである．無知な，そして過度に負荷された，介護者たちは複雑な知的な計画を最愛の人によるものとした．この脳を障害された人が望んだものを手に入れるために，あるいはある想像上の侮辱を理由に，介護者に仕返しをするために，これらの計画に故意に従ったと信じることによってである．アルツハイマー病の患者が，そのような計画的な方法で反応しうるかどうかということは疑わしい．かれが，環境におけるあることに対して，あるいはかれ自身の誤解のために，反応していることがいっそうほんとうらしい．

孤立は，中年を過ぎた人々に，深遠な影響を及ぼす

　老人病学的精神衛生におけるわれわれの地域社会の仕事から，われわれは孤立が，中年を過ぎた人に対して及ぼし得る深遠な影響を経験してきた．かれらは，かれら自身に対して危険があるように思われる，あるいはかれらのもっとも基本的な要求を満たすことができないと思われるときに，治療のためにわれわれにさし向けられる．最高度に，しばしば家族あるいは隣人たちは，普通でないあるいは驚かせる行動に気がつき，そして救助のためにわれわれを必要とする．われわれがこれらの報告を確かめるために家庭に行くとき，われわれはしばしば混乱に陥った家を見出す．すなわち戸棚の中の開かれた食物の缶詰，冷蔵庫の中の腐敗している（種々の）品目，それと調理台の上の高齢者センターからの開かれていない持ち帰り用の軽食．とき

どきわれわれは，人が辛うじて床の上にへたへたと横たわっているのに気づく．いくつかの例では，これらの人々は，われわれに会うときには防御的であるかも知れないが，しかし，しばしば，かれらは，ねんごろで好意的であろうと努める．かれらは，独力で処理できそうもない困難によって当惑させられている．しかしかれらは，かれらを援助することを，見知らぬ人にさせておくために怖がらせられる（たとえこの見知らぬ人が老人病学の精神衛生チームの一員であるとしても，もっともな反応である）．

これらの症例において，認知症の症状がしばしば存在する．これらの人々の多くは，結局はアルツハイマー病をもっているものとして診断されるであろう．時おり，可逆性の医学的状態，あるいは偽認知症が，機能的障害に責任があることが気づかれる．

聴覚および視覚障害が，孤立の一因となる

聴覚および視覚障害は，しばしば中年を過ぎた人において孤立の一因となる．感覚的および社会的遮断は，人間の機能することに対して，意味深い強い影響をもっていることが知られている．そして認知症をもっている中年を過ぎた個人では，それらは妄想と幻覚を促進することにひとつの役割を演じているかも知れない．興味深いことには，このコンテクストにおける幻覚や妄想は，二，三の部屋の範囲にまで収縮した世界の中で，刺激をつくりだそうとする試みであるかも知れない．認知症によって孤立させられた人は，記憶の問題の不安定さと，かれの生活に代って優勢になる，他の人々に関する怖れとの間で行き詰まらせられる．

ナーシングホーム紹介に対する反応は，移動の中で知覚された利益によって影響される

結局は，アルツハイマー病の患者は，ナーシングホームに，あるいは他の24時間施設に紹介されなければならないかも知れない．ナーシングホームに家族の成員を紹介することは，困難な決定である．患者に関する移転の効果は，移動の他の面のほかに，統制できなくなることという人の認識によって影響される．

それゆえに重要なのは，変化それ自体ではなく，どのように，生活する状況が変化しているかということである．もしも移転が，人の生活する状況を改善するならば，その効果は損失ではないであろう．たとえば，人々は，もしもかれらがケアをよりよいものとして知覚し，かれらの医師に対してより容易な接近し易さを手に入れ，なすべき有意義なことがあり，また友人たちをつくるための機会を所有しているならば，ナーシングホームへの移転に，よりよい適応を行っているのである．

これらの因子は安全性，またその結果，人の統制の感覚を増強させる．なぜならかれの生活には，より確実に明らかにされた予測可能性があるからである．しかしながら質を示す因子のうちで，ひとつは他のすべてのものよりもより多く重要である．すなわちそのひとつは人がかれ自身で受けていることを認める社会的支持の大きさである．極めて重要なのは，変化それ自

体ではなく，変化によって誘発された感情的な反応である（Henry, 1986）.

さらに進行したアルツハイマー病の患者たちは，相当な援助なしに，新しい環境に適応するために必要な，知的な能力を所有していない．しかし，かれらはもっとも頻繁に——基本的な感情的レベルで——偶然ふりかかってくる，そしてかれらの周囲にあることにかかわると言ってよい．かれらの推論するための，そして知的な判断を行うための能力を喪失するので．

これらの観察は，すぐ近い将来に，いかなる移転もないときでさえ，介護することに関係する．社会的支持をもった有力な多数の意見は，アルツハイマー病に罹患している人々が，ナーシングホームで生活していても，あるいはかれら自身の家庭で生活していても，かれらに対して批判的である．剥奪された環境は，極端な能力低下（disability），および学究的な無力さを促進しうる．一方では支持的な，そして刺激的な環境が，かれらの生活のもっともすぐれた統制を維持し，またかれら自身の外部の世界に，少しはより多くかかわりあいになるために，個人を勇気づけるのである．

不確実さと危険

アルツハイマー病の原因になるものを知っていないことは，認知症の患者たちとかれらの介護者たちに対してしばしば否定的な影響を及ぼす．本疾患のひとつの心理社会的因子である．家族歴は，ひとつの既知の危険因子であった．アルツハイマー病に罹患している一等親をもつ人々は，本疾患にかかるための危険に関して，4倍の増加を有するだろう（WeinerとGray, 1996）．女性は男性がもっているよりもより高い危険率をもっている．加齢は，もっともよく確証された危険因子である．より老いれば老いるほど，われわれが本疾患を発現する機会はより大きくなる．

他の危険因子が，確認されてきた．すなわち，入院あるいは意識の喪失にともなわれた頭部外傷，重症のうつ病の既往歴，一等親の親戚にパーキンソン病の既往歴，そしてことによると高齢の母性（Katzman, 1996）．より低い教育水準が，危険を増大しうる．正式の学校教育の，さらに多くの年数は，人生のもっとあとで，アルツハイマー病を発現する機会を遅延させ，あるいは減じるであろう．抗炎症剤およびエストロゲン（estrogen）は，危険を減じることにおいて，ひとつの役割をもつものとして関係させられてきた．

文化および環境は，危険因子を保持しうる．たとえば最近の研究は，日本からハワイへ移住した日系米人の男性がアルツハイマー病をより多く発現しやすいという試験的な結論を引き出した（White et al., 1996）．環境の役割の別の例は，ふたごの研究にみられる．一卵性双生児は遺伝学的には同一であるが，しかしADは一卵性双生児の組のおよそ半分にのみ発現する．一卵性双生児が，アルツハイマー病を発病するとき，診断時のかれらの年齢は，15年ほども相違するだろう．環境的因子は，遺伝的素因に影響するように思われる．いくつかの研究は，アフリカ系アメリカ人およびスペイン系住民がADを発現する，より高い危険を有していることを示唆している．apoE4対立遺伝子は，増大した危険のいくつかのものの根源でありうる．

どのように文化あるいは環境がこれらの相違の原因であるかということは明白ではない．

　もっとも否定的な，また肯定的な危険因子が，われわれの統制を越えているのである．ひとつの注目に値する例外がある．すなわち教育水準である．どうもわれわれが精神的能力を使用しそこなうならば，われわれはわれわれの精神的能力を喪失するであろうという古い考えにある程度の真理があるらしい．どんな年齢でも，学習は神経生物学的見地から生産的に，あるいは再生させるのである．

地域社会の資源

　長く感じられる現時点の間に，その間，われわれは治癒あるいは治療を待ち受けているが，われわれは，家族の介護者と同様，アルツハイマー病をもつ個人たちの生活をより安全なものにし，またより有意義なものにするために，われわれが知っていることを利用しなければならない．長期間のケアのための，他の接近法が開発されなければならない．多くの地域社会は，まだ日中および休息期間のケアのような，アルツハイマー病患者の支援を支持するための資源が不足している．家族たちは，かれらが支持グループにかかわりあいになっているならば，この病気を相手にすることは，しばしば頼りなさを感じるほどではない．政治的な活動は，すでにアルツハイマー病の研究のためによい結果を出してきた．しかし，より多くの研究と，ケアの選択の自由が必要とされる．家族たちは，生命維持に必要な援助に資金を供与することを目標に，さらに多くの支持を集めるために，かれら自身の議員たちあるいは都市の公務員たちと一緒に仕事をすることができる．加齢に対して，地域の諸機関は選択権を獲得するのを援助しうる．

家族たちは，利用できる援助を求めることを，恐れてはならない

　単に事態について何事かを実行することは，しばしば無力と絶望の感情を打ち消すのである．家族たちは，かれらが援助を必要とするとき，とくに援助が利用できるときには，進んで援助を得ようとしなければならない．確かに，アルツハイマー病は悲劇的な言い方で記述されることがあるが，しかししばしば予防されうる他の悲劇がある．ひとつの例は，利用しうる援助を得ようとする意思がないときに，家族たちが経験する苦悩である．別の例は，次の人々の生活に加えられた苦悩である．かれらは，無神経な専門家たちによってアルツハイマー病の体験をしており，あるいはその病気を相手にしている人々である．この無神経な専門家たちは，援助することを課せられている人々の上に，かれら自身の絶望を投射する人々である．そのようなむだな苦痛は防がれうるし，また防がれなければならない．

5. アルツハイマー病をめぐる 6つのゆき渡っている神話

　アルツハイマー病の本質をめぐって多くの誤解が存在する．本疾患についての適切な知識が不足しているために，家族たちは，一般にアルツハイマー病をもつ人をケアすることに関して，本疾患それ自体，老年およびかれら自身の役割，について誤った観念を保持している．その上に，かれらは，かれらが本疾患をかれらの親戚から遺伝されてもっているだろうという見込みについての，不必要な怖れを隠すであろう．

　われわれの意見は，われわれの活動のための根拠であるから，家族たちがアルツハイマー病とその意義についての正確な理解を所有することは重要である．以下に書かれたことは，適切な問題点の正確な評価があとに続く，アルツハイマー病をめぐるもっともありふれた神話のいくつかである．

■神話 1：アルツハイマー病の症状は，老年の正常な徴候である．

　忘れっぽいことのような，アルツハイマー病の早期の症状のいくつかは，加齢についてのわれわれの共通の観念に一致する．しかし，アルツハイマー病は，ひとつの疾患であり，また加齢の過程と混同されてはならない．このことは，疾患が進行し，そして本人の悪化がいっそう劇的になるに従って明白になる．

　たとえば記憶喪失という見地からみて，増強した忘れっぽさの程度は，一般に加齢にともなって起こることは真実である．より歳をとった人々は，過去の出来事の詳細を思い出すことが，より困難であるのに気づくであろう．しかし，アルツハイマー病によって引き起こされた記憶喪失は，本質に関してはるかにそれ以上に重症でまた進行性である．結局は本疾患は，単に一つひとつの細部についての記憶ではなく，出来事それ自体のすべての記憶を破壊する．人はやがては過去の出来事ばかりでなく，かの女がその朝何をしたか，誰がかの女の配偶者であるか，どこにかの女が住んでいるか，を，かの女自身の名前さえも，忘れるだろう．これらは加齢の正常な結果ではない．

■神話2：老衰は，老年期の問題の通常の原因である

　老衰は，長い間症状の広い範囲にわたっている，多様なものを包含するために使用されてきた包括的な用語である．この意味では，それは損害を与える観念で，また回避されるべき言葉である．老衰という見せかけの診断は，近い将来に現実の問題を不明瞭にし，またより歳をとった人の状態，あるいは障害のために，適正な治療を受けるについての困難を増大する．より歳をとった人は，治療が事実上直ちに利用できるであろうときに，かの女の状態が逆転できない，と推測するだろう．その上に，老衰という神話は，すべての人々が年齢によって無力に，そして役に立たなくならなければならないという否定的で，また誤った考えを増強する．

一般的な聴覚，および視覚の諸問題が，誤った判断をさせる見解を生み出す

　もしもあるより歳をとった人が，他の人々にかかわるときに，あるいはかの女の仕事をやって行くときに障害があるならば，老衰，あるいはアルツハイマー病以外の，他の多くの問題がその根源にあるだろう．たとえば人は，障害された聴覚，あるいは視力に苦しんでいるかも知れない．会話にはっきりとついて行き，あるいは，環境の中の何事かに反応するためのかの女の失敗は，実際には，かの女が，何が起こっているかを単に見たり，あるいは聞いたりしていなかったときに，かの女の思考過程が障害されていると思わせているかも知れない．その上に，障害された人は，かの女の問題がもっとも明白で，あるいは面倒である状況を回避し始めるであろう．難聴である人は，人ごみを避けるだろう．一方で不充分な視力をもつ人は，だれもかれもの顔が同一のように見えるために，社会的な状況の中で混乱するようになるであろう．しばしば，より歳をとった人々は，これらの障害を承認する意思がない．そしてこのことは，かれらの問題の根源をめぐって混乱を増すことがありうる．

内科的な疾患は，老衰と呼ばれた，情動的および行動上の変化を生じる

　内科的な疾患はより歳をとった人の問題の根本にもまたあるだろう．うっ血性心不全は，衰弱，疲労，精神錯乱，忘却，および老衰と誤解された他の症状を引き起こしうる．甲状腺機能亢進症は，無感情（apathy），抑うつ，嗜眠（lethargy），障害された記憶，また中年をすぎた人の中でのおそい反応の原因になりうる．甲状腺機能低下症は，中年を過ぎた人で，わずかではあるがより目立った衰弱と疲労とともに，類似の症状をもっている．これらの疾患の両方ともが，アルツハイマー病のそれに類似した遅い，進行性の発病をもっている．これらの諸問題に苦しんでいる人々は，完全な医学的評価を受けなければならない．そして家族の成員たちは，問題が老年であることを単に推測してはならない．

　アルツハイマー病と混同されるかも知れない他の状態は，ビタミン B_{12} 欠乏症，悪性貧血，電解質の平衡異常，正常圧水頭症，低血糖症および感染症のある種類を含んでいる．たとえば尿路系の感染症は，他の症状が明白になる前に，錯乱状態，無気力，不注意（inattentiveness）

の原因になりうる．それゆえに，経験のある医療に携わる職員は，アルツハイマー病の診断に到達する前に，より歳をとった人の問題について，あらゆる他の可能な原因を除外することが絶対必要である．

投薬

しばしば，医学的状態のために処方された薬物は，錯乱状態，忘れっぽさ，振戦，およびより時間のかかる反応のような，アルツハイマー病の症状に類似した副作用を引き起こすことがありうる．このことは，より歳をとった人が，いろいろな状態を加療するために，同時に数種類の薬物を摂取しつつあるときには，特別な問題になることがありうる．もしも問題が明白であるならば，それらの問題は直ちに医師，あるいは深くかかわっている医師たちの注意を引くようにされなければならない．多くの医師たち，および薬剤師たちが，さまざまな薬物にかかわりあいになっているときに，薬物関連の諸問題が発現するであろうより大きな可能性がある．それゆえに，投薬の最新の治療体制にかかわりあっている，あらゆる専門家たちを準備することが非常に重要である．

うつ病

うつ病のような心理学的諸問題もまた，しばしば老衰として見過される．より歳をとった人々にとって，かれら自身の死と同様に，かれらが健康，友人たち，配偶者，家庭の喪失に直面するときに，多少のうつ状態を経験することはありふれている．そのような人生のおそい時期の中での重大な生活の変化は，重症のうつ病，不安，あるいは妄想症（パラノイア：paranoia）のような，精神科医のケアを必要とする精神状態に帰着するかも知れない．人は"気が狂った"ようには見えないだろうが，しかし現実の喪失，あるいは知覚された脅威に直面している時の恐れと不安定さは，人生に効果的に対処するための，かの女の能力に干渉しつつあるだろう．

うつ病は，次いで記憶の問題をめぐる愁訴に帰着することがありうる．人は些細な記憶の喪失をさえかの女が高齢になりつつあるという証拠として考えるであろう．実際にはしかし，かの女は単にうつ病によって引き起こされた注意と集中力における衰えに悩んでいるのかも知れない．うつ病の症状とアルツハイマー病のそれらとの間のひとつの相違点は，抑うつ的な人はかの女のうつ病を認めないであろうのに，かの女はめったに結果として生じる諸問題を否認しないであろうことである．アルツハイマー病の犠牲者は，これと対照的に，本疾患のあらゆる証拠を否認する傾向がある．

老衰に関する信念は，援助を探し求めることを，人にさせないようにする

老衰という神話，およびそれに付随した尊厳の欠如は，実際には可逆的である状態のために，しばしばより歳をとった人に治療を探し求めさせないようにする．家族の成員たちは，より歳

をとった人々が遭遇する問題のために，かれらが医学的治療を探し求めることを勧めなければならない．そして，老衰が，老年の必然的な結果であることをかれらに想定させてはならない．

■神話３：アルツハイマー病をもつ人のためには何事も行われ得ない．

この病気の管理に重要な正しいケア

今のところわれわれは，アルツハイマー病のために，いかなる治療法ももっていないということは真実である．本疾患は，進行性で，また結局は死に帰着する．しかしながら犠牲者の最後の数か月，あるいは数年をより多く有意味に，快適に，また安楽にするために行われうる大切なことがある．

医学的ケア

アルツハイマー病の患者たちは，適切な医学的ケア，および情報にもとづく行動管理の両方ともから利益を受けている．それゆえに，家族は可能な限り早期に，かれらの最愛の人のケアに保健の専門家たちをかかわり合わせなければならない．そしてかれらは，本疾患の経過を通じて専門的な意見をもとめ続けなければならない．

精神医学的ケア

精神科医たちおよび他の精神保健の専門家たちは，頻繁に発現するうつ病，あるいは他の心理学的症状をうまく治療することができる．医師たちおよび栄養士たちは，人の食欲および食べるための能力が，劣質化するにつれて，食事の調理，特別な食餌療法，および栄養物の補足（supplements）によって援助を供給することができる．薬物の使用に対する綿密な注意は，不必要なそして長びいた副作用を妨げるであろう．

他の医学的諸問題

同時に存在する医学的諸問題の治療もまた，非常に重要である．その人の身体的および精神的症状のすべてが本疾患が原因であると推測されてはならない．アルツハイマー病をもつ人々は，ふつうのウィルス性疾患，感冒，そして肺炎を含みわれわれすべてを侵す感染症にとりわけかかり易い．そしてこれらの状態は，敏速な医学的配慮を受けなければならない．

■神話４：アルツハイマー病は，厳密に言えば精神病である

精神医学的症状

アルツハイマー病の患者で，最初に観察された変化の多くは，人格障害，あるいは他の心理

学的問題であると思われる．さらに，アルツハイマー病は最初に脳を冒すために，それはある意味では"精神の"病気である．しかしアルツハイマー病は，変性性の医学的状態であって，そのために精神医学的障害ではない．

　精神医学的症状は，この病気の重要な部分である．脳が，徐々にわれわれが当然のことと思っている正常な機能を遂行するための，その能力を喪失するに従って，個人はますます不安定に，そしてかの女の毎日の世事にかかわることができなくなる．やがては，かの女の人格は，完全に変えられる．

精神医学的，あるいは医学的状態か？

　アルツハイマー病の医学的性質について，社会の認識が（得られたのは）かなり最近のことである．だがそれが，精神的あるいは医学的疾患であるかどうかについては，まだ混乱が起こっている．このことは，しばしば保険の（支払い）順位に関して生じる，誤りの中にみられる．保険の支払いはアルツハイマー病が精神医学的，あるいは医学的状態として記号化されているかどうかによって有意に変化することがありうる．幸運なことに，行動上の諸問題，精神医学的諸問題の診断および治療，家族のカウンセリング，および心理学的カウンセリングは，つねに充分に補償される．さらに，適用範囲についての諸問題は，どのように（診療的な）業務が記号化されているか，誰が業務を供給しているか，そして誰が業務の供給者として表に載せられているかに，より多く関係づけられているらしい．アルツハイマー病をもつ人が，業務から利益を受けることが期待されないときには，どんなことが承認される業務であるかに関して，メディケア（Medicare：1965年にできた米国の老人保険制度）およびメディケイド（Medicaid：米国の生活保護階層を対象とする保険制度）の制限がある．——たとえばメディケアは，ADをもつ人はかれあるいはかの女が，認知的に障害されているために利益を受けないだろう故に，精神療法を充分に補償しないであろう．多くの適用範囲の論争点は，まだ解決されていなかった．そして，それらは保険会社のまさかのときについての厳密に医学的な見解を反映している．保険のクレーム担当の社員は，介護者たちが専門的な業務の供給者とともに指定を（受けることを）計画しているときには，適用範囲についての質問に解答することができなければならない．アルツハイマー病協会（The Alzheimer's Association）は"Insurance（保険）Coverage（適用範囲）and Reimbursement（払い戻し）"というよいWeb siteの論議をもっており，またhttp://www.alz.org/hc/insurance.htm.で論題にかかわってきた．かれらはまた登録されたメディケア擁護計画（Medicare Advocacy Project）をもっている．

健康という誤解をまねく診断の結果

　アルツハイマー病が精神病であるという印象は，一般的な"健康　good health"という診断が，アルツハイマー病の診断と一対になっているときには支持されるだろう．しかしながらそのような診断によって，医学の専門家たちが何を意味するかということは，いかなる他の内

科的諸問題も見出されなかったこと，あるいは他の状態があまりにもうまく統制されているために，個人が他の点では申し分のない健康状態にあることである．

■神話5：家族のみが，アルツハイマー病をもつ人を，世話しなければならない

家族のケアは支持的で，また，なくてはならない

　たいていの症例で，もしも障害された人が，かの女の配偶者，あるいは家族といっしょに，可能な限り長い間，家庭に滞在できるならば，それは確かに最良の状態である．家族がつねに供給しうる愛情と一定の相互作用は，人がかの女の能力をより長い間保持するのに役立ち，またかの女の疾患に対する困難な適応を容易にするのを助ける．

他の手段（資源）

　しかし，すべての夫婦あるいは子供たちは，かれらの最愛の人を適切にケアするための手段を所有していない．いろいろな手段をもっている人々でさえ，結局は，本疾患がそのより後期の段階に達し，そして介護することが，全く消耗しつくす体験になるときには，外部のケアに依存しなければならないだろう．

介護者たちは，過度の没入（overinvolvement）に注意しなければならない

　過度の没入，あるいは介護者が何もかもをかの女自身でやらなければならないという感情は，本疾患に対するふつうの反応である．しばしばそれは，本疾患に対する家族の成員の適応の中での，ひとつの段階を表している（第9章を見よ）．介護者は，かの女が，かの女自身で何もかも実行することによって，本疾患を抑制することができると想像する．そしてかの女の悲嘆は，かの女をアルツハイマー病をもつ人について，極度に保護的になることにみちびく．かの女はまた，恥ずかしさ，および精神的な状態にともなわれたスティグマ（刻印）のために外部の援助を捜し求めることに気が進まないと感じるであろう．

最初の介護者たちは，援助を受けなければならない

　しかし，家族，そしてとくに最初の介護者においては，援助を受けることを学習しなければならない．アルツハイマー病の患者をケアすることの負担は，他の点で介護者にとって重大な問題を引き起こすことがあり得るし，また介護する役割にあずかろうと望む友人たち，および家族からかの女を疎遠にすることがありうる．介護者もまた，第15章で詳細にわたって論じられたそれらのような，地域社会の資源（resources）に依存することを躊躇してはならない．これらの資源なしでは，ケアの負担は圧倒的になることがありうる．

■神話6：アルツハイマー病をもつ人々の，すべての親戚の人たちには，この疾患が，遺伝する見込みがある

遺伝的危険の諸事実

　気づかわれなければならない．アルツハイマー病をもつ人々の親戚の人たちにとって，本疾患に対して遺伝的素因を有するだろうことは，これらの人たちにとって共通である．この本の最初の版が，1988年に出版されたとき，早発性のアルツハイマー病（65歳以前に，通常40代あるいは50代で開始する）がそこで忠実に記録された二，三の家族は，常染色体性優性遺伝のパターンをもっていることが知られた．もしも一人の親が，欠陥のある遺伝子をもっていたならば，おのおのの子供は，この遺伝子を遺伝されてもつという50％の機会を有していた．これらの人々は，早期の年齢でこの疾患を必ずしも発現しないで，より正確に言うと，いつかそれを発現するのが常であった．この家族の中で，危機に陥っている個人たちにとって，かれらは，ADを発現するかどうかを決定されるのを待っているのである．

家族性アルツハイマー病

　しかしながら家族たちは，他の世代の成員たちが，この病気に罹患してしまっていたことが知られたために，幾人かの成員たちが，結局，家族性アルツハイマー病を発現するであろうことを知った．ひとつの世代から次の世代へ，疾患はさらに別の家族の成員の中に現れ続けた．早発性アルツハイマー病の症例は，本疾患のこの病型を表している見込みがある．かれらがかれらの30代早期にあるときには，何人かの人々の中で家族性アルツハイマー病が発現するだろう．

早発性アルツハイマー病

　常染色体性優性遺伝による，これらの家族性アルツハイマー病の早発性の病型は稀である．それらは，3つの異なった染色体の上の遺伝子の突然変異にともなわれる．すなわち染色体1番（プレセニリン2遺伝子），同14番（プレセニリン1遺伝子）そして同21番（アミロイド前駆体蛋白遺伝子）．これらの家族の成員たちは，心配のための根拠をもっているであろう．既知の，あるいは疑われているアルツハイマー病の家族歴は，忠実に記録されなければならない．アルツハイマー病の事例をさぐり出し，そして忠実に記録することはいくつかの家族歴に関しては容易ではないし，あるいは可能でさえないであろう．遺伝子の突然変異は，すべての早発例で同定されてはいない．そこには，本疾患のこの病型のために，なお同定されるべき他の遺伝子が存在する見込みがある．他の早期発症例は，より散発的であると思われるので，遺伝学的，および非遺伝学的因子双方の間の相互作用が存在するかも知れない．

晩発性アルツハイマー病

　晩発性(65歳およびより歳をとった人の)アルツハイマー病について，遺伝学的継承の役割を確立することは，いっそう困難であった．熟達した人は，患者たちのざっと98％が，晩発性のアルツハイマー病を発現すると概算している(Stephenson, 1997)．本疾患のいくつかの晩発性の家族性および散発性の病型は，染色体19番の上のapoE遺伝子に関係づけられた．この遺伝子のうちに，3つの形態あるいは対立遺伝子がある．すなわちE2, E3およびE4である．ApoE4は，晩発性のアルツハイマー病のおよそ50％の原因であり，また人の本疾患へのかかり易さを増強する，apoEの形態である．ADの家族性および散発的病型をもつ人々は，この遺伝子を所有している．そして何歳で，アルツハイマー病が発病するかということと同様に，人がひとつのE4遺伝子をもっているか，あるいは2つのそれをもっているかどうかということは，危険の程度に影響を及ぼすのである．

晩発性のアルツハイマー病は，遺伝学的に複雑である

　晩発性のアルツハイマー病は，いっそう遺伝学的に複雑な疾患らしく見え始めつつある．apoE4対立遺伝子は，罹患しやすい複雑な人々がADを発現するかも知れないときに影響を及ぼすが，非常に老年になるまで(およそ84歳およびそれ以上の老年まで)生存する人々において，それはかれらが本疾患を発現するであろうかどうかということには関連がない(Meyer et al., 1998)．晩発性のアルツハイマー病は，他の遺伝学的影響にかかわり合っているかも知れない．本疾患のもっとも普通の病型に結びつけられた，他の遺伝学的証拠についての研究を継続するための，非常に適当な理由がある．これらの遺伝学的因子のうちのいくつかは，染色体12番の上にあるだろう．いくつかの可能性のうちのひとつは，染色体12番の領域の中の，蛋白質分解酵素阻害遺伝子(protease inhibition gene)によって産出された，アルファ2－マクログロブリン(alpha2-macroglobulin)と呼ばれる蛋白質にかかわりがある(Blacker et al., 1998)．この遺伝学的発見は，晩発性のADのためのかかり易さ(感受性)を保持する，別の潜在的因子を示唆している．遺伝学的研究は，アルツハイマー病に何がかかわり合っているかについて，われわれによりよい展望を与えた．そして危険を招く，他の遺伝子が存在する見込みがある．

遺伝学的検出法

　apoE遺伝子の同定と，アルツハイマー病とのその関連性は，ADの危険を確認し，あるいは予言しうる遺伝学的選別検出法(genetic screening test)の使用に関する関心を生み出した．ApoEは，本疾患に対する首尾一貫した生物学的標識(biological marker)ではない．それによって選別することは，アルツハイマー病をもっている人々を見落し，また誤って他の人々を確認するであろう．こういう理由で，遺伝学的検出法に関連する衛生政策の報告が，1995年10月の加齢に関する国立研究所およびアルツハイマー病協会によって主催された会議で発表された．ApoE検出法は，診断的な目的のために，はるかに幅の広い実験計画案を組み込み，また人々

がADを示唆する症状について関心をもっているときにのみ，ApoE検出法を考慮するという研究の方向の中での使用については適切である．遺伝カウンセリングは，調査研究の志願者と，かれらの家族に対して推奨される．それはかれらが，本疾患の遺伝学，使用される検出法および結果の意味について学習しうるようにである．

　アルツハイマー病の遺伝学的病型の可能性，あるいはまぎれもない現実的事実に直面している家族たちにとって，研究センターと深くかかわり合うことは，知識，ケア，および支持（を得る）ための機会を提供する．かれらは，数は小さいだろうにも拘わらず，他の家族たちもまたADがかれらに対して発散する，進行中の面倒な物事を処理していることを理解できる．意味のある方法で研究者たちと協力し，またかれらが寄与を行っていると思っている家族の成員たちは，かれらの生活のこの部分に関して，精通のより大きな意義を手に入れるであろう．

6. 対処方法：介護者の経験のためのステップごとの手引き

■仮説に基づいた，症例の病歴

　Elenor はかの女の夫の Bill について，ますます心配になりつつある．かれは，かれの小切手帳に関して，いくつかのまちがいをした．それらはかれらしくない．そして最近 2 度，かれは町のなじみの薄い所で運転していて，道に迷ってしまった．だがかの女が，かの女の心配を話題にするとき，かれは腹を立て，また何もかも否認するようになる．最初に，かの女は，これらの諸問題を老人になることと関連させた．Bill は，初期の白内障に罹っているし，また，しっかりと見ない．しかし現在かれは，かの女と近所の人たちに疑い深くなりつつある．最近かの女は，かれがガレージから道具を盗んでいることについて，ある近所の人と対決したとき，ショックを与えられた．かれは以前は，一度もそのようなことは何もやったことがなかった．

　最近の二，三年の間に，Elenor は，アルツハイマー病について，たくさんのことを聞いてしまった．かの女は，そのような何事かが Bill の身の上に起こりつつあるかも知れないのを気づかっている．かの女の夫は，ゆっくりと変りつつある．そしてかの女は，何かをやるための増大する圧力を感じている．しかし何をなすべきか？　かの女は，家庭医あるいは精神科医に相談しなければならないのか？　つねに Bill を医師に診てもらうようにすることは，困難であった．そして Bill は，いかなる問題をももっていないことを強く主張し続けている．Bill の行動は Elenor にとって苦境に陥らせるものになりつつある．そしてそれはかの女と友人たちと一緒にものごとをすることに，かの女の気を進まなくさせる．かの女は，かの女の恐れについて，子供たちにどのように話すべきかがわからない．またかれらは 2 人とも州の外で生活しているので，かれらは，かれらの父親の身に起こりつつあることを，自分たちの目で見てはいなかった．Elenor が，Bill の変化について考えるときはいつでも，かの女は，ひとりきりだと，またこわい，と感じている．

アルツハイマー病の症状に反応することは困難である

　Elenor の窮境は，アルツハイマー病の早期の段階にある人の親戚たちが，そこでしばしばかれら自身の立場に気づく，困難な状況の典型的なものである．かれらは，確かにあることが非常に悪いと思う．しかしかれらは，援助するために何をしなければならないかを理解しない．以前に一度もこのような何も，また問題がかれらが耐えうるよりも更に重大であるかも知れないという，恐れを経験しなかったので，かれらは最初の歩みを確かめることに当惑を感じる．

援助に先立って，どんな事があるかを知ること

　この章は，アルツハイマー病に対処する過程のために，一歩ごとの手引きを提供することによって，介護者たちが経験する混乱や不安を緩和しようと努める．介護者たちが，おのおのの段階で，何をなすべきかについて役に立つ，実際的な助言を，聞き入れる必要があるだろうこと，またそのような助言を提供することが，おのおののステップの概要を述べることになる．本疾患の過程を，また介護者にとって先んじてある，難問を明白に同定することによって，この章の中の知識は，介護者たちが未知の脅威に直面することに際して感じる，不安を軽減しようと心掛けている．
次に掲げることは，この章の中で徹底的に論じられた，おのおののステップである．すなわち

　1. 初期の症状に注意すること
　2. 疑念を確証すること
　3. 知識（情報　information）を捜し求めること
　4. 活動を行うこと
　5. 調査結果の重要性を考えること
　6. 手段（資源）を確認すること
　7. ケアを計画すること
　8. 介護者のストレスを管理すること

1. 初期の症状に注意すること

　あらゆる病気は，症状をもっている．もしも問題が，身体的なものであるならば，症状は発熱，頭痛，嘔気，疲労，および特殊な領域の疼痛のようなありふれた身体的な愁訴である見込みがある．精神病の徴候は，確認することがより困難でありうる．しかし症状はそれでも存在している．たとえば，うつ病に苦しんでいる人々は，かれらが抑うつ的であることを認めないだろう．だがかれらは，しばしば症状を報告する．同様にアルツハイマー病をもつ人々は，症状を体験するであろうが，しかし，それらを脳の状態によるものとはしない．

早期の症状

アルツハイマー病について，病気の経過の中の早期に観察される症状は，行動上のものあるいは情動的なものであるらしい．そして人の苦悩は，つねに心理学的である．かれは，おそらくかれの最初の問題を記憶のような，知的な機能と関連させない，あるいは，重い病気が原因であるとは疑わないであろう．配偶者あるいは他の親戚は，人の正常な行動の中に，わずかな変化を観察するだろうけれども，これらの変化を，始めのうちは，重大に考えることは困難である．

症状の否認

冒された人は，かれの障害を認めることが，かれの家族にとって不必要な心配をつくり出し，あるいは，かれの仕事を危険の中に置くであろう，と感じるかも知れない．かれは，もしもかれがより精一杯やってみるならば，これらの問題を克服することができると思うかも知れない．

しばしば，かれが，かれの記憶の諸問題についてほとんど実行することができないことに気がつくとき，うつ病が発現するという可能性に加えて，かれは著しく不安に，欲求不満が起きるように，また怒りっぽくなるであろう．病気に冒された人について，かれ自身の増大する障害から注意をそらすために，他の家族の成員たちの記憶の喪失を指摘することは，よくあることである．

症状は，無視することがより困難になる

しかしながら，人の記憶の問題は，結局は，かれの感情的および行動上の反応と同様に，家族の成員たちの中に，心からの心配を生み出し始めるであろう．かれらは，おそらく，かれらが気づきつつある変化と欠陥が，より大きな何事かの症状であるかも知れないかどうか，疑い始めるであろう．

2. 疑念を確証すること

家族たちは，専門家の援助を捜し求めなければならない

家族たちは，つねに，最初に他の家族，および友人たちとともに早期の懸念について話し合う．最初の疑いが，いっそう持続的になるに従って，かれらは広く一般的に，かれらの疑念を肯定的に確証し，あるいは否認しうる保健の専門家と，かれらのかかわりを共有する必要を感じる．

手始めの医学的相談は次のことであろうから，可能な限り，早急に保健の専門家と相談することが重要である．すなわち

- 問題の重大性をはっきりさせる．
- 活動のための必要性を確認する．

- たとえその状態が，実際にはアルツハイマー病ではないとしても，敏速な治療を確実にする．

しばしば，人を医師に診てもらうことに同意させることは難しい．そして多くの家族たちは，同意なしに，親戚を保健の専門家のところに連れて行きたがらない．この問題が起こるとき，家族は，かれら自身について，医師，あるいは精神保健の専門家に診察してもらいたいと思うだろう．専門家との接触は，次のことがらを成し遂げることができる．

- 記述された症状が，アルツハイマー病に付随するそれらのように思われるかどうかについて，最初のフィードバックを行う．
- 親戚の状態の包括的な評価のために，どこに行くべきかを提案する．そして関連する費用と時間を説明する．
- 何が行われる必要があるか，について，の家族の成員たちの恐れ，疑い，そして当惑に取り組む．（この領域だけが，アルツハイマー病に精通している専門家との接触を正当化する）

もしも家族が，問題の一覧表，および観察された症状の実例を，専門家に提供しうるならば，このことは，専門家が，かれらの最愛の人の状態を決定するのに役立つであろう．

行動のプロフィールの利用

付録Aに含まれているのは，見当識から行動上の諸問題にわたる障害を，包括的な表に載せることである行動プロフィールである．この尺度は，諸問題とその頻度を忠実に記録することによって，家族たちにとって役に立つ．このプロフィールはまた，介護者に，どれくらいのストレスを起こして，かれが特別な行動に気づくかを左右する機会を用意している．それは，病気の経過の間のより後期に，人が必要とする援助の量と，より多くの介入と，支持的なカウンセリングを要する特殊な行動を決定するために役立つであろう．

家族たちは，症状の確実な歴史を確立しなければならない

症状と問題の歴史は，正確な診断を行うことに関して極度に重要である．家族たちは，かれらがどんなに長い間，かれらの親戚に関して種々の症状を観察してきたかを，書きとめなければならない．抑うつと運動障害のない脳卒中のようないくらかの疾病は，アルツハイマー病の特徴的な症状に，非常に類似している症状をもっている．そのような症状の確かな病歴は，それらが突然，あるいは，ある延長された期間にわたって発現したかどうかを反映するであろう．そのような情報は，この疾病の評価に際して重要になる．

3. 情報を請い求めること

家庭医，神経科医，精神科医あるいは他の精神衛生の専門家に相談することに加えて，家族はアルツハイマー病の家族支持グループ，あるいはアルツハイマー病支援センターから，アル

ツハイマー病についての情報を求めようと思うであろう．家族の支持的ミーティングは，アルツハイマー病を診断することによって経験される，専門家とのと同様に，極めて重要な一地方の資源との交渉の中に，家族を入れることができる．

4. 行動をおこすこと

完全な評価は，数人の保健の専門家をかかわりあいにする

　家庭医との面会の約束は，指示される基本的な検査とともに，評価の過程にとっての出発点であるだろう．しばしば，医師はかれの患者を，神経科医，精神科医，あるいは精神保健センターのような，評価のための別の専門家にさし向けるであろう．

　家族は，行動することを決心してしまったので，かれらは，結果やいくつかの解答を望んでいる．どんなことが助けになるだろうか？　たといいかなる救済策も存在しないとしても，その状況を管理するためにどんなことが行われうるか？　家族はおそらく，症状を管理するために投薬を期待する．情報を求める家族の要求は，診断の含意が認められるに従って促進される．

第二の意見（セカンドオピニオン：second opinion）が，必要になるだろう

　もしも医師が，最小限度の検査をした後に，アルツハイマー病の診断を行うならば，家族は疑惑を，医師についての信頼の不足，また実際の不満をうみ出しうる失望を経験するかも知れない．同様の状況は，老衰あるいは動脈の硬化という不正確な診断が，かれらの最愛の人の極端な程度の障害に，痛烈に気づいている教養のある家族の成員たちに宣告されるときに存在する．すべての医師たちは，本疾患を診断する，そして管理することに関して熟達した人ではない．そして家族たちは，もしもかれらが最初の診断について懐疑的に感じているならば，第二の意見を請い求めることに躊躇してはならない．もしもアルツハイマー病が疑われるならば，本疾患に特別な専門的な知識をもっている医師に診察を受けなければならない——たとえこれが別の都市へ旅行することを意味するとしても．

5. 調査結果の重要性を考えること

　最初の診断的評価が完成されたのちに，家族の成員たちは，以下のものを含むいくつかの課業に直面する．

　　a. 診断を疑うこと，そして第二の意見を求める必要を考慮に入れること．
　　b. とくに混乱させる，矛盾する，あるいは不正確な情報と，専門家と非専門家の両方ともの筋からの助言が調和させられなければならないときに，診断の含意を理解すること．
　　c. どんなことが，また誰によって，現在および将来に行われる必要があるかについて，家族の全員が意見の一致に達していること．

d. 他の人々が，アルツハイマー病の状態について告げられなければならないかどうかを決定すること．

6. 資源を確保すること

　アルツハイマー病は，今までのところでは，まだ治療され得ない．しかしながら，関連した問題のいくつかは，投薬と正当な行動の管理によって管理され，加療さえされうる．

　当疾患と，障害された人のためのケアについて，管理の計画に着手する前に，家族の成員たちは感情的，および財政上の両方ともの条件の中で，かれらの個人的な資源を現実的に評価し，また地域社会の中で提供されたそれらの資源を，現実的に検討する必要がある．資源は，下記の因子によって決定される．

　a. もっとも有望な，本来の介護者の身体的な健康
　b. 地域社会の支持，および資源の有効性
　c. 介護者の生活状況，および他の深くかかわっている家族の成員たちの接近した関係
　d. 家族の財政的な資源，および公衆の力で資金を供与された業務のための，ADの患者本人の適格性
　e. 介護者の夫婦間の関係の強さ（それは連続的な介護行為のストレスによく耐えることができるか？）
　f. 移送の利用可能性
　g. 家族，友人たち，あるいは少なくとも1週間に2回，数時間にわたって患者のケアを引き継ぐための，有給の援助の利用可能性
　h. 腹心の友の役割を満たす人々の利用可能性

個人的／社会的支持の変化に埋合せをすること

　介護者たちは，障害の以前の期間にかれらを援助した，友人たちや家族の支持システムは，かれらの最愛の人をケアすることのストレスを，かれらが通過するには，十分ではないであろうことを理解しなければならない．アルツハイマー病を介護することは，長い時間続くことがありうる．家族の介護者は，可能な限り現実的に，介護する過程の間を通じて，利用しうる可能性のある支持を検討してきめなければならない．

　介護者は，現在利用しうる支持の程度を評価するために，付録Aの中の，個人的／社会的支持資源様式を用いることができる．介護者たちは，かれら自身のためにもまた，支持を必要としていることを理解しなければならない．もしも障害された家族の成員が，支持の第一の根源であったならば，新しい資源が，積極的に捜し求められなければならない．

7. ケアを計画すること

アルツハイマー病をもつ人のケアを計画することは，当惑させることであるように，またおそらく不必要な作業でさえあるように思われうる（とくに患者が重大な管理的な問題の徴候を示していないときには）．しかし，時間がどんどん進み，また疾患が進行するに従って，計画が必要であることが明白になるであろう．

家庭内の（在宅）ケアの表

ケアを計画することの過程を始めるために，家族の家庭内行動のケア一覧表が，付録Aの中に含まれている．表の上の項目は，家族がかれらの親戚がそこで援助を必要とする領域，そしてどのように多くの援助が必要とされるかを，確認するのに役立つであろう．介護者たちは，要求に優先順位をつけることを始めなければならない．そしてかれらは必要とされた援助を，誰がもっともよく届けることができるかを，決定しなければならない．かれらは，かれらの生活が本疾患によって変えられていることを，真に理解しなければならない．また，したがって，かれらはかれらの接近法を変えなければならない．

問題行動は，慎重な考慮を必要とする

問題を解決することに対する他の接近法は，家族のケアを計画することの中で考慮されなければならない．

　a. いつ問題行動が生じるか，またこれらの問題が明るみに出るときに，ほかにどんなことが起こっているか？（たとえば，テレビジョンが騒々しくかかっているとき，人はいっそう気むずかしく，また刺激に感じやすいか？）
　b. 要求されていない行動の前，あるいは後で何が起こっているか？　これらの出来事あるいは状態は，要求されない行動を起こし，また償っているのか？
　c. どれくらい頻繁に，その問題が起こるのか？　それは実際に，それほど大きなある問題なのか？
　d. その問題は，どれくらい重大あるいは危険なのか？
　e. 問題行動が起きるための機会を，減じる計画をたてることを促進しうるのか？

問題解決の症例の実例

Emmaは，かの女が床についてしまった後に，夜にかの女の夫を要求し始めた．かれは，つねにおよそ午後10時に，かの女がベッドに行くのを手伝った．そして，それからしばらくの間ひとりだけで起きていた．かの女は，つねにかの女の夫を要求してパニックによって目がさめ，いく分か混乱していた．かの女の夫は，つねに彼の静かな時間の間，私室に行く前に寝室へ立ち寄って電灯を消した．かの女は，非常に恐れていたために，かの女の夫は，つねにか

の女の救助にほん走した．もっとも頻繁にかの女を抱いていて，そしてかの女と一緒に寝入っている．毎晩かの女は，かの女が暗やみの中で目をさました時，驚かされるようになった．結果としてかの女の夫は，かれ自身のために，非常にわずかの時間をもっていた．

　Emma の夫は，かれがかの女の行動を増強していた——夜の呼び声が増加したと，真に理解した．かれはまた，暗い場所で目をさますことが，Emma にとってこわがらせるかも知れないと悟った．この問題を処理するために，かれはいくつかのことを行った．すなわち

- かれの妻が寝入る前に，かれはかれの妻と一緒により多く性的に関係のある時間を過ごした．
- かの女が眠っている間に，かれは寝室の中を電灯をつけたままにしておいた．
- かの女が夫を呼びたてたとき，かれがちょうど私室の中の広間へ降りていることをかの女に安心させながら，かれはかの女に大声でどなり返した．ほとんどいつも Emma は眠りにもどった．そしてかの女の夫はひとりだけでくつろぎつづけることができた．

8. 管理する介護者のストレス

介護することからくるストレスは，必ずしもアルツハイマー病の状態の結果ではない

　あまりにも頻繁すぎる位，介護することのストレスは，それだけでアルツハイマー病をもつ親戚の状態によるものとされる．かれの状態が，さらに悪くなるに従って，家族の介護者によって体験されるストレスは増強する．この観点は，介護する状況の他の面を認めていない．そしてそれは，次々に介護者にとって，かれの親戚の要求に有効に対処することをいっそう困難にしうる．友人たちと親戚たちによる，より多くの接触は，社会的および感情的支持の要求を満たす．そしてこの要求は，孤独なケアの状況による介護者の物理的な孤立化を通じて増強した．利用しうる資源の利用可能性は，地域社会の中により多く参加することを，介護者に許容しうる．

他の諸因子

　介護者の年齢は，かれが経験するストレスの程度に，影響を及ぼすだろう．より若い介護者たちは，介護する役割を完全に引きうけることを認めない他の専門職と家族の責任を負っているかも知れない．介護することによって生み出された役割の変化のタイプもまた，ストレスの程度に影響する．たとえば，女性の介護者たちは，子供たちを育て，そして満足のゆく専門職を得た後には，介護者の役割への復帰を恨むかも知れない．ある男性たちは，これと対照的に新しい"提供者"の役割に付随した変化を，いっそう満足のゆくものと考えるだろう．かれの病気の配偶者を養育することは，家族の養育の中でのかの女のより早期の役割のために，かれの妻に恩返しをするひとつの方法を，その男性に差し出している．

介護者たちは，かれら自身を援助する必要がある

　介護をすることのストレスは，単に障害をもつ親戚の，継続した悪化の結果ではない．家族の介護者の幸福は，絶対必要である．アルツハイマー病の家族支援グループにとっての目的のひとつは，家族の成員たちが，病気にうまく対処するのを援助することである．カウンセリングもまた，請い求められうる．介護者たちは，かれらの人格的／社会的支持資源を利用することによって，あるストレスを防ぎうる．

　介護者たちは，かれら自身を救うために，多くのことを行うことができる．かれらは，地域社会の事業を調査しなければならない．またかれらは，とくに強度のケアの長い期間を通じて，かれらの限界を認めなければならない．外部の支持が無ければ，介護者たちは，うつ病および不安のようなストレス誘発疾患を発現することがありうる（第3，13および14章を見よ）．抑うつ的な男性たちは，心臓の状態のより大きな危険を有している．高血圧，糖尿病および心臓の状態のような医学的な問題は，長びかされたストレスと，無頓着な自己管理（セルフケア　self-care）のために，悪化するかも知れない．

ストレステスト

　付録Aの中に含まれたケアマネージメントストレス様式は，家族たちが特殊なストレスの領域を，同定するのに役立ちうる．この領域は，家族の期待，孤立，問題行動，確信がない将来，そして毎日のケアに固有の心の重荷によって生み出されたストレスを含んでいる．この項目に反応することによって，介護者はおのおのの反応の頻度を，そしておのおのの提示に対するかれの感情的な反応を書きとめなければならない．そしてそれに応じてケアの決定をしなければならない．

施設の介護者たちのための，ストレス・スケール

　ナーシングホームおよび他の施設的なもののスタッフもまた，かれらが毎日病気の結果を見るに従ってストレスを経験しうる．スタッフストレスの測定は，付録Aの中に含まれている．訓練と，それとは別の教育の機会は，スタッフがアルツハイマー病を理解するのに，有効にまた同情心をもって行動に対応するのに，またそのようなケアに付随するストレスを処理するのに役立ちうる．

　ケアマネージメントストレス様式と，スタッフストレス測定の両方ともは評点されうる．評点が高くなればなるほど，ストレスになる可能性は高くなる．更に大切なことには，介護者たちは，とくにストレスが多い領域を同定する，またそれらの領域に，より多く注意することがあり得る．

管理上のストレス

　管理上のストレスは，進行する活動性である．患者の進行する状態の異なる特徴は，新しい

問題およびストレッサーを促進する．たとえば，最初の時期，かれの配偶者を認めないアルツハイマー病の患者は，非常に恐ろしいので，介護者の適応はかなりはばまれるであろう．

ストレスは，大きくなる見込みがある

患者の状態が悪化するに従って，介護者によって感じられたストレスは，大きくなる見込みがある．かれはそれ故に，進んで絶え間なく，ある形態で外部の援助を求める可能性を再評価しなければならない．これらの資源は，デイケアあるいは休息ケアから，精神科への入院，あるいはナーシングホームへの入所にわたっている．外来患者の精神衛生事業もまた，介護者という土台の上に置かれた重荷とみなされなければならない．

介護をすることの中で，肯定的な経験を求めること

この病気の否定的なものを，何か思いもよらない肯定的なものに変える，多くの方法がある．実際には，機会は，最も意外な状況から表面化し，そしてそれは，新しい体験へ帰着するであろうし，あるいは失われてしまっているように思われた，以前の経験と活動にあと戻りさせるであろう．

介護することの，肯定的な面の，いくつかの例

Thomas は，およそ 6 か月前に，かれの妻のために介護者になった．かれは料理と洗たくに携っていた．その後，かれの妻は入浴と更衣についてもまた，援助を必要とした．かれの"現場での"ケアは増大し始めた．

かれの妻の Janet は，かれらの 6 人の子供たち（またある人たちはかれらの 7 人の孫たちをと言うであろう）を育てあげる間に，精一杯何年も働いた後に，Thomas は，かの女が非常に快くかの女の全家族に与えてしまった，すべての愛情と配慮を，Janet に返すための機会を得たと考えた．

Joanne は，かの女の夫である Ted が，アルツハイマー病にかかっていることを初めて聞き知ったとき，ほとんど打ちひしがれた．数か月のちに，かの女は，地元のアルツハイマー病の家族の支持グループにかかわりあいになった．次の二，三か月にわたって，かの女は，かの女のもののような状況の中にいる，いくらかの他の人々を知るようになった．かれらは親密な友人に，そして親友になった．——かの女が一度も想像しなかった価値のあるものを，かの女は常に得た．2 年の間，かの女はかれらの支持と配慮から，またかれらは，かの女のものから利益を受けた．Ted が死んだとき，これらの友人たちは，かの女の家族といっしょにかの女の力になった．

感じること

私は私の傷を負ってしまった
その傷のいやし方を知っている人がいるかはわからない

医師たちと私の友人たち
家族と他の人々は
私に告げる――

"あなたはとても大切なものを喪った
あなたは最愛の人を看病した
手の施しようのない病気を通じて――

あなたは無視され
やつれ，緊張し――
悩みそして泣いてきた

"今，そのかれはナーシングホームにいるから
そしてあなたがかれらのことを気にかけて
援助しているからには，
あなたはもう自由なのだ
あなた自身の人生を生きるために

"出て行きなさいそして進みなさい――
クラブに参加しなさい――人々と共にありなさい――
いくつかの趣味を次第に押しすすめていきなさい――
少しの間旅行をしなさい"

私はつとめている――私はつとめている――
かれらが私を愛していることは知っている――
さまざまな点でかれらは正しい――

けれどもこう感じる時がある
片すみにのろのろとはって行くように

病気のネコのように
そしてちょうど私の傷を舌でなめているように──

たぶん，たぶん──ほんのわずかの間
そのことについて多くのまちがいはないのだ

Maude S, Newton

7. 家族のケアからアルツハイマー病のケアまで：介護することのために準備すること

　家族の成員たちが，アルツハイマー病が，かれらが最愛の人の記憶，および他の能力について観察した変化の原因であることを学習するとき，かれらはこのニュースを吸収し，またその意味を考えなければならない．現在および将来に対して，それは，どれほどの強い影響を及ぼすのであろうか？　誰が介護者になるであろうか？　かれらは，介護することについて疑問をもつであろう．アルツハイマー病を介護することは，どんなことをかかわりあいにするのか？それはだれかが病気であるときに，家族の成員たちがお互いのために普通に行っていることとは，どれくらい異なっているのか？　もしもかれらが，ケアを供給できないのならば，どんなことをかれらは行うものなのか？　これらは家族を介護することから，アルツハイマー病を介護することへの移行のために，家族たちが準備するときに，かれらが直面する選択の種類である．

介護することの根源
　介護することに対するわれわれの方向づけは，伝統的な家族のケアに関するわれわれの経験の中に基礎づけられている．介護することは，子育てする役割の一部，あるいは病気であった別の家族の成員に対する，ひとつの反応であった．子供たちは成長する．多くの病気は，一時的であり，そして家族の成員は，つねに再び無関係に機能する．アルツハイマー病の状況は，異なっていて，介護者たちにとって，おそらくかれら自身に気をつけることとは別に，何かを実行することにはいかなる理由もなかった．介護することのこれらの差異は，家族の生活の正常な部分である．アルツハイマー病のケアは，これらの介護することの経験から得られる．しかしこの2つの状況の間の差異は，重要である．

　この章では，われわれは，これらの差異を調べて，そして介護者たちが，問題を処理するだろう方法を確認する．アルツハイマー病は，変性的な状態である．アルツハイマー病のケアは，慢性的な健康上の問題に関係した介護者たちによって，一般に観察された多くの問題をもっている．

　われわれは，しばしば介護者たちに関心をもつが，それはある程度まで，かれらが平均して8年の間徹底的なケアを供給するためである．しかし，われわれは，めったにかれらの援助の

ための理由に目を向けない．動機づけは，稀にしか論じられていない介護することの一面である．それは，対処法との重要な関連性をもっている．それは，介護者の役割と早い立ち直りにとっての適応性に影響する．

仕事と安全の問題

　介護者たちが早期に取り組まなければならない，いくつかの非常に根本的な問題がある．かれらは，家族の財政状態に，そしてどのように，かれらが患者と介護者の要求を満たすために，切り抜けられるであろうかということに，精通している必要がある．意思，代理人の永続性のある能力，そして指向的なもの（すなわち生活する意志 living will）のような，法律上の問題（legal matters）は整理されていなければならない．介護者たちは，保険証書を熟知していなければならない．アルツハイマー病のケアは，介護者たちに，かれらが行く手に横たわるものを処理するための，よりよい態勢の中にあり続けるために，多くの調整を行う方法を学習することを要求する．

　家族の人々の変化は，安全を保証するために必要である．この"子供がいたずらできなくすること"（child proofing）は，偶発事故や他の諸問題を防ぐのに役立つ．処方薬および毒薬は，安全な，防護された場所に置かれなければならない．武器やとがった物体は，アルツハイマー病をもつ人々にとって手に入れやすくてはならない．火と煙の警報装置が取りつけられなければならない．ストーブやマイクロ波は，ADをもつ人が，それらを使用することを試みるときに，それらが安全であるように，適合させられなければならない．水の加熱器は，けがを防ぐために調節されなければならない．使用されていない，家庭用電気器具のプラグを抜くこと，あるいは見えないところにそれらを置くことが，やむを得ないかも知れない．門は，かぎをかけられなければならないし，また庭は，安全に保たれなければならない．道具と設備は，安全に保証されなければならない．安全装置あるいはダブルロック（鍵を二度回して鍵をかける）が，ドアに取りつけられるだろう．

　アルツハイマー病をもつ人々は，紙幣を支払うことができないであろう．しかし，かれらは電話で，郵便物によって，あるいはテレビで，販売されている品目や，（食器など）一式のものに，同意に達することがありうる．積極的な販売員たちは，認知症をもつ人々をえりわけない．あなたが，不愉快に驚かされる前に，これらの可能性での諸問題に取り組みなさい．最愛の人たちが，行うべきでないことに同意しうるのを思い出しなさい．しかし，これらの同意は，かれらの忘れっぽさのために無駄にされる．

　運転は，取り組むのに非常に困難な問題である．中等度の認知症をもつ人々は，運転してはならない．しかし，運転の試験の利用は，不利な結果になりうる．早期ないし中程度の認知症をもつ人々は，免許更新を手に入れるために，筆記試験と実地試験の両方ともに合格した．介護者たちは，専門家たちの援助に協力を得るであろう．しかし，ほとんどの場合，かれらはこの問題を1人だけで処理しなければならないらしい．

行動についての，新しい見解

　アルツハイマー病は，介護者たちが出会ったかも知れない，他の疾患と同様ではない．心理学的，および行動上の変化は，障害された記憶，および認知という症状に関連する．介護者たちは，これらの症状と，それらが生み出す要求を解釈し，またそれらに肯定的に反応する方法を学習する必要がある．このことは，何が行動の原因になり，そして誰がそれに責任があるか，といういろいろな見解を必要とする．われわれは，お互いにわれわれの行動に責任があると考えることを学習してきた．しかしこの見地は，アルツハイマー病のような認知症をもつ人々に対して適用するには，公明正大でも，確実でもあり得ない．われわれは問題を検証し，論じ，そして解決するための，われわれの初歩的な手段として，論理，推論，および洞察を使用してきた．これらの特性は，アルツハイマー病をもつ人々にとっては，次第にあまり利用できなくなる．

　介護者たちは，諸問題をそれぞれに解決することを学習しなければならない．推論は，結局より大きな諸問題に帰着する議論になる．何故何事かが行われなければならないかを説明するよりもむしろ，最愛の人たちに，行われるのが必要であることに，快く応じてもらうために，想像力と独創的な接近法を用いなさい．ここにいくつかの例がある．運転の問題を取りあつかうときに，運転者に，かれがアルツハイマー病をもっているために車を運転できないことを自覚させるよりも，車を役に立たなくすること，あるいは無期限に修理工場で車を消滅させることがより容易である．もしも医師に受診することが問題であるならば，外出して，約束の時間の前に2，3時間，面白い何かをやりなさい．あなたが，家に向かい始めるとき，あなたが会う約束があることを，ほとんど忘れていたと言いなさい．あなたは（医師の）すぐ近くにいるので，あなたは約束を守るであろう．反対されるかも知れない物事を行うことは，快い活動の環境の内部に置かれているときには，つねにうまくいく．

　行動を考え，そして理解するための，別の評価基準系を展開することはきわどい（危い）面がある．疾患に関連した障害は，行動上の諸問題の一因となる．しかし，あらゆる変化を障害によるものとすることは，そこで問題の加療しうる原因が，見のがされうる状況を作り出す．行動は多数の因子によって影響されうる．介護者の態度および要求，それに雑音，およびなじみの薄さのような環境の諸特徴は，行動上の諸問題，および精神医学的症状の一因となる．同定されていない医学的状態は，とくに，膀胱および腎臓の感染が，行動および精神状態における重要な変化の原因でありうるより進行した段階で，諸問題の可能な根源である．行動を，どのように理解するか，そしてどのように，それに反応するかを学習することは，アルツハイマー病のケアへの過渡期にとっての重要な目標である．それは，介護者が学習すべき物事の表の最上部になければならない．最愛の人々の行動を変えようと努めることは，ときどき，より多くの問題をうみ出しうる．介護者たちは，どのようにかれら自身の行動が，ケアを受ける人々の行動に影響するかに注意する必要がある．

　介護者たちは，どのように，かれらの行動が他の理由で感知されるかということに，気づく

必要がある．かれらは，介護者のようにふるまうだろうが，しかし，かれらが，つねに夫，妻あるいは子供として行動してきたのと同様にふるまうことが期待されるであろう．配偶者，あるいは成人である子供が，介護者として問題に対応するとき，アルツハイマー病をもつ人は，行動に関する変化の根拠を理解することができないだろう．一度も，夫に，恐れずぶつかったことのない妻が，何故，かれに，かれがもはや自分の車を運転できないと話しているのか？介護者が，長く続いた行動のパターンを変えるとき，アルツハイマー病をもつ人は，その理由を理解できないだろう．かれは，その理由を，かれに関係がある何事かと，判断するだろう．かれは何故，かれが40年の間一緒にくらしたこの感じのよい人が，突然そんなに意地がわるくなりつつあるのか，不思議に思うだろう．説明は，つねに事情をさらに悪くするであろう．ADをもつ人は，事態が変化した理由を認識すること，あるいは承認することができない．

どのように，最愛の人たちは，あなたを感知するか

たとえ，あなたが行動上の変化に適切に反応するとしても，最善であることを行うことは，あなたの努力が，充分に受けとられているであろうことを意味しない．アルツハイマー病をもつ人々の活動を制限すること，そして管理することは気に入らない．そして子供っぽい反応のきっかけになるであろう．あなたはかんしゃくを目撃するであろう．人の自己憐憫する行動は，あなたに罪をおかしたと感じさせさえするかも知れない．

ADをもつ人々は，あなたが，介護者として開始しなければならない変化に，うまく対処できないであろう．かれらは，より少なく適応的で，より未熟な方法で反応するであろう．かれらは，実行したいことをすることに，とりかかっていないために，あなたの行動は，かれらにとって不当に見えるだろう．かれらは怒る，そして議論するようになるであろう．このことは，親の権威に対する子供の反応を思い出させる．介護者たちは，優しく，そして養育しているために，権能を与えられているが，しかし，かれらは管理を引き受けるために，かれら自身に権能を与えられることなしには果たされ得ない，義務をもっていることをもまた，認めなければならない．かれらは，かれらの決心の通俗性によっては，介護者としての，かれらの仕事を評価できない．

あなたの親族関係の中で，異なった役割をもっていることを常とした，誰かの意志に抵抗することは困難である．もしも，誰かの世話をすることが，本人の願望を容認することを，またそれに報いられることを意味するならば，介護者であることは，非常により気楽である．われわれは，つねに，役割の養育する側面によって介護することを特徴づける．なぜなら，それは，われわれが，傷つけられ，あるいは驚かされたときに，どのようにして，われわれの本来の親としての介護者たちが反応したかということを，われわれに思い出させるからである．かれらが，われわれに温かさと慰安によって反応したとき，そしてわれわれに，われわれが，強く望んだものを与えたとき，われわれは，かれらをよい親たちとして認めた．しかし，養育することは，親として介護することの単なるひとつの次元である．

われわれは，厳格なこと，統制すること，そして権威と能力を所有することとして，親としての介護者の，他の次元を経験した．われわれは，権威をもつ親がそばにいたときには，統制に服さなければならなかった．この人は，われわれを正し，そして訓練した．しかしこれはまた，乱暴な環境の中でわれわれを保護し，そして擁護した，同じ親としての介護者であった．異なった環境や異なった文化の中で，養育と権威は異なる両親にともなわれる．両方ともが，最愛の人たちのためのケアに必要とされる．

　介護者たちは，育成（nurture）と権威を遂行することが必要である．ときどき，制限を設けること，そして管理をひきうけることは極端に重要になるだろう．他の状況の中では，最愛の人たちは，かれらの介護者たちによる，育成を必要とするであろう．ある介護者たちは，育成しつつあることが，いっそう自然であるのに気づくであろう．権威をふりかざすこと，そして管理をひきうけることは，気楽ではないかも知れない．もしも，アルツハイマー病をもつ家族の成員が，つねに統制に携わっている一人であったならば，行動に対する管理をひきうけること，そして制限を設けることは，しばらくの間，より困難になるだろう．アルツハイマー病を介護することの範囲の中で，この反応が発現することはやむを得ないだろう．苦しい愛という介護者の解釈として，それを考えることが役立つかも知れない．

　介護者たちは，かれらが期待しうるものを，知りたいであろう．どれくらい長い間，ADは持続するのだろうか？　どれくらい長い間，かれらはケアを供給する必要があるのだろうか？　われわれは両方の問題について，いくつかの指針をもっている．しかし，どちらにもついて，厳密に言うことは不可能であるために，この知識は，単に何を期待したらいいか，という一般的な印象を家族たちに与える．われわれは，介護者たちが，介護することに，平均1週間につき60時間を費やし，また次いで，6年ないし8年を，ケアを供給することに費やすであろうことは知っている．アルツハイマー病は終点なのである．これを知ることは，介護者たちの頼りなさを取り除くのに役立ちはしない．なぜなら，かれらの将来は，頼みにならないからである．これらの言葉を考えなさい．すなわち

　　あらゆることは，もしも要求が，深さと時間について有限であるならば，耐えられるであろう．しかし，かりにも，いかなる出口（死去）をもさし示してはいない将来は，たとえ毎日の基礎の上にある，重荷がまったく抵抗できないことはないとしても，悲しみと抑うつの明らかな根源であり得る…．いかなる重荷も，どのようにして，人がいかなる救済をも約束しない，将来に対処しうるのかを想像しようと努めることより，より大きくはあり得ない　　　　　　　　　　　　　　　　　　　　　　　　（Callahan, 1988）．

　そのような可能性は，介護することを勧めるために何も役に立たない．

よりよい将来を，作り出すこと

　介護者たちは，たとえ介護することが，重荷になり，またストレスが多いとしても，かれら

の将来を，少しは更に予想できる，また管理しやすいものにするために，いくつかの物事を行うことができる．介護者たちは，かれら自身とかれら自身の手段より以上に，期待しなければならない．かれらは，他の地域社会の事業と資源，たとえば休息，成人のデイケア，支持グループ，援助を受けた生活状況，および支持的カウンセリングを確認し，そして利用する必要があるだろう．介護者たちは，介護する活動によって手伝うか，あるいはかれらの他の要求によって介護者たちを援助するか，ができる他の家族の成員たちにかかわりあいになりうる．

たいていの介護者たちは，これらの選択できるものの大部分をもっている．しかし事業を利用することは，確かに少ない．介護者たちは，最愛の人々のためにケアし得ることは明白である．最愛の人々の世話をするためのかれらの能力は，ついにかれら自身の健康が悪化して，稀に問題になる．そのときかれらの，そのような精力的な役割をもって継続するための，能力が疑われる．充分な証拠が，慢性のストレスが，かれらの身体的，および精神的健康に対して，非常に有害な影響を及ぼすことを示している．そういう事情では，かれら自身の身体を大切にすることが，最愛の人々の世話をすることと同様に，介護者たちにとってのすぐれたやりがいのある事である．救済なしの将来は，事実上の重荷である．救済があるが，しかし得ようとされないとき，不必要な悲劇が起きる．

介護することは，アルツハイマー病のケアのための第一のストラテジィである．いったん家族の成員たちが，介護者になったならば，かれらは，稀に，かれらの責務を放棄することが，容易であるのに気づく．かれらが，かれらの重荷を処理するのを援助するであろう事業，および治療が存在はするが，家族の介護者たちの20%より少数の人たちが，これらの資源を利用している．

介護することは，昔からの慣例である．われわれは介護者にとっての，仕事上の義務履行能力を詳しく説明することができるだろう．介護者たちが行うことが，記述されるであろう．それは，介護することに付随した，より深い意味を伝えてはいない．

ある男性が，かれの友人に，次のように質問された．かれの妻が経験したのは何だったのか，もう一度私に話してくれないかと．男性は，友人に話した，かの女は，医師たちがアルツハイマー病と呼んだ何かに罹患していると．かれらは，長い時間にわたって，それについて知っていたが，しかしそれをとり除くのに役立つであろう，何ものをも知らなかった．それから，その友人は，医師たちが，援助するために行うことがほんのわずかであっても，男性が，かの女のために何をしたかを尋ねた．その男性は，単にかの女の世話をするためにできるだろうことを，実行したと話した．ところでその男性は，かれの妻の世話をすることに，かれの時間の大部分を費やした．もしもかれが，かの女の世話をすることに，そんなに多くの時間を費やしたならば，その友人は，かれが行ったことについて，特別な名称がそこになければならないと考えた．男性は，それが介護すること (caregiving) と呼ばれるのを聞いたことがあると言った．その友人は，さらに気になり，そしてそんなに多くの時間を，介護することの実行に費やして

いる人々のための名称があるかどうか，知りたがった．男性は，グループミーティングに行ったと話した．そこに集まった人々は，お互いを介護者たちと呼んでいた．かれは，また自分が，そのひとりにちがいないと思った．なぜなら，かれは，介護者たちが，かれらの人々のために行ったのと，同じ種類の事を，かれの妻のためにしていたからである．その通り，それは彼そのものだった．ひとりの介護者．それからどうして，どのようにして，かれは，ひとりの介護者になったのか？　そう，かれは，単に遭遇したあらゆることの世話を，かれがなしうるかぎり，最善に，行ったのである．それであなたはそのようないろいろなことを，どのように学ぶのか？　そう，おそらく，人々から学んだいくつかの事柄が，あなたが成長するのを助けている．いくつかの事柄を，あなたは，他の人々から学んだ．かれの妻が，子供たちや，かれに，すぐれた世話をしたように．それで，いくつかの事柄を，あなたはすでに知っていた．患者に親切な，愛情をもつものであること．そして援助に寛大であること，そして感謝していること．

ひとりの介護者であること

　介護をすることは，介護者たちが行う物事によるだけに，介護者になる人々の生活によって多く正確な意味を与えられる．人々は，介護者になるために，どのように準備され，あるいはどれくらい能力があるかを問うかも知れないけれども，少数の人は，かれらが，それを志すかどうか，を問題にする．それは，非常にストレスの多い体験であるけれども，多くの介護者たちは，それが個人的には有意義で，そして満足のいくことを報告している．これらの介護者たちは，かれら自身の個人的な成長が，介護することという体験の結果として促進されたと信じている．

　われわれは，われわれが幼児であったときに，初めて介護されることを経験した．この体験に付随するイメージ，感情，そして価値は，病的であるか，あるいは，かれら自身を気にかけることができない，最愛の人々に，われわれが，どのように反応するかについての，ひとつのモデル（原型）であった．われわれの最初の介護者は，われわれに乳を飲ませ，そして抱いてかわいがった．かの女は，われわれの食事の支度をした．われわれを休息させた．われわれに医薬を与えた．そして，われわれが，他の活動を学ぶのを助けた．かの女は，われわれの苦痛と，欲求不満に，感情移入した．かの女は，われわれを慰めた．かの女は，われわれを危険に陥れる，愚かしい物事を行うことを，われわれに許さないのを常とした．

　これらの親族関係は，われわれが，安全と愛着の意味を次第に獲得するのに役立った．われわれに何事かが起こったときには，われわれは，そこで誰かがわれわれを助けるはずであろうことを，学んだ．われわれは，われわれが行儀がわるい，感じのよい，病的である，あるいは不運にがっかりしたと感じていようと，いずれにせよ，愛され，そして気にかけられるであろうことを知った．われわれの，互いに気づかうための反応は，これらの家族の体験，価値，そして慣例によって形成される．

　家族の介護することについてのこの見解は，そこで，家族の成員たちが互いに助けなければ

ならなかった，多くの状況によく適合する．われわれは，家族のケアについてのこの見解を，それをわれわれに，初めて教えた人々を評価するから，それだけ高く評価している．しかしアルツハイマー病をもつ人を世話することは，それ以上のものを必要とするであろう．

ひとりの家族の介護者として，あなたは，かれあるいはかの女が，以前にもっていたのと同様の種類の，あなたとの親族関係を，もはやもち得ない，そういう誰かとの関係をもちつつある．しかし，あなたに無理をさせるほど厳しく，あなたは，あなたが望む関係をもち得ないと真に理解する．そのことは，ひとりの介護者であることを，いっそうやりがいのあることにさえする．

■アルツハイマー病を介護することと伝統的な家族ケアの相違点

時間とエネルギーの，有意の消費

アルツハイマー病のケアは，時間の不定の期間の間の仕事を必要とする．それは他の活動，興味および関係を中断させる必要があるだろう．これは，いかなる小さな犠牲でもない．

介護者たちは，エネルギーの強い要求が，かれらの個人的な資源の限度を越える前に，かれらの重荷の軽減を見出すための方法をもとめて，計画を立てなければならない．競合する要求を処理するために，何人かの介護者たちは，かれらの毎日の活動に優先順位をつけること，またきまった仕事を続けることが役に立つのに気づく．順序は，予測可能性と安全の意味を供給する．しかし，介護者たちもまたきまった仕事のためにとらわれた人になりうる．ときどき，より柔軟であること，がより重要である．優先順位をつけることは，どんなことがあるか，そしてどんなことが重要でないか，を調べるためのひとつの方法である．どんなことが，より後で行われてもよいのか？　今，どんなことが，実際に行われる必要があるのか？　どんなことを，あなたは行わなければならないか？　あなたは間違いないか？　どんなことを，あなたは実行したいのか？　どんなことが，あなたにとって適当であろうか？　いくつかの項目は一覧表の上にある必要さえない．

介護者たちは，かれらが，世界のその他のものとの接触を解かない，また身体的に，そして精神的に，かれらを生き返った気分にする支持と，元気づける気晴らしから，かれら自身を切り離さないように，かれら自身のために，機会を組み入れる必要がある．

要求のレベルに関する変化

アルツハイマー病が進行し，そして，ケアを受け入れる人は，要求が変化するに従って，介護者による増大した没入を必要とする．ADをもつ人々の増大する要求は，生活の他の重要な領域の中への，介護者の参加と競合する．介護することが消耗されつつあるときに，介護者は，役割によってとりこにされた人と考えられる．

ストレスのタイプ

　アルツハイマー病を介護することに関連するストレスは，慢性的で，厳しく，そして多数のストレッサーによって引き起こされているものとして認識される．異なった接近法が，さまざまな，そして変わりやすいストレッサーに対処するために必要とされる．全く異なった問題に取り組むために，同様の問題解決の接近法を用いる介護者たちに，実効は上がらないであろう．ストレスおよび対処法 (coping) は，第8章の中で，広範囲にわたって論じられている．

介護する役割は期待されない．そして望まれていない．あるいはそのどちらかである

　誰しも，アルツハイマー病の介護をすることが，かれらの生活にどのように影響するであろうかということは，正確には予言できない．しかし衝撃は重要であるだろう．主要な崩壊は，アルツハイマー病が予想されないときに，そして介護者が，まだ仕事と家庭に対して重要な責任をもっているときに起こる．多くの早発性アルツハイマー病の症例が，50歳から60歳までの人々の中に見出される．これらの家族たちは，まだ子供たちを育てることと，そして生活をすることに，全くかかわり合っている．所得がない別の依存的な人が，配偶者の介護者の上に大きな重荷を負わせる．同様な状況は，成人の子供が，ひとりの親のための介護者になるときに生じる．

　望まれていない役割の変化が介護することのために起こるとき，役割に適応することは，厄介なことになりうるし，更にやる気をなくさせる．介護者であった女性たちは，更にまたかれらの生活の大部分で，この役割を喜んで受け入れないであろう．女性たちは，男性たちよりもいっそう頻繁に，アルツハイマー病を発現する．自分たちの世話をすることを，自分たちの妻に期待した夫たちは，この意外な状況に対応しなければならない．しかし，研究は，男性たちがこの（介護の役割の）切替えが有意味であるのに気づくことを示している．夫たちは，家族の世話をすることによって，かれらの妻たちに大いに尊敬を表すひとつの方法として，介護することを利用している．ある男性たちは，かれらが実地の介護の実行のより多く親密な面に関して気楽ではないために，役割を，ストレスに満ちたものと感じるかも知れない．成人の子供たちは，ある人たちが，かつて親と一緒に経験したよりも，更にそれ以上の親密さをかかわり合わせる介護する状況の中に，かれら自身を発見するであろう．親密さを論じることは，もしも介護者たちが，介護が進行している中で，ケアを受け入れる人と，他の家族の成員たちに対して次第により親密になるならば，時間をかける価値があるものになる．

　ある介護者たちは，その人とかれらがむずかしい関係をもってしまっていた人を，世話することに直面するであろう．かれらは，先行した葛藤のために，他の家族の成員たちからの，より少ない支持を期待するかも知れない．時間は葛藤をしりぞけるか，あるいは問題を解決するために援助をもとめるか，どちらかのために近づいてきた．しりぞけられた昔の問題は，介護することの状況から発生する，葛藤によって復活されうる．これらの争点は親族関係の問題を

悪化させ得る．介護者たちは，親族関係の諸問題が，援助することにとっての重大な障害を作り出す前に，まじめにカウンセリングを考慮しなければならない．

増大する援助の必要性，行動上の諸問題，人格の変化，そして喪失を気づかせるもの

完全に依存的になったひとりの家族の成員を助けることは，フラストレーションによって特色づけられるであろう．経験もまた，悲嘆あるいは絶望の瞬間によって満たされるであろう．行動上の諸問題，および人格の変化は，結局は最愛の人の喪失を示す変化を気づかせるものである．悲嘆は，これらの状況の中では容易に認められ得ない．なすべき非常に多くのことのために，多忙のままでいること，そしてこれらの感情を回避することは容易である．介護者たちは，かれらの悲嘆の体験のために支持を必要とする．孤独になるための機会は，重要である．家族，友人たち，教会あるいは専門のカウンセラーたちは，助けになりうる．悲嘆は，介護することの体験を通じて存在し，支持グループは，それに取り組んでいる．介護者たちは，アルツハイマー病が喪（mourning）のためにつくり出す余病について，より多くのことを学ぶことから利益を得るであろう．

報いられない援助

アルツハイマー病のない家族たちに関して介護することは，援助するための，また援助されるための，沢山の機会を供給する．両親が，かれらの子供たちの世話をするとき，子供たちは，かれらの感謝の念を言い表すことができる．互いに助け合うことは，ひとつの家族であることの重要な一部分である．

援助することにとっての，この家族の定式は，アルツハイマー病を介護することに関して，不安にさせる変化を経験する．本疾患はこの変化の大部分を引き起こす．かかわるための能力は，危うくされる．アルツハイマー病をもつ人々は，いっそう自己中心的になり，そして他の人々に，より少なく気をつかうようになる．かれらは，かれらの介護者たちが行う物事についての，かれらの正しい評価を，より少なく言い表す見込みがある．それでも介護者たちは，どうにかしてかれらが謝意をのべられるときには，高揚させられる．それは微笑，あるいは，いっそう温和な顔の表情であるかも知れない．あらゆる陽性のフィードバックは，元気づける．陰性のフィードバックの欠如もまた，元気づける．

介護者たちは，この変化に備えている必要がある．そして個人として，それを解釈しない．陽性のフィードバックの欠如は，苦悩を与える．陰性のフィードバックは落胆させる．しかしこれらの反応のどちらも，介護者たちが最愛の人々に尽す驚くべき援助に対する反映ではない．支持のこの欠如を代償するために，介護者たちはかれらの努力を評価し，またそれに報いる他の方法を捜さなければならない．たとえば，かれらは困難な仕事をうまく完成させた後に，かれら自身に対して，肯定的に話さなければならない．静けさのいくつかの機会をもつことは，

かれらがどれだけ完全にやってのけたかのための報酬として，理解されるかも知れない．ケアを受け入れる人がよく感じている，微笑あるいは，他の徴候は，その瞬間のための神の恵みと考えられうる．

■慢性疾患に共通の，諸問題に対処すること

　慢性疾患に対処している家族たちは，共通の社会的，および心理学的諸問題を経験している(Strauss et al., 1984)．アルツハイマー病の介護者たちもまた，それらの問題に遭遇するであろう．これらの諸問題を予想することができる介護者たちは，適応的な反応を発現するためのよりよい機会をもっている．このことは，次いで家族の介護者たちに，前方に横たわる事に対処し，そして準備するための，よりよい機会を与える．

　アルツハイマー病を介護することの危機は，しばしば行動上の諸問題，および精神医学的症状にかかわり合っている．介護者に向けられた，敵対する，攻撃的な行動はその一例である．介護者の健康および幸福に対する，すきをねらう脅迫は，結局は，介護者の身体的，および精神的な健康に対する重大な衝撃をもちうる．

　アルツハイマー病のケアに関する危機管理に対するひとつの手がかりは，疾患に関連した障害が，介護者たちによって，かれあるいはかの女に対して発された緊急要求について，ADをもつ人の解釈の仕方にどのように影響するかを理解する間に，諸問題に対して反応できるようになることである．介護者たちが，ケアを受け入れる人たちによって必要とされた援助の程度に対する，かれらの期待を微調整することを学習するとき，最愛の人たちが，いっそう適切に反応しうるであろう，より大きな可能性がある．更にまた，介護者たちは，かれら自身のための，かれらの期待を再評価する必要がある．ときどき管理される必要がある危機は，アルツハイマー病をもつ人にかかわりがない．それは，どんなことが起こっているかについての，介護者の評価にかかわっている．

　持続性のある，高いレベルのストレスを体験しているときには，どんなことがあるのか，どんなことがあぶなっかしくないのかについて，われわれの理解はゆがめられるようになり，またわれわれは，われわれが実際はこうだと考えることによって，危急ではない状況に反応するかも知れない．これは介護者にとって，いくつかの理由によって起こる．かれらは，かれらにとってなじみの薄い状況に直面させられ，またかれらはどのように反応すべきかを知らない．ケアを受け入れる人による，くりかえす質問と付きまとうことは，いらいらさせることがある，障害された記憶に関連した行動であり，そして介護者たちはそのような行動に過剰反応し得る．精神医学的症状と行動の問題もまた，ケアを受け入れる人が，かれの介護者に対して攻撃的になる場合に，現実の危機が存在するとは言っても，誤解された危機と言ってもよいであろう．

　介護者たちは，状況が非常の場合であったかのように，かれらがそれに反応する前に，状況についてどんなことが危急で，またあぶなっかしいかを，かれら自身に問う必要がある．もし

もかれらがそれぞれに反応するならば，どんなことが起こるであろうか？　実際に，すぐさま反応することが必要なのか？　感知された危機に対するかれらの反応は，役に立つ，あるいは苦痛を与えるであろうか？　時間のプレッシャー，および緊張，不安，恐怖，畏敬，そして怒りというストレスに関連した感情は，介護者の危機についての意識を生じさせるであろう．

　介護者は，ADをもつ人をすぐさま入浴させようと強く主張することが，1時間あるいは1日の間仕事を延期することが，全く適切であるかも知れないのに対して，行動上の危機を促進しうることを記憶しておかなければならない．何人かの介護者たちは，衣服を着替えることを拒む最愛の人たちに反応するかも知れない．そのような行動が，かれらがADを発病する前に行っていたように正確に生じるのを要求することは，余りにも多くを期待しすぎている．時間のプレッシャーは，認知障害をもつ人にとって，さらに多くの諸問題をつくり出す．医師の診察の約束を，だれかにしてもらおうと努める，そして急いでいる介護者は，その人が行くことを拒むときには驚かされるであろう．

　ある介護者は，疲れているかも知れないし，そしてかの女がかの女自身のために少しの静かな時間をもつことができるように，薬物が投与されることを望むかも知れない．ケアを受け入れる人の薬物を服用することの拒絶は，介護者がいっそう強力になるための原因であるだろう．ところでADをもつ人は，より激越化され，また非協力的になるであろう．介護者は，かの女自身のために時間をもつ前に，長い時間があるだろうために，いっそう気が動転されさえするであろう．さらに，介護者たちは，心の中でこれらの結果とともに，かれらの強い要求を分析しなければならない．

　介護者たちは重大な危機に直面するであろう．ADをもつ人が外で歩き，そして行方不明になるときに，かれが，家庭へ帰り着こうとする試みは，より多くの錯乱状態をつくり出し，そしてかれは，そのとき家庭から更に遠くにいる．これは真の危機でありうる．介護者たちは，もしもかれらが起こりうる諸問題のために，あらかじめ準備するならば，そのようなことが起こる，という危険を減じうる．ひとつの接近法は，かれらの強い要求を変えることである．いつ，どんなに早急に，またどんなにうまく，行動が起こるのが不可避であるかについて，かれらの予想を修正する介護者たちは，ある起こりうる危機が，避けられることを学習するであろう．別の重要な介護者の責任は，絶え間なく適切な安全を守るための予防策を再考し，またそれを講じることである．

症状と行動を管理すること

　治療され得ない医学的な状態は，しばしば対症的に（徴候に応じて）手当てをされる．患者が症状を訴えるとき，投薬，あるいは他の処置（treatment）が症状を軽くするために施され，あるいは，症状を引き起こす状態に手当てをする．インフルエンザ，およびウイルス性疾患は，徴候に応じて手当てをされる．患者たちは，身体の痛み，下痢，発熱，および他の不愉快な症状を減じるために，投薬および他の処置を施される．症状は，われわれの最大の関心事である

だろう．それだから，われわれは，われわれがある疾患あるいは状態を関連させる，症状の軽減を得ることによって，病気が良くなっていると判断する．インフルエンザのひどい場合を経験した誰でもが，かれの熱が下降し，そして痛みと苦痛が緩和されたときに，前より気分がいい．アレルギーと呼吸器のウイルス性疾患をもつ人々は，せきをすること，頭痛，くしゃみをすること，そして鼻の充血が減じられ，そしてかれらがふたたび呼吸しうるときに，より気分よく感じる．

　根底に潜んでいる疾患が治療され得ないときに，症状の管理はいっそう重要になる．関節炎，喘息，あるいは糖尿病の症状に手当てをすることは，人々にとって，かれらの慢性的な健康上の問題によって，かれらに対して負わされたADとは別の，制限するものによるのと同様の，疼痛，不快，あるいは妨害なしに，よりよく機能することを可能にする．抑うつ，および不安障害に悩む人々にとって，症状の軽減を経験することは，かれらの状態は，単に緩和された状態(remission)にあるのかも知れないけれども，ほとんど治癒されているのと同程度である．アルツハイマー病に関して，行動は介護者たちが管理することを学習する必要がある症状を表している．アルツハイマー病のケアの中で，行動を管理することは，医学的に明確にされた疾病についてわれわれが考える症状管理の方向づけ(オリエンテーション　orientation)と同じ意味である．好結果の症状管理は，疾患をもつ人々，およびかれらの介護者たちに利益を与えるであろう．

　介護者たちは，アルツハイマー病に関連した行動について，かれらが信じていることを，またADをもつ人々が，何故かれらが行うように行動するのかを，検証する必要がある．このことは，行動についてのわれわれの信念が，しばしば，人々がかれら自身の活動に責任を負わなければならないという，強い信念にもとづいているために，挑戦的であるかも知れない．われわれもまた，人々が，ときどきかれらの行動について，それを実行する方法を，好んでわれわれに用いるつもりであると信じるので，ADをもつ人々は，かれらの行動を統制することができなければならない．もしもかれらが，ある活動を適切に実行しないならば，かれらが，それにより多くの努力を傾注し，そして，かれらが実行しつつあることに集中されるならば，結果は改善するであろう．これらの信念は，成人たちが，かれらが行う必要があることを実行できる，という考えにもとづかせられている．それゆえに，かれらは，かれらの行動に責任があり，そしてその結果は，別のことにもとづいている．たとえ，どんなに，かれらの願望が大きくても，ADをもつ人々は，少しもよりよく実行することはできないだろう．かれらが，かれらの障害された機能に気づくときに，かれらは，しばしば，かれらの行動の前の標準と一致して実行するためには，かれらの減退した能力によって欲求不満を起こさせられ，そしてまごつかせられる．

　たいていの介護者たちは，かれらが，家族の成員たちの行動についての，かれらの古い考えを修正する必要があると真に理解している．最愛の人たちが，実行できることにもとづいて，現実的な，そして哀れみ深い見地を発展させることは，介護者たちに，異なる見地に照らして，

かれらの援助する役割を考えることを可能にする．かれらは，かれらが障害された脳機能をもつ最愛の人たちを，かれらが，その人たちにあまりにも多すぎることを期待するとき，かなりの圧迫の下に置くことを認める．他方では，最愛の人たちに，あまり少なすぎることを期待することは，いかにも非現実的でありうるし，また価値がある人々としての，かれらから公民権を奪うことという影響をもっている．介護者たちは，かれら自身の行動が，最愛の人々の活動や相互作用に——肯定的に，また否定的に影響する方法に目を向ける必要がある．アルツハイマー病が原因である欠陥は，どのように愛する人々が行動するかということに影響する，ただひとつの可変的なものである．

　介護者たちは，適切にアルツハイマー病の症状と行動を管理するために，行動と，その原因について新しい信念を獲得する必要がある．このことは，最初は（実行に際して）抵抗できないように思われるかも知れない．しかし，介護者たちは，かれらがちょうど伝統的な家族の介護法に関して異議を論じるのを学習したときに，行動と症状を管理することを学習しうるのである．人々は，かれらがどのようにケアをするかを学習したのちに，病気になった家族の成員たちの世話をすることによって，つねにいっそう気楽になる．アルツハイマー病の介護者たちは，それから知識，動機づけ，そして信頼を引き出す，介護することの体験という豊富な背景をもっている．たとえば，いったんわれわれが，子供の高熱を粉砕する方法を学習したならば，かれが，2か月後に103度（華氏による表現で摂氏では39.8℃に相当する）の高熱があるという所見は，われわれが，最初に経験したと同じ恐れを起こさせない．行動に対して，ある態度に出ることは，最初は介護者たちにとっては困難であるかも知れない．しかし，かれらは，かれらがADの行動と行動管理について，より多くのことを学ぶに従って，アルツハイマー病のケアに関する，かれらの役割によってさらに気楽になりうる．

　すべての行動は，アルツハイマー病，あるいはその症状が，直接的に原因になっているのではない．行動に関して安楽になることの要素は，どの行動が，本疾患の普通の徴候であるのか，どれが，故意の反応であるのか，どれが，疾患をもつ人の人格と対処の方法を反映させているのか，そしてどれが，抵抗できない認知的，また情動的な要求に対する最愛の人の反応を表しているのか，を理解することの学習である．介護者たちは，すべての症状と行動が，アルツハイマー病によって引き起こされていないことを，真に理解する必要がある．ひとつの，いっそう総括的な見地が必要とされる．そしてそれは，介護者たちに問題と要求を理解するための，また次いで，諸問題を解決するための，より多くの方法を提供するだろう．より総括的な見地から，行動の意味を解釈するためのあなたの能力がよりよい程，ADの人の要求に応じられうる機会がいっそう多くなる．ある行動の変化は，要求のシグナルでありうるけれども，単に問題ではあり得ない．たとえば，介護者たちは一般に，激越興奮，けんか好き，あるいは非協力的なことに直面する．ある人々は，本疾患が，これらの行動の原因であると信じている．しかし，これらの行動は，しばしばADをもつ人が処理できない環境の，そして個人間のストレッサーに対する反応である．たぶん，これらの行動は，かれの適応することのための方法である．

あるいは，さらにかれが，かれの環境と援助者たちから，より多くの支持と助力を必要としているという，われわれの着手の端緒であるらしい．激越興奮もまた，ADをもつ人々が言語的なコミュニケーションによって言い表せない医学的問題と苦痛に関連がある．

　症状と行動は，もしもそれらが，疾患に関して，人に対するその影響，そしてアルツハイマー病をもつ人の永続的な特徴が，理解されうるならば，さらに意味があるであろう．人の環境の身体的，社会的，そして心理学的局面は，アルツハイマー病をもつ人の能力を越えるかも知れない要求にうまく対処させる．それとはなしの，またはっきり述べられた，かれに関して行われた要求に対するかれの反応は，その結果生じる多数の因子の合流である．すなわち，疾患の症状以前に，知能および適応性は，見せかけになった．脳障害の一定の段階が，現にある．人の反応の完全性を，いっそうはるかに危うくする，うつ病，あるいは精神医学的症状のような状態の影響，環境によってその人に提供された，代償的な支持の利用可能性，視覚，聴覚，および他の感覚機能の適切性，そして，その人について行われた要求によって作り出されたプレッシャー．もしも，要求が適切に反応するための，その人の能力を超えたならば，介護者は，行動化（acting-out）行動，激越興奮，怒り，欲求不満，およびその人の情動的安定性がおびやかされていることを示す，他の徴候を目撃するであろう．要求の水準を，適切に反応するために，アルツハイマー病をもつ人の能力に釣り合わせることは，いっそう望ましい行動を促進する見込みがあるだろう．倦怠とひきこもり（withdrawal）は，ときどきADのより早期の段階を表している人にみられるように，もしも要求があまりにも僅かすぎるならば，結果としてそれらが生じる．

　介護者たちは，かれらにとって，なじみの薄い多様な行動や症状に出会うであろう．これらを3つの異なる評価基準系によって，区別して考えることが後で役に立つ．すなわち，認知症の症状，行動上の反応，そして精神医学的症状．認知症症状の例は，記憶障害，障害された判断および問題解決のような実行的機能の喪失，そして言語障害である．読者は第2章の中の認知症症状に，定期的に更に目を通すことが役に立つのに気づくであろう．アルツハイマー病の症状を変え，あるいは改善するために開発された薬物は，期待された程には好結果ではなかった．しかし，それらは機能に関していくらかの改善を促進した．行動上の，そして環境的な接近法は，アルツハイマー病の症状を改善しない．しかし，それらはADをもつ人にとって，かれの機能的な能力に，より合致して実行することを可能にさせながら，環境の否定的な衝撃を減じることができる．もしもわれわれが，それらの症状がすべてアルツハイマー病によって，あるいは同疾患をもつ人によって，引き起こされていると信じるならば，症状を理解し，あるいは管理するための何か他の方法を求めることは望めない．

　アルツハイマー病によって起こる行動上の変化は，疾患の症状に関連づけられるかも知れない．たとえば食の問題は，個人が食べることを思い出さないか，あるいはフォーク，あるいはスプーンをしっかり握りそれを食物の皿の中にさっと入れ，そして口にまで道具をもち上げるために必要とされる，運動神経性の運動を行うことができないために起こりうる．これらの変

化は，興味および自発性の喪失，徘徊，性的な露出，反復性の質問／活動，そして睡眠の問題を含んでいる．活動と社会的相互作用からのひきこもりは，着衣や身ぎれいにすることについての問題のほかに起こる．物品を紛失すること，あるいは隠すことは，ありふれた行動の変化である．ある人々は，かれらの安全が，記憶の喪失と認知的スキルによってむしばまれるために，いっそう依存的に，あるいは，すがりついて離れなくなる．いくつかの行動の変化は，錯乱状態，忘れっぽさ，および失見当識，夜間の徘徊，尿尿の失禁のような，慢性の障害になる．これは脱抑制，および性的な露出についてもまた真実である．失認症，あるいは熟知している場所，および事物を認めそこなうことは，最初に思いつかれる，相当に混乱がありうる AD のひとつの症状である．AD をもつ人々は，かれらに全くおなじみであったかれらの家庭，あるいは他の人々を認めることができない．介護者である配偶者たちは，詐欺師たちであると非難されさえするであろう．

　激越興奮，被刺激性，感情の突発，恐ろしさ，騒々しい行動，過度の活動，および破局的な反応 (catastrophic reactions) は，急性の行動上の障害を表している．恐ろしさ，妄想反応，不安，抑うつ，暴力，および攻撃性もまた急性の行動障害である．急性の行動障害は，アルツハイマー病をもつ人々にとって，ストレスが一杯ある状況に関連があるであろう．あるいは，それは知覚された脅威，あるいは抵抗できない要求に対する反応である．これらの問題はつねに，それらがいっそう強度になったのちに管理されうるよりも，予防する方がより容易である．

　介護者と AD をもつ人との間の関係の性質は，いくつかの行動の問題に対する手がかりを提供する．たとえば夫婦たちが，つねに議論し，また怒って反応してきた関係の中では，いっそう急性の行動障害を観察することが予想されるであろう．これらの関係は，アルツハイマー病をもつ人に対する，非常に陽性の強い影響をもまた，もつことがありうる．

　怒り，激越興奮，および他の急性の障害は，適切に適応し，また反応するための人の能力を越える要求によってもまた，促進されうる．人の障害に直面すること，あるいは障害の否認は，しばしば反応的な行動を生じるであろう．非協力，課業を行うことの拒否，そして問題の否認は，人にとって要求を処理することが，いっそう困難であるのを示唆している．課業は理解できないであろう．あるいは時間のプレッシャーは，実行することをあまりにも不格好すぎるものにするかも知れない．睡眠と食欲の変化は，疾患に関係づけられうるが，しかし他の説明が適切である．抑うつおよび悲嘆は，行動に関する重要な変化を説明しうる．幻覚および妄想のような，精神医学的症状は，夜間の不眠，および錯乱状態を悪化させうるし，それはまた，怒りおよび激越興奮の一因となりうる．

　いくつかの行動の変化は，AD をもつ人の，適応するための能力を越える要求によって引き起こされ，また更に疾患が，いっそう進行しているときに起こる，より多くの見込みがある．介護者たちは，上に示された諸因子と同様に，疾患に関連した障害の程度に従って，かれらの予想を修正する必要がある．行動の変化は，環境の諸因子に敏感である．そしてそれは行動についての陽性の，また陰性の変化を——望ましい，そして望ましくない両方ともの変化を生じ

ることがありうる．認知症をもつ人の行動を変えることよりも，かかわりあった他の人々の環境，あるいは行動を変えることの方がより容易であるだろう．

投薬による行動の問題の管理は，行動面での，あるいは環境的な接近法と同じくらいに，効果的ではない．行動上の問題は，介護者たちの人間関係のあり方に関する変化，および環境上のストレッサーおよび要求についての軽減によって，改善しうる．行動および行動上の問題に関する有意の変化は，徴候，あるいは抑うつであるかも知れない．介護者たちは，うつ病のいかなる徴候もないかを警戒し，また治療法を模索しなければならない．うつ病の治療法は，行動について肯定的な変化を生じるであろう，そして抗うつ薬の投薬は，有用でありうる．アリセプト (Donepezil)，および Exelon (Rivastigmine) のようなコリンエステラーゼ阻害薬は，ある行動上の問題を軽減すること，また行動についての肯定的な変化を助長すること，によってもまた，有用でありうる．

AD に関して認められた，精神医学的症状は，幻覚および妄想を含んでいる．うつ病，あるいは抑うつ（うつ病）の症状は，かなりありふれている．不安は，記憶喪失に対する共通の反応である．精神医学的症状，および状態は，脳の特殊な領域にいたる，そして激化したストレスと喪失にいたる，損傷に関連づけられる．いくつかの精神医学的症状は，疾患に関連した症状に対する反応である．たとえば，短期間の記憶の喪失に対するひとつの反応は，他の人々が物を盗んでいるという妄想的信念である．個人の物品は，置き忘れたのでなく，あるいは失われなかった．――誰かが，それらを盗んだのだ．介護者たちは，しばしば精神医学的症状を処理するのが，全くやっかいである．しかし投薬は，精神医学的症状をうまく治療するための，補足的な行動上の，また環境的な接近法として使用されうる．精神医学的症状を減じることは，人の不安，恐怖および激越興奮を減じるために役立つ．睡眠は，改善されうる．そしてそれは，介護者たちのために，いくらか眠れるようになることを，可能にする．精神医学的症状の上首尾の治療によって，アルツハイマー病をもつ人は，介護者の苦悩を軽減することによって，介護者といっそう適切に影響し合うであろう．アルツハイマー病のケアについて，症状および行動に関する僅かな変化が，大きな差異になりうる．

介護者たちは，しばしば精神医学的症状を処理するのが，全くやっかいである．しかし，それらは，うまく治療されうる．投薬は，機能，およびコミュニケーションのスキルを，改善するであろう．

他の諸問題を管理すること

進行する脳の障害のために，アルツハイマー病をもつ人は，かれ自身のためにより少なく活動する．介護者たちは，入浴，更衣，および排便のような，毎日の生活の活動を助けなければならない．ケアを受けている人たちは，必ずしも協力的とは限らない．それだから介護者たちは，異なった見地から，これらの状況に目を向ける必要がある．入浴は，人があまり怒っていないか，あるいはこわがっていないし，あるいはぬれたスポンジで体を洗うことをまかせうる

ときに，行われなければならない．

　精神医学的症状，および行動上の諸問題は，毎日の生活の活動についての，介護者の提示によって促進されうる．あなたは，要求をあまりにも性急すぎて，提出していませんか？　人がより落ちついており，ある活動に協力するより多くの見込みがある時間をとらえなさい．一歩ふみ出すのと同時に，継続的にその活動を実行することに集中しなさい．仕事を，あなたができる限り快適なものにしなさい．一日のうちのある時刻が，ひとつの仕事にとってもうひとつのものよりも，より適当であるかも知れない．当面の介護する状況の，外部の諸問題は妨害するだろう．あなたは，あなたが他の活動を実行しうる前に，これらの事柄に気をつける必要があるだろう．

変化に適応すること

　介護者たちは，多数の変化に直面する．すなわち，かれらの生活様式，かれらの親族関係，かれらの地域社会と家族の没入，そしてかれらの健康状態の変化である．ついで最愛の人々についてかれらが目撃する変化がある．変化の進行は，あなたが変えることができない事物に，どのように対処し，またそれらを受けとるかということを学習するための時間を提供する．

　いくつかの変化の解釈は，人をあやまらせうる．充実した日々は，いっそう永続する改善が行われるという希望をふるい起こさせる．よくない日々は，疾患が進行しつつあることを示唆している．よい日々と，よくない日々は必ずしも，悪化あるいは改善があること意味しない．行動，および機能することに関する可変性は，ADの共通の特徴である．気分，および疲労のような諸因子は，介護者たちの，かれらの状況についての見方に，影響を及ぼす．

正常な相互作用を，継続しようと試みること

　最愛の人たちが機能し，そして行動する方法に関する変化は，必ずしも他の人々によって充分に理解されていないか，あるいは寛大に扱われていない．認知症関連の行動は，精神医学的疾患にともなわれるスティグマ (stigma) の性質を，付帯的にももち得る可能性がある．このことは，アルツハイマー病が，精神医学的表徴をもつ，ひとつの神経学的障害であるという事実にも拘わらず，生じてくる．

　ケアを受ける人にとって，かれらの家庭の保護的な環境の外での，社会的相互作用と活動に参加することが，あまりにも難しすぎるものになる前に，介護者たちは，これらの社会的出席の頻度を減じるであろう．かれらは，かれらが家庭の外で管理することができないであろう，行動上の問題について悩むであろう．あるいは，かれらは，かれらの最愛の人の行動のために，恥あるいは当惑を体験するであろう．おそらく介護者たちは，家庭環境の外での社会的参加のために，適度な期待を自分たちのものにしうる．そして，これらのイベントを全く中止はしない．

　他の家族の成員たちや友人たちとの続けられた相互作用は，介護することの関係を越えて，

かなり広がっている．介護者の同一性，自己の意味，帰属意識の維持にとって極めて重要である．これらの関係は，介護することが終わったときに，より大きな地域社会のひとりの成員として，疾患に対する介護者の適応と，将来の約束を支持する．他の人々との正常な社会的関係を維持し，そしてかれらの地域社会との関係を保持する介護者たちは，社会的に，また心理学的に，孤立化されたものになってはいない．

社会的な孤立を，管理すること

社会的な孤立は，いくつかの因子の結果である．当面のケアの環境の外側で，接触をもつことは，あまりにも困難すぎるように思われるかも知れない．多くの介護者たちは，より歳をとっている．健康の問題は，他の社会的な接触の長さと頻度をいっそうはるかに制限しうる．アルツハイマー病をもつ人を，一人だけにしておくことは，ひとつの選択ではない．かれあるいはかの女と一緒にとどまるために，誰かを見つけることは困難である．介護者たちは，もはや最愛の人たちと一緒にあちこちに行くこと，そして物事を行うことができないときには，社会的接触と活動のために，他の代わるべき手段を見つけることが，探求されなければならない．教会のメンバー，あるいは支持グループは，孤独について介護者の意識を小さくすることができるであろう，支持的関係のための他の選択を提供する．

夫婦間の，そして家族の諸問題に直面すること

ストレスは，親族関係を悪化させる．介護している間に，明るみにでる夫婦間の，そして家族の問題のいくつかは，以前の葛藤に関係するであろう．他の問題は，介護することの体験によって促進される．親密な介護者の愁訴は，他の家族の成員たちから受ける援助や支持の欠乏である．家族関係の崩壊は，介護者たちによってそれと知らされる別の問題である．

アルツハイマー病に対応することは，ある家族たちにとっては"小事であるが負担が耐えられなくなるもの (last straw 246 頁の訳注参照)"であるかも知れない．他の家族たちにとって，この危機は，長く続いた問題を解決するためのひとつの機会を表しているだろう．家族の成員に対するそのような重大な脅威は，苦痛を免れさせ，また問題を解決するのに，充分な理由であるかも知れない．ある人たちは，かれらが免れることができなかったことを，しりぞけることができるかも知れない．

夫婦間の，そして家族の諸問題は，かれらの役割を管理する介護者たちの能力に，否定的に，そして直接的に，影響を及ぼす．かれらの問題は，ばく大なストレスを引き起こす．そしてそれは，かれらのケアを受ける人に，直接的に衝撃を与える．これらの状況は，直面されなければならない．カウンセラーたち，および他の保健の専門家たちの援助が，必要であるかも知れない．そしてそれは，さらに苦痛が生じる前に，得ようとされなければならない．

ケアの費用に，資金を供与するために，資源を利用すること

　メディケア (Medicare, 米国の 65 歳以上の老人を対象とした老人健康保険制度)，メディケイド (Medicaid, 米国の健康保険制度で生活保護階層を対象とする)，および民間の保険は，アルツハイマー病をもつ人々の緊急のケアの，要求の一部について適用範囲を供給する．たとえばメディケアは，報酬計画にもとづいて，精神科医，臨床的ソーシャルワーカー，臨床心理学者，ソーシャルワーカー，および内科医に報酬を支払う．実際の支払いは，往診が診断，あるいは治療のためであったかどうかによってきまる．もしも往診が，AD を診断するためであったならば，メディケアは，メディケアで承認された料金の 80 パーセントを支払う．もしも往診が，精神病の治療のためであったならば，メディケアの支払い金額は，メディケアで承認された料金の 50 パーセントまでに制限される．ある状況のもとで，メディケアは精神科医，臨床心理学者，あるいはソーシャルワーカーに対して往診の代価を支払うであろう．それが支払うものは，そしてそれがもしも支払われるならば，支援の提供者が，プログラムの序列に従ってもちいるコードによって，またメディケアが，支援を適切と考えるかどうかによって，決定されるであろう．しばしば精神療法のための支払いは，メディケアがアルツハイマー病を精神病と考えていないために，拒絶される．メディケアは，精神療法を，人が認知症と有意の認知障害をもっているときには，医学的に必要でもなく，理由のあるものでもないと考えている．

　もしも AD をもつ人が，うつ病に罹患するならば，精神療法は，もしも支援の提供者が，うつ病を治療のための第一の理由として提示するならば，支給されるであろう．家族のカウンセリングは，もしも目的がアルツハイマー病の状態をもつ人の治療と，家族の成員の問題の治療のためであったならば，払い戻されるであろう．

　メディケイドは，医学的要求および財政上の状態にもとづいて適格であるとされる．アルツハイマー病をもつ人々のナーシングホームケアを，経済的に援助する．メディケアは，成人のデイケアを援助しないが，しかしメディケイドは援助する．メディケイドは，1 か月の薬物の一定の数を援助する．しかしメディケアは，差し当っては投薬を援助していない．メディケアは (メディケアのうちの強制適用の病院保険) part A のもとで，ホスピス手当金と記述されたときを除いて，アルツハイマー病のための猶予ケアを援助しない．保険の適用範囲は，事情に通じている職員の人々の援助なしには，理解することが困難でありうる．介護者たちは，最愛の人々のために取り決めを予定するときに，これらの保険業の職員によって，点検してもらうことを躊躇してはならない．

　長期間のケアは，アルツハイマー病のケアの，根本的な財政上の負担を構成する．アルツハイマー病協会によれば，AD をもつ人々の 70% より以上が，家庭の中で世話されている．家族および友人たちは，家庭でのケアの 75 パーセントより以上を供給している．家族たちは，年に平均 12,500 ドルの費用を払って，家庭でのケアを援助している．もしも家族の介護者が，家庭でのケアの支援について，1 時間につき控え目な金額である 10 ドルを支払われ，そして 1 年の間ケアを供給して，1 週間につき平均 60 時間働いたならば，この人は 1 年につき 31,200

ドルを受けるに値するであろう．

　患者1人につきナーシングホームケアの平均の費用は，1年につき42,000ドルである（いくつかの地域では費用は1年につき70,000ドルを超過する）．1人の患者についての平均の生涯にかかる費用——すなわち死にいたるまでの，生活し易さを促進する期間に対する費用——は174,000ドルであると評価されている．平均的なADをもつ人は，症状の発現後8年間生存するにも拘わらず，ある人々は20年ほども生存する．対応する生涯の費用は，入院からナーシングホームへの入所の前に，ケアの多くのものが更により長い間，家庭で供給されたであろうにも拘わらず，はるかに多額になるであろう．われわれは，ナーシングホームのケアと，支援の中での介護者たちの没入を良いものと認めない．しばしば介護者たちは，多くの時間を最愛の人たちと一緒に費やす．かれらは更衣や食事を手伝う．かれらは洗濯するために，自宅へ衣服をもって行くだろう．かれらは，内科医との約束のために，最愛の人たちを連れて行きたいと思うであろう．これらの活動の中への，かれらの没入と時間は，アルツハイマー病のケアに対する，政府あるいは保険会社によって費される必要がない，ドルの別の寄与を表している．

役割と生活様式の変化

　役割と生活様式の変化は，それらが，疾患の侵入に先だって存在した，生活様式の安定性をおびやかすために，重大なストレッサーである．多くの介護者たちは配偶者，親，子供および姻戚（血のつながりのない親戚）として多様な家族の役割をもっている．かれらは仕事，あるいは地域社会の活動の中で，他の役割をもっているかも知れない．多様な役割は，介護者たちがかれら自身のより少ないものを与えなければならないために，葛藤を生じさせ得る．別の家族の成員は，付加的な責任を負う必要があるだろう．他の家族の成員たち，たとえば親の世話をしている，成人の子供の若い子供たちは，付加的な責任を引き受けることができるであろう．そして，危機の間の家族に対する，かれらの貢献のために満足に思うであろう．アルツハイマー病は，1人の人の身の上に起こらない．それは家族の上に起こる．家族たちはかれらがもっている期待と，かれらが成し遂げたいと望んでいる目標に関して，互いに現実的に処理しなければならない．

　介護することは，重要な社会的な，そしてレジャーの諸活動を制限することによって，生活様式に制限を加える．これらの制限は，社会的な，そしてレジャーの諸活動が対処するストラテジィであるために，ひとつの利害関係になる．それらは，介護者たちに遊び，運動，およびくつろぎの意味を差し出している．それらは，快い気晴らしとして役立ち，またアルツハイマー病のケアからの，短時間の休息を供給することによって，社会的に相互に作用する機会を提供する．社会的な諸活動は，介護者たちを，かれらのより大きな社会的共同生活体の中に，定着したままにしておく，重要な社会的接触を供給する．

　ますますあなたの存在を要求する人と一緒にいることは，プライバシーの必要を生じる．アルツハイマー病をもつ人は，不安であるだろうし，またあなたについてくるだろう．ひとりき

りでいるときでさえ，介護者たちは，かれらがかれらの最愛の人からの，苦悩の信号を聞きとろうとして耳を澄ますために，真にプライベートな瞬間をもつことが困難であるのに気づくであろう．これは，緩慢にし，また内部に目を向けるための，何が重要であるかを考えるための，解答を捜し求めるための，うれしいことを思い，あるいは怖れを直視するための好機会である．プライバシーと静けさは，瞑想，くつろぎ，祈り，および精神的な習慣の中で，重要な構成要素である．介護者たちは，かれら自身を回復し，また前方に横たわるものに集中するために，プライバシーの契機を利用しうる．契機のみが，対処行動と生存を一層容易にする．

役割が圧倒すること

多くのアルツハイマー病の介護者たちは，かれらの役割によって忙殺されている．かれらの思考は，何が為される必要があるかということ，最愛の人たちを見守ること，そしてかれらについて考えること，何が起こるであろうかを予想すること，そしてどのようにしてかれらが進み続けうるかしら，と思うことによって支配される．かれらは，それが終っているといいのだがと望みさえする．

ある介護者たちは，役割に忙殺されることに，いっそう傷つき易いであろう．ある人々には，介護することについての管理人的な面に，度が過ぎて同一化する．それは同一性にとって，最優先の基盤になる．そしてかれらの役割の中への没入がおびやかされるとき，かれらの同一性は，それがかれらの生活のうちで，唯一の自己に正確な意味を与える活動であるために，危険にさらされる．課業に適応させられた活動に，強迫的にかかわり合うようになった人々は，介護することと，生活の他の重要な活動との間の境界を保有することに，より多く苦労するであろう．

介護することは，ひとつの有意義な役割でありうる．しかし，それは，人の生活の休息の場所を奪い取ることはできない．介護することの活動と，思うところによって，夢中にされ，介護者たちは，かれらを，より幅広い社会的世界に結びつけた活動，役割および関係から引きはなされる．この分離は，介護者の社会的支持をおびやかし，また自己評価と同一性の，他の重要な根源に害を与える．慢性的な介護によってはぐくまれたきびしい役割による忙殺は，極端な社会的および心理学的孤立に帰着することがありうる．意味のある役割，活動および関係の保存は，この種類の孤立から介護者たちを保護しうる．

同一性の喪失

アルツハイマー病を介護することは，介護者たちにとって，かれらが誰であるかをはっきりさせるのに，またかれらにかれらの自己の意味についてより豊富な，そしてより広範囲の基盤を与えるのに役立つ，同一性の他の源泉との接触を維持することを困難にする．かれらをかかわり合わせる家族の成員と，生活様式の切迫した喪失は他の脅威である．進行性の，終末的な状態のために介護することによっておびやかされる同一性の質的な面がある．

われわれの同一性は自己の概念——われわれがわれわれ自身を見る見方——を，そして自己

の評価をかかわり合いにする．この過程はわれわれの自己評価，すなわちわれわれがわれわれ自身を探し求める方法に寄与し，あるいはそれをおとしめる．その自己評価と，自己の概念がアルツハイマー病をもつ人に，あまりにも固すぎる位に結びついている介護者たちは，自己喪失と自己についてのより軟弱な見解というより大きな危険に陥っている．

ADをもつ人は，介護者に道を教えたかも知れない．そしてその上，安全と尊敬の根源であったかも知れない．この人の喪失は，重大な脅威を表している．介護者たちは，この状況を，他の支持的な関係を発展させるために利用しうる．ADをもつ人々は，利己主義的になる．かれらは，合意をもたらすことができない．いかなる介護者も，アルツハイマー病を打ち負かすことはできない．介護者たちは，非現実的な期待に，かれら自身についての，かれらの見解の基礎をおいてはならない．しかし，かれらは，かれらのケアによって，かれらが敬意を表している人の存在に関する，苦しみをやわらげるために実行していることについて，気が休まるであろう．

保健の専門家たち，および保健機関による充分な援助の欠乏

家族の成員たちは，しばしば，われわれの当面の保健ケアシステムが供給するものの範囲を超えて，医師たちから援助と助力を受けることを期待する．アルツハイマー病のための治療は，非常に制限される．専門の援助供給者たちは，かれらの専門領域の中にニーズをもっているアルツハイマー病の患者たちをケアするために，大変な努力を行ってきた．

介護者たちは，かれらが，ときどき，医師たちおよび他の専門家たちとともに引き受ける，受動的な役割を放棄する必要がある．かれらは，最愛の人々，およびかれら自身についてもっている関心事を，言い表す必要がある．専門的な介護者と，パートナーになる方法を学習することは，重要である．家族たちが，一般に，お互いに世話する方法を比較したときに，アルツハイマー病を介護することは，ケアのひとつの異常な例を表している．

■援助することのための，動機づけ

援助することのための動機づけは，人々がどれくらい多く，またどれくらい長い間介護することに対処し得るかについて，いくらかの影響を及ぼす．ケアのための要求が，介護者たちが予想したものを超過するときには，かれらの援助するための理由は，かれらの目的を生き返らせ，またかれらの決意を復活させることができる．動機づけ，および個人的な目標は，介護することをいっそう有意味に，そして報いられるものにしうる．介護者たちは，以下の質問を考慮に入れることによって，援助のためのかれらの理由の，よりよい理解を手に入れることができる．

- この人を世話することは，私にとってどんな意味があるだろうか？
- 私の人生を，それは，どのように変えるだろうか？

- このことは，私が行いたいと思う何かなのか？
- 介護者になることについて，私は疑念をもっているのか？
- 私が，介護者としてなしとげることを望む，個人的な利益はどんなものなのか？
- 介護することは，私である者と，私の真価によってどんなことをしなければならないのか？

人々が，何故互いに助け合うかについて，2つの一般的な説明がある．ひとつは，利己主義的だから．利己主義，および自己を助けることは，援助することにとって動機づけになる．この援助することに向かっての指向によって，われわれはある種の報酬を期待する．そしてもしもわれわれが，援助しないならば，われわれはある形態の罰を予想する．自己に向けられた，援助することは，必ずしも利己的ではない．自己に生じた報酬は，個人的な目標を維持する．かの女の夫を管理するための，かの女の能力によって満足しなかった介護者は，アルツハイマー病関連障害を管理することを，かの女が学習するに従って，肯定的な自分の話のための機会をもつ．

援助することのための第二の説明は，感情移入と愛他主義をかかわり合いにする．この場合に関しては，介護することのための動機づけは，他の人々の福祉への献身と，援助を必要としている人の状況を，奥深く理解することによって先導される．この介護することのための，他人に向けられた理由は，援助する人に利益を与えるであろう．しかし，最初の目標は，他の人に利益を与えることである．

動機づけの両方のタイプは，介護者たちの援助する行動に，影響を及ぼす．多数の動機づけをもつ介護者たちは，かれらが，もはや介護することの生活に対処し続けられると信じないときに，それを続けるために，ひとつの理由より以上のものをもつであろう．もしも，ひとつの動機づけに関するかれらの信念がぐらつき，そしてかれらの継続するための決意が衰退するならば，結局もうひとつのものに気づくようになることが，かれらの継続のための決心を復活させる．

介護することの役割もまた，介護者にひとりの個人として成長し，そして成熟するための機会を供給するであろう．介護者たちは，個人的な成長のための尺度として役立つかれら自身のための目標を設定しうる．たとえば，ある介護者たちは，介護することの旅路を通じて，自信を手に入れることができるし，またより多く自己を頼みにするようになる．他の人々は，他の人々とかれら自身を，より多く受け入れるようになるために，学習したいと思うだろう．援助を受け入れることについて，どんな方法で，気分をよくするかを，学習することは重要であるだろう．かれらの価値と自己評価の観念を，強化する目標を成しとげることによって，介護者たちは，かれら自身を自己喪失から保護している．毎日，問題を解決できることによって，介護者たちは次に起こる災難を克服するための啓示を見出す．

介護することのためのかれらの理由との，より奥深い結びつきは，介護者たちにとっての意味と，目的についてのより大きな思慮を与える．たとえば，家族の成員たちは，介護者の役割が，アルツハイマー病を発現した最愛の人たちを，愛し，かれらに敬意を表し，そして尊敬するための，かれらにとってのひとつの方法であることを認めるかも知れない．かれらは，かれ

らが世話している人により接近するようになりうるし，あるいはかれらは，他の家族の成員たちとのより密接な関係を発展させうる．かれらが，かれらの旅路の中で出会う，他の人々によって，介護者たちは，これらの他の人々の眼を通じて，かれら自身を知るための機会を見出す．

　下に述べたものは，援助することのための，ちょっとしたいろいろな理由の寄せ集めである．介護者たちは通常は，最初に尋ねたときには，介護することのためのその多くの動機づけをもっていない．かれらが，かれらの理由を論議し始めるに従って，他の可能性が表面化する．

- あるタイプの報酬についての期待
- よい人，よい娘あるいは息子等々として自分自身を見るため
- 罪の意識，あるいは恥を避けるため
- 失敗，あるいは借りを償うため
- 他の人々が遂行してくれた，あるいは与えたものにお返しすること
- 結婚の誓いを尊重するため
- 親族関係，あるいは人間に敬意を表するため
- 義務，あるいは責任の故に
- 社会的な承認を得るために
- 他の人々の非難，あるいは批判を避けること
- 長く続いた約束を信じるため
- 個人的な，あるいは精神的な価値を支持するために
- 社会的規範に従うため
- 家族，あるいは文化的な価値に従うため
- 好意と愛情を表現するため
- 他人への感情移入
- 他の人々の幸福のために（献身的に）参加すること
- 評価と非難を避けるため
- 自己を頼みにする故に
- 罪に対する償いと，人に対する攻撃
- 人間に対する，感情的な愛着ときずな
- 親族関係の中での，同一性と連続性
- 世界の中で，一人だけでいることの恐れ

8. 行動上の変化を理解すること

　時間の無期限の期間にわたって，アルツハイマー病は脳のばく大な数の神経細胞の多くを破壊する．この過程の別の部分は，互いに対して情報を伝達することを，神経細胞に許しておく特殊化された化学物質を生産する，脳の能力を粉砕する．健康な脳の中で，神経細胞とそれらの特殊化された化学的メッセンジャーの，この独特なシステムは，われわれに考えそして推論し，思い出し，そしてわれわれの経験を意識し，情動を感じ，そして表出し，目標を知り，そして達成し，そしてこれらの経験をひとつの別のものに関係づけることを可能にする．われわれの脳のために，われわれはどのように，あるいはどこで，われわれが生きるかに関して，適応的な変化を生じさせることができる．

　子供が生まれた瞬間から，かれの発達が注意深く観察される．かれの微笑は，かれが幸福であり，そして喜んでかれの新しい世界と，肯定的に相互に作用し合うことを示唆している．最初の歩み，あるいは最初のことば，は発達の目立つ特質である．われわれは子供に"正常に"成長し，そして発達すること，知識を教わり，そして所有することを期待する．この知識，そしてかれがそれを使用することは，かれの同一性の一部である．記憶は，かれにこの知識を，それが必要とされるに従って蓄積し，そして思い出すことを可能にする．ときどきかれは，かれの思考が，かれの活動に影響を及ぼす方法よりも，かれが行っていることについていっそう意識的になる．

　かれの人生の更にあとで，かれはある質問をされるであろう．そしてもしもそれに答えることができないならば，かれは次のように言うであろう．"何も心に浮かばない"．われわれのすべては，多くの時期にこの経験をもってしまった．われわれは，要求する所が多い状況の中で提出された質問に，急速に応答するために迫られていたそれらの時をもまた，思い出すことができる．われわれの失望にいたるまでの多くのことを，われわれはどのようにわれわれの心が空白になったかを考えながら思い出す．このような状況は欲求不満を起こさせる．

　われわれは，以前よりも何かを学習したり，あるいは思い出すことが，少しだけより困難になっていることを真に理解するとき，より大きな欲求不満で苦しむ．われわれは状況に適応するための，われわれの能力を超過する状況を体験するであろう．われわれが経験しているであ

ろう，過度のストレスあるいは健康上の問題にも拘らず，われわれはわれわれの心が以前あったものではないと結論する．そしてもしもわれわれが，これらのような経験をもち続けるならば，われわれは，われわれの欲求不満を，より大きな疑念と関心事が付随する信念に変えるだろう．"私は，以前あったものではない"あるいは"私は全く，もはや私自身ではない"．われわれの手もとに，独特なそして宝としてたくわえられた，何かがおびやかされる——われわれの精神と，われわれが誰であるかということの間の特殊な関係が．

■われわれが誰であるか，ということに対する，早期の脅威

アルツハイマー病は，直接に精神が機能する方法を冒す．家族の成員たちは，記憶についての障害，あるいは行動に関する変化に，気づくようになる．そしてこれらの相違点が，疾患過程の始まりを表すことを，かれらが発見するまでに，長い間がある．家族たちにとって，劇的な行動上の変化は，かれらの最愛の人の人格，あるいは感情的な状態に対して，なすべき何かをもたなければならないと，結論することが正常である．たとえどんな理由によってであろうとも，その人の"独特さ"は変化した．その独特さは，1人の人を別の人から異ならせるものである．われわれが親密に知っている個人たちは，本質的には同じ人のままであるという考えは，われわれの人間関係にとって重要である．この一様性は，年齢，あるいは他の諸因子とは無関係に残存する．われわれの個人としての独特さは，われわれの精神によりも，さらにわれわれの人格に帰せられるらしい．アルツハイマー病が記憶，行動および心の中に保持された能力を取り除き去るのに，その人格に対する攻撃はそれほど完全ではない．

人のかすかなしるし

あなたの最愛の人の人格は，変化するであろう．しかし，それは，ゆっくりと起こるであろう．介護者として，あなたは，変わっていないままでいる人の多くの部分を観察し，またそれらにかかわる機会をもっている．アルツハイマー病のいっそう進行した段階でさえ，かつて存在した，そしてなお存在しているその人の"かすかなしるし"がそこにあるだろう．人のこれらの"かすかなしるし"は，他の記憶を刺激するのに充分でありうる．すなわち，かれ，あるいはかの女が独特であったあり方，およびあなたがわかち合った経験を．これらのあなたの最愛の人の人格と，心の微妙な面は，介護することによって——あなたが，自身で見なければならないひどい喪失を経験してでも——あなたを励ますのに役立つであろう．なぜならまだ以前の自己の形跡が存在するからである．

■関係づけることに対する，喪失の衝撃

脳と，行動との間の関係を理解することは，介護者たちが，かれらの最愛の人に関する行動

上の変化に対して，いっそう合理的に反応するのに役立ちうる．しかし，人，およびかれの，あるいはかの女の，経歴に関して，何が独特であるかについてのかれらの正しい評価を，犠牲にはしない．この疾患以前に存在した行動のパターン，および人格の諸特徴は，継続しうる．それらの表現は，適切なものと同様ではないかも知れない (Shomaker, 1987)．あるいはそれらは以前にあったよりも，更にいらいらさせられているかも知れない．それらは直ちに解消されない．

人間関係に対する脅威

　絶えず，アルツハイマー病は，明白に，この疾患を発現した人との，われわれの人間関係を変える．われわれの個人的な喪失は，われわれの最愛の人々が独特に"かれらの方法"であった方法で推論し，考え，思い出し，そして行動するための能力を失うに従って，われわれが目撃する喪失の連続の中で明らかにされる．かれら自身にとって次第に衰えてくる実行するための能力によって，かれらが以前とは異なって行動するのを見守ることは，われわれにとって，そしてかれらにとって，悲嘆の瞬間を表している．これらの瞬間の中で，われわれは，われわれが人間を失うばかりではなく，われわれが愛したこの人とともにもっていた関係を失いつつあるのを，真に理解する．これは，介護者たちにとって，この疾患にともなわれた行動上の変化を取り扱うことが，非常に困難であるひとつの理由であるかも知れない．

変化に対する，新しい，そして意外な要求

　最愛の人々が，次第にかれら自身のようでなく，また普通ではない，そして意外な方法で行動するようになるに従って，介護者たちは，かれらがなじみの薄い立場にいるという，次第に増大する意識に直面する．かれらは以前に，たとえばかれらが，かれらの母親たちによって，学校ではじめてひとりだけにさせておかれ，かれらの最初のデートを経験し，結婚し，かれらの最初の子供を育て，あるいはかれらの最初の仕事を始めたとき，未探検の地域に通じるかれらの道を発見した．これらの経験は予想された．それらは，戒めなしには起こらなかった．そこには，教育および学習することによって，これらの経験に向かって準備するための，機会があった．介護者たちは，かれらが経験する変化のために，いかなる心の用意をももっていない．

　介護者たちになる少数の家族の成員たちは，アルツハイマー病のような，脳疾患の進行性の病型によって冒される人々を，世話することによって経験を積む．かれらがケアを供給する過程に入り込むに従って，かれらが脳障害の結果としての最愛の人たちの思考，行動および気分を考えるよりもむしろ，かれらがつねに理解しているものとしての，かれらの最愛の人々に関係づけることの方がはるかにより容易である．最初はどのように，この考えが介護者の状況，および介護者たちがそれと戦わなければならない諸問題に応用されるかを，意識することは困難である．偶然に起こることが，どれくらい多いかは，疾患に関係づけられるのか？　どれくらい多いかは，人格，人間関係あるいは環境に関係づけられるのか？

■行動を理解するための試み

　人々は何故，事が起こるのかを，理解する必要がある．かれらは諸問題を解決し，あるいは予防しうるように，諸問題の原因となることを知りたいと思う．もしもあなたの夫が，あなたが，かれに実行するのを要求する事柄を行うことに，つねにほどよく応じたならば，そのときのこの期待は，ただかれがアルツハイマー病に罹患しているという理由では，すぐには変化しない．もしも，あなたが，かれに服を着ることを要求し，そしてかれが，15分後にまだベッドに腰をおろしているのに気づくならば，あなたは，かれが故意に非協力的になっていると思いがちである．もしもかれが，服を着替えることができないと言うならば，あなたは，かれが充分に精一杯にやってみようとしていないと信じてもよい．他方，あなたは，問題はあなたといっしょにやるべき何事か，あるいはあなたがやってしまったことにあると考えるかも知れない．たぶん，孫たちが訪れていて，そしてかれらが遊んでいる間の，孫たちの騒ぎが，あなたの夫を動かすと考えるには，率直に言って非常識である．

誰が，責めを負うべきであるか

　一部の家族の介護者たちは，同情心をもってケアすることをより困難にする，激越興奮，非協力，および他の行動上の諸問題のために，最愛の人を責める傾向をもっている．他の人々は，経験されつつある苦境のために，かれら自身を責める．どちらの場合にも，介護者たちは，時おり，かれらのひどく苦しめられた親戚たちを世話することに関して，欲求不満，怒り，罪の意識，あるいは絶望を感じる．しかし介護者たちは，あたかも疾患の影響が，援助なしに機能するためのかれの能力を，次第にそこない始める前の，かれがまだ有能な人であったときのように，介護者たちの最愛の人と正常な関係を保とうと試みていることを，覚えておきなさい．

■あなたの期待を修正すること

　もしも介護者の親戚関係の中に，特別な問題があるならば，問題を解決することのために，いくつかの接近法が当然われわれに思いつかれる．第一に，われわれは，他の人が変化にかかわり合いになるのを待ち望むかも知れない．われわれは通常，われわれ自身を変えることを好まない．しかしながら，もしも他の人と議論するよりも，問題をすっかり打ち明けることがより容易にみえるならば，われわれは，いっそう変化に協調する見込みがある．ときどき，他の人に，それぞれに，行動することにかかわり合ってもらうよりも，むしろ最初に問題の原因になると思われたことを，変えるのがより無理がないように思われる．たとえば，もしもわれわれが，どういうプログラムでテレビを見続けるかに，同意できないならば，われわれは，単にテレビを消すかも知れない．他の時は，単に問題を大目に見る，そしてほかの何かをしようと試みることが，より容易である．

行動についての信念を，変えること

　アルツハイマー病の介護者たちは，もしもかれらが諸問題について，また何がそれらを引き起こしているかについて，考える方法を修正するならば，利益を受けるであろう．諸問題を疾患に冒された人の，あるいはあなた自身のせいにすることでは，解決を導く見込みはない．それは単に状況に関連した不愉快な感情を激しくするであろう．介護者としてあなたたちは，最愛の人の行動が，どのようにあなたの期待によって影響されるかを，理解することができなければならない．あなたたちは，あまりにもたくさんすぎることを，あるいはあまりにも少なすぎることを期待していませんか？　もしもあなたが，かの女についてより少なく期待するならば，あなたは，その人を別に処遇しているのであろうか？　もしもあなたが，あまりにも多すぎることを期待するならば，かの女はつねに失敗させられるであろうか？

成人たちで，子供たちではない

　完全に有能であったし，そして現在漸新的にいっそう依存的になりつつある，1人の成人を世話することは，いっそう有能に，そして自立的になりつつある，1人の依存的な子供を世話することと同一ではない．新しいスキルを学習することを，必要とするのか，あるいは単に，いっそう社会的に適切な方法で，行動するのを選ぶことを，必要とするのか，いずれにしても，かの女の行動を変えるために，子供を予想するのはもっともである．両親のように，われわれは，かの女に何事かを行うことを期待する前に，子供を思いやる．かの女は，この特別な課業，あるいは状況を処理する覚悟ができているのか？　適切と考えられることは，子供が，かの女の発達の中でいる場所によって判断される．

　アルツハイマー病をもつ成人たちを世話することは，介護者たちに（子供と）同様の発達的観点を保持することを要求するが，しかしかれらの期待の方向を逆転させる．どんなことを，これらの成人たちが実行することができるかは，どれだけの能力が，まだ残存しているかという問題になる．適切な行動は，脳に対する進行性の損傷の影響を認める基準によって，限界を決められなければならない．能力に関する変動と，障害の程度があるので，介護者たちはある日から翌日まで，期待を変化させるのに充分なほど，柔軟でなければならない．アルツハイマー病のケアのために充当される信念は，これらの変化による差異を反映しなければならない．この疾患をもつ人々は，次第に，かれらの行動に対する責任が軽減されうるようになる．どのように，かれらがよく行動し，どんなことを，かれらが実行できるかは，一部分は，介護者たちが，かれらの最愛の人が，異なった時に，異なった課業に関して，また異なった環境の中で，どんなことが実行できるかを予言することに示す成功に依存している．

諸問題と疾患

　数年前には，介護者たちに，諸問題を疾患それ自体に因るものであると，そして起こったことについて，かれら自身，あるいはかれらの最愛の人々を非難しないように，助言することが

役に立つように思われた．もしも親戚たちが，かれらの特徴を示していない方法で行動したならば，そのときには，普通でない行動が，アルツハイマー病によって引き起こされたと言うことが有用であった．それ以上の説明なしにはこの接近法は，いかなる治療法もないので，何も行われ得ないという考えと，ほとんど異なっていない．何故，行動を管理しようと努めるのか？ 起こっている何事でもが，治療され得ない疾患の結果である．あなたたちはそれを止めることができない．何故，努力するのか？ そのような主張は，無力と絶望の意識を強化するように思われるだろう．

人々は，疾患の極悪さを処理する，いろいろな方法をもっている．たとえば最近，私は小さな地方都市で，新しい支持グループを形成しつつある人々と，会合をもっていた．出席している人々のうちのひとりが，ちょうどかの女の父親が，アルツハイマー病と診断されたことを聞いてしまったばかりだった．かの女の母親は，神経科医が，かの女の母親に，おやじさんにはアルツハイマー病の"はっきりしたものが少しだけ"あると言ったことをかの女に話した．私は神経科医が実際に言ったことを知るために，いかなる方法ももっていない．しかしこの家族にとって，最愛の人が，アルツハイマー病の"はっきりしたものを少しだけ"もっているという考えは，認めることが，はるかにより容易であった．たとえひとつの症例が，別の症例よりも更に進行していることは，ありうるとしても，アルツハイマー病のはっきりしたものを，少しだけは経験され得ない．なお，"それの気味"をもっていることは，そのことが何を意味するかを理解するために，人により多くの時間を費やさせる．

諸問題を考えるための，他の方法

諸問題を，疾患に因るものとすることは，アルツハイマー病の"はっきりしたものを少しだけ"もっていること，と同様である．それは，介護者たちが，かれらの前に横たわる難問を，どのように処理するかを理解し始めるひとつの地点である．疾患の進行の衝撃を相殺するために，介護者たちは，かれらが遭遇する問題を考えるための，他の方法を学習する機会をもたなければならない．かれらは，単に破壊されつつある脳細胞の結果として，問題を説明する解釈を超えて進む必要がある．かれらは，かれらが起こっていることに関して，より多くの管理を行っていると思う必要がある．かれらが，かれ，あるいはかの女が，以前に実行していたことを，家族の成員が実行するのを援助しつつあるときに，かれらは，ある接近法が好結果であろうかどうか，あるいは，それがより大きな問題の原因となるかも知れないかどうかを，どのようにして決定するかを知りたいと思う．

■行動についての，古い信念に疑いをもつこと

行動は，アルツハイマー病によって劇的に，そして突然変化する．犠牲者が行動する方法は，何の理由もないようにみえる．いくつかの変化は，実際にアルツハイマー病が，脳が機能する

方法を破壊するという事実に帰せられうる．しかし，起こっている他の変化には，どんなことが責任があるのか？　どんな方法で，家族の介護者たちは，かれらが，かれらの最愛の人の要求に，最良の可能な方法で応じていると，より多く確信をもって感じうるのか？

　これらの質問はむずかしい．行動——人々が行動する方法およびかれらが実行すること——を研究している専門家たちは何故，人々が，かれらが実行するように行動するかを，必ずしも知り得ないという事実を認識している．その行動が，脳障害によって影響されている個人たちが，何故かれらが実行するように行動するかを理解することは，さらにいっそう困難でありうる．何故，Marryは，アルツハイマー病をもっている人だが，かの女の夫が，たびたびかの女に，かの女が散歩に出たいかどうか尋ねるときに，憤然として激昂するのか？　Anthonyは，かれの妻はこの病気をもっているが，かれが情事をもっているという，しつこい主張によって当惑させられている．どういうわけで，かの女はそのようなことで，かれを非難することができるのだろうか？　Josephの妻は，化粧ダンスの引き出しから，かれが衣服をもとの場所に戻そうとするたびに，衣服をひったくり続けている．かれの妻は，かれがやった何事かのために，かれには仕返しをしようと努めているのか？　実際に，これらの人々は，これらの事を計画的に行うのか？　この疾患をもつ人々は，まさに生まれつきやっかいで挑戦的なのか？　この疾患は，ほんとうにかれらに，かれらが愛している人々を不快にさせたいと思わせるのか？

行動の意図

　われわれのうちのたいていの者は，人々は，かれらが行うことが，どんなことであろうと，行うことを意図するのを推測する．われわれが，子供であった時から，われわれは，われわれの活動に責任があることを教えられてきた．われわれは，われわれが行っていることについて，申し開きの義務が存続されるだろうと信じている．もしもわれわれが，正当である，あるいは受け入れていることを実行しないならば，われわれに，われわれのなおざりについての責任が，存続されるであろう見込みがある．われわれの多くは，われわれ自身についてきびしく判断する．他の機会に，われわれは，何かを実行するのを忘れたと言いながら，あるいは起こったことが，われわれが意図したことではなかったと強く主張しながら，弁解する．かかわり合った他の人々は，かれらがあまりにも行動が計画的であると，信じすぎているために，これらの弁解を承認したがらないかも知れない．

　何事かが，それがわれわれを不快にさせ，あるいは怒らせ，われわれの1日をより長く，あるいはわれわれの生活をより困難にさせるときに，われわれは，たいてい何事かが，意図的であると確信させられるように思われる．われわれが，われわれに向けられた行為，あるいは言葉が意図的であったと信じるとき，われわれは，それらの行為や言葉を自分にあてつけたものだと思う．それらが継続するとき，それらはいっそうわれわれを怒らせ，そして不快にさせる．なぜなら，今や人が，故意に起こっていることを計画したのが明白だからである．われわれは，そのことが，あらかじめ考えられた計画の意図された結果であったために，怒りそして不快に

なる．われわれは単に，行動の非常に多くの"偶発事件 (accidents)"を引き受けることがありうる．

意図的な信念からの，ストレス

　行動が意図的であるという考えは，介護することに関するストレスの根源になる．この考えは，家族の成員たちが介護者であるときに，断念するのが容易ではない．専門的な介護者たちでさえ，自分たちに直面する行動上の問題が，かれらが供給しようと試みるケアを中断させるために，あるいは，単に注意を引くために，巧妙に筋書を作られた，うまく計画された，また意図的な企ての結果であると思うこともある．疾患のより後期の段階の間でさえ，脳の損傷をもつこれらの人々は，かれらのケアを妨害 (sabotage) する，あるいはかれらの介護者たちにとっての，より大きな不幸をつくり出すために，大きなたくらみを案出する，ことをもっているとみなされる．

　次に挙げる例は，同様な経験を，介護者たちに思い出させるであろう．われわれは，これらの例をわれわれが，アルツハイマー病の影響を論じるときに，使用する．

　Genevaは，教会に行く用意をしていた．かの女の夫は，かの女がちょうど浴室から連れて行って，テレビを見ることができるように着席させたばかりだったが，立ったままでいて，かれのズボンをおろした．そしてただちに，かれ自身とかれの周りの区域をよごした．かれは，現に，かれといっしょのままでいることになるまで，かの女をあやつった．かの女は，かれが，かの女の生活の上に，なお影響を及ぼした拘束に怒り，そして憤慨した．

　Angieは，8か月の間，補助看護師であるが，アルツハイマー病の患者たちを相手に，毎日仕事をした．今日，かの女が，Knots氏を，日中過す場所へ連れて行く間に，かれは，興奮するように，また反抗するようになった．かの女は，かれに，かの女が休み時間をとることができるようにかの女は急がなければならないと話した．かれは"いやだ"と大声で，またくりかえして，わめきはじめた．そして間もなく，その場所の他の長期滞在者たちが混乱をきたした．かの女と，他の職員が，だれもかれもを平静にもどしてしまった時はもう，かの女の休息をとるには，あまりにもおそすぎた．かの女がKnots氏に憤慨したまなざしを投げかけたときに，かれは，笑いながらかれの両足に目を向けていた．このやり方で行動するためのどんな理由を，かの女は，かれに与えたか？

　Madgeは，かの女の夫の着替えを丁度終ったところであった．かれは感じがいいように見えた．そしてかの女は，かの女の妹がじきに立ち寄るであろうと想像させた．かの女は，かの女の夫をリヴィングルームで座ったままにさせておいた．たとえかれが，かの女の妹を好んでいなかったとしても，かれは，Madgeが，かの女自身の着替えができさえすれば，歓迎する

ことに賛成した．Madge は寝室から出て来てはじめて，かの女の夫が，かの女がかれを座らせておいた場所にいないのに気づいた．正面玄関は開いていた．たぶん，かの女の妹と夫は戸外に居た．すばやい一瞥は，誰もいない庭を表した．およそその時刻に，かの女の妹はずっと車を運転していた．現在，かの女とかの女の妹は，かの女の夫を捜しながら時間を過ごしているであろう．

意図についての，古い信念

　夫婦として，お互い良好な関係を保つことは，あなたたちが互いに大そう親密であるために，習性になったのであろう．あなたたちは，あなたたちが"どんなふうに他人であるかを知っている"ために，あなたたちが実行するように互いに正常な関係を保つ．あなたたちは尋ねるべきことを知っているし，またどのように，それを訊くべきかを知っている．あなたたちは，あなたたちの配偶者が好むこと，そしてかれが，さげすむことに，慣れ親しんでいる．あなたたちは，どのようにして，かれに何事かをやってもらうか，そして，いつ，やってみることがむだになるかを知っている．あなたたちは，かれがやることができること，そしてかれが，あなたがやることを，支持するであろうかどうか，を知っている．あなたたちは，それどころか，かれが何故，ものごとをやるかについて，道理をわきまえた考えをもち，そして，かれが実行するやり方を，肌でもって感じる．この見地から，行動が計画的であると，信じることが可能である．

　アルツハイマー病に関連した行動の変化を扱うことは，計画的で，もくろまれている行動についての，われわれの信念を強く呼びおこす．介護者たちは，現在この疾患によって冒された人々に，かれらがもってしまった関係を，再検討しなければならない．このことは，あなたたちがかれらの行動と好みについて知っていることを，一々調べあげる必要を生じる．それは，どのように，あなたたちが，あなたたちの人間関係に影響した過去の諸問題を処理してしまったかを，思い出すことを包含している．いくつかの，めちゃくちゃにする行動は，あなたたちが，それらの行動が人格と，人が過去の難局に普通に反応した場合の方法から生じる，と信じるときに，いっそうあなたたちをろうばいさせるであろう．人格と，対処することの古い方式（styles）の両方ともが，脳を損傷された個人たちが行動する方法に関して，ひとつの役割を演じている．

より単純な，対処の方式

　脳の障害を体験している人々は，古い対処の方式をもち続ける傾向がある．それらは単純で，真っ正直な，そしていっそう即刻的である，古い習慣あるいはストラテジィとして表現される（Mace, 1990）．John は，医師の診療室に長い間とどまることを，絶対に好まなかった．現在，かれは，かれが非常に長い間待たなければならないならば，更にいっそうそわそわする．Catherine は，つねに，もっとも些細な事でまちがいをおかしているときに，ろうばいさせら

れがちであった．かの女は現在，かの女の夫を管理するのが困難である．何かをやるための，かの女の夫の要求について考えることの代わりに，Dorothyは単に「いやです」というか，あるいはその状況をわけなく出し抜く．

　最初の方で挙げた例で，Genevaの夫は，かの女を教会に行かせないために，かれ自身を（糞尿で）汚したとGenevaは信じた．もしもかれが，しばしばかの女を過去に操作したならば，かの女はこの行動が操作的であったと，信じるための理由をもつであろう．しかしながら，かれは，周囲の状況に，あるいは，かれの社会的な判断が誤っていたことに，気づいていなかった．かれは，かれの当面の問題を，浴室代りにリビングルームの床を使用することによって，解決した．

　行動の確立されたパターンに，そして行動が起こる理由についての，この知識は貴重である．しかし，この疾患の影響は，これらのパターンを妨害し始めるであろう．あなたたちは，以前当然のことと思っていた，予測可能性にてらして，起こったことを不思議に思うだろう．どのように疾患が，最愛の人たちが行動する方法を変えているか，をよりよく理解することを同時に行うならば，予言可能なパターンについての，この知識は，介護者たちに，行動についての理由を説明する新しい方法を学習すること，そして，かれらが，かれらの家族の成員たちと，相互に作用する方法を修正することを可能にする．しかし，行動についてのこの見解を，全く快く受け入れることは，意図的である行動にかかわり合っていることを，再考するのに役立つであろう．

　計画的な行動は，ある特別の目標，あるいは目的の方へ向けられる．それは何かを成就し，あるいは達成するために計画された，意識的な計画の一部であるかも知れない．アルツハイマー病にともなわれた脳の損傷は，目標に向けられた行動の，ほとんど根本的な実現を除いては，徐々に個人たちが，何かを推論すること，計画すること，そして実行することのためにもっている能力を減じている．これらの個人たちは，行動のふつうの結果を見失う．かれらは，もはや，どのようにして，かれらの行動が他の人々に影響するか，ということを感知できない．かれらの記憶は，不完全であるために，かれらは，あなたたちが部屋の中央で，途方にくれたように見えて立っているかれらに気づくときに，どんなことに，かれらが実行にとりかかったであろうかを，思い出すことができない．かれらは，かれらの行動がいかなる目標，あるいは終局の目的をも，もっていないという意味で道に迷っている．

信念の犠牲者

　より最初の方で示された例の中で，介護者たちは，意図的な行動についての，かれら自身の憶測の犠牲者であった．かれら自身の意図は，かれらにとっては明白なので，かれらは，かれらの最愛の人たちが，期待されていることを理解していると推定した．あらゆることは，もしも誰もかれもが，かれらの役割を実行するならば，円滑に進行するであろう．しかし，Genevaの夫は，かれが，義務づけられているときに浴室を使用しなかった．あるいは，適切な方法あるいは場所で実行しなかった．患者は，日中過ごす区域に連れて行くところであった

Angie が，急いでいる理由を理解しなかった．かれは，おそらく日中過ごす区域によって象徴された，混乱させる社会的状況の中へ，かれをせき立てるために，かの女は急いでいたのだと，直観的に理解した．かれの笑いは，かの女が経験していた欲求不満とは，いかなる関係ももっていなかった．Madge の夫は，おそらく，単にかの女の妹が来るところであることを忘れた．そしてかれは，ドアを開けた後に家を離れた．かれは，家の別の部屋にいる見込みがあったけれども，かれは家の外を徘徊していたのでどちらでも同様であったのだ．

　明らかに，すべてのこれらの介護者たちの意図は粉砕させられた．しかし，アルツハイマー病をもつ人々によってたてられ，そして実施された，あるわがままな，前もって考えられた計画の結果としてではなかった．かれらの要求の世界，そしてこれらの要求を満足させるために生じた行動は，なおのこと基本的である．かれらは，何かに対する願望を表現するかも知れない．しかしそれが実現困難で，危険で，あるいは不可能でさえあることを感知していない．かれらは，"些細な状況"に反応し，"重要な状況"に反応しない．結果として，かれらは，どんなことを，かれらが望み，あるいは実行しているか，どんなことを，かれらが実行することを拒み，あるいは認めないであろうかということの重大性を理解しない．かれらは実在しない場所に，帰宅したいと思っているかも知れない．あるいは，かれらが，数日間着ていた服を，あなたたちが，着替えさせることを拒むかも知れない．かれらは，危険な何事かを実行するかも知れない．けれども，あなたたちが危険な状況から，かれらを取り払うときは，腹を立てる．この圧搾された世界の中での，かれらの行動は，介護者たちによって知覚された現実に対して，なすべきわずかなものを持っているように思える．乏しい判断力の，より劇的な例を示すであろう．

減退した行動の統制

　行動についてのわれわれの信念の別の面は，介護することに影響し，またそれが，より現実的に，介護する状況に適用されうるように，修正されなければならない．われわれは，人々は，かれらの行動を，統制しなければならないと信じている．この期待は，障害の程度が増大するに従って，連続的な修正が必要である．結局，介護者たちは，最愛の人たちが，かれらがやっていることを統制し得ないという，事実を認めなければならない．かれらの行動は，しだいに他の人々の相互作用と，その中でかれらが生活している環境によって，より多く影響を及ぼされる．

　排尿のための要求を感じることは，浴室を使用するための要求の，前兆となるであろう．そして浴室に気づくことは，通常問題にならないであろう．あとで，人は，浴室に行くための要求を，感じるであろう．しかし，それにとりかかるために思い出させる人，あるいは援助が必要であるだろう．浴室それ自体が，しばらくの間，その固有の使われ方を，刺激するであろう，のちになって浴室を使うために思い出させる人，あるいは指示は，人が，便器の上に座らせられたときでさえ，必要とされるであろう．浴室へのきまりきったひと走りを予定表に入れる

ことは，事故を防ぐであろう．結局，個人はもはや，かれの身体の自然の信号が，何を意味するかを理解しない，あるいは何が実行されなければならないか，がわからないだろう．かれは，以前からの方法でかれの膀胱を統制できない．

　過去に，われわれは，アルツハイマー病をもつ人々がかれらの努力のレベルが，何かを成就するために，あるいはそれをよりよく実行するためには，不充分であったとしても，より精一杯やってみることができたのだろうと，信じた．不幸にも，多くの介護者たちは，まだもしも，人がより精一杯やってみるならば，かれは実行する，あるいは少なくとも，よりよく実行する習慣がある物事を，実行できなければならないと信じている．この信念は，行動がアルツハイマー病の犠牲者たちの中で変動する，という事実によってはぐくまれる．ある瞬間に，かれらは何かを実行することができる．次の瞬間には，かれらは実行できない——あるいは実行しないであろう．これは，単なるがんこさの一例であると推測することによって，何人かの介護者たちは，最愛の人たちが，より精一杯やってみなければならないと強く主張する．ときどき，人はよりよく実行する，より精一杯，仕事をやるという介護者たちの信念を強化しながら．しかし，より精一杯やってみることは，必ずしもひとつの選択ではない．

　アルツハイマー病をもつ人々は，かれらに対して，おびやかすものになる，強い要求によって圧倒されるであろう．かれらは，かれらに何が期待されているかに，気づいていないか，あるいはそれを理解していないであろう．かれらは，たとえかれらが昨日知っていたとしても，どんなことをやるべきか，あるいは今日，それをどんな方法でやるべきかを知らないだろう．介護者たちによって伝達された，情動的なメッセージ（用件）は，かれらの気を動転させ，そして混乱させる．そして，かれらの注意を，手近な課業から散乱させる．

錯乱を生じること

　結局，個人たちは，実際，かれらの障害に気づいていないだろう．かれらの，要求に対する反応は，怒り，悲嘆，あるいはそれどころか，並みはずれたがんこさにまで低下させられるであろう．かれらは，かれらが，課業，あるいは，かれらが，それをやらなければならない理由を，理解していないために，混乱させられるであろう．かれらは，介護者の欲求不満に感づくことができるかも知れないが，しかし，その根源を理解しない．

　たとえ，あなたたちが，疑っていることがありうるとしても，一般に，最愛の人たちが，できるだけ精一杯にやっていると仮定することが最良である．そこには，かれらに課業を完成させる，あるいは，かれらの行動を改善することにとりかかる，他の方法があるかも知れない．しばしば，猛然と働いているが，しかし充分に成しとげない使用人たちと，共同している雇主たちがよく言うことがある．すなわち"よりスマートに，より精一杯でなく仕事をしなさい"．このことは，アルツハイマー病のケアに適用されうる．より精一杯に，仕事をすることに人をかりたてることは，破局的な反応を起こすかも知れない．ひとりの介護者として，あなたは他の接近法を試みること，しばらくの間，引きさがること，あるいは，この特別なことにとって，

今すぐ実行されることが，どんなに重要であるかについて，あなたの考えを変えることによって，あなたはよりスマートに仕事ができる．

■情動とアルツハイマー病の行動

　介護者たちは，しばしばどんな風にして，最愛の人たちが，情動を知覚するかを知りたい気持ちになる．かれらの知的な能力が減退しつつあるという事実は，は，必ずしもかれらが，広い範囲の情動を，体験し得ないことを，あるいは，あなたが，かれらに表現することの，情動的な内容に感づき得ないことを意味しない．多くの症例で，かれらは，情動的に伝達されることに，いっそう敏感になるであろう．かれら自身の情動的な表現は，特別な瞬間に起こっていることに対する，かれらの反応を反映しているだろう．あるいは恐れ，怒り，不安，当惑，あるいは錯乱の異なった局面のような，かれらが時たま体験する，いっそう持続性のある感情を表しているだろう．

情動は，メッセージである

　否定的な情動の現れは，介護者としてのあなたにとって，不愉快であるだろう．それらは，あなたがやっている何事かが，苦悩を与える，あるいはアルツハイマー病をもつ人が，かれに期待されていることを理解していない，という信号を送っているのかも知れない．否定的な情動は，あなたの環境の中で不快感を与える，あるいは，ストレスに満ちた何事かを，示唆しているかも知れない，たとえば，それは，あまりにも暗すぎる，あまりにも，騒々しすぎる，あまりにも，冷たすぎる，あまりにも熱すぎる．もしかしたら，ふつうの毎日のきまりきったことは，変えられてしまった．家具は，移動させられたのかも知れない．あるいは，何かほかのものが，おなじみの場所を今まであったものの中で，変えたのかも知れない．このことは，アルツハイマー病をもつ人にとって，ろうばいさせ，そしてより大きな意味の不安定さをつくり出す．脳障害をもつ人々は，変化に適応することに，より並はずれた困難をもっている．

　介護者たちが，かれら自身の行動と物理的環境のある面が，どんなふうに最愛の人たちに，感情的に影響するかということに，いっそう熟知するようになるに従って，かれらは，どんな，そしてどんなふうに物事が行われているかを変えることができる．もしかすると，かれらは緩慢にする，そしてより元気づける必要がある．しばらくの間，楽しかった音楽は，もしもそれが続くならば，いらいらさせるようになる．入浴のような不愉快な活動は，開始することが困難になるであろう．いったん抵抗が衰えたならば，このタイプの活動は積極的になりうる．他方，最愛の人たちに関する，行動上の，あるいは情動的な問題は，内面的な何かが，あなた，あるいは外部の環境といっしょに，やるべき何もないことで，かれらを困らせているのを示唆しうる．

　否定的な情動は，最愛の人たちが，かれら自身の中の変化に，より多く感づいていることをもまた，示しているかも知れない．ときどき，否認あるいは変化に気づかないことが，かれら

を，恐ろしい現実化でなければならないことから保護する．かれらが，充分に思い出せない，まちがいなくものごとを実行できない，あるいは，やるべきことがわからないのを，かれらが認めるときには，かれらの行動と情動的な反応は，いっそう否定的になるであろう．かれらの介護者たちは，これらの状況によって当惑させられるか，あるいは怖がらせられるであろう．かれらは，最愛の人たちが，かれらを不安にさせるが，しかし理解し難い知覚の結果である情動を体験しつつあるのを知ることによって，無力さを感じるであろう．

手がかりとしての，情動と行動

　これらの情動は，最愛の人たちの，かれらの能力の喪失，およびかれら自身に関しての悲嘆を反映しているであろう．かれらは，あなたへのかれらの依存，およびかれらがそれになってしまった重荷，についての悔恨を経験しているだろう．かれらは，かれらが全く止めることができない，ひとつの過程に直面するために，ひとりきりにさせられていることを恐れているだろう．すべてのもののうちで，最悪のものは，かれらのために介護者たちが非常に多くの関心をもっている，それらの人々が，かれらの恐れと混乱を，ことばに表せないことであるかも知れない．考えることは，とじこめられ，介護者たちは閉め出される．それゆえに，介護者たちが，かれらの最愛の人たちを理解するのを助けるための，もっともよい手がかりは，かれらが観察する情動と行動である．

　すべての情動的反応は，否定的ではない．肯定的な情動は，あなたの最愛の人によってもまた体験される．以前に，肯定的な情動を刺激したのと同じ，活動と体験の多くは，まだ快い反応を生じるであろう．あなたの妻，あるいは夫の何かに対する情動的な反応は，なおかれの，あるいはかの女のそれについての，知覚と理解に依存している．もしも，われわれが，だれかがわれわれに話す冗談の中の，ユーモアを理解しないならば，われわれは，たとえわれわれに期待されているとしても，笑う見込みはない．もしも，他の人々が，めちゃくちゃに笑っているならば，われわれはくすくす笑うかも知れない．しかし，われわれは，まだ何がそんなにおかしいかを，理解していない．対照的に，もしも，映画の中のある場面が，悲し気な方法で，われわれを感動させるならば，われわれは，声をたてて泣くかも知れない．他の人々は，われわれが実行した方法で，その場面を知覚しなかっただろう．かれらの体験は，異なっていたかも知れない．あるいはかれらは，単純に，われわれが実行した方法で，ものごとを理解しなかったのである．

個人的な，情動的な諸因子

　アルツハイマー病の犠牲者の情動的な反応は，まだかれらの個人的な特徴によって影響されている．家族の成員たちは，病気に冒された最愛の人たちが，もはや知覚が鋭敏なものとしてではなくなり，またかれらが，過去にはできたかも知れないが，同様に，はっきりと多くの状況を知覚しないことを，覚えていなければならない．かれらは，どんなことが起こっているか

も，また理解できない．前に楽しかった活動，あるいは状況に，いっそう没入するようになることの代りに，かれらはおなじみの状況が，当惑させるものになるに従って，いっそうひきこもるかも知れない．

状況の影響

もしも――かれらの行動についての理解にもとづいて――家族の成員たちが，活動の中で親戚たちを適応させることができるならば，かれらの脳に障害を受けた親戚たちは，起こっていることを理解するための，よりよい機会をもっている．何が，進行しつづけているか，そして，どんな風に，それは，かれらに向けられているのか，についての単純で，より明白な説明は，かれらの楽しみ味わう情況を得る機会を増加する．期待は，いっそう特殊的で，また達成されうる．アルツハイマー病をもつ人々は，全体の状況を知覚することができないだろう．しかしかれらは，少なくとも，いっそう適切にかかわり合っていると感じることがありうる．

家族の集会によって作り出された，社会的な状況は，抵抗できない，精神的，および感情的刺激を生じうる．そのような状況を，あなたの最愛の人のために，いっそうわかりやすいものにすることもまた，かれの周囲の他の人々の行動に対する，かれ自身の感情的反応を軽減する．たとえば，介護している娘が，食事に他の家族の成員たちを招待するときに，かの女の父親は，もしもかの女がかれの代りに，とりなしをしうるならば，おそらくこの状況によりよくかかわるであろう．もしも，2人の人々が，同時にかれに話かけるならば，かれはいっそう不安に，そして混乱したようになる見込みがあるだろう．"私は，一度に，だれもかれもに答えられない"と言うことができるよりもむしろ，かれは歩み去るか，あるいは以前に，ふつうにもち出された状況におけるよりも，いっそう，いらいらさせられるようになるであろう．かれは，だれもかれもに立ち去るように話すかも知れない．かれはかれが，何かまちがっていることをやっていると感知し得たであろうに．アルツハイマー病をもつ人は，かれが，家族の成員たちの居ないところで経験した変化に不慣れなかれらに，より多く疑いをもつように見えるかも知れない．

情動とモラル

肯定的な情動の表出は，介護者たちに対して，非常に肯定的な影響を及ぼす．笑いの表情，微笑，ユーモアの反応，そして感情の表出は，つねに喜んで迎えられる．いやそれを言うなら，否定的な情動の欠如は，直ちに受け入れられる．肯定的な情動，および否定的な情動の欠如は，われわれに，われわれの最愛の人が調子良く感じており，またそれほど多く悩んでいないという印象を与える．もしもわれわれが世話をしている人々が，悩まされていないで，またさしあたり，進行しつつあることに満足しているように見えるならば，われわれの重荷は，ちょっと軽くされる．

介護者たちは，かれらの親戚たちの情動的な反応から，たやすく，かれら自身を切り離すこ

とができない．ひとつの血縁関係が存在し，そして多くの相互作用が，それに結びつけられる．最愛の人たちが，われわれが血縁関係を理解するのを助けるゆえに，かれらの情動的表出に，われわれは敏感である．アルツハイマー病は，ひとりの配偶者，あるいは親を冒すよりも，更に多くの人を冒すのである．それは，あらゆる血縁関係に衝撃を与える．それは，家族の中のだれもかれもを冒す．アルツハイマー病に先立って存在した行動のパターンと，ちょうど同様に，情動的反応のパターンもまた存在した．これらのパターンを再認することは，あなたの最愛の人を理解することのための，重要な手段であった．しばらくの間，これらの反応は，それらがなお，あなたの最愛の人の人格の一部であるために，予測されうる．

　知性と思考をかかわり合いにする血縁関係の種々の局面は，当疾患の過程の中で，早期に減弱する傾向がある．血縁関係の社会的な局面，とくに親密さは，徐々に失われる．介護者たちは，しばしば，これらの血縁関係のいくつかの外見を維持するための努力に，強くかかわり合っているままにとどまっている．かれらの努力は，人の行動の変化，かれらに向けられた妄想，怒り，あるいは敵意のある行動，そして他の人々の落胆させる報告，のような精神医学的症状の存在によって，たえまなくおびやかされている．かれらの親戚による勇気づけられること，と評価の欠如は，あらゆる点であまりにも明白すぎる．

■情動的，および行動的コミュニケーション

　われわれのすべては，われわれがやっていることが，真価を認められるのを感じとることを好む．われわれはすべて，とくに挑戦が，多分われわれの身体的，および情動的資源よりも，より大きいときに，勇気づけられることから利益を得ている．介護者たちは，アルツハイマー病によって冒された，最愛の人たちからの，より小さい勇気づけと，評価を期待しなければならない，というのは，かれらの世界は，記憶，考えるための才能，そして疾患がいっそうはっきりするようになる前に，かれらが所有していたと同様に，適切に他の人々にかかわる能力の喪失によって，小さくされつつあるからである．脳機能に関するこれらの変化は，結局，社会的判断のひどい誤りの一因となる．これらの誤りは，それらが，ときどき，悪い意図の結果のように見えるかも知れないが，その通りではない．

コミュニケーションのための援助としてのフィードバック

　われわれが，人々と，相互に作用しあうときに，どのように有効に，われわれが，かれらと連絡しているかを知ることは，役に立つ．フィードバックは，われわれに，どのように他の人が，われわれが言っている，あるいはやっていることを受けとめているか，を知らせる．すなわち，かれは，あなたが言っていることの意味を理解しているのか？　かの女は，あなたがやっていることを好んでいるのか？　情動の表出，人が行動する方法，あるいは人が言っていることは，すべてフィードバックの源泉である．われわれは，この情報にもとづいて，言った

りあるいは実行したりしていることを，修正することができる．かれ，あるいはかの女は，あなたが質問しない限り，あなたに，たくさんのことばに関する情報を伝えることには，より少ない見込みがあるだろう．あなたは，もしもあなたが尋ねていることが，あなたの家族の成員によって理解されるならば，単純な質問に対する，はい，あるいは，いいえの，いくつかのタイプの応答を得ることができるであろう．これらの応答は，起こった，あるいは起こらなかったことについて，あなたが理解することよりもむしろ，あなたの混乱を増すであろう．ことばに関する行動は，アルツハイマー病の患者たちについて，より少なく確実で，また理解できるものになるので，介護者たちは，フィードバックのために，コミュニケーションの他の局面を頼みにしなければならない．

　われわれが世話している人々の情動的反応および行動は，介護者たちにとって，フィードバックの重要な源泉になる．否定的な情動的反応は，あなたが，あまりにも度が過ぎて質問していること，あるいは，あまりにも急ぎすぎて，問いに期待していることを，あなたに教えているかも知れない．不安な，あるいは激越化した行動は，あなたの最愛の人たちが，あなたが，あなたの期待を修正し，またいっそう支持的に，そして元気づけるようにならないかぎり，更に混乱するようになりうることを，示唆している．あなたの夫が起床して，そして台所へ行くための要求に，受動的に抵抗するとき，かれは，あなたの要求を理解していないであろうし，あるいは，どのようにして台所に着くかに，自信がないであろう．かれは，このことについて，恥ずかしいと思い，またかれを台所へつれて行くあなたを，頼りにするかも知れない．情動的，および行動的メッセージは，介護者たちに，行動を管理するための重要な手がかりを供給する．これらの手がかりを適切に認め，そして解釈しない介護者たちは，破局的な反応の発生を招きつつあるかも知れない．この失敗は，脳を障害された個人たちに共通であり，また特別な感情的および行動的徴候によって，予め知らせられる．

　われわれは，この現象を簡単に考察するであろう．

　*Grace*に対して介護すること（*Caregiving with Grace*）（CohenおよびWhiteford, 1987）というビデオの作品の中の，ひとつの場面がある．それは行動についての，われわれの評価点，体験に対する情動的反応，血族関係に対する疾患の影響，そして介護者たちが正しい評価によって，いくつかの小さな徴候に対してもっている要求を，例証している．「*Grace*に対して介護すること」は，アルツハイマー病が診断されてしまってから，およそ10年後のGraceの行動，および能力に関する変化を映し出している．かの女の夫Glenは，完全にされるべき毎日の生活の活動のために，必要な援助を供給しつつあるときに，どんな風に，かれが，かれの妻と相互に影響し合い，またかの女と一緒に，働くかを示している．Graceのために，単に，これらの活動を実行することよりもむしろ，Glenは，課業のある部分の中で，かの女をかかわり合いにしようと努める．

　Glenは，かれの妻の手指の爪に，絵を描いている．Glenは，Graceの行動に対する疾患の影響について，模範的な理解をもっている，理想的な介護者であるにも拘らず，かれは，か

れが毎日経験する欲求不満を関連させた．かれは，Grace が，かれがやっていることに対して，かの女の感謝の気持を表出することが期待され得ない，という事実を認める．実際，かの女の情動的表出は，かの女の指の爪を彩色したという，この体験の間に，不安で，また緊張しているように見える．Glen は，単に，かの女の指の爪を彩色しつつあるのではない．かれは，再三取るに足りない，しかし意味のある方法で，Grace がこの活動に参加することを勧めている．"じっとしていなさい"．"この手が一番よい"．かれは，彩色されたかの女の指の爪によって，かの女が，どんな風に，調子がよくなり，そしてかの女が，どんなに，きれいに見えるかについてもまた，Grace にフィードバックを行う．結局，かれの作業は行われてしまった．そして Grace に，かの女の両手がより早く乾くであろうように，空中でどんな方法でそれらを振り回すかを，Grace に尋ねもし，そして示しもする．

　Grace は，嬉しそうな，またほっとしているような顔をしている．もしかしたら，かの女は，どのように，かの女の指の爪が見えるか，またかの女が，この活動の完成へのかなりの没入を行ったことによって満足させられている．かれらは，夫婦として何事かを完成させた．かの女は，確かに，かの女に対する要求の減少によって，和らげられている．それから，Glen は，かれが行ったことに対して，かれにありがとうと言う結果になるようにかの女を招く．かの女は，少しだが混乱しているように見える．たぶん，かの女は，なにもかもが済んでしまったと考えた．しかし，現在かの女は，かの女が一日中一語をも発していなかったのに，"ありがとう"と言わなければならない．Glen，は勇気づけることに固執する．かの女の表情の上の，情動の表出は，かの女が努力していることを示している．かの女は，"ありがとう"よりも，欲求不満のより間近な接近である音声を発する．突然，観察者は勝利を自身で見る．言葉が出てくる．かの女の顔面の表情は，かの女が，何事かを成しとげたことを示唆している．せがまれたという事実にも拘わらず，かの女は，かの女の夫に，何事かを与えた——仕事の完成を遂行するよりも，血族関係について，より多くを示唆する何かを．

■行動とストレス

　その障害された記憶が，行動に関する欠陥を作り出す親戚と一緒に，ある活動をどのように遂行するかについて，あまり精通していない介護者たちは，Glen よりも以上に，継続するのに気が進まなかったかも知れない．理由を理解することなしに，かれらは悪化を起こす状況を予想し得たであろう．強く望まれた仕事を，仕上げることの代りに，かれらは，更に困難な行動上の問題に，直面させられたであろう．介護者とアルツハイマー病をもつ人の両方ともが，その際に，徐々にいっそう過敏で，ストレスに満ちた状況に，かかわり合いにさせられるであろう．毎日の生活のいくつかの活動，たとえば着衣，入浴，摂食および洗面 (toileting) は，完全にされる必要がある．ある時には，別のときよりも，よりよいであろう．しかし，アルツハイマー病をもつ人々は，結局は，これらの事が行われなければならない理由を思い出さない．

介護者たちは，最愛の人たちが，かれらが毎日の生活の，単純な，いろいろな活動を成しとげようと努めているときに，表すかも知れない，予期された行動上の，また情動的な反応による，多大なストレスを体験する．

問題の予言者としての，ストレス

　Glen は，Grace の行動と情動の表出に対して，非常に注意深かった．それらは，かの女の指の爪を彩色したことが，かの女にとって，どんなにストレスに満ちていたかの，よい評価の尺度であった．Glen は，行動上の，また情動的な手がかりにもとづいて，どれくらい安定している，また元気づけることをかれが必要としている，かを判断した．かれは，Grace に，度が過ぎて要求をしなかった．けれども，ときどき，かの女はいっそう不安になった．かれ自身の情動的な反応は，穏やかであった．そしてそれは，かれのことばの上での，勇気づけの内容に一致した．かれの接近法は，重要でないストレッサーに，かの女を過剰反応させなかった．

　アルツハイマー病をもつ人々によって体験された，ストレスと，かれらが行動し，そして機能する方法は，密接に関係づけられる．かれらの不安は，どれくらい多くの活動と刺激に，かれらが耐えうるかということの，かなり信頼すべき指標として役立つであろう．かれらは，かれらの環境の中のストレスの軽減に対して，全く反応しやすい．かれらが障害されればされるほど，かれらの環境は，強くかれらの相互作用の結果に影響を及ぼす(Lawton, 1889)．この意味で，環境は，これらの人々が，そこで生活している物理的な背景(setting)より以上のもの，である．環境は，人々および事物とのかれらの相互作用に，またかれら自身の意見に対するその反応にさえも，かかわり合いをもつ．

　多数の，そして同時的なメッセージ，あるいは気を散らせることは，アルツハイマー病をもつ人々が体験するストレッサーの，2つの例である．かれらを急がせるために圧力をかける，言葉で表さないメッセージは，同じメッセージを伝える命令と，同じ程度にストレスに満ちている．障害された認知機能の領域に対して発される，あらゆる要求は，かれらのストレスの体験を増強するであろう．ストレスの他の根源は，複雑な仕事を遂行するための圧力を含んでいる．なぜなら，かれらは，多くの段階をもっているからである．すなわち病気，理解されないこと，あるいは理解できないこと，疲労，欲求不満，怖れ，不安，あるいは言葉で表されない否定的なメッセージを感知すること．否定的な言葉で表されたメッセージを受け止めることは，これらの個人たちにとって，ストレスに満ちたもの，また気力をくじくものでありうる．かれらのまちがいや障害について，かれら自身が気づいていることは，おそらくストレスのかなり持続する根源である．

道具としての，ストレスの軽減

　介護者たちは，ストレスの他の根源に，綿密な注意を払う必要がある．それらの根源については，個人たちがそのようなストレッサーの強さを体験し，また除去し，あるいは減じる．脳

損傷それ自体は，あなたおよびあなたの最愛の人が経験する，多くの行動障害を充分には説明しない．過度にストレスに満ちた状況は，これらの諸問題について，なすべき多くのことを，そなえている．もしもあなたが，ストレッサーを最小限度にするならば，あなたは，いっそうはげしい行動上の，そして情動的な突発の可能性を減じているのである．

■破局的な反応

　ストレス，怖れ，疲労，そして不安はアルツハイマー病をもつ人々にとって，共通の体験である．われわれのだれもかれもが，こらえられる限度をもっている．われわれは，すでに，われわれが処理することができるであろうと，想像したより以上のストレスを取り扱っている．それは単に，われわれに対する，そしてわれわれが打破する別の小さな要求をとらえる．ある日から次の日までその耐えられる限度は，われわれが，その時に，どれくらい多くの，ストレスに従属しているか次第で，変化しうる．脳障害を受けた個人たちは，かれらが以前処理した，ストレスの量に耐えることができない．小さな事物が，大きな事物になりうる．脳に障害を受けた個人たちが，より小さなストレッサーに対して，過度に反応するとき，かれらは，破局的な反応を表す．小さな事柄が，圧倒的になる．

　破局的な反応によって意味されるものは，この章の中の例によって，すでに示された．それらは不安にさせると同程度に，質の悪い行動，および情動的反応を含んでいる．破局的な反応は，怒りの突発，何かを実行することの拒絶，激越興奮，歩調正しく歩くこと，より激しい不安，涙もろいこと，哀れっぽい声を出すこと，もぐもぐつぶやくこと，あるいは実際に叫ぶこと，として表される．いっそう極端な症例では，破局的な反応は，殴ること，あるいは打ちまくることを含むであろう．

　アルツハイマー病をもつ人々が，攻撃的であるという，あまりにも再三すぎる所説は，破局的な反応についての，乏しい理解から生じる．アルツハイマー病をもつ人々は，すでに圧倒されており，そしてかれらの安全のための反応の選択は，根本的な闘志，あるいは高揚にまで還元される．もしもかれらが，破局的な反応の間に，窮地に追いこまれるならば，これらの個人たちは，しばしばひきこもろうと努める．これらの感情に対するかれらの他の反応は，防衛的である見込みがある．しかし，それを誤解している人々によって，それは攻撃的と呼ばれる．こうしてそれを悪化する．

　破局的反応に関連した行動上の，そして情動的な変化は，いつもは激しさに絡まれるが，しかし，それらは突然現れる，そして全く強烈なこともありうる．破局的な反応は，まれに起こりうる．そして予測できないし，また散発的であるように見える．それらは，ほとんど連続的にもまた，起こるであろう．そしてそれらを促進する環境上の，あるいは個人間の諸因子は，同定されうる．いくつかの根源は，人にかれが実行できるより以上に，実行するべく要求すること，あるいはあまりにも多すぎる質問をすること，のような非常に単純なことであるだろう．

ある新しい状況，人，あるいは環境は，破局的な反応を促進しうる．錯乱状態，あるいは不安定さのある根源が，しばしばかかわり合わされる．それは，ある日には，これらの反応を促進するために諸因子の組み合わせを，次の日には多くのより少数の因子を必要とするだろう．反応はそれらを表す人の統制を大きく越えている．

止めることよりも，予防することが，より容易である

　アルツハイマー病の介護者たちは，不安，怖れ，疲労，およびストレスの潜在的な根源に気をくばる必要がある．というのは，破局的な反応は，進行中のそれらを止めることよりも，予防することの方が，はるかにより容易だからである (Mace, 1990)．破局的な反応は，この疾患にとってありふれているのに，それらの根源は，しばしばそれらを体験している人の，個人的な好みの作用である．ある活動，あるいは状況は，ある個人にとって居心地よいであろうが，しかし，別の人にとってはまったく脅迫的になる．たとえば，ある人々は，1人っきりでいることに耐えることができる．他の人々は，かれらが1人っきりにしておかれるかも知れない徴候があるときはいつでも，介護者たちにすがりついて離れない．

■過度の無能力

　介護者たちは，最愛の人たちが，かれらが現実的に期待し得ただけ，充分に役目を果たしていないことに気がつくだろう．行動に関する，ある変動は，進行性という理由で，予期されうる．しかし，ときどき，この疾患の予測できない進行がある．しかし，ある障害，あるいは無能力は，疾患に帰せられ得ないかも知れない．この問題は，過度の無能力と呼ばれた．そしてこの疾患の経過の間に，多くの潜在的な根源をもっている．

　アルツハイマー病に関して，過度の無能力は，普通は他の疾病の存在，投薬，当該疾患に関係づけられる精神医学的症状，不充分な視力および聴力のような感覚障害，ストレス，疲労および不安によるものとされうる (Mace, 1990)．不必要な依存を助長する介護の環境は，過度の無能力を助成する．あまりにも少なすぎる刺激をもっている，社会的，あるいは物理的環境は，同じ結果をもっている．介護者たちは，非常にまじめに，過度の無能力の存在を理解し，またそれが除去され，軽減されることを考えなければならない．このことは，可能なときはいつでも専門的な援助を必要とするであろう．結果は，確かに，時間をかける価値がある．最愛の人たちは，よりよく，そしてより適切に機能することができるかも知れない．このことは，順次に，ひとりの介護者としてのあなたが体験する，付加的なストレスを軽減し，そしてあなたが世話している人々は，かれら自身について，よりよく感じるかも知れない．

■要　約

　アルツハイマー病の体験に関連する行動上の変化は，多くの根源をもっている．脳損傷は，行動に関する変化の，そして介護者たちが直面しなければならない，行動管理の問題の，単に，ひとつの根源である．疾患過程の種々の段階を通じて起こる変化を理解することは，遭遇しうる変化の，いくらかの真価を認める家族の介護者たちを助けるかも知れない．アルツハイマー病の，非常に多くの面の特徴を表して，種々の段階はだいたいの道標である．それらの段階は，何をあなたが期待しうるかについての一般的な意味を提供することによって，どんな風に，行動が変化するだろうかの進路を，地図（のようなもの）の上に示す．しかし，あなたは，その地図がよくない時には，変化に対して反応する準備ができていなければならない．行動は，活動，感情，および思考をうみ出す刺激に対する，反応の力動的なパターンの結果である．個人の人格，脳障害の重症度，物質的，および個人間の環境，そして多くの他の因子が，どのように人々が，かれら自身の外部の刺激を知覚し，またそれに反応するかに影響を及ぼす．

行動についての信念．

　情動的，および行動上の反応は，親戚たちが体験する，思考および感情にまでたどられることがありうる．われわれが考えに入れた着想の多くは，介護者たちかれら自身の行動に適用される．介護者たちが行動についてもっている信念は，かれら自身のそれに対する理解と反応に影響を及ぼす．行動に対する脳損傷の衝撃を，説明しない信念を変える必要があるだろう．行動と脳損傷の間の関係を，よりよく理解することは重要である．

　脳損傷は，アルツハイマー病をもつ人々が，事物を理解し，また知覚する方法に影響を及ぼす．それは，これらの個人たちが，どのように行動し，また反応するかに影響する．かれらの行動，および体験に対する情動的反応は，徐々に，疾患の衝撃以上のものを，示唆するであろう．そしてその両方ともが，介護者が状況をどんな方法で管理しうるかを暗示する，手がかりを供給するであろう．それらは介護者になすべきこと，そしてなすべきでないことについての，情報を提供する．これを認識することは，破局的反応を予防する，また状況によるストレスを軽減する，のに役立つ．

　情動――否定的そして肯定的――は，行動と，ひどく苦しめられた人々が，思いつき，そして思い出すことができる方法に影響する．かれらの行動と人格は，アルツハイマー病が進行するに従って，ともにより少なく予想できる方法に，うまく適合するであろう．これらの変化は，かれらがなしうること，そして，かれらがあなたに要求することに対して，劇的な影響を及ぼすであろう．

　環境は，アルツハイマー病をもつ人々が機能する方法に関して，手がかり的な役割（key role）を演じている．物質的，および社会的環境は，かれらがより少なく混乱させられ，また圧倒され，より多く安全で，また熟知しているように適合させられなければならない．環境は，

介護することと毎日の生活のために，快適で，また支持的でなければならない．これらの環境は，刺激を供給しなければならないにも拘わらず，それらは，有意に最愛の人たちの対処能力を超過するような，それほど多くの刺激を供給してはならない．最愛の人たちの行動と情動的反応は，しだいにかれらの環境，およびそれらの環境の中の人々によって，より多く決定されるようになる．

　うつ病，および他の健康の問題のような状態によってつくり出された，過度の無能力は，この疾患の精神的，情動的，そして結局は身体的徴候を体験する個人たちの機能が，さらに傷つけられないように取り組まれなければならない．

　これらの変化の範囲内に，多くの喪失がある．しかしこれらの喪失は行動の喪失としてのみ，体験されるはずがない．それらは血縁関係の喪失，あなたが愛する人々の喪失を表している．介護者たちは，かれらが，非常に僅かに，勇気づけられることによって，愛している誰かを世話することに，無理に従わされる．かれらが，その人を世話すれば世話するほど，かれらは，その人が立ち去りつつあることを真に理解する．この出立は，一度も完結させられないように思える．そして人は，絶え間なく同じことをくりかえす悲嘆のときの中で，宙ぶらりんにされているような思いがする．

人のきらめき

　行動上の変化を理解することは，介護者たちがケアすることの，長い日々を通じて現れる，昔の人格のそれらの，小さなかすかな光を認めるのを助ける．ある人が，まだそこに居て，ちょうどあなたが努力しているように，やってみているにちがいない．小さな歩みは，大したことではない．しかし，それは，あなたたちが，一緒に歩いていたときの，あなたたちを思い出させるかも知れない．そして，あなたたちが，かつてもっていた血縁関係が，ふたたびその場にある．小さな物事が，大きな相違を生じさせる．

　アルツハイマー病をもつある人にとって，介護者になったひとりの親戚として，あなたは，当疾患の経過の間に発生する問題のすべてに，もっぱら責任があると意識する気にさせられるであろう．われわれは，最愛の人たちもまた，しばしばかれらの身の上に起こっていることについて，何かをしようと苦闘しているのを，忘れてはならない．受け入れ難い，また，より大きな懸念を引き起こすことを，あなたが立証するであろう変化は，人格の，別のちらちらするかすかな光を表しているかも知れない．それらは，最愛の人たちが理解しそして認めることが大そう困難であることに，適応するための努力を表しているであろう．そのことが問題であるときに，それはあなたたちが共有する何かである．あなたたちは，変化を理解し，そして認めることの双方ともに，努めつつある．

受け入れること

あなたはアルツハイマー病にかかっていて
そしてあなたは力を失いつつある
思い出すための——推論するための——理解するための,
取るに足りない仕事を実行するための
私たちがあたりまえのことと思う,すなわち
靴をはくこと——
シャツをボタンで留めること——
本を読むこと——
顔あるいは名前を思い出すことを.

理解するのは難しいことだ——
受け入れること…
ことによると,私にとってはそれはもっとも難しいことになりつつある
というのは,私はあなたと一緒に暮らしてきたから——
けれども私は知っている——あなたはそれをどうすることもできない——
別な風には振る舞えない……

私はあなたをそのままに理解しなければならない.
そして私は期待する——それ以上のものをではなく——しかしより小さなものを
病気が進行しつづけるにつれて.

Maude S. Newton

9. 家族の適応のいろいろな段階

■病気を受け入れること

　最愛の人における，アルツハイマー病の現実の事象に適応することは，複雑で，また難しい過程である．しかし，われわれは，できるだけ，疾患にわれわれ自身を調和させるための方法を見つけなければならない．というのは，疾患を認めることは，アルツハイマー病がもたらす，情動的，および身体的重圧を取り扱うことをよりたやすくするからである．もしも，われわれが疾患と，そのさまざまな結果を否認し続けるならば，われわれは，アルツハイマー病をもつ人と，われわれ自身の両方ともが必要とされる支持と，ケアを否認することをあえてすることになる．

アルツハイマー病に適応することは，死に適応することに似ている．

　アルツハイマー病は致命的な疾患であり，またしばしば容易に訪れない死にかかわり合う疾患であるために，家族の成員たちが通り抜ける悲嘆のいくつかの段階は，Elizabeth Kübler-Ross 博士によって，かの女の 1969 年の著書，*On death and Dying*（死と瀕死について）の中で記述された死への適応のいくつかの段階に，非常に類似している．これらの諸段階を理解することは，それらが，疾患に対する人自身の心理学的適応に相当するためと，またそれらが，他の家族の成員たちの反応に対して放つであろう明るさのためと，両方ともの理由によって役に立つ．
　だれでもが，もちろん同じ方法で，これらの諸段階を通り抜けないであろう．そして，ある家族の成員たちは，他の人々よりもより容易に，疾患を認めることに達するであろう．おのおのの個人は，おそらく，かの女がときどき，起こっていることに，他の人々よりも，よりよくかの女自身を調和させうることに気づくであろう．しばしば，われわれは，われわれの周囲の人々の反応を誤解するだろう．あるいはつねに，かれらがそれぞれに適応することを望むであろう．それはとにかく，もしも家族の成員たちが，おのおのの人が，かれ自身の方法で，この疾患に大胆に立ち向かわなければならない，という考えを認めるならば，家族は適応の過程を通じて，強力な支持のシステムとして役立ちうる．

たとえばある家族の中で，母親とかの女の息子が，父親の病気に非常に相違して反応することがある．母親はどうすることもできない怒りを感じ，またかの女の息子を，しめだしながら，その病気に過度に没入するようになることによって代償するであろう．息子は，かれの父親によって見捨てられたと，そしてかれの母親によって冷たくあしらわれたと，感じるであろう．そして母親が，かれに手助けをやらせてみようとしないときに，欲求不満によって暴れ出すかも知れない．お互いにとって，物事をいっそう困難にするよりも，むしろ母親と息子の両方ともが，充分なケア，あるいは介護者の健康という重大な問題がかかわりあっていないかぎり，他の一方の人の適応の過程を理解するために，そしてそれを承認するために，努力しなければならない．

承認についての家族の段階を考えるときに，次の諸事実を思い出すことが重要である．すなわち

- おのおのの家族の成員は，悲嘆のいくつかの段階を通って，疾患の最終的な承認まで，努力するための機会をもたなければならない．これは，勇気づけ，および支持が必要とされないこと，あるいは，専門的な援助が指示されていないことを意味しない．
- 家族の成員たちが，最愛の人たちの要求，およびかれら自身のものについて喜んでしていることは，かれらが適応の過程の中にいる，その場所によって影響される．介護することは，単に機械的な経験ではない．それは，思考および感情にもまた，かかわりがある．
- 適応の過程は，つねに明白に，境界を決められた，いくつかの段階の中で起こるとは限らない．長く続く葛藤，および抑圧された感情は，承認に到達されうる前に解決される必要があるだろう．そのような場合には，専門的なカウンセリングが得策であろう．

承認についての，Kübler-Ross の段階

次のものは，死への適応の Kübler-Ross 博士の段階である．

1. **否認および孤立**．人は切迫した死に直面したときに，あまりのショックに不信を体験する．かの女は次のように考える．"いいえ，これは，私の身の上には起こり得ない．…それは，本当のことではありえません！"
2. **怒りと怨恨**．その人の考えは "なぜ，私なのか？" そして "これを受けるに値するどんなことを私はしたのか？" の周囲を循環する．かの女は他の人々，世間，また更にかの女自身に対して，怒りと苦々しさを感じる．
3. **交渉すること**．かの女の見るところでは，人は，かの女の人生を，ある契約，あるいは行為によって買い戻そうと努めている．"私は，もしもあなたが別の日，1年，5年を，私に下さるつもりならば私は，何でもするでしょう" とかの女は考えるかも知れない．神は人をいやし，そして生き返らせるための交渉の中で，依頼されるであろう．
4. **うつ病**．人は，死がさえぎられ得ないために，絶望的に死に屈する．"どんな使い道があるのでしょうか？" とかの女は考える．"なぜ戦うことを続けるのでしょうか？"

5. **承認**. 人は，平和と窮極的な休息の中にひきこもる．

　これらの反応は，一般的にいまわの際の人によって体験されるのだが，家族の成員たちもまた，これらの反応を体験することがある．

　Kübler-Ross によって，境界を定められた段階は，実際に，死についての人の承認にかかわり合っている，すべてを必要としない．ある人々は，決して死を認めないだろう．かれらは，世の中がかれらをだましたと，やはり怒って死ぬであろう．配偶者は，死後数か月の間，抑うつ的であり，また更に，より長期間怒ったままであるだろう．

喪失の知覚は，個人的な体験である

　ある家族の喪失を，他の家族の喪失と比較することは適切ではない．しかし，ある家族たちは，かれらの喪失を認めるのを，とくに困難にする次の諸因子によって影響を及ぼされるであろう．すなわち，

1. **アルツハイマー病が，診断されるときの，人の年齢**. 自分たちの仕事をやめることを強いられた，アルツハイマー病をもつより若年の人々は，定収入，および保険による給付金の喪失と，戦わなければならない．健康な配偶者は，まだ働いているであろう．そして，それが，介護のための手はずをととのえることを，いっそう困難にする．
2. **犠牲者の，全般的な健康**. アルツハイマー病をもつ人が，他の点では健康であるとき，世の中によってだまされているという感情が，より強烈になるであろう．人は，癌，あるいは心疾患の準備ができたであろう．しかし，アルツハイマー病のような，訳のわからない病気には，そうではなかったであろう．
3. **病気の期間**. その身体的，および財政上の費用のほかに，延長された介護の情動的な負担は，自暴自棄と喪失という，家族の感情を強烈にするであろう．
4. **家族の期待**. アルツハイマー病は，少しも想像された親族のようなものでは，ないであろう．あるいは，家族は，かれらの最愛の人の状態に対する保健の専門家たちの反応によって，失望させられたと感じるかも知れない．
5. **家族の情動的な親密さ**. ひどく苦しめられている人の社会的な，そして知的な能力の喪失は，コミュニケーションに対する非常に大きい障害をつくり出す．そして，ある家族たちは，人からの別離と孤立化という，かれらの意識と反対に行動することができないであろう．
6. **前から存在する，家族の役割**. アルツハイマー病によって冒された，配偶者は，すべてではないとしても，家族の用事の大部分を処理するための責任があったであろう．病気の徴候は，配偶者の介護者が，家族の管理に加えて，介護することという新しい義務を引受けなければならないときに，かの女に対してより大きな脅威をつくり出す．

疾患に対する，適応は，つねに5つの段階を含んでいる

家族の適応の，次にのべる段階は，Kübler-Rossによって同定されたが，しかし家族たちがアルツハイマー病に直面したときに通り抜ける反応の普通の連続を反映するために，Paul TeusinkとSusan Mahler (1948) によって修正された段階に，基礎を置いている．すなわち

1. **否認**．何も具合のわるいところはないという，最初の反応を反映している．
2. **過度の没入**．取引への類似．病気，および関連した障害を，代償しようとするための試みに相当する．
3. **怒り**．家族が，代償が失敗したことを，実感として理解するときに，結果として生じる．
4. **罪の意識**．回顧することによって促進される怒りと，"どれほどかのもしも"から発現する．
5. **承認**．問題の解決あるいは承認．

これらの段階のおのおのは，徹底的に考察されている．

1. 否 認

否認は，もっともふつうに，そして頻繁に用いられた防衛であり，またそれは，最初から動き始める．老衰および老年についての信念は，家族に人の健忘を許すことにいたらせる．そしてそれゆえに，否認を是認するために役立つ．家族の成員たちは，実際に，重大な何かが具合がわるいことは間違いないとは，思わないであろう．

否認は，危険な状況を，つくり出すことができる

問題を否認することは，家族の成員たちに活動を後回しにすることを，できるようにする．人が1人だけで生活しているとき，子供たちは，起こりつつあることを評価するのに反対するだろう．隣人たち，あるいは友人たちは，いくつかの関心事を報告するために，電話をかけるだろう．子供たちは，これらの報告をチェックするために，親を訪問するであろう．しかし，かれら自身の否認は，いっそう頻繁に訪問すること，あるいは，親に外へ出て，そして，より多く活動することを勧めることより以上には，かれらに行動させない．

否認は，家族が，障害の程度とその結果を，適切に承認し，あるいは，それに直面することをもまた妨げる．そのような結果を理解するための家族の失敗は，最愛の人を，とくに，もしも，かの女が，ひとりだけで，生活しているのならば，より高度の危険をもった状況の中におく．

否認は，家族の葛藤を作りだしうる

ある家族の成員たちは，活動が行われる必要があると認めるが，しかし他の家族の成員たちによる否認に出会うであろう．もしも家族の統率者が，問題を否認しているならば，他の人々にとって，障害された親戚のために，専門家の援助にとりかかることは，いっそう困難になり

うる．
　症状を否認することは，人の幸福のために，脅威に反対する正常の防衛である．それは疾患のさまざまな結果に徐々に適応するために普通で，また必要である．病気のゆっくりした進行は，家族に対してこの適応を行うために，また起こっていることを承認するための，時間を供給する．
　過度の否認はしかし，全く破壊的でありうる．それは援助，および承認に向かうあらゆる動きを妨げる．ケアのための計画は，患者の，そして家族の要求の現実的な評価が行われるまで立てられ得ない．

過去の否認を，揺り動かすこと

　次にのべる段階は，家族たちの，過去の否認を揺り動かすのに役立ちうる．すなわち

- アルツハイマー病，および家族の体験についての情報を，捜し求めること，そして受けとること
- 人の障害の程度の，専門的な評価を受けること
- 障害の結果を理解すること，そして専門家の援助によって，病気に対する患者の反応に対して，敏感になること
- もしも否認が過度であるならば，専門家によるカウンセリングを請い求めること
- 個人の，家族の，そして専門家の支持をもって，否認から出てくる諸問題に取り組むこと

徹底的な評価は，多数の保健の専門家たちを必要とする

　実際の評価の過程の間に，家族たちにとって，第二の医師による意見を捜し求めることは，全く適切である．しかし，多くの意見を求めることは，絶望的な否認を指し示すことがありうる．たいていの状況で，アルツハイマー病の診断は，すでにいくつかの意見にかかわりがある．たとえば，次にのべる評価の過程は，テキサス州 Waco の，ある精神科病院 De Paul Center で用いられている．このような方法は，患者，家族，および地域社会の資源にかかわりがある活動を，効果的に計画するための，包括的な評価を目標とした要求に取り組んでいる．

医学的な評価．　基礎的な検査（すなわち血液化学，胸部 X 線，心電図，など），および特定の選択的な検査（すなわち脳波あるいは脳スキャン）を含んでいる．付加的に，神経学者あるいは他の専門医たちが意見を聞かれるであろう．

精神医学的評価．　重症のうつ病のような，症状の合致した他の精神医学的疾患の存在を検討する．他の医学的所見と同様に，投薬の効果と利用を考慮に入れる．

社会的な経歴．　心理社会的な経歴および家系，利用しうる資源，そして必要とされた資源の

評価を含んでいる．

心理学的／神経心理学的検査． 認知症に関係がある長所と欠点，そして人のそれに対する情動的反応を分化させることに関する援助，および障害を受けた脳機能，あるいは他の精神医学的障害に関係がある現存の欠損を同定する．

治療的評価 (Therapy evaluation). 理学療法士，および作業療法士は，機能を評価し，そしてリハビリテーションの必要と可能性を決定する．

　家族の成員たちが，アルツハイマー病の診断を承認するように見えるときでさえ，否認は，治療のためにショッピングをすること，あるいは症状を管理するために処方された医薬が，疾患を治すであろうと信じること，にかれらを弱みのあるままにさせておくであろう．

誤った希望

　ときどき否認は，そこで人の状態に変動があるように見えるときに，再び現れる．よい日々は，人が改善しつつあることを，約束しているように見える．わるい日々は，人が急速に悪化しつつあるという，家族の心配の度合を増す．家族たちは，よい日々のもっとも多くのものを形づくりつつある限り，たいていは，交互に現れる希望と絶望の情動的な，ジェットコースターからの解放化によって恩恵を受けることがあり得る．

2. 過度の没入

　最初の介護者は，障害された人のあらゆる要求を満たそうと努め，ひどく孤立化するようになり，またあらゆる根源からの援助，あるいは支持を拒絶するであろう．しばしば過度の没入を露骨に示す個人は，全体としての家族もまた，過度に没入されうるとは言っても，ひとりの配偶者である．

過度の没入は，病気の衝撃に，対抗手段をとろうと努める

　一度家族の成員たちが，否認の段階を克服し，またかれら自身で病気が存在することを認めるならば，かれらは当然行動をとることを望む．アルツハイマー病の患者の家族にとって，この人への積極的な没入は，病気の影響と反対に行動する，そしてかれらの親戚の喪失に報いるための試みへの道を意味する．病気の衝撃は，家族がすべての領域で，その親戚をかばうときに，より少なく目立つようにされ得る．

　家族の過度の没入は，ひどく苦しめられた親戚に対してなし得る，最良のケアを供給するためのひとつの道具になり得る．この段階が始まっているとき，家族は，全面的なケアへの，か

れらの没入を計画しうる．特別な注意が，アルツハイマー病をもつ人と，かの女の配偶者のための，支持に払われなければならない．かれらは，非常に過度に没入されるようになる見込みがあるであろう．過度の没入は取引きをすることのひとつの形態である．代償がだめになるとき，他の強い情動が現れる．

過度の没入は，援助を求めることのための，障壁をつくりだしうる

　過度の没入は，しかし，それが過度の割合に達するとき，危険になる．過度に没入させられるようになる多くの人々は，かれらが援助を求めなければならないときに，それを求めそこなう．強い義務感に結びついた忠誠，敬意，家族，そして文化的価値観は，介護者が，病気だけを取り扱わなければならないという意見を増強する．それでもなお，そのような個人たちは，たとえかれらがそれをすぐに求めないであろうとしても，いっそう援助を受けやすい時点に達している．

　過度の没入は，より並外れた孤立化に，また介護者が，病気のために，かの女自身を犠牲にすることに帰着しうる．高血圧，およびストレスに関連した疾患のような，重大な健康の問題を経験した介護者の例は，ありふれている．

過度に没入した，介護者のための援助

以下にのべることは，過度に没入した介護者を援助することの中で，従うための概要である．すなわち，

- 利用できる意見を探索し，また論議する．介護者は，かの女が施設収容化を考えうる前に，家庭の中で援助するための必要を認めるであろう．
- ケアの状況の異なった局面で，他の家族の成員たち，および友人たちにかかわりあう．
- 患者の要求が，だれでもの人の資源を越えたことを指摘することによって，罪の意識の重荷を撤回するために，介護者を援助する．
- もしも真実であるならば，要求されたケアのタイプが，家庭環境の中でうまく供給され得ないことを強調する．
- 介護者の過度の没入が，患者とかの女自身の両方ともに苦痛を与えている，そして家族のその他の人々に対して，いろいろな問題を作り出している見込みがあることを現実化するために，かの女を援助する．
- 配偶者のケアの重荷を軽減することが，かの女が最愛の人とともに過ごしている時間の質を，改善するかも知れないことを示唆する．

3. 怒 り

　承認の過程の第三の段階は，怒りであり，そしてそれは，本人と介護する状況の中での，連

続的な悪化によって引き起こされた，付加的な身体的，および情動的な重荷から生じることがありうる．介護者の献身，および犠牲は，少しでも影響したとは見えないだろう．のみならず，必要とされた資源は，家族が提供しうる以上には，利用できないであろうし，あるいは費用がかかるであろう．

怒りの反応は，罪の意識の原因になる

かれらの親戚の，人を困らせるような行動について，寛大であった介護者たちは，行動が，かれらの統制を越えて揺れ動くに従って，怒りを覚え始めるであろう．順次に，統制の喪失は，罪の意識を促進する．不幸にも，ある家族の成員たちは，はげしいストレスのもとでさらにいっそう統制を失い，そして言葉によって，また身体的に，またはその一方によって最愛の人を虐待する．

怒りは，自暴自棄の感情から生じうる

家族は，明らかに機能障害に陥った親戚によって，見捨てられていることについて，怒りを感じうる．そしてそのことは，長く続いた対人関係の諸問題によって，それ以上に複雑化されうる．正当化されているか，いないかに拘らず，介護者は，家族および友人たちに対して，敵意がありうる．ひとりだけで残されているという，またあらゆる決定を，ひとりだけでやらなければならないという感情が，怒りを激しくしうる．しかし，怒りの突発は，それが家族の成員たちを，お互いから疎遠にしうるので，避けられなければならない．承認のうちの怒りの段階は，最初の介護者と家族の中の他の人々を，かれらが行ったケアの決定についての批判的な意見に，相当に敏感にさせておく場合がある．

対象を誤った怒りは，ありふれている

人が怒りの段階の中にある間，かの女の反応は，在宅で介護することに，直接的という程でなく関係させられた他の人々に影響しうる．長期間のケアを行う施設の中の，スタッフの成員たちは，怒りが，承認への道の一部分であることを認める必要がある．しかし，家族の成員たちは，その現実の根源を認め，そしてそれに取り組まなければならない．さもなければ，最愛の人のケアにとって極めて重要な人々，あるいは家族を支持することに関して，絶対に必要な役割を演じている他の人々に対して，怒りが誤って向けられうる．

4. 罪の意識

罪の意識は，アルツハイマー病に対する正常の反応である．しかし深くかかわりあっている人々は，かれらが感じている未解決の怒りと，罪の意識との強力な結合が，圧倒的にならないように，また次第に，重症のうつ病にならないように（第3章を見よ），気をつけなければなら

ない．介護者たちは，怒りと罪の意識の容赦しない感情を解決するために，専門家の援助を必要とするかも知れない．

罪の意識は，昔の葛藤から発生しうる

多くの罪の意識は，ここ何年かの間，未解決のままにされていた，家族の葛藤から発生しうる．家族の成員たちは，単に物事をやり直すことができたらいいと思って，過去の悔恨に，むやみにこだわっているかも知れない．親戚たちは"評価が，1年，より早く行われてしまっていたならばどうなるだろう？"あるいは"われわれが，別の医師に診てもらっていたならば，どうなるだろう？"のような疑問にこだわっている自分に，気づくであろう．かれらは，次のように考えるかも知れない．"われわれは，かの女が健康でいた間に，かの女のためにもっと多くのことをやってしまい，またかの女と一緒に，もっと多くの時間を過ごしてしまわなければならなかった．"しかし家族は，結局はそのような考えを退け，かれら自身を許し，そして生き続けなければならない．

死のための願望についての，罪の意識

家族の成員たちにとって，かれらの最愛の人が死んだらよいのにと望むこと，またついで，その願望について，罪の意識を感じることは，普通でないことはない．誰かを失なうのは無情であるけれど，大部分の人々が，かれらの最愛の人のために，そしてたいそう長い間，そんなに多くお世話をした人々のために，真の祝福として，アルツハイマー病の最後の段階において，死を考えることがありうる．

悔恨は，抵抗できなくなりうる

罪の意識は，介護者の怒った行為，あるいは思い込まれた，手抜かりによってもまた，始動されうる．ことによると，かの女は，充分に実行していなかった．あるいは，もしかしたら，かの女は欲求不満をもって，かの女の親戚をひどく叱った．しかし介護者は，悔恨と罪の意識を，かの女に抵抗できなくさせてはならない．そのようなストレスに満ちた環境のもとで，時おり自制を失うのはただひとりの人である．

罪の意識の他の源泉

家族の成員たちは，しばしばアルツハイマー病をもつかれらの親戚に，全く真実ではない情報を与えている，自分たちに気づく．かれらは行き先が，実際には，医師の診察室であるときに，かれらが，かの女を百貨店に連れて行こうとしていると，かの女の親戚に話すだろう．かれらは，妄想あるいは激越興奮のために，投薬の目的について，正直ではないかも知れない．これらの"悪意のないうそ"は，家族の成員たちが，かの女をだましたり，あるいはかの女にうそをつくので，かれらの最愛の人に対して不誠実であると，信じているために，ときどき，

罪の意識の源泉になる．これらの活動の背後にある（原因になる）動機づけを想い出すことが，最善である．

一部だけの真理と，ケアすること

　一部だけの真理は，適切なケアのために，あるいは家族たちが，かれらの障害を受けた親戚たちを管理するのを援助するために，必要であるだろう．アルツハイマー病をもつ人々は，かれらの疾病が進行するに従って，多くの活動の背後にある論理を理解できない．かれらを説得しようとする努力は，多くの症例で，問題をいっそう悪くするだけであろう．もしもかれらが，極度に激越化され，また反抗的になるならば，薬物を服用すること，あるいは医師に対する揚げ足とりが，重大な，介護する上でのストレッサーになりうる．家族の成員たちは，かれらが，最愛の人たちを世話するために利用する，多くの一部だけの真理について，うしろめたく感じる必要はない．

決意の固い決定は，罪の意識をつくりだしうる

　患者の願望に逆らって行われた決定は，介護者に，罪の意識の感情と，はげしく闘わせておくことがありうる．もしも，配偶者，あるいは子供が，無理に医師への通院をさせたならば，かの女はアルツハイマー病という診断を確証する評価ののちに，罪の意識を感じるであろう．同様に，かの女の最愛の人を，ナーシングホームあるいは別の施設に預けることによって，疑念，および罪の意識の感情を引き起こすことがありうる．おそらく，この葛藤は，最愛の人の要求が，家族では満たされ得ないことを，真に理解することによって処理されうる．大概，介護者は，かの女ができたであろうすべてを実行したし，またかの女が，可能だと考えていたであろうよりも，自発的に，更に多くのことを行った．

5. 承認（Acceptance）

闘争は終った

　承認，すなわちアルツハイマー病に対する，家族の反応の最終の段階は，疾患の過程と，他の人々に対するその影響が，完全に理解されるときに可能である．アルツハイマー病に対処することは，いったん家族の成員たちが，心の中で資源（方策）を発見したならば，よりたやすい．地域社会の中の資源は，かれらの強さの一部になり，そして順次に，いつかかれらが，完全に疾病の衝撃を理解するときには，受けとられるのである．

　おのおのの人の適応に関連した怒り，および罪の意識は，今や，かの女の後ろにあり，そしてかの女は，運命のいっそう平和的な承認へ向かって，移動することの中で，おのおのの段階の位置を理解しうる．かの女は留保なしに，かの女の最愛の人が，もはやかの女がかつて認知していた人ではないことを認めうる．

新しい状況は，適応のより早期の段階への回帰，あるいは退行を促進しうる．未完成の計画，あるいは夢を解放するための要求，あるいは，友人たちや家族の意見が一過性の後退を始動するかも知れない．介護者は，そのような体験は，適応の過程におけるバリケードよりも，むしろ単にしばらくの回り道であることを，理解しなければならない．

10. ケアに対する家族の反応

　悲嘆の体験は，アルツハイマー病に対する，家族の適応のひとつの重要な部分である．疾患の犠牲者は，何か悪いことが起こりつつあるのを知っている．これらの人々が，どんな風に嘆いているかについての，われわれの理解は不完全である．いくつかの行動上の，そして情動的な問題は，かれらの悲嘆の現れであるかも知れない．家族の介護者，および他の親戚たちは，直接に悲嘆の体験にかかわるストレス，および重圧を経験する．かれらは，介護することという仕事――間断ない，毎日の基本的なものにもとづく，慢性的に障害された親戚の要求を満たす相互作用――を支持するための家族の失敗から生じる，ストレスをもまた体験する．アルツハイマー病は，家族におけるひとつの危機をつくりだす．

　個人の進行性の悪化を反映する喪失は，感じとられたものとしての，家族の喪失を示唆する．徐々に，アルツハイマー病をもつ親戚によって演じられた役割が，もはや，その個人によって管理され得ないことが明白になる．他の家族の成員たちは，これらの責任のいくつかを負わなければならない．たとえば，妻は，かの女の夫が普通行うのを常とした決定に責任がある自分の立場に気づく．たとえ，かの女が，現在これらの決定を行いうるとしても，かれの影響は，なお無視できないであろう．さらに極端な例で，アルツハイマー病の配偶者は――その疾患のいっそう進行した徴候に苦しんでいる間でさえ，――実際には意思決定にかかわり合わされるかも知れない．

■家族の支持のための要求

　他の家族の成員たちと友人たちの影響は，介護者たちが，運転や財政上の意思決定のような活動を引き継ぎ，そして管理するのを援助することに関して，批判的であるだろう．しばしば，家族の介護者は，アルツハイマー病をもつ最愛の人に運転，無造作に紙幣を支払うこと，あるいは途方もない買物をすることを，させないことはないであろう．他の家族たちの中では，子供たちが，ひどく苦しめられている人に対して，運転あるいは金銭を扱うための機会を，阻むであろう．かれらの反応は，それが家族の中の，より情動的な障害の原因になるほど，強烈で

あるかも知れない．ある子供は，ある家族の問題に進んで干渉するかも知れない．しかし，他の状況のじゃまをしない．別の子供は，全体としての家族の相互作用をじゃまをしないことを選ぶかも知れない．

変化する役割

アルツハイマー病の危機への家族の適応の一部は，正常な家族の役割に関する変化にかかわりがある．相互に作用すること，そしてコミュニケートすることの，前から存在するパターンは，どんな方法で，家族たちがこれらの変化に取り組むかということに対して，かなりの影響を及ぼすであろう．それらのパターンは，形作るためには全く困難に，あるいは，不可能にさえなりうる．他の家族たちに関して，それらは比較的容易に形成されるように見える．家族たちは，それぞれ独特である．ある家族たちでは，変化は，それらが家族の安定性，および障害された親戚とかれの介護者の要求を支持するであろうときでさえ，あまりにも動揺を与えすぎる．

他の家族の成員たちよりも，いっそう直接的に，最初の家族の介護者は，アルツハイマー病によってつくり出された要求に対する，家族の反応の成功と失敗を体験するであろう．家族の成員たちの期待は，家族の中で，以前の危機に，どのようにかれらが反応したかについての，かれらの理解によって，軽減される必要がある．異なった家族の成員たちが引き受けた種々の役割，かれらの支持の質，そしてかかわり合いになるために，かれらの進んですることを考えなさい．要するに家族の成員たちは，どのように，かれらがお互いに影響し合うのかということを，再評価する必要がある．すべての家族の成員たちが，一緒に暮らしているとき，相互作用の雰囲気と質は全く異なっているであろう．

家族の相互作用は，危機の時期の間に考慮されうるいくつかの方法がある．われわれは，異なった家族の相互作用の，いくつかの特徴を調べている（Blazer, 1984）．家族の諸特徴についての，これらの記述の中で，相互作用の質はかなり異なっている．いくつかの特徴が，家族たちに当てはまり，また健康な家族的一構成単位として，介護することのストレス処理における家族たちの有効性に影響を及ぼす．

■適合する家族たち，対，抗争的な家族たち

家族の相互作用は，成員たちが，つねに互いに合意に達しているときには適合的である．わずかな差異が存在しうるが，しかし，つねに多くの，みかけの意見の相違なしに，一致させられる．葛藤，および，より明白な差異を示す相互作用は，諸問題に対する，明らかな統一された反応を，徐々に示そうとする家族の試みを，いっそう妨げる見込みがある．ある葛藤は，望ましいかも知れない．ある極度に折り合いのよい家族は，葛藤をいやだと思うであろう．葛藤を避けるために，重要な問題が無視されるであろう．共存できる家族の相互作用は，今まで以上に一緒に仕事をすることを促進する，よりくつろいだ雰囲気を助長する見込みがある．非常

に抗争的な家族の相互作用は，緊張，不安，怒り，および苦痛をもつ雰囲気をつくりだす．介護することという仕事は，個人間の葛藤によって目的達成を阻まれる．

アルツハイマー病のような危機は，葛藤を刺激するための能力をもっている．すべての家族の成員たちが影響を受ける．家族とその成員たちの将来は，不確実になるであろう．そのような状況は，親族関係に影響し，そしてそのような関係を変える．両親，および子供たちの間で，これらの変化は"再接合すること（rejoining）"と呼ばれた（Blazer, 1984）．両親と子供たちを再接合することは，発生するいくらかの葛藤のために，困難でありうる．再接合の間の親／子関係における変化に，危機が影響を及ぼす時に，起こりうる葛藤の3つのタイプがある．すなわち，それぞれ継続する，新しい，再賦活されるタイプである．

継続する葛藤

*継続*する葛藤が，つねに両親とかれらの子供たちの間に存在した．アルツハイマー病が発現するとき，新しい問題が，家族に直面する．成人の娘たちは，かれら自身の当面の家族的責任が割り当てるであろうよりも以上に，没入されるようになることを，強要されると感じるかも知れない．しかし，かれらのひとりの親のための，実地のケアの責任を辞退することについての，かれらの理由は，古い未解決の葛藤によって支持されているであろう．ことによると，アルツハイマー病をもつ親が，過度に飲酒し，また乱用した親であった．乱用の病歴にかかわり合う継続する葛藤は，虐待された子供が，乱用する親を世話することに直面させられるときに，アルツハイマー病を介護することにおける危険を予言しうる．両親と子供たちとの間の理性的なやりとり（give and take）のための期待は背かれたかも知れない．そして継続する葛藤の原因を説明しているかも知れない．

継続する葛藤は，アルツハイマー病のケアの中で取り組まれている，新しい問題に干渉することがある．それらがもたらす未完成の仕事は，もしも，少しでも可能ならば終らせる必要がある．もしも，それが現在，アルツハイマー病によってひどく苦しめられている，親にかかわり合っているならば，知的障害が，問題－解決過程に参加するための，人の能力を越える前に完成される必要がある．アルツハイマー病は，継続する葛藤に関する，すべての家族の成員たちに影響しうる．

新しい葛藤

*新しい*葛藤は，アルツハイマー病に直面した家族たちの中に現れる．そして，一度も，以前には注意を必要としなかった問題を，反映することがある．これらの危機は，充分に適応した家族にとっては普通で（Blazer, 1984），またナーシングホームに収容すること，死と死にゆくこと，生活の準備，必要とされるかも知れない専門家の援助のタイプ，また家族的資源と責任の配分についての問題に関係がある．これらの諸問題は取り組むことが困難であるだろう．相いれない見解は，強烈でまたまちまちであるだろうが，しかし充分に適応した家族たちは，そ

れらの見解に取り組むことのために，健康な根底をもっている．葛藤を解決し，また問題に解答を与えるための能力は，家族の成員たちに，信頼感を与えそして希望を復活させる．

再賦活された葛藤

ときどき古い葛藤が，家族たちの中で解決されてしまったように思われる．これは錯覚であることが，はっきりするだろう．葛藤は，大そううまくそれらが忘れられたので，葬り去られ，あるいは回避されてしまったのかも知れない．家族の成員たちは，かれらが体験する新しい葛藤が，新しい状況によって再賦活された，古い葛藤であることをかれらが真に理解するときに，ショックを受け，またがっかりさせられるだろう．家族の中の*再賦活された葛藤*は，自立と依存，受容と拒絶，そしていっそう不明瞭になってしまった兄弟の競争の問題に集中する傾向がある (Siegler and Hyer, 1984)．

成人の子供たちが，親の世話をする責任を負うとき，かれらは，一般に当然，以前，親に関連していたであろう役割を引き受ける．親は，機能することのいくつかの領域で，ことによると，成人と同程度というほどでなく，行動するので，より少なく能力があると考えられる傾向がある．アルツハイマー病は，こんな方法で成人たちに影響を及ぼす．子供たちは，かれらの親の世話をするに従って，役割が逆転される．ときどきかれらは，親の行動を子供っぽいと考えるだろう．ある子供たちは，親をひとりの子供とみなし，そして，かれあるいはかの女を，かれらが子供に望んだように扱う．もしかしたらかれらが，子供たちとして扱われていることに，気がつけばよいと思って．再賦活された葛藤の内部に，古い感情が表面化する．役割の逆転は，アルツハイマー病をもつ人々のケアにかかわり合った家族たちによって体験された葛藤を再賦活しうる．

依存的な要求は，変化する

アルツハイマー病によって冒された親に依存的であった，ある成人の子供は，かれの，あるいはかの女の依存性の根源が，はげしく脅かされているために，疾患，と親を恨むかも知れない．親の継続された要求は，親，と成人の子供の両方ともにとって，病気に対処することにおいて問題を生じるであろう．成人の子供にとって，いっそう自立した生活様式を確立するための時間は，早急に終りつつある．もしも親が，これを認めるならば，アルツハイマー病を取扱うことは，成人の子供の幸福のための懸念によって複雑化される．依存的な成人の子供が，支持の最初の根源である場合は，必要とされるであろうことを供給するための，その個人の能力についての付加的な懸念があるかも知れない．これらの家族の成員たちは，お互いに非常に愛着を感じているものになる見込みがあるので，他の家族の成員たちにとって，必要とされたケアを有効に援助することは困難であるだろう．

介護者である配偶者は，他の親によって拒絶されてきた子供たちによる援助を，捜し求めることが必要であるのに気づくであろう．これらの子供たちが，かかわり合わされるようになる

に従って，親の行動は——たとえそれが脳損傷および疾患過程によって，影響されるであろうとしても——より早期の拒絶の，ひとつの現れとみなされるであろう．最初には，子供は，親の行動を管理することが難しいために，援助することを拒むであろう．真の理由は，再賦活された古い葛藤にともなわれた感情に，関係づけられるであろう．

　両親の増大した依存と，古い葛藤の解決はすべての成人の子供たちが直面する，子としての危機を表している（Blenkner, 1965）．成人の子供たちにとって，この危機に関連する葛藤を解決するためには，かれらが，かれらの両親の依存性を承認しなければならない．このことは子供たちと，かれらの両親たちとの間に発現する，親しい役割に関連する混乱を明らかにすることにかかわりがある．両親は，かれらから，成人の子供たちは，情動的な苦悩および経済的な圧迫の時代に，支持を求めてしまったが，現在はかれらの子供たちによる安楽と支持を必要としている．

■親についての，新しい考え

　この役割の承認は，成人の子供たちに，かれらの両親ともっている血族関係についての，非常に異なった考えを展開することを要求する．この考えによって，子供たちはかれらの依存的な過去を無視すること，あるいは無価値にすることなしに，両親の相互に依存する将来を認め，そして引き受ける（Eyde and Rich, 1983）．かれらは，次第に現われる依存性に対して，支配を受けない，また感じやすいままにとどまることを，可能にさせるものを支持する役割の中で成熟する．このことは，本来の，かれらと同居して，どんな人たちが両親であったのか，についてのイメージを統合するために，単に役割の反転である着想よりはすぐれている．アルツハイマー病は，親が実行しうることを変える．このことは，かれらが，本来あったとおりの人々であるという，われわれの考えをおびやかす．かれらの要求に対するわれわれの反応は，かれらの尊厳を支持しなければならないし，またかれらが本来あったままの人々としての記憶を無視してはならない．成熟した子供は，子として当然の危機という葛藤を解決してしまい，あるいはひどく苦しんでいる親の要求に肯定的に，そして有効に反応するための，かれの，あるいはかの女の能力を妨げることを，それらの葛藤に許容しようとしない．

■団結的，対，分断された家族たち

　ある家族たちは，危機の間により親密になる．個々の成員たちは，他の家族の成員たちの意見に関心をもっている．団結的な家族は，孤立化した個人たちとしてよりも，むしろひとつの単位として機能する．このことは，危機に取り組んでいる家族であるという帰属意識と，より強い感動とを供給し，団結を守り得ない個人を分離しない．実際は，多くの葛藤を体験している家族たちが，団結的であることが，証明され得ない（Blazer, 1984）．より多く分断された家

族たちは，団結的な家族たちよりも，より多くの緊張を体験する見込がある．このことは，介護することによってもたらされた難題に取り組むために，より少ないエネルギーを，かれら（分析された家族たち）に利用させる．

外部の援助に関係づけること

アルツハイマー病のケアにかかわり合った専門家たちは，より多く団結的な家族たちとの提携を発展させることが，より容易であるのに気づくであろう．もしもあなたの家族が，全く分断化されているならば，専門家たちは異なった個人たちの一隊に遭遇するであろう．家族の相互作用のやり方もまた，葛藤的であるときに，専門家との提携は，維持することがいっそう困難であるだろう．分断化された，また葛藤的な家族は，徐々に，家族の反応を支持するであろう，専門的な協力を危うくする．

■生産的，対，非生産的な家族たち

ケアを供給することの中で，一緒に仕事をしうる家族たちは，より多く生産的である見込がある．一緒に仕事をすることのできない家族たちは，より少なく生産的である見込がある．生産性は，それが計画をたて，組織化し，また責任と活動を委託するための，家族の能力にかかわりあうので，単に，一緒に仕事をすることという問題ではない．ある家族たちは，生産的であるための，可能性をもっている．しかし，もしも家族を結集してしまった人が，アルツハイマー病によって襲われるならば，新しい指導者の地位が，明らかにされる必要がある．家族のやり方の異なるタイプは，この要求に対する異なった反応をもっている．配偶者，あるいは娘はたいていケアの最初の供給者になる見込がある，という事実もまた，家族の中の新しい役割の発展に影響を及ぼす．

没入（involvement）の程度

しばしば最初の介護者は，介護することにかかわり合った，唯一の家族の成員であるらしい．この人は，ばく大な強い要求に反応することのいくつかの面で，他の家族の成員たちにかかわり合うことはできないか，あるいはかかわり合うことを望まない．そのような場合には，ケアに対する家族の反応の，潜在的な生産性は，非常に減じられている．

このことは，いくつかの理由によって起こりうる．ある家族の成員たちの没入は，葛藤を増大させるだろう．潜在的な葛藤の根源は，これらの成員たちが不在のときには，取り除かれる．家族の成員たちの間の地理学的，あるいは情動的隔たりは，かれらを実地の介護することから切り離すであろう．いかなる他の家族の成員たちも，存在しないであろう．アルツハイマー病をもつ人との，かれらの関係を保持するために，介護者たちは，最愛の人に，極度に執着させられるようになる．この情動的な愛着は，他の家族の成員たちを押しのけるであろう．それは

欲求不満の根源であり，そして他の家族の成員たちが，援助しうるであろう，また援助したいときに，家族の生産性を減じた．

　アルツハイマー病をもつ人々の介護者たちは，信じられないストレスを管理しなければならない．毎日のケアは，かれらの身体的，情動的および精神的資源に大損失をもたらす．かれらは進行する，不完全な喪失にまきこまれている．ケアの重荷は積み重なる．そしてかれらの生産性はおびやかされる．希望は色あせ，そして介護者たちは，変えられ得ないことに身をゆだねる．

■脆弱な，対，安定した家族たち

　家族たちの脆弱な対安定した特徴は，危機の，ちょうどそのときにではなく，徐々に，家族の働きに影響を及ぼす．家族の一単位は，個人たちで成り立っているので，それらの個人たちの安定性もまた，考慮されなければならない．アルツハイマー病に直面している，家族たちは，より以前に，危機に直面していた．これらの危機が処理された方法を，また，どのように，家族がそれらの危機によって影響を及ぼされたかを，調べることは役に立つ．たとえば，もしもある家族の成員が，過去にかなり重大な健康の問題を体験していたならば，他の家族の成員たちは，どれだけ支持的であったのか？　かれらは，一時的に，この個人に関連した責任，あるいは役割を引き受けたのか？　回復についてのかれらの期待は，道理をわきまえていたのか？家族の単位は，危機を処理するために実行したのか，あるいはかれらは著しく無関心であったのか？

　アルツハイマー病に直面している家族たちは，すみやかに処理されうるか，あるいは容易に忘れ去られうる問題と要求に取り組んではいない．介護することは，長い期間，継続するであろう．家族の成員たちはなじみの薄い，そして予測できない状況と戦うことが，必要とされるであろう．安定性のある家族は，これらの状況に徐々に取り組むため，よりよく準備させられるであろう．脆弱な家族は，より健康な成員が，最初の役割を引き受けないかぎり，充分な支持を供給することに，より大きな困難を経験するであろう．

　安定性のある家族の成員たちは，個人たちとしては安定している見込みがある．もしも血縁関係の中で，困難が発現するならば，それらは，家族が無能にされることなしに，道理をわきまえた方法によって解決される．家族的関係と相互作用の来歴は，繰り返し起こる諸問題と長く続いた葛藤だらけではない．子供たちによる支持は，かれらが絶えず，かれらの情動的，あるいは親族の諸問題によって，夢中にさせられていないために，あてにすることができる．

　アルツハイマー病は，特徴的に安定した家族の中に発現しうる．けれども，健康上の問題のひとつの結果として，家族それ自体の安定性がおびやかされた．アルツハイマー病は，より歳をとった家族の成員たちで，より多く発現する見込みがある．潜在的に支持的な兄弟たちと，子供たちは，かれら自身がより歳をとっているであろう．介護者になる配偶者は，ストレスに

よって誇張される慢性的な健康上の問題を経験するであろう．そして，かれあるいはかの女自身に対する，より少ない配慮は，ケアを必要とする．

エネルギーの消耗

精神的緊張は，つねに脆弱な，また分断された家族で認められる．これは生産的であることのために使用しうる，エネルギーを減じ，また地域社会の中の資源の，より多くの利用の必要性を支持するであろう．先んじた危機にうまく対処し，また健康な相互作用と生産性を維持した家族たちは，もしもかれらが，支持の他の資源にかかわり合うために，充分に適応性がありうるならば，なお介護者の挑戦に合流するための，よい機会をもっている．

■家族の役割と通則

もしも，アルツハイマー病によって冒された人が，家族に対して統率力と安定性をもたらす人であったならば，家族のどのタイプも，かれの，あるいはかの女の喪失の衝撃を体験するであろう．ある家族たちは，この徐々に増大する喪失感を満たすことに関して，他の家族たちよりも，いっそう熟達しているであろう．他の家族の成員たちは，この役割，あるいはそれの部分を引き受けるために，利用されうるものにならなければならない．かれらは，進んで役割を引き受けなければならない．そして家族は，この種類の変化に寛大でなければならない．ある家族たちは，他の家族の成員たちが，責任を負いたがらないであろう，そのような融通性のない役割をもっているかも知れない．家族の内部の役割は，非常にはっきりしていないか，あるいは種々雑多であるだろうから，選定された指導者への要求は，最初は明白ではないかも知れない．

ある家族たちは，問題に対して対応することのために，非常に明白な手順，あるいは慣例をもっている．統率力に関して，どんな風に，変化が取り扱われなければならないか，をあらかじめ指図する家族の階層構造が存在しうる．これらのやり方でも，アルツハイマー病が，障害に冒された人の能力に対して行うことを，家族が理解するまでは，他の家族の成員たちはどんな風に新しい役割を引き受けるかということに，十分に取り組まないであろう．（実際はこれらのやり方では），この人の残存している能力と，願望に対する，家族の感じやすさが，統率力の新しい役割がどんな風に徐々に現れるかということにもまた，影響する．その上に，文化的な差異がどんな風に，融通性のない，あるいは適応性のある家族たちが，家族の内部の変化する役割の中にいることができるかに，影響を及ぼす．

融通性のある反応

家族の中での，アルツハイマー病の存在は，家族の反応を要求する．統率力における変化を必要とする状況に反応することにおける家族の柔軟性は，危機に瀕している．柔軟性は，かれ

らに適応し，そして変化することを可能にし，家族が障害されている親戚の世話をしうるように，どの確立された階層構造の中でも，新しいパターンを組分けし直し，そして発展させることを可能にする (Blazer, 1984). 柔軟性によって特徴づけられた家族は，あきらめた，あるいは悲観的な，態度の重圧によって，より少なく重荷を負わされる見込みがある．

関係づけることのためへの，指針

　家族の相互作用の質は，家族のコミュニケーション，および問題解決に影響を及ぼす．それは，家族の成員たちが，お互いと一緒にかかわり合わされている程度に影響する．家族の血縁関係の中の因子を調べるためにもまた，役に立つ．家族の中には，目に見えない境界線が存在する．これらの境界線は，どれくらい親密に，家族の成員たちが，互いの生活にかかわり合わされていなければならないかを，示唆する法則のように作用する (Miller, 1982). ある家族たちにおいて，これらの境界は，家族の内部の相互作用が，あまりにもかかわりすぎていないし，またあまりにも，離れすぎてもいないように，非常にはっきりとしている．子供たちは，お互いに支持的な提携をもっている．そしてかれらの両親へのかかわり合いを特徴づける．境界は明白である．アルツハイマー病によってつくり出された，問題と要求に対するこのタイプの家族の反応は，より簡単に，はっきりとさせられるであろう．おのおのの成員が，どれくらいかかわり合わなければならないかに関する問題は，それほど混乱させるものではない．

関係がなくなった，家族たち

　かかわり合いの通常の程度に影響を及ぼす境界が，あまりにも少なさすぎるか，あるいはあまりにも多すぎる反応に終る他の家族たちがある．かかわり合いの程度は，家族の問題がより重大な，あるいはより小さな，意味をもっているかどうかということと，合致する傾向がある．関係がなくなった家族たちは，かかわり合いの連続体の一方の極端な末端にある．これらの家族たちの中の境界は，まったく融通性がない．この融通性の無さは，コミュニケーションを妨げる．このタイプの家族の中の高齢者たちは，かれらの子供たちと，かれらの兄弟たちの両方ともから，情緒的に孤立化させられる見込みがある．もしも，アルツハイマー病の診断が行われるならば，配偶者は，ストレスのレベルが，全く極度になっていないかぎり，かの女の家族からの援助を要求することは，ありそうもない．この状況においてさえ，かの女は，かの女の家族と，多くのかの女の考え，あるいは感情を共有することを，躊躇するであろう (Miller, 1982). この家族における，アルツハイマー病のケアは，孤独な活動である見込みがある．介護者の圧倒されるようになる見込みは，他の支持的な資源が，家庭の外に現れないかぎり，高度であると思われるであろう．

巻きこまれた，家族たち

　かかわり合いの連続体の他の極端な面で，巻きこまれた家族が非常に親密であると特徴づけ

られるために，その成員たちは，自律についてのかれら自身の思慮を見失う．この家族の成員たちは，帰属の非常に強い意識をもっているであろうが，しかし，スキルに熟達することに関する，かれら自身の能力について，あるいはかれらが修得したであろう，個々に決定された能力の真価を認めることについて，非常に低い意識をもつであろう．巻きこまれた家族の中の個人たちは，かれら自身の方法とかれら自身の時間によって，問題を解決するための機会を与えられてはいない．したがって，アルツハイマー病の危機に先行した，どんなストレスの多い体験からでも学習し，そして成育することは困難であっただろう．巻きこまれた家族たちの特徴である，過度の懸念と没入は，とくにストレスの期間の間に，はげしい過剰反応を生ぜしめる (Miller, 1982)．これらの家族にとって，ストレスが多いことは，他の家族たちにとっては，それほどストレスが多くないかも知れない．この家族の中の，アルツハイマー病をもつ人は，身体的な，そして他の具体的な要求を満たしたであろう一方で，これらの要求はその人の自尊心と個性を犠牲にして満たされるであろう．両親と子供たちは，お互いの生活の中に非常に過度に没入されうるので，ひとりの成員が衰えるか，あるいは抑うつ的になるときに，かれらは全員が苦しむ傾向がある．

巻きこまれた家族を特徴づける過度の没入は，アルツハイマー病を介護することの間に，過負荷を生じうる．時間が経過するに従って，お互いの支持のためのエネルギーは，より小さな細部に対して，消耗されたであろう．したがって家族は，全体として，より少なく行動しなければならない．幸運にも，たいていの家族たちは，その人たちらしくなく，巻きこまれるか，あるいは関係がなくなるか，のどちらかである．いっそう顕著に巻きこまれるか，あるいは関係がなくなる，表現様式は，アルツハイマー病のケアを供給する個人たちを阻害するかも知れない．かれらは，それを防ぐ必要はない．家族の問題が，ケアを本当に妨げることに固執するとき，専門家の援助が要請されなければならない．

■危機の間の，家族の役割

家族の中の個人たちは，アルツハイマー病に関連する状況や，強い要求に対処するために，異なった役割を引き受けるだろう．全般的に，これらの役割は，障害された人に支持的であり，また家族が，適切に対処することができるようにする．異なった役割は，多様な時期に，異なった家族の成員たちによって，引き受けられるであろう．いくつかの役割が，同じ家族の成員によって引き受けられるかも知れない．

助力する人 (facilitator) の役割

家族の安定性は，助力する人にとって，もっとも重要な事である．家族の他の成員たちは，ある家族の成員について，具合が悪いことを決定するために，専門家のかかわり合いを支持するであろうけれども，助力する人は，この提案に反対するであろう．この家族の成員は，おそ

らく障害された人について，たとえば，疾患の精神医学的徴候のために，第二の医師の意見を聞くことによって，あるいは精神医学的治療を捜し求めることによって援助を受けようとする他の家族の努力を，じゃまするであろう．助力する人たちは，意識的に，あるいは無意識的に，かれら自身を含む家族のすべての成員たちが，親戚たちを病的な，あるいは，より依存的な役割の中に保持することによって，もっともよく役に立たされていると信じている．このようにして，かれらは病気と，それに関連した諸問題を一層助長し，そして促進する．もしも診断が行われてしまっていたならば，もしも，かれ，あるいは，かの女が，それを家族の安定状態に対するひとつの脅威として認めているならば，助力する人は，それが知らされていることに反対するであろう．

他のケアに関連した決定は，助力する人の役割をもった，その他の家族の成員たちにかかわりがあるだろう．家族の安定性は，一度家族の成員たちが，かれらの生活様式の中の，必要な変化に適応し，そして変化を行うための機会をもってしまったならば，回復するであろう．家族の成員たちは，一度物事が静まったならば，変化に対していっそう抵抗するようになる．かれらはおそらく，きまった仕事における変化が，だれでもに対して不安にさせうることを理解する．もしも支持的な集団の成員が，成人のディケア，あるいは休息のケアを慎重に考慮することを勧めるならば，この示唆は，最愛の人の要求に対して，家族がその現在の反応によって成し遂げた安定性を，おびやかすかも知れない．介護者のストレス，あるいはアルツハイマー病をもつ人の悪化している状態は，考慮に入れられない．思ったほど安定していないこの平衡状態を，ひっくりかえすよりも，家族によって感知された安定性を維持することの方がよりよい．

犠牲者の役割

犠牲者はたいてい，他の家族の成員たちと，もっとも多くの接触をもっている見込みがある家族の中の個人である．かれ，あるいは，かの女は，おそらく専門家たちとも，またもっとも多くの接触をもっている．一家族の中にひとり，あるいはそれ以上の，犠牲者が存在するかも知れない．異なった時期に，異なった家族の成員たちが，犠牲者の役割を引き受けるかも知れない．犠牲者は，アルツハイマー病を，いくらかの理由によって，あからさまな，そして個人的な，脅威と考える．もしも，かれ，あるいは，かの女が，冒された個人に依存的になってしまっていたならば，とくに今後は，かれ，あるいは，かの女自身の幸福は，危うくなるかも知れない．配偶者たちは，かれらの血縁関係と結婚が，疾患によって脅かされているので，危機に陥っていると，感じる．他の家族の成員たちは，かれらの最愛の人と一緒の将来が，劇的に変化してしまったために，犠牲者たちである．アルツハイマー病の家族たちの，遺伝学的危険性は，確かに犠牲者的役割の認識の，一因となる．家族の相互作用の頻度は，すべての家族の成員たちにとって，減じられるであろう．しかし介護者である配偶者は，友人たちからもまた，孤立化させられるようになるであろう．疾患は，血縁関係をおびやかす．犠牲者は，もしも，

だれかが，アルツハイマー病がたどった経過を，後戻りさせることができるならば，脅かされている程ではないと，感じるであろう．一家族の中で，犠牲者と一緒に仕事をしている専門家たちは，かれらが，究極の個人的な脅威，死を除去することができないために，さらに多くの批判を，受けるかも知れない．

管理者（マネージャー）の役割

　ある家族の危機が起こるとき，ひとりの家族の成員が，しばしば管理を引き受ける．かれ，あるいは，かの女は，危機の間には冷静で，また，スタッフを安定させることができる．情動は，つねに抑えられ，またこの人は，専門家との接触に関して，いくらか知的であるだろう．家族の成員たちに対して，"管理者"によって与えられた説明は，内容において，情動的であるより以上に，知的であるだろう．かれは，多くの人と同様に，情動的な支持を与えることは，できないであろう．しかしかれは，実行される必要があることに対する，家族の反応を組織化することの中で，かぎとしての役割を演じている．その家族の成員は，障害された家族の成員と，最初の家族の介護者の要求を，気にかけることにかかわるようになる．専門家たちと重要な連絡をとりうる．家族の管理者は，つねに，ケアの親密な面にかかわりがあるものとして，あるのではない．そして，本来の家族の成員たちとは，ある距離を保持するであろう．ケアが，最愛の人たちに供給されている場所から，ある距離をおいて住んでいる家族の成員たちは，この家族の役割の，ある部分を引き受けることができる．かれらの実際的な問題解決による援助は，情動的に消耗させられた介護者に対して，支持的である．実際的な援助を供給することは，ADを相手にしているものとしての，家族の一員であるという，家族の管理者の意識を支持する．

管理人の役割

　管理人たち（Caretakers）は，病人たちを養育したいという，強い願望をもっている．かれらは，家族の中のこの役割を引き受けたし，あるいは，この要求の充足を支持する，職業を選んだであろう．多くの管理人たちは，生得的な要求のために，あるいはこの役割を，かれらに割り当てる，社会的な圧力に負けるために，この役割を引き受ける女性であるだろう．夫たちは，かれら，とかれらの子供たちを，養育した妻たちに同じように報いるための機会を，アルツハイマー病が，かれらに与えるために，より少ないストレスに悩む，アルツハイマー病の介護者たちとみなされる．

　介護者たちの養育するための要求は，かれらの，かれら自身を世話することへの要求を，おおい隠すであろう．かれらが，かれらの親戚を無力な子供と考えるとき，かれらの養育へ向かう傾向が，かれらの子供ともちたいと思っている，血縁関係に似ている，配偶者，あるいは親との血縁関係を再現するであろう，よい機会がある．このことは，分離できないきずなに，帰着するであろう．再度の深い結びつきをする過程を増強する．この血縁関係は，分離について

の，いかなる脅威に対しても抵抗するようになる．管理人たちは，しばしば，休息のための機会を回避する．その結果として，かれらは，しばしば，どの役に立つ，あるいは有意味な活動のためにも，いかなる願望をももっていない限度までかれら自身を疲れ果てさせる．かれらの生活は，最愛の人を世話することによって，異常に消耗される．この消耗する活動から，自分たちを分離しようと試みる，どの他の家族も，それが，最愛の人のために"かれらがなしうるすべて"であるために，反対されるであろう．

　管理人の役割は，罪の意識によって動機づけられる．それは家族の適応の間を通じての，悲嘆のための過度の没入の段階に，相当する．管理人たちは，役割それ自体が，過度の没入を助長すると思われるために，この段階で，衝撃を受けたままにとどまるであろう．アルツハイマー病の患者が死ぬときには，管理人の役割によって，立場を固められるようになった人は，すさまじい喪失感に悩むことがありうる．かの女は，最愛の人を失ったばかりではなく——かの女は，かの女を支持した役割を失ったのである．管理人たちは，はげしい，そして長びいた悲嘆の反応を体験するだろう．

逃亡者

　逃亡者たちは，家族たちの多くのタイプの中に見出されうる．しかし，かれらは，強度の葛藤によって特徴づけられた家族の中に，より多く頻繁に見出される．何人かの逃亡者たちは，それなりの努力をする価値のある個人たちとしての，自主性を見出すために，家族たちを激しく巻きこませたかも知れない．逃亡者は，家族の中の通常の相互作用からひきこもった．かれは，しばしば，アルツハイマー病の危機の中で，顔を出していないことによって非難される．かれは，より多くの懸念を示していないことのために，批判される．

不在を保護する．　逃亡者たちにとって，家族からある距離を移動してしまったこと，そして価値のある人として，より多く報われ，またかれらに感謝されている活動に，かかわり合うようになることは，異例ではない．かれらは，不健康であった過去の血縁関係と相互作用を，代償しようと努める．かれらの家族からの，かれらのひきこもりは，自己防衛的である．かれらが，かれらの家族の外部では，申し分なく機能しうるであろうのに，かれらは，かれらが非常にストレスを加えられた，そして葛藤的な，家族への再度の没入を我慢できないことを，現実化するように思われる (Blazer, 1984)．たとえ親が，アルツハイマー病によって，死にかかっているとしても．かれらは，むしろ未完成の過去のひどい仕事を，そのままにしておきたいと思った．かれらの不在は，ある家族の成員たちにとっては，相当に受け入れられるであろう．それはともかく介護者になる親は，古い問題が，家族に危機の期間の間に，一緒の暮らしの許容を退けうることを，望むかも知れない．

患者の役割

　アルツハイマー病をもつ人は，患者である．かれ，あるいはかの女は，明らかに家族に対する危機を促進したという問題をもっている．この問題は，ついで，全体としての家族にとって，利用しうる，情動的，身体的，知的な，精神的な，そして財政的な資源に対する，それ以上のストレスをつくりだす．患者として，アルツハイマー病をもつ人は，これらの資源の集中点であるだろう．しかし他の家族の成員たちは，かれらが最愛の人のための，専門的な援助を捜し求めるときには，"目立たない患者"の役割を引き受けるであろう．かれらは，患者に対する，かれらの血縁関係と援助する役割を，かれら自身の要求に取り組んでもらうために，利用する．専門家との接触もまた，かれらに古い論点と問題をもち出すための，機会を与える．これらの問題は，アルツハイマー病に直接に関係づけられないであろうが，しかしケアを供給し，お互いを支持し，また全般的に介護することに参加する，家族の成員たちの能力に影響するであろう．いくつかの問題は，やはり一緒に，生産的に仕事をするための，家族の能力に影響する，家族の問題に直接に関係があるだろう．

目立たない (hidden) 患者.　　これらの家族の成員たちの要求は，アルツハイマー病をもっている親戚と，競争しているようにみえる．かれらは，専門的な注意を正当とする，もっともな要求をもっている．かれら自身のために，直接的に援助を捜し求めることに関しては，不安で，かれらは，親戚に便乗して機会をとらえる．いかなる他の疾患についても，介護者たちの要求は，患者として確認された人の要求と同様に，筋が通っているという考えを与えるほどには，信じられなかった．不幸なことに，管理人たちである，家族の成員たちは，かれらの要求と最愛の人たちの要求とが，折り合うようにバランスをとることはできないであろう．
かれらは，専門家の援助を考慮に入れなければならない．介護者と患者の要求は，専門家たちと健康管理システムとからの，いっそう均衡のとれた反応によって取り組まれなければならない．

■介護者たちと，介護すること

　ある意味では，脆弱な，あるいは生活の苦しい人々を世話するための必要性は，説得力のある社会的価値がある．ある人々は，一種類の，あるいは別の種類の，問題と要求をもっている人々の世話をすることから専門を形作っている．ある介護者たちは，養育するための要求によって，強く動機づけられている．しかし，すべての介護者たちが管理人たちではない．介護することへの異なる接近法は，ちょうど論議された役割によって，影響されうる．介護することは，一家族と，ひとつの血縁関係の内部で起こるので，これらの関係のある諸因子は，この過程を更に特徴づける．われわれが，*介護すること (caregiving)* と呼ぶことは，ケアすること，の態度と，活動を通じてのこの態度の表現にかかわりがある．そのような場合には，専門家た

ちは，介護者たちの要求が，患者たちと同様に重要であることを，すみやかに認めなければならない．

　われわれが愛している人々のケアをすることは，家族たちの義務，あるいは期待とみなされ得る．中年を過ぎた人々が受けるケアの80％もが，介護者になる家族の成員たちによって供給されている．しかし，もしも，われわれの動機づけが，専ら本分，あるいは義務の意識であるならば，われわれの家族たちの成員たちを世話することは，いっそう困難である．ケアが，家族の義務感から遂行されるときには，恨み，および同様の感情が，より容易に生じる．そこでは，ケアすることのための他の理由がなければならない．

　数年前に，私はひとつは，El Paso で，そしてもうひとつのものは，Baltimore で，2つの連続的な会議で意見をのべる機会をもった．両方ともが，それらの都市のアルツハイマー病協会によって，主催された．そのときに，発起人たちは，支持グループが，孤立化させられ，また過度に没入するようになった，多くの家族の介護者たちに接触をもつことによって経験した困難について極度に関心をもった．かれらもまた同様に，非常に圧倒されているので，自分たちの身体的および精神的健康が危険にさらされるようになった，介護者たちに接触をもつことに関心があった．援助の申し出は拒否されてしまった．そしてこれらの介護者たちは，かれら自身とかれらの最愛の人たちにとって，確かにより大きな危険に帰着するであろう，進路に沿い続けた．この時までには，介護者たちに利用しうる，いくらかの非常に役に立つ図書があった．社会的調査は，雑誌を，介護者のストレス，過労，そして重荷に関する研究によって満載にした．非常に僅かの調査が，どんな風に疾患をもっている人々が対処したか，ということに取り組んだにも拘わらず，調査は，どのように，介護者たちがストレスに対処したかを，いっそう注意深く調べ始めてしまった．疾患のために途方にくれている介護者たちと，最愛の人たちに対する悲嘆の衝撃は，より多くの注意を受け入れることを始めつつあった．

　ある意味では，介護することはひとつの仕事であった．仕事という記述は，介護者たちが引き受けた仕事へかれらを誘導するために，適切であるだろう．いくつかの例では，それは選択によって引き受けられた．他の例では，そこに選択はなかったかも知れない．それは，実行されることが，必要であった．またたいていの家族の介護者たちは，前もって必要なスキルを所有していなかったという事実にも拘わらず，かれらは，人並みにうまく仕事を遂行した．それは困難であった．しかし，かれらは奇妙な行動を管理する，いっそう融通性のない，きまった仕事に適応する，そして推論の利益なしに，問題を解決することを学習した．ある人々はナースたち，精神科医たち，そして神経学者たちの，ためになるであろう少しの事を，学習しさえした．他の人々は，家族の慣習についての，基本的な知識を習得した．ある人々は，かれらが，かれらの配偶者たちが決して実行できないだろうと主張した物事を，実行することを学習したという，事実を得意に思った．さらに綿密に，仕事の種類を振りかえってみよう．

　介護者たちは，事実上，全く監督のために仕事をしていない．かれらは，かれの，あるいは，かの女の仕事を，期待に応じて実行することに，相当に苦労している人という，1人のス

タッフであるに加えて，かれら自身の監督者である．給料なしで遂行される仕事のために，あるタイプの利益が期待されうるだろう．二，三日の休暇は，よい出発点になるであろう．良好な，身体的に，あるいは，精神的に健康な日は，確かに苦痛を与えないであろう．運わるく，利益は，成長と発達のための計画のように，疑わしく思われる．たとえば，どんな人並みの仕事でも，あなたの自尊心を増大するであろう．これ（自尊心）はあなたの生活を承認し，そしてどれくらいそれがなお，有意味であるかを認めることを，あなたに期待する．最悪なのは，たとえあなたがその仕事を好まなかったとしても，やめることは恥ずべきであるだろう．あなたが仕事を引き受けるとき，ものごとは少し混乱しつつある．よく考えてみれば，混乱の周辺で，仕事の特徴に関して，ふれられた何か他のことがあった．しかし現在は，"孤立化の危険"が意味することが，より明白である．そして高いレベルのストレスを作り出す仕事についての警告は，過大評価されていない．

　介護者になることは，新しい仕事を始めることに，少しは似ている．少くとも，あなたは，あなたがその人のために働いていると知っている．そしてあなたは，長い期間にわたってかれと知り合いになってきた．あなたが，かれについて知っていることの多くは，まだ役に立つ．他の監督者たちのように，かれは，あなたが更に多くフィードバックを必要とするかも知れないより後の時よりも，最初にあなたが始めるときに，あなたの仕事について，あなたにより多くのフィードバックを生ぜしめる．あなたが何かよくないことをやるときには，この監督者は，あなたが変える必要があることを，あなたに話すよりもむしろ異なって行動する見込みがより大きい．他の家族の成員たちは，かれらが，仕事場にいるように行動する．かれらは，実際にはあなたの監督者ではなく，かれらは，つねにあなたがなすべきことを知っている．

仕事以上のもの

　介護者になることは，家族の中の多くの他のもののうちのひとつである．ひとつの確立された血縁関係の内部で，あなたがやることが起こるために，仕事の義務を遂行することより以上に，多くのことにかかわり合う．介護することは，実際には，ひとつの役割ではなく，それは夫－妻，親－子のような，確立された役割の内部で与えられるケアに関係する (Pearlin et al., 1990)．このケアが，愛情から与えられるときには，それは義務と責任の意識から生じる，同様の活動よりも，いっそう確実に有意味である．

ケアすることは，感情にかかわる

　ケアすることは，かれらについてのわれわれの感情と，かれらにかかわる体験に対する，われわれの情動的な反応に関連する，他の人々の福祉への，われわれの介入の一部である．ケアすることは，この参加の，行動上の表現である (Pearlin et al., 1990)．親，配偶者，あるいは兄弟に，介護を行うことは，その人についてケアすることの拡張である．ケアすることと，介護することの両方ともが，人々がお互いの幸福を保護し，また高めようと試みる場合に，すべて

の血縁関係の中に存在する．家族の成員たちが，介護者たちになるときに，かれらの介入は，かれらのケアを必要とする人にとって，何か異なったことを，かれらが行うことを必要とする．介護することにかかわった体験は，新鮮であるだろう．そしてこれらは，前の体験によって生じたそれらとは，種類，あるいは強さにおいて，異なっている情動的反応を生じるであろう．

　アルツハイマー病は，必然的により大きな障害に帰着する．この障害から生じる，徐々に増加する依存性は，より多くの介護する活動を大いに必要とする．このことは次いで，そこで介護することが生じる血縁関係の中の，深遠な変化に帰着する．血縁関係の中でやりとり（give and take）することは，あちこちに満ちあふれた．親戚たちの要求と依存性が，より大きくなるに従って，与える（give and take の give）が，一方向に発する．介護することは，それが全体の血縁関係を，事実上占有するように膨張するだろう．最初は，介護することに関連した愛情があふれているが，しかし戻ってはこない．結局，2人の人が含まれる，大事にされた血縁関係は，そこで1人の人が，他の人を介護することである，ひとつのもの（訳注：一方向のもの）に変えられる．この劇的な，そして不本意の急激な場面転換は，それ自体が，ストレスの重大な根源である．

介護者のために，ケアすること

　家族の介護者たちは，血縁関係のこの場面転換に，じかに直面する．他の家族の成員たちもまた，それを体験するが，しかし，毎日それに直面しているのではない．家族の介護者の心のこもった人は，かれ，あるいは，かの女が，ケアを行う対象である最愛の人から，ますます，勇気づけられることがなくなってくると感じとる．アルツハイマー病によって変化されつつある親戚のことを，家族の成員たち，および友人たちは心配するであろうけれども，介護者である親戚についての，かれら（家族の成員たちおよび友人たち）の心配は，より大きいと思われるだろう．かれらの発言の趣意は実際にはケアすることであるが，かれらの心配は，介護することの品質についての意見として解釈されるだろう．かれらの行動は，ひとりの介護者のためにひとりの介護者であろうとするかれら自身の試みである．かれらは援助と愛情の小さくなりつつある湧出を増加させようと試みているであろう．

介護することについて，ケアすること

　ときどき，他の家族の成員たちの惜しまず与える努力が，欲求不満の徴候を示し，また介護者は，これらの同じ家族の成員たちは，ケアをし得ないと信じる．あなたが，ひとつの血縁関係と，ひとりの人を失いつつあるときに，あなたは，ケアすることを止めない．ケアをしつつあるあなたの役割は，教育される必要がある．しかしケアすることについての，あなたの表現は，無理やり，介護することにまで，されているように見える．介護することの体験に対する，あなたの反応は，あなたのケアする役割と，不一致である感情とかかわり合い始める．あなたの最愛の人に対する怒りは，罪の意識に帰着する．あなたは，介護することが終るであろ

うことを，望むかも知れない．しかし，それは血縁関係がやがて終ることを，意味するであろう．援助を行い，そして休息をとることがよいだろう．しかし，あなたが行ってしまっている間に，もしも何かが起こったならばどうすればよいのだろう？　あなたもまた，要求をもっている．あなたは，くたくたで空っぽになる．しかしあなたの最愛の人が感じることに比較されるときに，これらの感情はどんなものなのか？　介護者たちが，かれら自身の要求に反応しはじめるときはいつでも，かれらは2人の人のために同時にケアすることにおいて，生得であると思われる葛藤に気づかせられる．あなたがこれ以上誠実であるためには，あまりにも疲れすぎているときには，他の人の要求がより大きいという意見に折れることがつねにより適切である．

　2人の人の要求のために供給することは，2人ともが，かれら自身のために話をすることができるであろうときには，困難のようではなかった．あなたたちは，互に他の人の好みを知るほどに十分に，よく知り合っていた．しかし遅かれ早かれ，他の人は，もはやかれ自身について話し得なくなる．そのとき，好みがそれだけ多く重要かどうか，ということが問題になる．アルツハイマー病——それは，何もかも，変えなければならないのか？　どのようにして，私はその支配力から，私自身を切り離すことができるのか？　どんな風にして，私はふたたび，家族の一員であると感じうるのか？　どんな風にして，他のやり方で，ふたたび私自身であることが問題なくなるときを，私は本当に感じ取るのか？　いつになったら，私はもはやただの介護者でなくなるのか？

自己のためのケア

　介護者たちはかれらにとって，元通りに完全な個人たちであることが，重要であるところの，点に達する．かれらは，生活に関する，更に多くのものを望む．かれらが，耐えている喪失に直面してさえ．ある人々は，喪（mourning）が強度というほどではなくなり，そしてかれらが，生き続けることを決心するのちに，このことを認める．ある人々は，この体験の間を通じて，成長し，また発達する．しかしケアに対する社会的，および，個人的勧告は，非常に強力である．介護者たちは，かれら自身のために，かれらのケアの援助を選択することによって，かれらを先導する何かを必要とする．かれらは，かれら自身の要求を考えることが，かれらの道徳的および倫理的権利であるのを示唆する，何かを必要とする．かれらは，かれら自身の世話をするために，かれらに権能を与える何かを必要とする．アルツハイマー病の家族の支持グループの中で，介護者たちは，ジレンマ（板ばさみ，窮地）が，実質的には，すべての介護者たちにとって同じこと，であるのを理解する．これらの支持グループは，しばしば，介護者たちの権利の憲章（Caregivers' Bill of Rights）（Gwyther, 1990）を発展させる．

　権利の形式化された憲章，という発想は健全である．それは，社会，家族，およびかれらのそれぞれの文化から，介護者たちが感じる，道徳的，および社会的勧告を相殺するための，ある均衡を供給する．それは，個人たち，および家族たちが，介護することそれ自体の，容赦し

ない課業よりもいっそう重要であることをもまた，主張する．われわれの生活を，別の人のために犠牲にするという考えは，われわれが実行しつつあることについて，われわれが完全に意識しているときに，英雄的で気高いと考えられるかも知れない．さもなければ，それは自滅的で，また不必要である．介護者たちは，かれらの生活を犠牲にすることという，この考えを快く進んで受け入れているのではない．

次に示す見本の介護者たちの権利の憲章は，介護者たちが，かれらの価値，および，かれらがケアの対象とするする人々の価値を支持する，均衡に気づくのを助けることができる．それは，介護者たちに，かれらの健康，および，最愛の人たちの健康のために，これらの権利を行使することをもまた，勧めている．これらの最愛の人たちの何人かは，アルツハイマー病をもっている人々である．他の人々は，かれらとの血縁関係が，介護することが終ってしまったときになお，存在するであろう家族の成員たちである．

これらの権利は，家族の介護者の生活に対して，それらが行うのと同様に適切に，その家族の生活に適用される．多くの介護者たちにとって，元通りに，かれらの家族の一員になるために学習することは，いったん介護することが，終ってしまい，そして悲嘆の存在が，いっそうはっきりするようになってしまったならば，かれら自身の，別個の同一性を確立することと同様に，価値ある目標である．

介護者たちの，権利の憲章

われわれ介護者たちは，われわれ自身と，われわれの資源の両方ともを，アルツハイマー病に冒された最愛の人々のケア，保存 (maintenance)，および支持にささげる限りは，われわれは基本的な，そして譲渡できない権利をもっていることを確約する．

われわれは，われわれ自身と，われわれがケアする対象である，最愛の人々のために，品位のある，また人間味のある，生活様式を維持するための挑戦において，単独ではないことを確約する．更にわれわれは，最愛の人々とわれわれ自身のためのこの目標に到達し，またこの努力の中で，われわれに加わる人々に，敬意を表するための，よりよい方法を探求することにおいて，単独ではないことを認める．われわれは，われわれの最愛の人々を，意図的に受け入れることに，責任をとることの結果として，われわれは，われわれ自身に対する責任をもまた，認めなければならない．われわれは以下にのべる，個々の権利を宣言する．すなわち

- 最愛の人々とわれわれ自身のために決定する権利．それは，われわれの両方ともにとって最良であることが立証される．
- 罪の意識，恐怖，あるいは非難なしで，われわれ自身のために，時間と活動をもつための権利
- 生得的に，われわれが，愛する誰かを失いつつあるものの中の一員であるという，感情をもつための権利
- われわれが，ひとりだけでできることを，処理するための権利，またわれわれが，本当に

理解しないことについて，質問するための権利
- われわれの要求と，われわれの最愛の人々の要求を，思慮深く調節する，選択の自由を探し求めるための権利
- 敬意をもって，われわれが，助言と援助を探し求める人々によって，処遇されるための権利．われわれの最愛の人々が，同様な方法で処遇されることを，期待するための権利
- 間違いをする，そして忘れられる権利
- われわれの見解が異なっているときでさえ，われわれの家族たちの中の，活気のある，そして大切な成員として受け入れられるための権利
- われわれ自身を愛するための，そしてわれわれが人間の力で可能であることを，実行してしまったのを認めるための権利
- われわれが実行し得ることを，そして，それを学習するための時間を，覚えるための権利
- われわれが結局，われわれが，愛する人を失わなければならなくなる前に，さようならを言う権利
- 否定的な，破壊的な，また理由のない感情や思考を免れている権利．また理解することが困難な感情によって，仕事をすることを免れている権利
- われわれの愛情のための努力が，完全である以前に，われわれの生活を元通りに発展させるための権利

11. 価値，信念，そして介護者の体験

■期待は，われわれの感情，および反応に影響を及ぼす

　数年の間，われわれが知り合ってきた人についてのわれわれの期待，あるいはイメージを変えることは，容易な仕事ではない．しかし，アルツハイマー病をもつ人の行動についての，われわれの信念を確かめることは，介護者たちに，最愛の人々と影響し合うことへの，新しい洞察を生ぜしめうる．この修正された見地を用いることによって，介護者は状況の更にすぐれた統制を手に入れることができ，またアルツハイマー病をもつ人に，推論し，理解し，そしてできるだけ長い間適切に行動するための，かれの能力を保持するのを援助することができる．

個人的に，健忘を考えること

　介護者が，アルツハイマー病をもつ人の行動について，信じていることは，かれが感じること，そして，どのように，かれが反応するかということに，はっきりと影響を及ぼす．もしも，かれが，最愛の人が再三再四，まさにかれを悩ませるように，またそれゆえに，いらいらさせるように，同じ質問をしていると信じるならば，この焦燥は，たとえ，かれが，介護者を悩ませるためにやってしまったことを，かれはおそらく理解していないだろうとしても，アルツハイマー病をもっている人にとってはわかりきっているだろう．そのような不必要な焦燥は，介護者にとって，ストレスに満ちている．そしてそれは，いっそう複雑な問題に帰着することによって，アルツハイマー病をもつ人に対して，情動的に動揺を与える影響を及ぼすことがありうる．それゆえに，おのおのの介護者は，かれの最愛の人の行動を，個人として考えないようになることが重要である．

非現実的な期待

　かれ自身についての，介護者の期待は，どのように，かれが最愛の人を世話するかにもまた影響する．多くの介護者たちは，かれら自身に対して，大きな負担を負わせる．疾患の身体的な原因と，個人の機能的能力に対する，その衝撃の完全な理解の欠如のために，かれらは，か

れら自身がかれらの親戚の問題と，失敗に責任があると考える．怒り，罪の意識，欲求不満，および同様の感情が，介護者たちを，かれらの限界を超えて押し動かす．介護者たちは，かれらの限界に加えて使用しうる資源を，現実的に評価しなければならない．さもなければ，介護することのストレスは，自暴自棄と疲労に帰着することがありうる．

病気と喪失に対する，以前の適応は，アルツハイマー病に対する，われわれの適応を予言することがありうる

　介護者たちは，疾患の経過の間に，他の人々の援助を懇願し，また受けとることを，学習しなければならない．これが困難であると感じる，われわれの中にいる人たちは，われわれの信念を確かめなければならない．われわれは，すべての人の要求のために供給することが，われわれだけの責任であると信じているのか？　あるいはそれは，他の家族の成員たちによって，分担されるべき責任であるのか？　同様に考えられることは，どれくらい申し分なくわれわれが，われわれ自身に気をつける傾向があるかということである．過去にわれわれは，われわれの家族，および他の人々の要求によって，大そう消耗させられるようになったので，われわれは，われわれ自身の要求を無視したのか？　介護することの役割によって，どれくらい，われわれは，われわれの最愛の人の要求に応じているのか？　どんな信念を，本当にわれわれは，われわれの役割についてもっているのか？　これらの質問はわれわれの介護することの基本的なパターンに対して批判的である．

介護者は，できるだけ，自立的なままでいることを，患者にできるようにしなければならない

　疾患が進行するに従って，介護者は，患者のために，増大した責任を負うことに気がつくであろう．とくに子供は，親がかつてかれを世話した方法で，アルツハイマー病をもつ親の世話をしている，かれ自身に気づくであろう．この現象は，役割交換 (role reversal) として知られている．しかし，この交換過程の進行速度を，絶対的に必要な速度よりも，いくらかより速くしないことが，非常に重要である．アルツハイマー病は，徐々に進行する疾病であり，そしてそれは，人があらゆる能力を，突然に，そして同時に，喪失するのではなく，また，かれの家族が，かれの全面的なケアを，みんな一度に，引き継ぐ必要があるのでもないことを意味する．介護者は，できるかぎり長い間にわたって，可能なかぎり，自立したままでいることを，かれにできるようにして，アルツハイマー病の患者をもっとも良く援助しうる．ケアを供給している人が，人の生活のすべての範囲にわたって，同時に支配統御しようと，試みるとき，次にのべるような，ある非常に不幸な結果が起こりうる．すなわち

- 人は，あらゆる援助を必要とすることを，少しも認めようとしないし，またすべての援助を拒絶する．
- 介護者とひどく苦しめられている人との間の成熟した関係は，より早期に断たれる．

- アルツハイマー病をもつ人の自己概念（self-concept）は，かれの現存した能力についての疑念によって徐々に破壊される．
- アルツハイマー病をもつ人は，より早期に依存的になる．
- 介護者はつくり出された無用な重荷によって，圧倒されるようになる．

　介護者たちは，それゆえに人の役に立つことをかれらが強く望むために，かれらが，最愛の人の自給自足の生活の終末を急がせていないのを，確かめるために，かれら自身を監督しなければならない．

変化は，つねに明白であるとは限らない

　対照的に，家族の成員たちは，疾患の症状を見のがすであろう．またそれゆえに，急いで充分に援助を供給しない．もしも人との接触が，単にときどきであるならば，かれらは，医学的状態が，人の身づくろい，服装，話すこと，あるいは行動における微妙な変化に責任があると考えるための，いかなる理由ももっていない．

　変化が，とくに配偶者に起こるとき，われわれは，それらに注意を払わないで，できることなら，むしろ，それらを，当面の環境に一因があるとする傾向がある．しばしば，とりわけ，それらが警告の理由になるものとは思われないときに，それらを処理することよりも，われわれをいらいらさせ，あるいは困らせることを減じるのがより容易である．仮に配偶者が問題をもち続けるとしても，われわれは，専門家の意見を得ることに，まだためらいを感じるであろう．

家族の，おのおのの成員は，それぞれに適応する

　もしも問題の厳しさが，他の人々に対するよりも，ある家族の成員たちに対して，いっそう明白であるならば，葛藤は，活動の最良の経過の周辺で発生するであろう．たとえばBettyは，かの女の夫のJohnの，記憶と疑い深い考えについて増加する問題を，実際より軽く見たいと思うかも知れない．かの女の息子と娘は，かの女が，かれらの父親を医師のところに連れて行くことを，あくまでも要求するときに，Bettyは，かの女の息子と娘が，かれらの父親の行動と同様に，かれらの母親の行動によって悩まされるようになるときに，問題が存在することを否認するであろう．Bettyは葛藤の中にいる．かの女の否認は，かの女が人を怖がらせる可能性のあることについて，考える欠点をもっていることを示唆する．その上に，Johnが，かの女と他の人々のせいにする問題について，専門家に診てもらうために，Johnを納得させること，という難題がある．Bettyは，家族が，かの女の夫が実行していること，そして，かれの身の上に起こっているかも知れないことの責任を，かの女にとらせると信じているかも知れない．

信念を検証すること

　ときどき，アルツハイマー病の問題に対して，逆効果の反応をすることはふつうである．介護者たちが，どんなに多くの援助が，申し出られなければならないか，そしてどんなに多くの

ものが，度がすぎているかを，当然のことと思いうるし，また当然のことと思い得ないのを左右するのは，非常に困難なバランスをとる行為でありうる．要点は，介護者たちがかれら自身を，あるいはかれらの最愛の人を，責めてはならないことである．しかし，かれらは，かれらの信念がどれくらい，かれらの思考，かれが行為し，そして反応する方法，そしてかれらが体験し，そして表現する情動に影響を及ぼすかを検証しなければならない．そのような自省は，病気が病者の健康を変化する前に，その行動と性格を有意に変える疾患に冒されている家族の成員を介護者たちが世話をし始めるに従って，かれらがより多く建設的に反応することを助けるであろう．

信念は，活動に影響を及ぼす

　以下にのべる個人固有のものとされた例は，どんなに介護者の信念が，配偶者のアルツハイマー病の状態から発生する，典型的な問題に対する，介護者の反応に影響を及ぼしうるかを例証するのを助けるであろう．

問題：

　Helenは，かの女の夫のTomに向って叫んでいる．寝室から，かの女は声をはりあげて言う．"ここへ来て！　あなたは，私があなたを必要とするときに，一度も飛んでこないのね！"それからかの女はわっと泣き出す．

信念：

　Tomは，かれの妻のHelenが，かれにあまりにも多く依存しすぎていると，またかの女のために，さらに多くのことをやらなければならないと信じている．かれは，かの女がアルツハイマー病をもっていることを知っている．しかし，かれは，かの女が無精であると思っている．かれはつねに，かの女が要求する所が多い人であると感じていた．かれは，かの女の泣き声を聞くときには，かれは何事についてもヒステリー的にならないことが，いかにもかの女らしいと心中考えている．

どんな信念が，Tomの思考と感情に関係があるか？

　かれは，Helenが，いかにも怠惰であると考えているために，Tomは，(かの女が)悪化したと思っている．この感情は，かれが，どんなに何度も，かの女が実際には自分のために実行できるであろう物事をやるために，かれを当てにしているかを，考えるに従って大きくなっていく．かれは，すでに皿を洗っているが，しかしそれは，かれの仕事ではない．かの女の泣き声は，それがかれを驚かせ，あるいは心配させるより以上に，かれをいらいらさせる．かれは，かの女が欲するものを手に入れるために，声をたてて泣いているのだと，信じている．かれは，たくみに扱われていると思っているために，より怒るようになる．

Tom の反応：

"Helen，黙りなさい！　私は，すぐにも，そこにいることになっている．と言うより，君がここに入ってくることが，できるじゃないか"かの女が必要とすることを，かの女に尋ねるために，あるいは，直ちに寝室に行くためには，Tom はあまりにも怒りすぎている．かれは，かれの妻が現在，かの女の要求を，はっきりと表現することに関して，障害をもっているという事実を無視している．

Helen の問題：

現在 Helen は，かの女の寝室の椅子からずり落ちた．かの女は，傷つけられてはいない．しかし，かの女は驚かせられ，そして気を動転させられる．かの女は，アルツハイマー病の状態が現れる以前でさえ，かの女が要求したときに，かの女のところにやってこない，かの女の夫について，過去にうちあけ話をしたことがあった．そしてそのほとんどいつもの反応は，パニックの中で，かの女が実際に起こったことを，詳しく述べられないときに，うっかり口から洩れてしまった．疾患は，かの女の協調性に影響した．そしてかの女の急激な驚きの中で，かの女は，かの女自身を制止するために，かの女の動きを鎮めることができない．かの女は，恐れと欲求不満によって，声をたてて泣いているのである．

Tom は，過去の体験のために，初期の大声に反応したがらない．かれは，どれくらい，疾病の衝撃が，かの女自身のために管理する，かれの妻の能力を破壊しているかを感知するのに充分なほど，よくそれをまだ理解していない．かれは，疾病によってくり出された不安定さをも，理解していない．

Helen の限界について，より多く知ることによって，Tom は，かの女に，何かがよくないのかどうかを，尋ねるかも知れない．あるいは，単純に寝室に入るかも知れない．かれは，おそらくかれの妻の世話をすることのために，疲れさせられてしまっていたし，そして挫折感をもたらされたと，また怒りを，感じている．これらの反応は，有難く思われていないという，感情によって激しくされる．かれのいらだちは，Helen に対するかれの反応を，遅延させてしまった．

　介護者たちは，かれらが，かれらの反応のための，種々の理由を確認するときに，いろいろな問題に一層適切に反応しうる．前の実例は，感知された問題が，つねに真の問題とは限らないこと，そして，ある問題についての信念と感情が，介護者たちに，うまく状況を処理することを妨げうる解釈，判断および反応に帰着しうることを示している．

12. アルツハイマー病の行動に肯定的に反応する方法

　第二章の中で，われわれはアルツハイマー病の症状を論じている．われわれが，アルツハイマー病の症状として，われわれの最愛の人が行った，不安にさせる行動を認める時でさえ，どんなものが適切な反応でなければならないかを理解するのが，必ずしも容易であるとは限らない．われわれの最愛の人の新しい障害に慣れていなかったので，われわれは，当然，われわれが，その人が健康であった過去に，従来行うのを常としたような行動で反応する傾向がある．不幸にもこれは，しばしばいらだち，欲求不満，および怒りによって反応することを意味する——そしてそれは，われわれが見てきたように，われわれにとっても，またアルツハイマー病をもつ人にとっても，役に立たない．

　この章は，アルツハイマー病の患者たちによって示された，ありふれた不安にさせる行動に反応するための，より生産的な方法を示唆している．行動を一覧表にすることののちに，われわれは，最初に，ふつうの直接的反応を同定する．つねに，これは，もしもわれわれが健康な人の行動に反応しつつあったならば，いつも適切であった解釈と反応である．しかし，それは，アルツハイマー病の患者による行動に対しては，有用な反応ではない．われわれは，次いで，アルツハイマー病によって生じた脳の障害を理解することにもとづいて，行動のよりよい解釈の助けによって読者を先導する．結局，われわれは問題に反応することのための生産的な方法にとっての，特別な提言を差し出す．

　われわれの目標は，介護者たちと患者たちの両方ともが，最上の日々を楽しみ，また不快な日々を最小限度にするのを援助するであろう．アルツハイマー病の患者たちの世話をすることへの，正確な，そして実際的な指針を，つくりだすことである．われわれの実例は，どうしてもあらゆる状況を包含できない．しかし，介護者たちが，この接近法を学習するとき，かれらは，それを異なった状況について，また異なったケアの環境の中で，用いることができる．

行動1．その人は，再三再四，同じ質問をする．

ふつうの反応．　その人は，耳を傾けていないし，あるいは，思い出そうと努めてはいない．

かの女は世話されることを望み，あるいはあなたを困らせようと努めている．かの女は，このことを統制することができなければならない．

アルツハイマー病の解釈． その人は，記憶の喪失に悩んでいる．そしてそれは，順次に，不安定さと不確実さの強い感じを生み出す．かの女は，再保証と安定を，探し求めるか，あるいは，おそらく，あなたのより早期の返答が漠然とした，またははっきりしないように思われたために，くりかえして同じ質問をしているのであろう．かの女は，あなたが返答を避けていると感じるかも知れない．そしてそのことは，かの女の不安定さの感覚を増大させうるであろう．

いっそう進行した段階で，記憶障害は非常に重症なので，かの女は質問をしたことを思い出さないか，あるいは，かの女は，あなたのより早期の返答によって脅かされていると，感じるのかも知れない．たとえば，もしもかの女が医師に受診するつもりであるときに，かの女がくりかえして質問するならば，医師は，かの女にとって不安定さの根源であるだろう．

役に立つ反応
- 質問に対して，はっきりと，ゆっくりと，そして具体的に応えなさい．
- その人に，あなたが言っていることを繰り返させなさい．
- もしもあなたが，あなたのより早期の返答が，その人を不安にしたと疑うならば，かの女の心を安心させるであろう再保証および実際の情報か，あるいはそのどちらかを与えなさい．
- その人を，他の活動，あるいは他の論議の話題の，ただなかで気を紛わせなさい．そしてそれ以上の質問を無視しなさい．
- 怒りをもって議論する，あるいは応答することを回避しなさい．記憶の問題のために，その人を非難してはいけない．
- まだ読むことのできる，その人のために，問題になっている情報をわかり易く書きとめなさい．

行動2．その人の人格は，変化したように思われる．

ふつうの反応． かれは，狂ったようになりつつある．あるいは神経過敏な衰えを，経験しつつある．かれは，すべての自尊心と誇りを，喪失してしまったのだ．

アルツハイマー病の解釈． 人格の変化は，アルツハイマー病の特徴的な症状である．しばしば，これらの変化は，記憶，あるいは知的な能力の，あらゆる明白な障害に先行して観察される．アルツハイマー病に関連した脳障害は，根本的にその人が行動する方法を変化しうる．その上に，人格の諸特徴は，疾病の早期の段階に誇張されうる．

人格に関する微妙な変化は，問題が存在するという早期の前兆を表すことがありうる．もしも，その人が，自分にふさわしくない方法で行動していることを，真に理解するならば，かれは精神的な衰えを経験しつつある，あるいは狂気になりつつあることを恐れるであろう．

最後には，脳の障害は，個性のたいていの特性を消し去る．人格変化のいくつかの例は，下記のものである．すなわち

正常な人格	新しい特性
社会的に活動的	社会的にひきこもり
おだやか，のんき	悩み，容易にろうばいする
親切，思いやりがある	わがまま，強要的
くつろいだ	妄想的
感情的に抑制されている	極度に感情的
注意深い，慎重	むとんちゃくな
すぐれた判断	よくない判断
性的に敏感な	性的に強要的
人なつっこい	友情のない，敵意のある
正直	不誠実な
融通のきく	融通性のない
愛情のこもった	思いやりのない

役に立つ反応

- 脳の障害の結果，あるいは脳の障害に対する反応としての人格の変化を認めなさい
- その人の安全，自尊心，品位，および愛情のための要求のような，行動の下にある要求を満足させようと努めなさい

行動3．その人は，望んでいると言っていることを実行しないか，あるいは，仕事を未完成のままにしておく．

ふつうの反応．　かの女は，無精で，また実際に努力してはいない．かの女は，あなたにうそをついている．かの女は，なにもかもについて，あなたの援助を望んでいる．

アルツハイマー病の解釈．　記憶の障害は，皆で一致して決定した何事かを実行することをいっそう困難にする．たとえば，ベッドの上に置かれたシャツを見ることが，もはやその人がそれを着なければならないという考えを始動しないであろう．記憶の能力は，推論のような知的な能力から分離され得ない．そして両方ともの能力が，失われつつある．

役に立つ反応

- 注意書と記憶のための一覧表を利用しなさい．
- 毎日の活動については，きまった仕事を続けなさい．
- 仕事が仕上げられなければならない時間に，近接してていねいに頼みなさい．
- より複雑な仕事のためには，一歩一歩の援助を供給しなさい．
- つねに同じ環境の中での，強く望まれた行動を要求しなさい（すなわち，キッチンあるいは食堂で食べること，寝室あるいは浴室で更衣すること）．
- もしもその人が，仕事の部分を，どのように，完成させるかを忘れてしまっているように，あるいはかの女が実行しつつあることを，忘れてしまっているように見えるならば，ことばによる援助を供給しなさい．

行動4．その人は，かれの記憶の問題を否認し，また間違いの弁解をし，他の人々を非難し，あるいは問題に気づかないように見える．

ふつうの反応． その人は誠実になってゆかない．かれは問題に直面し，またかれ自身の間違いのための責任を，引き受けなければならない．かれは，まさに年をとり，そして高齢になりつつある．

アルツハイマー病の解釈． 記憶の問題の否認は，アルツハイマー病に対する非常にふつうの反応である．最初に，否認は，必要な防御である．それは承認することが困難な，怖がらせる変化からその人を保護する．もしもかれが，弁解するか，あるいは他の人々を非難するならば，かれは，直接に問題と対決することなしに，記憶障害をむちゃくちゃに説明しようと，努めているのかも知れない．

役に立つ反応

- その人に，記憶の問題を無理に直視させることを避けなさい．
- 記憶を助けるための方法として，思い出させるものを提供し，照合のための表を提出しなさい．
- 記憶の障害が，あなたの親戚に関して提出する脅威について，ものわかりよくありなさい．
- もしも，かれが悩まされているように見えるがしかし，かれの家族に対する問題を認めることができないならば，その人のために専門家に相談するように手配しなさい．

行動5. その人は，つねに，かの女自身のために，ものごとを実行してしまったために，援助を必要としないことを主張する．かの女は，あなたが，援助を申し出るときに，腹を立てるようになる．

ふつうの反応． かの女は，がんこで非理性的である．かの女は，あなたを個人的に拒否している．かの女の怒りは，公明正大ではない．

アルツハイマー病の解釈． その人の援助に関する拒絶は，自立を維持するための努力である．あなたに向けられた怒りは，実際には，疾患によるかの女の欲求不満によって引き起こされるであろう．かの女の自尊心と自負心が，おびやかされる．あとで，そのような否認は，かの女がかの女自身の要求と問題を理解し損なってしまったことを示すであろう．

役に立つ反応
- どんな援助が，必要とされるかを，決定しなさい．そしてそれを，親切な方法で供給しなさい．
- その人が，かの女の要求と，問題についての意識を，本当に，欠如しているかも知れないことを，真に理解しなさい．
- もっとも取るに足らないことでも，成功のために，またあなたの援助を受けるために，勇気づけることと強化を提供しなさい．
- その人の欠点を強調し過ぎること，あるいは不快感を伝達することを，回避しなさい．
- もしもあなたが，対決がはげしい感情的な反応を，誘発することがありうるだろうと疑うならば，あまりにも直接的すぎて，問題に直面するのを回避しなさい．

行動6. 配偶者の性的な関心と，強い要求は，健常者よりも，より強度であるか，あるいは，あなたにとって，満足させることが，より困難である．

ふつうの反応． 性的な関係は，病気に照らして不適切である．そのような時に，どのようにして，かれは性的な活動を楽しむことができるのだろうか？．

アルツハイマー病の解釈． 脳損傷は，性的な活動について，人の欲望を増大させうる．それはまたかれの性的な抑制を減じ，性的に関連があることに関する，障害をつくりだし，またかれの配偶者に対する感受性を，減じうる．アルツハイマー病は，人の性的な同一性と，自尊心をおびやかしうる．

疾患が，徐々に人の人格を低めるに従って生じる親密さの喪失は，介護者である配偶者にとって，性的な関係を持続することを困難にするであろう．罹病した人は，性的な満足を手に入れ続けるであろう．しかし配偶者は，情動的な満足の喪失をこうむるであろう．

これらの問題にも拘わらず，性的な関係は，重要であることを続けうる．そしてその関係は，個人的な選択の問題である．アルツハイマー病をもつ人は，望まれている，そして愛されている，と感じる必要がある．性的に関連があることにおける適応が必要であるだろう．

役に立つ反応

- 性的な関心や強い要求を，疾病とあなたの前の性的な関係の，両方とものコンテクストの中で改めることを理解しなさい．
- 手をふれること，愛撫されていること，また性的な行為の代理をさせるものとしての，非言語的な関係を頼りにしなさい．
- もしも性的な問題が存続するならば，医師，あるいはカウンセラーに相談しなさい．

行動 7. その人は，かの女の金と，毎月の請求書の処理を誤る．かの女は，かの女の金を盗んでいると言って，あなたや他の人々を責める．かの女は，かの女の銀行が，金銭の問題を操作していると主張する．

ふつうの反応． かの女は思慮がなく，また責任感がない．かの女は公明正大ではなく，そして事実に直面しないであろう．かの女はうそをつきつつあり，そして問題を回避しつつある．

アルツハイマー病の解釈． 金銭を所有すること，そして処理することは，人の自立と能力の象徴のひとつである．その人は，かの女が，かの女の自尊心を守り，そしてかの女の自立を維持しようと努めているために，かの女の間違いのために，他の人々を責めるであろう．

記憶と推論の能力についての早期の問題は，より複雑な，財政上の問題を処理することを困難にする．計算を遂行しようと努めることは，書類の上でさえ，腹立たしくなる．金銭の取得について他の人々を非難することは，それによって，人がかの女の記憶の中の欠陥を補い，そしてかの女の自尊心を守るひとつの方法である．

役に立つ反応

- とくにその人が，1人だけで住んでおり，また脆弱（傷つき易い）であるときに，盗みのための非難にはいかなる真実もないことを確信しなさい．
- 配偶者，あるいは成人の子供に，財政上の問題のための責任を負わせなさい．
- その人の毎月の請求書を，監督しなさい．そして，疑わしい負債については，債権者と接

触をとりなさい．
- 財政的な問題について，話し合っているとき，その人の不安定さと，恐れに敏感になりなさい．
- 二者択一的な財政的解決に対して，より容易な適応ができるようにするために，その人にいくらかの現金を手もとに所有させておきなさい．
- その人の財政的な安全を保護する手段として，代理人および保護の権限のような，法律上の取決めを考慮に入れなさい．

行動8．その人は，途方もない物語を話すか，あるいはふつうでない，物事を話す．

ふつうの反応． かれはうそをついているか，あるいは厄介になりつつある．かれはまさに狂気になろうとしているか，あるいは次第に老衰化しつつある．

アルツハイマー病の解釈． そのような物語は，個人的には，考えることは容易である．しかし，それらは，稀に悪意がある．記憶および推論の能力が衰退し続けるに従って，より大きな欠陥が，現実についての，その人の知覚の中に残される．かれにとって，かれの論理の把持が，悪化しつつあるために，起こりつつあることを説明したり，あるいは理解することがより困難である．こっけいな物語，および明白な偽りは，かれが理解し得ないことを説明するために，空白を埋める試みであるかも知れない．

もしも，その人が，かれ自身の物語を信じているならば，かれが言っている物事は，真の激越興奮，怒り，および怖ろしさを生じるかも知れない．もしも，かれの物語が，他の人々に責めを負わせるならば，かれは，かれの自尊心と統一性を防御しようと努めているのであろう．

人が話すふつうでない物事のあるものは，話に関する障害をもまた表しているかも知れない．物事を説明する，あるいは正確に事物の名称を呼ぶためにでも，言葉を見つけることは，疾患が進展するに従って困難になる．その人は単に，断片的な考え，あるいは陳述を使うことができるであろう．

役に立つ反応

- 出来事についての，その人の理解をはっきりさせ，そして修正しなさい．
- 不安定さ，怖れ，あるいは欲求不満という下にある感情に対して，敏感に反応しなさい．
- 物語に対して過剰に反応すること，あるいは議論を始めさせることを回避しなさい．
- 他のものごとについての会話によって，その人の注意を転換させなさい．
- もしもその人が，ろうばいさせられているならば，かれに平静に戻るための，機会を与えなさい．

行動9. その人は，物事が，直ちに実行されることを，望んでいる；かの女は，あなたに，何もかもやってもらいたい．

ふつうの反応．　その人は思慮がなくなりつつある．かの女は子供のようにふるまいつつあり，また非常に依存的である．かの女は，あなたを管理しようと努めている．

アルツハイマー病の解釈．　もしもその人が脳障害の前に要求するところが多かったならば，疾患はそのような特性を際立たせうるだろう．その上に，かの女の記憶の喪失は，不安とパニックを始動したかも知れない．そしてかの女の要求の多い，あるいは非常に依存的な行動は，支配力を手に入れるための試みであるかも知れない．かの女の怒りは，恐れを隠しているだろう．

役に立つ反応
- 欲求不満に，そして腹を立てるようになることには，いかなる効果もないことをあなた自身に気づかせなさい．
- 穏やかに応答しなさい．
- 人に進行しつつあること，また行われつつあることを，知らせなさい．
- その人と一緒に何事か，をやりなさい．たとえ，それが，その人の求めていることではないとしても．
- あなたの欲求不満について，他の人々に話しなさい．

行動10. その人は，繰返して，過去の生活の中からの体験について話をする．

ふつうの反応．　かれは，過去の生活の中で，生活している．かれは，現在にかかわることを望まない．

アルツハイマー病の解釈．　脳を障害された人の，最近の体験を思い出すための能力は，より少なく確実になりつつあるのだが，かれは，まだ過去からの，いっそう遠く離れた題材を覚えているだろう．この資料は，その人にとって，より長い間近づき易いままにとどまる．そして自尊心と同一性のための，より多くの有意味な基盤を供給しうる．現在は，いっそう脅迫的に，また心情的に承認することが困難になってきた．その人は，時間に関係づけるためのかれの能力をもまた，失いつつあるだろう．そして現在に対する過去の関係について，混乱させられているであろう．

役に立つ反応
- 現在における活動を，より多く有意味にするために，過去の記憶を活用しなさい．
- 現在を過去から区別する，具体的な情報を供給しなさい．たとえば，かれらの幼年時代の写真と，大人になった孫たちの写真とを，対比しなさい．
- 追憶にふけることのための時間を，とっておきなさい．
- 混乱が明白であるときに忍耐強く，そして支持的に，その人を現在に向けなさい．

行動11．その人の能力は，その日その日で，あるいは時間，時間で，たえず変動する．かの女は，あることを思い出すが，しかし，他のことを思い出さない．

ふつうの反応． かの女は，望むことを思い出す．かの女は，思い出そうと努めてはいない．かの女は，歳をとり，そして，高齢になりつつあるにちがいない．

アルツハイマー病の解釈． この方法で変動することは，あらゆるアルツハイマー病の患者たちの記憶について，普通である．一定の日の改善された記憶は，しかし，状態が改善されつつあることを意味していると信じるのは誤りである．いくつかの情報，あるいは出来事は，思い出すことがより容易であるだろう．不愉快な，あるいは脅迫的な素材は，いっそう容易に忘れられるだろう．

役に立つ反応
- 楽しい日々を，最大限に楽しみなさい．
- より容易に思い出される情報の，種類を決定しなさい．
- 情報を提出することについての，一定の方法が，ある種類の記憶を改善するかどうか，に留意しなさい．
- その人はくつろいだ，そして静かな環境のもとで，より多くのことを思い出す傾向があるだろうことを理解しなさい．

行動12．その人は，安全の問題があるにも拘らず，車の運転を続ける．

ふつうの反応． かれは，頑固になりつつあり，しかも乏しい判断力を示しつつある．かれは運転することを，断念しなければならない．

アルツハイマー病の解釈． 運転することは，人に，かれの毎日の生活の自由と支配を与える．

かれが，明白な問題があるにも拘わらず，病気から逃れているか，あるいは混乱させられているのを否認することは，かれの自尊心，および自立を防御するための方法である．誤りについて，かれと対決することは，より強力な否認と，怒った反応を生じるであろう．

抵抗に構わずに，家族の成員たちは，その人の運転の機会を，制限し，その上，最後には除去しなければならない．この疾病の早期の段階の間でさえ，その人は，かれの反応時間が障害されているために，すばやい決定を必要とする状況の中で，つまずきやすい．アルツハイマー病は，距離の知覚を含んだ視覚的知覚をもまた冒す．

集中困難は，結局は，安全に運転するための，その人の能力を，徐々に破壊するであろう．たとえば，もしも，かれの前の交通信号が，緑に変わるが，しかし交差している車道の上で，車が赤い交通信号を通り抜けて進みつつあるならば，脳を障害された人は，どの変化がもっとも重要であるかを決定することができないであろう．あまりにも多すぎる事が，同時に起こりつつあるならば，そのために，かれの問題解決能力は圧倒されるようになる．

運転をやめることは，アルツハイマー病をもつ人々の大部分にとって，非常に困難である．かれらは視力障害のような，別の健康の問題が理由として引証されるならば，いっそう喜んで，運転をやめるであろう．たいていの介護者たちは，最愛の人に，その障害された人が覚悟ができるそのずっと前に，運転を中止させたいであろう．

役に立つ反応

- その人を説得して，運転を中止させることに関して，他の家族の成員たちの支持を得なさい．
- その人の医師，弁護士，保険の代理店主，精神保健の専門家，あるいは信頼された友人の援助の協力を得なさい．公認された人々の通達は，より多く親密に従われるであろう．
- あなたの保険の外交員と，この問題を話し合いなさい．
- あなたの警察局 (police department)，あるいは公衆安全局 (department of public safety) に連絡しなさい．そして免許の再更新不可，停止，あるいは危険な運転者を運転禁止にするための制限，および他の手順について問い合わせなさい．
- キーを除去しなさい．あるいは最後の手段として，車のスターター (starter, 起動装置) を解体しなさい．
- そのような損失についての，その人の怒りや恨みを理解しなさい．そして，運転困難について対決することを，回避しなさい．
- 運転責任の除去は，不幸な事故の可能性を排除することを，覚えておきなさい．

行動13. その人は，あなたの周辺で，物事を実行していることについて，あなた，家族，そして友人たちを非難する．あるいは，うわさをでっちあげている．

ふつうの反応． 　かの女は，妄想的になりつつあり，発狂しつつあり，偏頗になりつつあり，御し難くなりつつあり，あるいはあなたを傷つけ，あるいはあなたをまごつかせようと努めつつある．かの女は，もうろくした状態になりつつある．

アルツハイマー病の解釈． 　そのような問題は，脳を障害された人が，記憶の喪失によってつくりだされた不安定さに対して，それによって反応している他の方法である．この例では問題は，いっそう直接的に介護者にかかわりあっている．というのは，アルツハイマー病をもつ人は，たいてい，かの女の配偶者，および他の密接した家族の成員たちを，非難する見込みがあるからである．

　議論は，信念を強化する傾向がある．対決することと，他の否定的な接近は，その状況を支援するよりもむしろ，悪化する傾向がある．

役に立つ反応
- その人を，直接的に反論することを，回避しなさい．このことは，単にかの女を怒らせ，そして混乱させるだろうから．
- 誤りを強調することを，避けなさい．そして穏やかでまた，理性的な釈明をしなさい．ものごとが差し支えなく，あるいは改善するであろうという意識を，伝達しなさい．
- もしも何かが失われているならば，それを見つけるのを助けてあげると，提案しなさい．あるいはそれが見つけられうるであろう，特別な場所を示しなさい．

行動14. その人は，幻覚，あるいは，奇妙な，そして，恐ろしい妄想をもっている．

ふつうの反応． 　その人は精神的に病んでいる．アルツハイマー病は一層悪くなりつつある．

アルツハイマー病の解釈． 　進行性の脳障害は，情報を正確に解釈するための，個人の能力を冒す．幻覚は，しばしば現実の光景および物音の誤解である．妄想的信念は，情報のすきまを埋め，また起こったことを説明しようとする，試みを表している．たとえば，もしも，その人が，誰かが壁を叩いている，そしてかれの家に押し入ろうと努めていると，言うならば，かれは，実際には木の枝が，かれの家に接触しているのを聞いたのであろう．不安定さは，非常にしばしば，進行性の脳障害に付随するが，人を，恐ろしい，そして脅迫的な見地から，出来事

を解釈することにいたらせる．疑い深さは，かの女の世界に関する，人の減弱する自制に応じた，ありふれた反応である．

人が，存在しない誰かと話しているように見えるとき，かれは実際には，その人を見てはあるいは聞いてはいないであろう．しかし，かれは，死んだ人が生きていると考えること，あるいは，400マイル離れて生活している子供と，話をしていることのような，妄想的信念にかかわり合っているかも知れない．

多くの他の問題が，幻覚，および妄想的信念の，一因となっている．これらは，感染，糖尿病の状態における変化，あるいは悪性貧血のような内科的問題を含んでいる．薬物治療もまた，価値を検討されなければならない．

情報を受けとるための，人の能力を障害する他の状態は，幻覚あるいは妄想的信念の一因になりうる．聴力，あるいは視力の障害はその実例である．

役に立つ反応
- 妄想，あるいは幻覚が観察されるときには，医師に相談しなさい．
- 具体的な情報をその人に提供しなさい．
- 安心していることによって反応して，体験のもつ感動に対する支持を示しなさい．
- その人と議論すること，あるいは争うことは，単に，かれに，いっそう不快感を与えるであろうことなので，回避しなさい．
- その人の，気を紛らわせようと努めなさい．かれを別の部屋へ移動させ，あるいは，何か元気づけることについて話しなさい．

行動15．その人は，社会的な状況の中で，無関心に，また引込み思案になる．

ふつうの反応． かの女は，もはや，友人たち，あるいは人々について，大切だと思わない．かの女は，あなたにずっと，家庭にいることを望む．

アルツハイマー病の解釈． その人の，認知的，および記憶の，欠損は社会的な会話についていくこと，そして適切に，相互に影響し合うことを非常に困難にしつつある．この不能は，社会的状況における欲求不満と，不安に帰着し，それゆえに，かの女をすばやく引込み思案にする．

このひきこもりは，落ち着きのなさ，緊張，および激越興奮によって先行されるだろう．もしも，その人に対する，強い要求が減じられないならば，かの女は，いっそう混乱させられるように，あるいは，無知な観察者たちに対して，粗暴にさえ，なるであろう．

役に立つ反応

- 要求するところが多い，社会的状況の中で，情動的支持と言語的な援助を供給しなさい．そしてその人の不安のレベルにおける明白な変化を観察しなさい．
- その人が，神経過敏になるとき，かの女に，しばらくの間社会的状況からあっさりとひきこもることを勧めなさい．
- かれらが，不愉快になる前に，更にそれ以上の厳しい状況を予想して，先手を打ちなさい．
- かの女の行動について，またどれくらい，友人たちが，かの女をよりたやすく参加させることができるかについて，かれらに知らせなさい．
- より少なく厳しい社会的状況を捜し求めなさい．

行動16. その人は，非常に落ちつきがなく，じっとしていることができない，あるいは，容易に興奮させられる．

ふつうの反応. 何事かが，かれを苦しめつつある．かれは，実行すべき何かあるものを，本当にもっていない．

アルツハイマー病の解釈. 疾患が進行するに従って，激越興奮と落ちつきのなさは，ふつうは，その人の減じつつある対処のための能力によってつくり出された不安定さにともなって起こる．否認および合理化は，以前には，機能性の喪失の意識を，記憶から消すのに役立ったが，かれの問題が，更にそれ以上に明白になるに従って，より少なく好結果の，保護的な方策になる．

ある落ちつきのなさは，人はつねに，これらの感情を説明しうるとは限らないけれども，不安と，根底にある恐れを示唆しているかも知れない．あまりにも多すぎる刺激は，不安な，そして興奮させられた行動の，一因となりうる．これらの症状を，抑制するために投与された薬物は，それがときどき，減退させるために処方された症状を，激しくしうるので，注意深く，監視されなければならない．

役に立つ反応

- 下にある根源が，明白でないときでさえ，かれの感情を支持する，穏やかな，安心させる接近法を活用しなさい．
- もしも，かれが，かれを苦しめていることを話せるならば，悩みの根源を除去しようと努めなさい．もしも，かれができないならば，説明によって圧力をかけることを回避しなさい．
- 雑音と活動水準を，低めにしなさい．
- もしも，激越興奮が，投薬によって減退させられうるならば，あるいはもしも，投薬が強

く望まれていない効果を，生み出しつつあるかも知れないならば，医師に頼みなさい．
- 過度のエネルギーを燃焼させるのを助ける活動に，その人をかかわり合わせなさい．

行動17．その人は，絶え間なく，あなたを見守り，そしてあなたのそばに，ついてくる．

ふつうの反応．　かの女は，あまりにも多すぎる世話を望んでいる．かの女は，過度に依存的である．かの女は，かの女自身を楽しませないであろう．かの女はあなたを疑い，また信用しない．

アルツハイマー病の解釈．　この問題は，その人の記憶障害によって引き起こされた，恐れと不安定さから発展する．介護者を見守ること，あるいはあとを追うことは，より大きな安全を供給する．そのような行動は，またかの女の帰属意識を助長し，そしてかの女の孤立化の感じを緩和する．そしてそれは，他の方法では不安と怖れを激しくするであろう．

　疑惑，あるいは疑い深さが，その人が，起こっていることを信頼できるという程ではないために，発現しうる．かの女の情報の解釈，およびかの女の推論する能力は，確実という程ではない．ある人々は，かれらが脅かされていると感じるために，パラノイアを，あるいはいっそう激しい疑い深さを発現する．

役に立つ反応
- 安全の探索のような行動を，理解してあげなさい．
- 不安定さを生み出す，特別な怖れ，たとえば，あなたが家を見捨てているという怖れをそのものと見分け，そしてやわらげなさい．
- 起こりつつあることに関して，かの女を適応させなさい．そして，あなたが実行しつつあることを，はっきりさせなさい．
- その人と一緒に，時間を過ごしなさい．
- 建設的な活動に，かの女を参加させなさい．かの女に，何かあなたによって管理されている事を，実行するように要求しなさい．
- きまった仕事の中での，劇的な変化を回避しなさい．

行動 18. その人の気分は，いかなる明白な理由もなく変化する．かれは，もしも窮地に追いこまれるならば，混乱した状態に，また攻撃的にさえなる．

ふつうの反応． その変化は，投薬に，かれの状態の変化に，あるいはあなたが，やってしまった何事かに関係づけられる．かれは，狂気になりつつあり，そしてかれの情動を自制できない．

アルツハイマー病の解釈． そのような気分の振動は，しばしば疾患が進行するに従う，身体と脳における変化に関係づけられる．気分の振動は，その人が，心に抱いているが，しかし表現することができないか，あるいはそれを望まない意見や発想によってもまた，促進されうる．

その人は，破局反応 (catastrophic reaction) をもまた，体験しつつあるかも知れない．そしてそのことは，かれがあまりにも多すぎ，あまりにも早急すぎて起こっていることによって圧倒されており，かれの錯乱状態と，自制の喪失によって，極度に混乱させられるようになって，そのため状況に適切に反応できないことを意味する．

役に立つ反応

- もしも意味のある気分の振動が，原因なしに起こり，あるいは激しさにおいて，増大しつつあるならば，医師の意見を聞きなさい．
- その人をゆっくりと，そして穏やかに，混乱させる状況から移動させなさい．
- あなたの期待に関して，現実的でありなさい．そして推し進めることを，回避しなさい．
- 外部の刺激を減じなさい．
- 怒りと欲求不満を表現することを，回避しなさい．
- 推論あるいは議論することを，回避しなさい．そして落ちつかせるやり方で，手を握っていることのような，非言語的な支持を活用しなさい．

行動 19. その人は入浴し，そして身ぎれいにすることを拒絶する．かの女は，かの女がすでにそのように身支度をしてしまったのだと話す．

ふつうの反応． かの女は，かの女の個人的な外観について，気にしない．かの女は頑固に，また非協力的になりつつある．かの女は，うそをついている．

アルツハイマー病の解釈． 規則的に入浴すること，および個人衛生に対する配慮は，脳障害をもつ人々にとっては，それらの社会的な意味を失う．社会的な判断力と意識は減退する．しかし，個人衛生に気をつけることは，自立のもっとも根本的な徴候であるから，入浴すること，

および身ぎれいにすることのために，誰かの援助に依存的になることは，成人たちにとって，脅迫的になる．

入浴することは，脳を障害された人にとって，厄介になりうる．裸になり，四方から詰め寄られること，そして浴槽，あるいはシャワーの中で，どうすることもできないことが，恐ろしさをともなうであろう，脆弱さの意識を生み出す．その人は，定期的に入浴することに慣れているために，かの女が，入浴してしまったと主張することは，かの女のみるところでは，完全に意味をなしているのであろう．

役に立つ反応
- 定期的に予定された時間に入浴すること，そして身ぎれいにすることを，続けなさい．
- 入浴することと，身ぎれいにすることを，快適にしなさい．それに加えて，くつろがせる体験，たとえば温かい浴室，およびくつろがせる背中のマッサージを，提供しなさい．
- 転倒すること，あるいはあまりにも熱すぎるお湯についての，不安のような，起こりうる恐れに留意しなさい．

行動20. その人は，親密な人々，場所，および物を認めない．

ふつうの反応． かれは非常に悪くなりつつあり，またひどく混乱している．

アルツハイマー病の解釈． 失認症として知られた，一種の脳障害によって，その人は，徐々にかれの再認の機能を失いつつある．かれの眼が見るものは，もはや以前には，有意味で，また理解できた心像にまとめられ得ない．このようにして，かれの生活の全体の，周囲に存在した人々，場所，および物は，今や，真になじみのないもののように見えてくる．

役に立つ反応
- 葛藤が，人の混乱および恐れを増大するであろうから，議論することを回避しなさい．
- 物が異なって見えることに，同意しなさい．そして冷静に，あなたが誰であるかを，示しなさい．あるいは，問題となっている物を同定しなさい．
- 過去の生活との接触を回復するのを援助するために，その人の注意に，特別な，そして見分けがつく物をもたらしなさい．
- その人を，せきたてることを避けなさい．

行動21. その人は，夜にあちこちさまよう，あるいは，あるものを捜し求めているように見える．

ふつうの反応． かの女は混乱させられており，またかの女が実行しつつあることを，理解していない．かの女は不注意になりつつある．

アルツハイマー病の解釈． さまようことは，その人が真夜中に方向感覚を失わせられ，またかの女のための，かの女の理由を忘れてしまったときに起こるであろう．睡眠障害はこわがらせる雑音，幻覚，あるいは悪夢（nightmares）によって引き起こされるであろう．構造化された日々の，決まりきった仕事がないときには，夜と昼間の間の相違は，はっきりしているという程ではない．

役に立つ反応

- かの女が，家族の人々の中を，さまよいつつあるとき，その人に，新しい方向づけをしなさい．
- かの女は，充分な夜の眠りの後に，あした望むことは何でも求め得ると，かの女に保証しなさい．
- 浴室の中を，明るくし続けなさい．
- もしも，睡眠障害が持続するならば，医師に診察してもらいなさい．
- 昼間の間の活動の，その個人のレベルを高めなさい．

行動22. その人は，食べることを拒否する．あるいは，かれは，非常に少ししか，食物をとらない．

ふつうの反応． かれは食が進まない．かれは，食物についてあまりにも，えりごのみしすぎる．かれは，いっそう積極的である必要がある．

アルツハイマー病の解釈． アルツハイマー病が進行するに従って，食欲の減退に関しては起こるのがふつうである．気晴らし食い（eating binges），および甘い菓子に対する欲望もまた生じる．しかし，より大きな心配は，食べるのを拒絶することによって，つくり出される．しばしば，人々は，かれらがすでに食べてしまったと信じているために，あるいは，かれらが実行しつつあることを，単に忘れているために，食べない．これは1人だけで，あるいは，日々のきまった仕事がない状況の中で生活している人々について生じる，より多い見込みがある．

　脳の障害もまた，食器を使用するときの障害の一因となる．嚥下は困難になりうる．

役に立つ反応

- 食事の間の軽食を，最小限度にしなさい．
- できるだけ，身体的な活動のレベルを，高く維持しなさい．
- 慣例に従う，規則的な食事を供給しなさい．
- その人と一緒に，食べなさい．
- 普通の，そしてお気に入りの，食物を用意しなさい．
- 食物が，容易に咀嚼され，そして嚥下されうることを，確実にしなさい．
- 必要があれば，食事を中断しなさい．手にもつのが容易な食器を用いなさい．
- 協同運動が，悪化しているときには，直接的な助力を申し出なさい．
- ビタミン剤，あるいは食物の栄養補助食品を使用することを，考慮しなさい．
- きちんとした食習慣を強調しすぎることを，回避しなさい．
- その人に，食べるための，より多くの時間を与えなさい．

行動23. その人は，もはや，あなたに関心をもっているようには見えない．そして，かの女は，あなたが，かの女のことを愛していない，あるいは，気にしていないと言う．

ふつうの反応． かの女は，もはやあなたを愛していないし，また有難く思っていない．

アルツハイマー病の解釈． 脳の障害が，進行するに従って，当然，その人の周囲の人々についての，その人の意識は徐々に減弱する．かの女はより少なく表出的に，また正しい理解のより少ない現れを示すようになる．かの女は，あなたが，かの女のことを愛しているか，あるいは気にしているかどうか，を質問するときに，自分の減弱しつつある能力のために，あなたを失いつつあるという，かの女の意識と反対に行動するための，再保証を捜し求めつつあるのかも知れない．

役に立つ反応

- あなたが世話しているかの女を，安心させなさい．かの女の質問に怒ることなしに．
- アルツハイマー病の家族の支持グループのような，他の個人たちおよび支持的な影響力のある人々とできるだけ多くの，深いかかわり合いをもつことを考えてあげなさい．

行動24. その人の，両手と両腕が，ふるえている．かれが歩くときに，よろめき，また不安定である．

ふつうの反応． かれは神経過敏である．かれは視力の問題をもっている．かれの関節炎は，悪化しつつある．

アルツハイマー病の解釈． 神経過敏は，ふるえることの一部分に責任があるだろうが，他の原因もまた，考慮されなければならない．重症の激越興奮，妄想，幻覚，および睡眠の問題のために，処方された薬物の副作用は，原因でありうる．堅さもまた，これらの薬物によって，引き起こされうるであろう．

　他の場合には，振戦が，直接的に脳の障害に，関係づけられるであろう．四肢に，あるいは躯幹にさえも，急速な，けいれん性の運動が起こりうる．これらは，ミオクローヌスけいれん（myoclonic jerks）と呼ばれ，そのため，医師によって検証されなければならない．

　大きな（粗大な），そして小さな（繊細な）運動の，可動性と協同の喪失が，この疾患によって起こる．これらの協同の諸問題は，あらゆる運動のスキルについての，障害の一因となる．弱さ，不充分なバランス，そして前屈の姿勢は，歩くことを困難にする．同様に椅子から立ち上がるときの障害は，結局，長い間座っていることになる．即座の医学的配慮が，これらの状態は急速に悪化するものなので，要請されなければならない．

　アルツハイマー病をもつ，ある人々は，パーキンソン病を連想させる症状を示すであろう．この神経学的障害は，アルツハイマー病と共存しうるが，しかし，アルツハイマー病がその進んだ段階にあるときには，鑑別することが困難である．

役に立つ反応

- よくない状態，あるいは他の障害が，その人の可動性を制限しないことは，確かであるのを，確かめなさい．
- 家庭での安全を助長するために，家具，照明，敷物などを変えなさい．
- その人に，時期尚早の衰弱，および協同運動の喪失を，予防するために，運動を目標とした十分な機会を供給しなさい．
- その人をせきたてることを，回避しなさい．要求された時には，援助を提供しなさい．そして一度に一歩，課業を成し遂げるために，かれを勇気づけなさい．
- 運動のスキルに，劇的な悪化が起こるときには，医師に診察してもらいなさい．

行動25. その人は，長い間，何もしないで，座っている．

ふつうの反応． かの女は，時間をかける価値のある，何ごとかをやっていなければならない．かの女は，いっそう活動的でなければならない．かの女は，退屈させられており，無精であるか，あるいは抑うつ的である．

アルツハイマー病の解釈． 脳の障害が，記憶と知的な能力を冒すに従って，自発的な，そして自己が創始した活動は，減少する．毎日の生活にあずかるその人の能力は，危うくされるために，発展し続けるものに関する，無感情（apathy）と関心の欠如がある．目的のある活動を計画し，そして実行するためのかの女の能力は，減退した認知の能力によって同様に冒される．のちになって，かの女は，歩行および起立に関して，問題を発現するであろう．いっそう肯定的に言えば，静かに座っていることは，毎日の生活の，ますますストレスが多くなる強い要求からの，かの女のために喜ばしい，救済であるだろう．

役に立つ反応
- 最小限度の集中力を必要とする愉快な活動を含む，毎日の決まり仕事を発展させなさい．
- 割り当てられた活動へ，その人が参加することを勇気づけ，そして援助しなさい．
- 筋力と協同運動を助長するために，その人と一緒に歩き，そして運動しなさい．
- くつろぐための，機会を楽しむ，そしてストレスの多い活動がないであろう，人を現実のものとしなさい．
- 座っていて過ごされる時間に対して，刺激を加えるために，音楽および多少のテレビの観賞を活用しなさい．

行動26. その人はおむつをぬらすか，あるいはかれ自身をよごす．

ふつうの反応． かれは，自分の身体の機能を統制しようと努力しないし，また，もはや気にかけない．かれは，あなたの世話を望んでいる．かれは，何ごとかのために，あなたに仕返しをしようと努めている．

アルツハイマー病の解釈． これらの問題は，アルツハイマー病のいっそう進んだ段階では，珍しくはない．その人は，用便をする要求により少なく感づく．そしてこの要求を，浴室とともに想起しない．

記憶の問題，および知覚の障害は，その人にとって，浴室を見つけることを，いっそう困難にする．夜に，失見当，および錯乱は，浴室を使用することを更に困難にする．

役に立つ反応
- 浴室への，規則通りに予定された，ひと走りを続けることによって，その人の助けになりなさい．
- 浴室で，終夜灯を点灯し続けなさい．
- 夕方に，液体の摂取を減量することを，考慮しなさい．
- 浴室のドアに，はり紙をしなさい．そして，その人がそれに気づくように，訓練するのを援助しなさい．
- 膀胱と腸の偶発的な出来事を，わかってあげなさい．それは，その個人を，全く気まりわるがらせているのだから．
- 他の潜在的な医学的な問題のために，その人を診察する医師と知り合いになりなさい．

行動27. その人は，当てもなくさまよう．

ふつうの反応. かの女は，方向感覚を失わせられ，そして道に迷っている．かの女は，なすべき何ももっていない．

アルツハイマー病の解釈. さまようこと（放浪）は，脳の障害をもっている人々にとっての，ひとつの問題である．それは，潜在的に危険な結果をもっている．その人は倒れる，あるいは近所の人々の中で，途方にくれるようになりうるだろう．（われわれは行動16の中で放浪のいくつかの面，落ちつきのなさ／激越興奮を，そして行動21では，夜間の錯乱を考察した）．

放浪は，もしそれが当てもないと考えられるならば，容易に理解できない．実際には，あてもなくさまよっていると，思われることが，多くの例では，少しもあてのない活動ではない．アルツハイマー病によって障害された脳は，単にそのような活動の目的，あるいは目標を決定することに困難がある．障害された人は，伝達することができないであろう．そのような症例では，介護者は，放浪の目的が，観察によって，より明白になることに気づくであろう．しばしば，当てもなくさまよっていると考えられる人々は，同じ道をくりかえしてたどっている．このことは，慣例的な環境の中で，いっそう明白であるだろう．その進路に沿って，肯定的な刺激（外界のながめ，水，コーヒー，社会的接触）の根源がある．放浪はまた暗い，あるいは騒々しい地域，そしていっそう孤立した場所のような，そしてそれらが不安定さの強い意識を生み出す，好ましくない状況を回避し，あるいは逃れるための努力でありうる．放浪行動であると思われるもののための，他の根拠は，下記の可能性を含んでいる．すなわち，

1. その人は，かの女が失った何物かを捜している．
2. その人は，かの女の周囲の状況を認めないで，その一方でおなじみの何物かを求めつつあるだろう．（これは失認症——親密な人々，事物，場所を認めないこと——の1例あるいは新しい，あるいは前とすっかり変った，物理的環境に対する反応であるかも知れない.）

3. その人は，いっそう混乱させられ，落ちつきなく，あるいはトランキライザー，あるいは他の薬物に対する反応として，激越化される．
4. その人は，一日のうちのある部分の間中，たとえば，早朝あるいは夕暮に，より多く混乱させられうる．
5. その人は，感覚障害の結果として，混乱させられるであろう．かの女は，不完全に聞く，あるいは見るために，かの女は，光景，および音を正確に理解し得ない．障害のこれらのタイプは，また，脳の障害から生じることがありうる．この例では，個人は視覚的，および聴覚的情報を正確に処理することができない．そして，かの女の知覚は，ゆがめられる．
6. その人は，ストレスに対する反応として，さまよっているかも知れない．かの女は混乱した状況にかかわるのを避けるであろうし，しかも道に迷うようになる．破局的な反応が，放浪行動に先行するかも知れない．ある人々は，つねに容易に，ストレスの多い状況によって混乱するようになり，そして，それとかかわるのを，避けてしまったのかも知れない．

役に立つ反応

- 第一に，放浪のタイプを決定しなさい．それは，本当に，あてがないのか．あるいは，その放浪は，目標に向けられていたのか？
- 次いで，放浪が何物か（刺激，食物，飲物，安全，あるいは落ちつきのなさのための身体的活動），を手に入れるための試みであるのかどうか，を決定しなさい．
- 落ちつきのなさ，と歩くことはアルツハイマー病の，いくつかの段階の間，普通であることを，覚えておきなさい．この活動を，建設的に指導しなさい．安全な，そして刺激になる地域の中を，その人と一緒に散歩しなさい．（あまりにも多すぎる刺激はときどきそれに抵抗できなくなることがある．）
- 放浪行動が，ストレスの多い，環境的因子に対する反応であるかどうか，を決定しなさい．たとえば，あまりにも多すぎる雑音，あるいはあまりにも早すぎて，そして強烈すぎて，その人に発された要求は，さまようこと，および迷子になることに終る行動を，促進するであろう．
- その人の見かけの放浪が，恐怖に対する反応であるかどうか，を決定しなさい．その個人は光景，あるいは物音，を誤って解釈したのか？ これらは妄想，あるいは幻覚なのか？ かの女を怖がらせる何事かから，かの女は，逃げ出そうと努めているのか？ もしもその通りであるならば，さまようことは，無事と安全を捜し求めるための，かの女の試みであるかも知れない．この要求との関係を明らかにしなさい．
- 夜に，いくつかの照明を，続けてつけたままにしておきなさい．そしてこの人が，浴室への途中で迷子にならないように，浴室へのドアを開けたままにしておきなさい．
- もしも，あなたが，放浪が薬物によってつくりだされていると，信じるならば，投薬の見直しのために，医師に相談しなさい．

- 障害された人によっては，外され得ないが，あなたによってはたやすく開けられる外側のドアの錠をとりつけなさい．
- アルツハイマー病協会安全復帰プログラム（Alzheimer's Association Safe Return Program）を利用しなさい．この全国的なプログラムは，放浪あるいは運転の結果として，行方不明になってしまったAD，および関連疾患をもつ人々の，確認と安全な復帰を援助する．それは，宝石入り装身具，札入れのカード，そして衣類の付け札のような製品を，確認することを包括している．安全な復帰には，24時間のフリーダイヤル危機ラインのほかに，国立の写真／情報データベースがある．さらに，それ以上の情報については，読者は地域のアルツハイマー病協会の分会に接触をとるか，あるいは，電話で登録するために，888-572-8566に，電話をかけなければならない．クレジットカードを，手近にもっていなさい．40ドルの登録料があり，介護者の宝石類は，5ドルである．奨学金が，あなたの地域のアルツハイマー病協会の分会の，援助によって利用しうるであろう．
- もしも，放浪が，管理することが困難になるまで，継続するならば，医師，あるいはメンタルヘルスの専門家に相談しなさい．

　放浪は，大部分の介護者たちにとって，ストレスの主要な根源である．その潜在的な有害な結果のために，かれらが悩むのは無理もない．介護者たちは，この問題を処理するために，行動をとらなければならない．さもなければ，それは，より多くのストレスをつくりだす，また相当に，監督のための必要を増すであろう．もしも，記憶を障害された人が，家庭から離れて，本当にさまようならば，警察の部門に直ちに届け出なさい．頭髪の色，身長，体重および他の本人確認の証拠になるもののような，特徴の正確な記述といっしょに，その人の写真をもっていることは，その人がすみやかに発見される機会を増すであろう．その人の記憶が，障害され，混乱させられていることなどを，きっと警察官に話しなさい．あなたは，どんな風に，その人がもっともよく接近されうるかについて，提案を差し出しうる．もしも，あなたが知っているならば，かの女が立ち去ったときの，その人の状態について，警察官に話しなさい．かの女は混乱し，そして怒っていたのか？　介護者にとって，家庭にとどまること，そして，かの女が，そこに帰らなければならない家庭に，誰かがいるように，捜索を援助する，家族や友人たちをもつことがよりよいであろう．

　その人が家庭に帰るときには，肯定的に，帰宅にかかわることが，よりよいであろう．あなたの怒り，あるいは叱りつけることは，問題をいっそう悪くするだけだろう．その人は，おそらく，いづれにしても驚かせられているだろう．

13. うつ病とアルツハイマー病の介護者

　家族の介護者たちは，アルツハイマー病に罹患している人々の生活の中で，もっとも重要な人々である．かれらの援助によって，診断が捜し求められた．アルツハイマー病をもつ人々は，かれらの支持によって，自分たちの状態に適応し始めた．かれらの没入のために，アルツハイマー病をもつ人々は，おなじみの環境の中に，非常により長い時間とどまるための機会をもってしまった．運転，薬物を服用すること，そして小切手帳を使うような課業について，より多くの援助の必要が明白になったとき，家族の介護者たちが介入した．入浴および身づくろいのような，個人的な要求に対する援助が必要であったときに，介護者たちは，これらの責任を，かれらの増大する遂行すべきことの表に加えた．その人が，ナーシングホームに移動した後にも，介護者たちは，かれを世話することを続けた．かれらは，途切れない人生行路の間，最愛の人たちと一緒にとどまった．かれらはかれらの人生の旅路が終ったときには，同じ人々ではなかった．ある人々は，自分たちが個人的に成長したと思った．ある人々は，この好んでする仕事を，完成させることができたのが嬉しかった．他の人々は，慢性のストレスに悩み，そして旅程を，より不充分な健康と抑うつ的な障害によって終了した．少数の介護者たちは，時期尚早に旅を終った．重大な健康の諸問題が，かれらの死の原因になった．アルツハイマー病をもつ家族の成員たちを世話することは，軽々しく考えられてはならない．

　介護することは，うつ病とストレスの有意のレベルの発現を助長する状態に関連がある．介護することの義務と責任は，最愛の人たちの，増大する依存性に比例して増大する．家庭の中で家族の成員たちを世話する介護者たちは，これらの責務にもとづいて，1週間につき平均60時間を費やす(Haley et al., 1995)．かれらはナーシングホームに最愛の人たちを配置する前に，在宅のケアを供給しながら，平均して6年半を過ごす(Aneshensel et al., 1995)．介護者たちは，介護することに関して，1年につき3,120時間をすごす．6年半の間に，かれらは，介護することに，全部で，20,280時間(845日)を捧げた．かれらは，ナーシングホームで，最愛の人たちを世話しながら，別に平均して2年半をついやす．そこでかれらは，実地の援助，あるいは監視するケアを供給しながら，なお更に多くの時間をすごす．

　3つの状態が，介護者たちの精神的，および身体的な幸福をおびやかす．すなわち，慢性的

なストレス，うつ病，および身体的な健康の喪失である．ひとつの状態の存在は，別のものが発現し，あるいは悪化するであろう機会を増加する．たとえば，慢性のストレスは，うつ病の発現の一因となる．身体的な健康の問題は，介護者のうつ病を促進し，あるいは悪化しうる．これらの状態のどれでも，介護者の役割への，家族の成員の関与を危うくしうる．

もしも介護者たちが，うつ病，慢性のストレス，あるいは健康の諸問題の徴候を，認めることができたならば，かれらは，それらに対して，より適切に反応することができるだろう．3つすべての早期の症状は，介護することのストレスに対する，正常の反応を示唆する．そしてそれは，これらの症状の重要性を，見落とすことを容易にする．症状が進行するときに，ようやく，より多くのストレスを体験していることを考えて，介護者たちは，しばしば，それらのストレスに耐えようと努める．

うつ病が発現しつつあるという，可能性を認めることは，治療に対する第一歩である．しかし，うつ病は認めることが，それほど容易ではない．しばしば，重症に抑うつ的な人々は，かれらが抑うつ的であることを知らない．うつ病の診断を示唆する症状は，介護者たちが，適切な援助を捜し求めることができるように，この章の中で検証される．しかしながら，自分たちが抑うつ的であるかも知れないと疑う人々は，必ずしも援助を捜し求めるとは限らない．しかも，ある介護者たちは，より重大な危機に陥っている．

この章は，介護者たちが，うつ病のための危険のいくらかを，最小限度にするかも知れない方法を示している．危険は性，年齢，健康状態，文化的な関係，および社会的な支持の欠如，ならびにアルツハイマー病をもつ人のいくつかの特徴をも包括している．行動の問題は，より大きなストレス，およびうつ病の根源でありうる．毎日の生活の活動に対する，より大きな援助の必要性は，ストレスおよびうつ病のための，別の始動者でありうる．しばしば，これらの活動は，行動の諸問題を促進するからである．

■介護者のうつ病は，どれくらい普及しているか？

アルツハイマー病をもつ人々の介護者たちは，うつ病についての多大な危険をもっている．介護者のうつ病の評価は，かなり変化する．介護することの調査は，介護者たちの14から81パーセントまでが，うつ病に冒されていることを示している (Bodnar and Kiecolt-Glaser, 1994)．ひとつの研究は，既婚の介護者たちの23パーセントが，抑うつ的な障害の症状をもっていることを発見した．そしてこれらの介護者たちの，非常に少数の人々が，うつ病の何らかの先行する病歴をもっていた (Haley, 1997)．別の研究は，介護者たちの70パーセントは，抑うつ的な障害をもっていることを示した (Terri, 1994)．いくつかの研究は，アルツハイマー病の介護者たちの30ないし55パーセントが，臨床的に有意なうつ病に罹患したことを示した (Schulz et al., 1995 ; Haley et al., 1995)．抑うつ的であると報告された，介護者たちの百分率における相違は，介護者たちの異なった特徴（すなわち，人格，健康状態，教育），ケアを受ける人たち（す

なわち行動の諸問題のタイプと重大性），およびその下でケアが供給される環境によってかなり変化する．ある介護者たちの対処のスタイルは，うつ病を助長するより多くの見込みがある．

■われわれがうつ病を認めそこなう理由

　人々が，単に悲しげで，また憂うつであることとして，うつ病を考えるときに，かれらは，みごとに，すばやく，それから回復し，そしてどんどん前進することを期待する．沈んでいることの短時間のエピソードは，人生の正常な部分であり，また，それらは，しばしば，めちゃくちゃにする状況のあとにくる．いったん状況が変化するか，あるいは，われわれがそれを処理する，有効な方法を見出すならば，われわれの感情は変化する．しかしながら，臨床的なうつ病は，状況だけによって決定されない．そしてその症状は悲しいと，あるいは傷つけられたと感じることを越える．混乱させる状況に関係づけられる，つかの間の症状とは違って，うつ病の症状は持続する．ゴミの山の中に座っていることと，実際に抑うつ的であることとの間の相違を，認めることができる介護者たちは，かれらが必要とする援助を手に入れるための，よりよい立場にいる．

　介護者たちは，悲嘆を体験する．うつ病を悲嘆から識別することは，それらがいくつかの症状を共有するために，困難でありうる．しかしながらうつ病のいくつかの症状——とくに無価値感，低い自己評価，絶望感および無力感，および過度のそして不適切な罪の意識——はそれを，悲嘆から区別するのを助ける．

　人々は，それぞれに抑うつ的な症状を体験する．あらゆる抑うつ的な人々が，悲しみを体験するわけではない．ある人たちは，しみとおるむなしさを，言葉で描写する．ある人たちは，叫びたいくらいだと思う．ある人たちは，くよくよするか，あるいは今まで以上に怒りっぽいと感じる．ある人たちは疲れたと，そしてエネルギーが不足しているのを感じる．重いうつ病をもつ人々は，どんなふうにかれらが感じているかについて，仮にも，非常によいとは言えないであろう．ある抑うつ的な人々は，身体的な症状によって，抑うつ的な症状を隠す．そして情動的な特徴に，より少なく気づいているように思われる．

　うつ病は，自己を制限する状態である．抑うつ的である人々にとって，かれら自身を気にかけることは困難である．抑うつ的な介護者たちは，最愛の人たちを世話するために，事実上，かれらの身体的および情動的なたくわえの，すべてを活用するであろう．うつ病は，問題解決を停止させる．しばしば，抑うつ的な人々は，かれらが援助をできるだけ実行している何かを，信じない，あるいは，かれらが援助するに値しないために，かれらは援助したくないと言う．うつ病は考え，そして行動するための，われわれの能力の点で，虚脱を引き起こす．抑うつ的であることを認める，抑うつ的な介護者たちは，この（うつ病であるという）知識に関連して自省的な行動をとるための，努力をすることで悩むであろう．

　うつ病は精神病のひとつの病型である．不幸にも精神病の烙印は未だにゆきわたっている．

精神病についての，誤った信念と，精神的に病んでいる人に対する先入観のために，ある人々は，治療を捜し求めることができない．かれらは，かれらに，精神病の症状があるのをかれらが認めるときに，きまりわるく感じ，あるいは恥ずかしく思う．しかし，これらの精神医学的障害は，糖尿病あるいは癌のような疾患である．人々は，心臓発作あるいは脳出血に罹りたいと望まないのと同様に，抑うつ的であることを望まない．うつ病は，もっともありふれた精神医学的な障害である．おおよそ1,000万人のアメリカ人が，大うつ病性障害に悩んでいる．それにも拘わらず，抑うつ的な介護者たちは，精神的に病んでいる，あるいは狂気じみているとレッテルを張られること，あるいは，かれらが，精神医学的援助を求めているために，かれらの生活を制御できなくなることについての，かれらの懸念によって，治療を得ようとすることに抵抗するだろう．

　人々は，援助を得ることに対して障壁をつくり出す，他の信念をもっている．ある人たちは，うつ病は，個人的な，あるいは道徳的な弱点の標識であると信じている．かれらは，もしも，かれらが，援助を受けるようになるならば，かれらの弱点が，暴露されるであろうことを恐れる．しかも，かれらは，他の人々の判断に対して，傷つき易いであろう．しかし介護者たちの大多数は，介護する状況，慢性のストレス，およびわれわれのすべてが所有している，同じ人間の限界に関連する因子のために，抑うつ的になる．介護者のうつ病は身体的，情動的，あるいは道徳的な弱点とは何の関係もない．

　回避および否認のために，介護者たちは，うつ病の徴候を認めないか，あるいはかれらがうつ病を薄々感じるときに，援助を求めないであろう．心理学的防衛の利用は，ある状況の，苦しい現実を和らげるのを助ける．一時的な防衛として，それらは適応を支援する．しかし，否認および回避の連続的な利用は，適応的ではない．これらの対処行動のメカニズムは，介護者におけるうつ病の増加に関連がある．

　うつ病のための援助の取得に対して，障壁をつくり出すことに加えて，介護者の否認あるいは回避は，他の種類の援助のための，障害物をつくりだす多くの形をとりうる．介護者たちは他の問題を認め，あるいは論議することに防御的であり，またそれを拒絶しうる．ある個人たちはよりよく感じるためにアルコール，薬物あるいは他の物質を使用することによって，抑うつ的な症状を覆い隠そうと努める．ある介護者たちは，うつ病よりも，どこかより具合がわるいことによって引き起こされつつある，抑うつ的な症状を恐れるであろう．ことによると，その症状は重大な医学的問題が原因になっている．健康の問題は，介護することによって悪化させられうるのだが，うつ病は，さらにそれ以上に，人の苦痛および悲惨の根源である見込みがある．

　ある介護者たちは，症状を認めるが，しかしその重大性を軽視する．かれらは，抑うつ的な症状を正常化することによって，その症状を，正当化しようと努める．その症状は，介護することが原因になっている．かれらが直面しつつある問題を処理するために，実行しつつあることを行う誰でもが，かれらが感じるように感じるであろう．問題はうつ病ではない．かれらは

単にたえまなく疲れきらされている．この問題をふたたび枠に入れることは，症状を一時的に，いっそう我慢のできるものにする．症状が改善しない，そして事実上，悪化するときには，介護者たちは，かれらがひとつの問題をもっているという事実に，直面する必要がある．治療なしには，介護者のうつ病は改善しない．

■抑うつ的障害

　介護者たち，かれらは，抑うつ的障害か，または他の精神的健康の障害を体験したが，慢性的な介護者のストレスのために，これらの状態に対して，いっそう傷つき易くなるであろう．以前に，この障害を治療したヘルスケアの専門家に接触することが賢明である．介護することのストレスの多い性質のために，障害の再発を示唆するであろう，あらゆる症状を，密接して監視することが重要である．

　介護者たちは，いくつかの抑うつ的障害のうちのひとつを，発現するであろう．すなわち抑うつ気分による適応障害，気分変調性障害，あるいは大うつ病性障害．介護者たちが全般的医学的状態による気分障害を発現しうるだろうこともまた，起こりうる．これらの状態はアメリカ精神医学会の診断および統計マニュアル（DSM-IV）に合致した一般的な診断基準によって論じられる．症状と診断基準を論じることにおける，私の目的は，介護者が，うつ病に罹患しているかも知れないのを示唆する症状を認め，またそれらに呼応するための，いくつかの指針を供給することである．診断基準は，包括的ではない．なぜなら，もしも介護者たちが，抑うつ的な症状を体験しつつあるならば，かれらは，かれらの疾病を診断する，また個人的な治療計画を，細部まで仕上げるために，専門家の援助を必要とするからである．介護者たち，家族の成員たち，あるいは友人たちが，かれらの状態を診断するために，これらの指針を利用することが，私の意図ではない．さらに，診断と治療は，医師たち，あるいはメンタルヘルスの専門家たちによって取り決められなければならない．

大うつ病性障害

　大うつ病性障害は，しばしば，生物学的うつ病として記述される．その起源は神経伝達物質，および脳化学の他の側面に関連させられる．そのことは，このタイプのうつ病が，介護者たちが直面するストレスの多い出来事によって，影響されないことを意味しない．大うつ病性障害をもつ介護者は，少なくとも2週間の間，毎日の活動の中で，抑うつ的な気分か，または興味，あるいは楽しみの喪失か，の症状を首尾一貫して示さなければならない．抑うつ的な気分は，その人の正常な気分からの変化を，反映しなければならない．抑うつ的な気分のために，社会的，職業的および教育的領域における介護者の機能は，障害される．障害された機能の他の領域は，介護することの課業について，面倒な事態を，そして社会的な接触をすること，あるいは家庭の外での活動に関係させられることを望まない事態を，かかわり合いにしうる．

この障害は、さらにこれらの症状の、大多数の存在によって、特徴づけられる。すなわち、

- うつ病は、介護者の悲しい、あるいはむなしい、と感じていること、あるいは涙ぐんでいるのに気づいていることによって示されるような、はっきりした甚だ長い期間で存在する。
- ほとんどあらゆる活動における、興味あるいは楽しみは、甚だ長い期間、著しく減じられる。
- 有意な体重の減少、あるいは体重の増加、あるいは食欲の減退、あるいは増進が、介護者の食餌療法なしに、ほとんど毎日生じる。
- 介護者は、睡眠にとりかかること、そして眠ったままでいること、あるいはそのどちらかで困難を経験する。あるいは、あまりにも多く眠りすぎる。
- ほとんど毎日、精神運動性の激越興奮（激越化された運動、落ちつきのなさ）、あるいは遅滞（緩慢にされた運動および重苦しい反応）が、他の人々にとって明白である。
- 疲労、あるいはエネルギーの喪失は、ほとんど毎日存在する。
- 無価値の感情、あるいは過度の、または不適切な罪の意識が、ほとんど毎日心に浮かぶ。
- 考える、あるいは精神を集中するための能力が減じられる。あるいは、介護者は決断がつかない。
- 介護者は、死についてくりかえし起こる考え（単に死ぬことのための怖れではない）を所有し、特別な計画を保持するか、あるいはそのような計画のない自殺についての、くりかえし起こる考えをもち、あるいは自殺を企図した。

症状は、投薬あるいは全般的な医学的状態の結果ではない。最愛の人の喪失ののちに、2か月より、より長い間にわたって持続した、そして、かなりな程度の機能障害、人の無価値観への病的な没頭、希死念慮、精神病的症状、あるいは精神運動性の遅滞によって特徴づけられる、これらの症状を、死別は説明しない。大うつ病エピソードは、非常に重い疾病である。治療なしでは、それは介護者たち、およびかれらのケアから利益を受ける人々にとって、重大な結果を示すであろう。

気分変調性障害

この障害は、うつ病の慢性の状態をあらわしている。気分変調性障害の起源は、脳化学よりもより多く介護者の人格、対処および問題解決能力、および対人関係のスキルに関連がある。状況によるストレッサーは、症状が一層悪化することの原因になるであろう。この障害をもつ介護者たちは、少なくとも過去の2年の大部分にわたって、抑うつ的な気分をもってしまっていたにちがいない。かれらは、抑うつ的な気分から解放されていなかったであろう。そして2か月以上の間、下記の症状の2つ、あるいはそれ以上が体験されたであろう。

- 不十分な食欲、あるいは食べ過ぎること
- 不眠（眠ることに悩む）あるいは睡眠過剰（過度に眠ること）

- 疲労，あるいは欠乏したエネルギー
- 低い自己評価．
- 不充分な精神の集中力，あるいは意思を決定することとの困難
- 絶望の感情．

　これらの症状は社会的，職業的，教育的，あるいは介護者の働きの他の重要な領域の中で，重大な苦悩，あるいは障害の原因になるにちがいない．

全般的な内科的疾患による気分障害

　気分障害の症状は，内科的な問題が原因になりうる．内科的問題によって引き起こされた気分障害をもつ介護者たちは，さらに多く，抑うつ的症状を経験する見込みがある．しかし，高められた，発揚した，あるいはいらいらした気分もまた，生じるかも知れない．ストレスは，このタイプの気分障害の発現に，間接的に一因となるであろう．たとえば，われわれは，介護することの慢性的なストレスが，健康を衰退させること，そして，重大な健康上の問題の発現のための，ひとつの危険因子であることを知っている．多くの介護者たちは，より歳をとっており，また，より多く慢性的な内科的疾患に罹っている見込みがある．慢性的なストレスの脅威なしでさえ，これらの疾患は，かれらに，ストレスに関係のある衰退をいっそう来しやすくする．かれらはまた，更に多くの薬物を服用する．いくつかの薬物は，気分障害の症状を誘発するための可能性をもっている．

　色々な内科的疾患は，パーキンソン病のような，変性的な神経学的疾患を含んで，気分障害につなげられる．脳出血（卒中発作）のような脳血管性の疾患は，気分障害を引き起こしうる．不充分に管理されている糖尿病は，うつ病の原因になりうる．気分障害を引き起こしうる他の内科的な疾患は，ビタミンB_{12}欠乏症，甲状腺機能低下症および機能亢進症，全身性エリテマトーデス，肝炎，そしてある種の癌である．介護者たちは気分障害の症状を，ストレスだけによるものとする気にさせられるだろう．かれらが，医学的意見を求めることは，絶対に必要である．

適応障害

　介護者たちは，重い抑うつ症状，およびすでに言及されたタイプのうつ病に適合しない，不安，および怒りのような症状を体験することがありうる．症状は，介護することに，しばしば関係づけられる特別な状況のストレッサーに対する，反応である．そしてそれらは，適応の障害を表している．

　適応障害は，確認することができる（いくつかの）ストレッサーに対する反応である，情動的な，あるいは行動上の症状の発現を表している．症状は，（いくつかの）ストレッサーが生じたときから，3か月以内に発現する．この期間のわく内で，介護者たちは，いくつかの情動的，あるいは行動上の症状を体験する．下記のもののうちの，いずれかが観察されうる．すなわち

- ストレッサーにさらされることから，予想されるだろう事態より以上の著しい苦悩
- 社会的，職業的，あるいは教育的な機能における重大な障害

この障害は，いろいろな対処的接近法から利益を受けるであろう．たとえば，もしも介護者たちが，それぞれの方法で問題（ストレッサー）を考えることを，学習しうるならば，それを有効に処理することができるかも知れない．

■全般性不安障害

　不安は，毎日の生活のひとつの特徴である．そしていくらかの不安は，確かに正常である．ストレスのように，不安は，われわれが，脅威あるいは強い要求を感じていること，を意味している．もしもわれわれが，これらの状況を処理するならば，不安の感情はおさまる．不安の症状は，持続しうるし，また極度に心を動揺させるようになる．われわれは，必ずしも，われわれが不安を感じ続ける理由を知っているとは限らない．ときどき，われわれは，実際には存在しない脅威を感知する．しかし，われわれは，その状況を評価しなかったために，われわれは危険が，確かに実在していたかのように，反応する．介護者たちは，なじみの薄い，そして予測できない状況に直面する．そしてそれは，ストレスと不安を強める．不安は首尾一貫した根拠にもとづいて，うまく処理され得ない．ケアを受ける人たちの行動上の問題によって，増大されるであろう．

　不安は，うつ病，ストレス，およびいくつかの医学的な問題に，関連させられる．それは，不安障害と呼ばれるいくつかの状態にもまた，関連がある．介護者たちは，これらのうちのひとつ，全般性不安障害を体験するより多くの見込みがある．

　この障害をもつ人々は，（介護することという課業および行動の管理のような）いくらかの出来事，あるいは活動について，過度の不安と心配をもっている．介護者たちは，これらの症状を少なくとも6か月の期間にわたって，非常に長い時間経験する．そしてかれらの心配を抑制するのが困難であるのに気づく．心配，および不安の他の徴候は，かれらの介護者としての機能に，絶対必要な領域，すなわち支持的な親族関係を維持すること，そしてかれらの家族たち，および友人たちとかかわり合いにされること，において有意味な，苦悩あるいは障害を，個人たちに引き起こす．

　不安と心配は，下記の症状のうちの3つ（あるいはさらにそれ以上の数）に，関連する．
- 落ちつきのなさあるいは緊張させられている，あるいはいらいらさせられている感情
- 疲労
- 集中することの困難さ，あるいは心が空白になること
- 怒りやすさ
- 筋肉の緊張
- 睡眠障害（入眠すること，あるいは眠りつづけることの障害，あるいは落ちつかない，そして十

分でない睡眠).

うつ病のように，不安は，根底にある内科的疾患，あるいは，投薬から生じることがありうる．そして介護者の医学的状態が，評価されなければならない．たいていの不安障害は，心理学的起源をもっている．

いくつかの薬物は，不安を治療するために利用しうる．そして，治療へのこの接近は，重要な考慮すべき点である．しかし，介護者たちは，ストレスに対処するための，より効果的な方法を学習する機会を，手に入れる必要がある．もしも，かれらが，対処するための新しい方法を学習しうるならば，単に，かれらの症状を処理する治療法に対する，不安と，かれらの信頼を減じることがありうる．症状はうつ病の徴候でありうる．

■介護者のうつ病のための危険因子

うつ病の個人歴および家族歴

われわれは，抑うつ的な介護者たちの高い百分率が，うつ病の個人歴，あるいは家族歴をもってしまっていることを予想するかも知れない．この設定は誤っている．うつ病の前のエピソードに悩んでいたこと，あるいはうつ病の家族歴をもっていることは，介護者のうつ病のための危険を増大するであろうが，これらの因子は，大多数の介護者のうつ病を説明しない．たいていの抑うつ的な介護者たちは，この疾患のいかなる，先行する個人歴，あるいは家族歴をも，所有していない．その発病は，介護することの慢性の重圧に，つなげられる（Bodnarおよび Kiecolt-Glaser, 1994).

行動上の問題

多くの人々は，アルツハイマー病をもつ人の，障害された記憶と認知機能が，介護者のストレス，およびうつ病の，主要な根源であると信じている．しかし，現在，さらに多くの行動の諸問題が介護者のうつ病の，より高いレベルに関連があるということに，圧倒的に多くの支持がある（Clyburn et al., 2000）．機能的な障害は，介護者のうつ病の発現における，いっそう有意味な影響力として，とくに毎日の生活の活動に対する援助のための必要性に，対応するものとして，考えられ始めつつある．介護者たちは，しばしば認知症が進行するに従って，毎日の生活の活動における問題行動と，直面させられる．このようにして，かれらは，かれらのケアを受ける人たちと同様に，かれら自身を援助するために，行動を理解し，そして管理することを学習しなければならない．

慢性的な，そして独特のストレス

アルツハイマー病をもつ人を世話することは，他の疾患をもつ人々を世話することよりも，いっそうストレスが多いと考えられる．ケアすることの困難な，そして延長された期間の間に，

介護者たちが直面する体験のタイプのために，ストレスは慢性的になる．

現在の研究の，もっとも有力な発見のひとつは，たいていの家族の介護者たちにおける，臨床的なうつ病は，障害された，より歳をとった人を世話すること，という独特の，そして慢性的なストレッサーから生じることである (Steffen et al., 1998)．介護者のうつ病に取り組んでいる研究のひとつは，介護することの役割を引き受けた配偶者たちの30パーセントが，ケアを供給していなかった，かれら自身のような人々の，単に1%に対して，抑うつ的になったことを示した (Dura et al., 1990)．それを，別の方法で説明すると，配偶者の介護者たちは，ケアを供給していなかった，かれらに非常に類似している人々よりも，30倍更に多く，うつ病に悩んでいる見込みがあった．アルツハイマー病の介護者たちによって苦しまれているうつ病は，大部分状況に応じたもののように思われる．われわれは，しかし，異なった人々が，同等のストレスの多い状況に，それぞれに対処していることを思い出す必要がある．

介護者の負担

負担は，うつ病にとって，ひとつの危険因子である．費用，時間，エネルギー，不安，健康の問題のような，介護することの否定的な面を，そして介護者に対する，介護することの社会的および心理学的な衝撃を，検証することがひとつの観点である．より高いレベルの介護者の負担は，うつ病のための危険を増大する．ひとつの研究 (Haley et al., 1987) は，高いレベルの負担をもつ介護者たちが，介護者でなかった，かれら自身に似た人々に比較したときに，より不充分な社会的，心理学的，および身体的健康をもっていることを発見した．これらの介護者たちは，より多くうつ病を体験した．そしてかれらの生活に，より少なく満足させられていた．かれらの社会的活動は，更に多く制限された．そして毎日の働きは，有意に危うくされた．

生活に関する，肯定的な見通しと，効果のある対処のストラテジィの利用は，うつ病の，より少ない悲嘆と負担，そして，その結果，より少ない危険が併有される．問題解決能力における自信，さまざまな方法で問題を考えること，そして精神的な支持を求めることは，より程度の低い負担に関連された対処のストラテジィである．社会的な支持もまた重要であり，それは介護することのための後ろ盾，密接な社会的接触，そして拡大された家族の存在を含むためである．

受動的な対処のスタイルは，より大きな負担に関連があった．対処方法のうちで逃亡－回避型を利用する人々は，さらに多くの，うつ病と個人間の葛藤を体験することが知られている (Vitaliano et al., 1991)．対処の方法は徹底的に第14章で論じられる．

性と親族関係

うつ病は，認知症をもっている配偶者を世話している人々における重要な精神的健康の問題である．配偶者の介護者たちは，抑うつ的な症状を有するより多くの見込みがある．かれらは，配偶者ではない介護者たちよりも，さらに多く，よくない健康と制限された社会的活動をもま

た，体験する見込みがある (Clyburn et al., 2000)．女性の介護者たちは，男性たちよりも，更に頻繁なうつ病を体験し，またいっそう抑うつ的である見込みがある (Knop et al., 1998)．女性たちは介護者の経験の中で，より早期に，うつ病の徴候を示す傾向がある (Sclulz and Williamson, 1991)．男性たちは介護することの中で直面される，より早期の問題に対して，とくに敏感な，問題に焦点を合わせた対処のストラテジィを，頼りにする傾向がある．これらのストラテジィは，介護者の旅路の中で，それ以上に役に立つものとしてあるのではないであろう．このときまでには，慢性的なストレスは管理することが，いっそう困難になっている．

　より歳をとった男性の介護者たちにおける，うつ病は，特別の関心をもたれるものである．抑うつ的な，初老の白人の男性たちは，高い自殺率を示している．ある人々は，配偶者たちとの他殺―自殺契約にかかわり合ってしまった．夫は，かの女が悩むべきではないために，妻を殺す．次いでかれは自殺する．

　いくつかの因子は，女性の介護者たちを，うつ病のための危機にあると位置づける．認知症の患者に，より親密な人々は，ストレスあるいは緊張を体験するより多くの見込みがある．介護者が，アルツハイマー病をもつ人に，いっそう密接に関連されれば関連されるほど，ますます大きなストレスと緊張を，かの女が体験する見込みがあるだろう．母親を世話している娘は，とくに女性と，密接な血縁者の，両方ともであるので，とりわけ脆弱である．毎日の生活活動の衰えかかったできばえと，行動の問題の結合は介護者たち，とくに配偶者たちにとって，恐るべきストレッサーを表している．

　申し分のない夫婦間の関係をもってしまっていた介護者たちは，アルツハイマー病をもつ配偶者たちを世話することに，より大きな意味と，個人的な満足を見出すさらに大きな見込みがある．かれらは，かれらの関係の喪失によって悩まされるであろうが，しかし介護することによって，かれらはかれらの配偶者ともってしまっていたきずなを守ることができる．対照的に，未解決の問題および意見の相違が，すでに夫婦関係の中に存在する場合に，アルツハイマー病をもつ配偶者の，増大する依存性と関連のある，行動上の諸問題は，精神的緊張と葛藤を増大するであろう．夫婦関係の喪失は，介護者たちに対する，事実上の脅威である．そしてそれは，悲嘆，罪の意識，怒り，恨み，そして敵意さえもに帰着しうる (Knop et al., 1998)．

　成人の子供たちが，ひとりの親を相手にもつ介護的関係は，同じ関係の因子のうちの，いくつかによって影響される．介護することは，かれらの親との関係に名誉を与える，ひとつの機会である．しかし，もしも，この関係が困難になったならば，子供たちは，かれら自身をストレス，不安，怒り，罪の意識，およびうつ病のための可能性をもつ状況の中に，置きつつあるであろう．介護することは，かれらの，いやすことのための，最良の状況ではないかも知れない．

　それにも拘わらず，ある成人の子供たちは，親の承認，あるいは支持を手に入れるための，ひとつの手段として，介護することを利用する．かれらは疾病関連因子だけが，かれらがあこがれた承認を，かれらがいつか受けるであろうことを，全く見込みもなくするのに，必ずしも気づいているとは限らない．かれらは，もしも，かれらがその過程の中に参加することを認め

ない，親を期待することなしに，かれら自身の内部に，和解を求めるならば，かれらの傷をいやすための，よりよい機会をもつであろう．介護者たちは，ときどきほんとうに，ある意外な変化を報告する．しかし，認知症の発病以前に，非常に困難であった関係は，認知症の症状が悪化するに従って，改善する見込みはない．

血縁関係の障害は，抑うつ的な障害を始動する．もしも，これらの問題が，認知症が発現する以前に，存在したならば，介護者たちによって体験された，抑うつ的な症状は悪化し，そして，発達して抑うつ的障害になるであろうことが起こりうる．これらの個人たちにとって，できるだけ早く，うつ病に取り組むことが，重要である．介護者たちは，専門的なカウンセラー，あるいは精神的な良き指導者との調和と，かれらによる支援のための，他の手段を探索することが必要である．そのような歩みは，過去の古い苦痛に進ませる，この機会が，過ぎてしまった，あるいは増大するストレスの重圧によって，失われてしまったときには，介護者たちを，より強い苦痛，罪の意識，そしてさらに後には恨みから守るかも知れない．拒絶，自暴自棄の感情，そしてかれらの自尊心に対する，別の深刻な精神的打撃によって促進された，重症の抑うつ的疾病へ，知らず知らず陥ることは，予防されうる．介護者たち——アルツハイマー病の患者ではない——はかれら自身を解放しうる．

人種的，および文化的諸因子

人種的多様性は，介護することの体験に対して，多大な衝撃を及ぼす．いくつかの報告は，アフリカ系アメリカ人の介護者たちは，白色人種のアメリカ人たちよりも，うつ病と心の重荷について，より低い比率をもっていることを示している (Haley, 1997)．このことは，介護する活動を，ストレスのあまり多くないものとして，そしてかれら自身を，介護する役割において，いっそう効果的なものとして評価するアフリカ系アメリカ人によるのであろう．介護することについての，かれらの期待と，逆境による，かれらの以前の体験における差異もまた，より低い比率を説明していると思われる．

ひとつの研究（www.depression.com/news/19990722-353.html）は，4つの人種のグループ出身の介護者である，配偶者におけるうつ病の比率を調べた．メキシコ系アメリカ人の配偶者たちは，他の人種のグループよりも，うつ病のより高い比率を示した．臨床的に意味のある，抑うつ的な症状は，すべての人種グループ出身の，配偶者たちで，見出された．すなわち，メキシコ系アメリカ人の89％，日系米人の78％，白色人種のアメリカ人の66％，そしてアフリカ系アメリカ人の57％．メキシコ系アメリカ人の，配偶者たちにおける，うつ病のより高い比率は，より少ない支持についての，かれらのより高い認識に，関係づけられるだろう．そして，かれらの実際の社会的支持は，より低かった．この発見は，介護することの中に差し伸ばされた，家族のかかわり合いのために知られた，ひとつの人種のグループとして，驚くべきである．メキシコ系アメリカ人の介護者たちは，配偶者たちが，認知症型の行動をもっていたときに，もっとも苦しめられた．行動の問題を処理することに関する障害は，介護者のうつ病の

ための危険として，検証されてきた．そしてそれは，この研究の中で発見された，うつ病のレベルに関する，別の因子であるかも知れない．

　白人の介護者たちは，配偶者たちが，記憶および学習のような，認知の能力についての減退を示した時に，苦悩の増大したレベルを表現した．アフリカ系アメリカ人の介護者たちは，一般的にこの問題に対処することに，よりすぐれた成功を得た．メキシコ系アメリカ人の介護者たちは，かれらは宗教的，精神的，そして肯定的，対処的接近法を用いたのであるが，より多く悩んだ．すべての人種グループ出身の，配偶者である介護者たちは，かれらが回避の，対処の様式を用いたときに，より多くの苦悩を報告した．

　他の研究が，これらの発見を立証するために必要とされる．その研究は，ひとつのグループの介護者たちに対して，別のグループの人たちよりも，より多く苦しませていることを検証する際の，人種的な差異に関する，重要性を事実上示している．対処のスタイルにおけるいくつかの相違もまた，人種的グループの間に存在する．これらのグループは，かれらの要求に対して，より多く適切な，ケアのシステムを発展させることに，かかわり合わせられることが必要である．

社会的な支持

　配偶者たちは，しばしば情動的な親密さ，および支持の主要な根源であった．配偶者は，その人と，人のもっとも温かみのある考え，および感情が共有された人である見込みがあるので，介護者はその人がアルツハイマー病に罹患しているときには，大切な親友と懇意な仲間を失いつつある．この関係は，介護者の社会的支持の重要な一部であったであろう．介護者たちは，社会的支持の，他の手段を発展させることが必要である．

　社会的支持は，陽性の，また潜在的にストレスを減弱する関係の側面にかかわっている．それはケアを他の人々から受けることに，かかわり，またわれわれが，親密な，肯定的な関係に，関連していることに関係がある．それは，他の人々が，われわれを気にしている，というわれわれの信念を強化する．われわれの支持の連帯組織の中の人々は，われわれの生活のいろいろな面を管理するために，実行できることについての着想を，われわれに供給する．われわれは，かれらと話し，そして，有益なフィードバックを，受け入れることができる．社会的な支持は，われわれがより大きな世界に関係をもっているという認識を支える．社会的支持は，介護者たちの幸福を維持することにおける，手掛りの役割 (key role) を演じるという証拠がある．より大きな社会的支持をもっていることを感知している人々は，より少なくうつ病を体験する (Clyburn et al., 2000).

　僅かの社会的支持を認めた，メキシコ系アメリカ人で，配偶者である介護者たちは，うつ病の，より高い比率を有していた (Clyburn et al., 2000). この支持の不足を体験した介護者たちは他の調査の中で，うつ病における増加を示すことが発見された (Mittelman et al., 1995).

　うつ病に対する介護者の脆弱性をうまくとりなす際の，社会的支持の重要性もまた，強力な

社会的きずなが，介護者うつ病の，貴重な調停者であるという事実によって支持されている（Bodnar および Kiecolt-Glaser, 1994）．強力な社会的なきずなをもつ介護者たちは，社会的に孤立化させられている介護者たちと同じくらいには，うつ病に罹患しやすくはない．社会的支持の認識は，実際に，それの一員であるとして数えられている人々の数よりも，いっそう重要である．

　家族の葛藤は，社会的支持を妨げる．もしも家族の成員たちが，社会的支持の役割から脱落するならば，かれらを元の地位に戻すことは，難しいであろう．それでもやはり，ある家族の成員たちが介護者たちに対してもっている，非常に否定的な衝撃のために，批評家的な発言および価値判断的な姿勢として明らかにされる，かれらの否定的な態度がなければ，介護者は，より多く，有効に役目を果たすであろう．介護することの負担に次いで，介護者たちは，家族の葛藤を，もっともしばしば起こる問題として，とりたてて示した．家族の葛藤は，アルツハイマー病の介護者たちにおける，うつ病と怒りの両方ともの根底にある，非常に有意なストレッサーとして確認されてきた．介護者に対する，家族の成員たちの態度，および行動にかかわっている葛藤は，介護者のうつ病に，密接に関連していることが発見された（Semple, 1992）．

　社会的な支持は他の重要な機能をもっている．かれらの社会的な支持のシステムの中で，介護者たちは，かれら自身のものと類似した状況の中で，以前にサービスを利用した人々によって，そのような活動の真相を知ることができる．かれらは，かれらが物事について感じる方法が，正常な反応であるが，しかしこれらの反応が意図と反対に作用しうることを学習しうる．たとえば，介護者の罪の意識は，ありふれている．この罪の意識のための基盤は，必ずしも合理的とは限らない．介護者たちの社会的支持の連帯組織からの調停者は，情動的支持をかれらに供給することが，またかれらの罪の意識に打ち勝つために，かれらを助けることができる．介護することの感情，および状況についての他の見地に耳を傾けることは，より健康な介護者の選択に帰着する愛情の変化を生じるであろう．

　専門的な援助者との接触は，社会的支持として機能するだろう．もしも，かかりつけの家庭医が，長い時期にわたってケアを管理してきたならば，介護者は，その医師を社会的な支持の重要な根源であると認識するであろう．医師によって提供された，元気づけること，および指導は，医学的な助言と同様に，有益であると感知されるであろう．

　アルツハイマー病をもつ患者は，11 年から 15 年まで生きるだろう（Garity, 1997）．介護者たちが，より多くかかわり合うようになるほど，かれらが受けていると認める，社会的支持はより少なくなる．ときどき，わずかな支持を受けていると感知している介護者たちは，社会的支持の実際の状態よりも，むしろ介護することによる心理的負担にもとづいて，反応しているかも知れない．もしも，かれらが，かれらが認めるよりも，より多くの支持を受けているならば，かれらは，適正に評価されなかったストレッサーに対して，否定的に反応している．友人たちと家族は，介護することのより大きな強い要求，ストレス，および心の重荷の結果として，介護者たちの前に，更に頻繁には姿を見せなくなる．

もちろん社会的支持の不足もまた，介護することのための真の現実，およびストレッサーである．介護者たちは，社会的支持の必要が増大しつつあるときには，より少ない，その支持を受けていると考えられた(Thompson et al., 1993)．この喪失は，介護者の柔軟性(resiliency)を弱める．柔軟性は，情動的なスタミナ（精力）に，なぞらえられる．そして，それは，人生の不幸に，またそれに関連するストレスに，適応しつづけることをわれわれに，可能にする．決意が固くなる方向で，進行しつつあるときには，われわれは，われわれが，立ち直りが早いために，やり続けることができる．親密な，そして何でも打ち明けて話している関係は，柔軟性を発展させまた保持するために重要である(Garity, 1997)．

選択と抑制

いかなる自制をも，それに対して行っていないと思っている，状況に直面した人々は，一般に適応することが，いっそう困難なのに気づくであろう．かれらは，対処する柔軟性を失う．それゆえにうつ病の発現を促進する．介護することについて選択を行っていると認める介護者たちは，いかなる選択をも考えていない介護者たちよりも，アルツハイマー病の体験に適応するために，更によい好結果を生むであろう．かれらが，しなければならないために，あるいは，かれらが，そのようにすることを，強制されていると思っているために，ケアを供給している介護者たちは，いっそう，うつ病，怒り，および恨みをもちやすい．愛情からケアを供給する人々とは違って，かれらは介護することの役割によって，わなにかけられていると思うであろう．選択の認識がなければ，介護者たちは，かれらが，状況の何らかの統制，あるいは支配を行っていると信じるより少ない見込みがある．

介護についての選択は，困難な状況への，われわれの適応可能性を増大する．この役割を，自発的に引き受ける，そして，その人のために，ささげられる介護者たちは，介護者の役割を，より長い間，耐え忍ぶ見込みがある．かれらには，うつ病のような否定的な，精神的健康の結末は，より少数でしかない(Knop et al., 1998)．いっそう多方面にわたる，ケアを供給する介護者たちは，とくにストレス，およびうつ病を蒙りやすいことが発見された(Mittelman et al., 1995)．これらの人々は，いかなる選択をも所有していないが，しかし介護することの，永続する負担を，耐え忍ばなければならないと思っているのであろう．

健康の諸因子

認知症をもつ家族の成員たちを世話することは，身体的に障害されている家族の成員を世話することよりも，介護者の精神的，および身体的健康に対して，より大きな衝撃をもっている．健康の問題は，うつ病の増大した危険に関連している．うつ病に悩んでいる男性たち，および女性たちは，より大きな，心臓循環系の危険をもっている．男性たちは，致命的な心臓発作をもつこと，という，より大きな危険をもっている．抑うつ的な症状は，医師の注意を引くようにされなければならない．

多くの介護者たちは，かれらの健康によい，食餌，充分な睡眠，および規則的な運動のための要求に，十分な注意を払ってはいない．これらの習慣は，好結果のストレス管理のためにもまた，重要である．それらは，うつ病および他の健康の諸問題の危険を，軽減することによる保護的な役割をもっている．

介護者たちは，一般人口と比べて不安，緊張，うつ病および睡眠問題という症状を管理するための，より多くの向精神薬を使用する．そして，かれらは，かれらの健康が，よりわるくなっていると認める．介護することの仕事にかかわり合ったときに，介護者たちは，高い血圧を示すであろう．しかし，それは，介護することの課業に，かかわり合っていなかったときには，正常の範囲の内部にあるだろう．回避的な対処の方法を用いる，あるいは，かれらの怒りを抑制することに問題をもっている介護者たちは，有意に変化した，血漿脂質のレベルを示す．そしてそれは，かれらの心臓発作の危険を増大する（Haley, 1997）．

配偶者である介護者たちの免疫系は，障害されているより多くの見込みがある（Kiecolt-Glaser et al., 1991）．ある研究の中で，病気の影響は，アルツハイマー病の患者の死後4年までの間，持続した．免疫系の変化は，呼吸器疾患の増大した比率，インフルエンザのためのワクチンに対する，減弱した反応，および創傷の，より緩慢な回復に，関連づけられた．

かれら自身の，健康の必要に注意しない介護者たちは，健康問題を発現させる，より大きな機会をもっている．そしてそれは，うつ病の増大した危険に帰着する．うつ病の存在は，健康問題についての懸念を提出するであろう．そして逆もまた同様である．

役割が圧倒すること，と自己の喪失

自己の喪失は，介護者のうつ病に関係づけられる．自己の喪失を理解するために，われわれは，最初に，*自己*という言葉を考察しなければならない．それは，われわれの性質——時が経っても同じもののままにとどまり，またわれわれを独特なものにする，われわれに関するものごと——を言葉で描写する．自己は，われわれが本来あるものである．

血縁関係，およびわれわれが実行する物事は，われわれの同一性の重要な根源である．両方ともが，われわれに，われわれの世界，およびわれわれ自身のより幅広い意味を供給する．介護者になる前には，あなたは，友人たちといっしょに時間を過ごしている，仕事場で働いている，日曜学校で教えている，社会的なグループに参加している，映画を観に行っている，旅行している，そして，あなたの人生の生命維持に必要な要素であった，孫たちにかかわり合わされていることを手に入れたであろう．あなたは，あなたが，もはや，それらにかかわり合い得ないときに，それらの重要性を真に理解する．

血縁関係は，連続的にわれわれに，われわれが，誰であるかについての，重要な情報を供給しつづける．そして，われわれの人間としての真価を，われわれが考えるのを助ける．われわれは，血縁関係によって問題にされる．われわれが，傷つけられ，そして絶望しているとき，われわれの血縁関係は，慰安および勇気づけることという，愛情のこもった毛布のような，厚

くおおうものに似ている．極度にストレスの多い期間のあいだに，重要な血縁関係から切り離されたとき，われわれは，対処のための支持の，極めて重要な根源から外されている．極端なストレスの期間のあいだ，血縁関係を維持することは重要である．ストレスのもとで，われわれは本来のわれわれである人，および世界の中で，われわれが居る場所との接触を失いがちである．

血縁関係，役割および活動は，われわれの立場を明らかにする，体験を稼働させる．われわれは，それらから，自己のイメージを構築する．それらの中に，われわれは，意味と目的を見出し，また，喪失に対して，より多く柔軟な，そして，より少なく傷つき易い，自己の意義を発展させることができる．活気は，われわれの社会的なかかわり合いが厳しく制限されるときには，減じられる．

介護者たちは，自己の喪失に帰着する3つの過程に直面する．すなわち慢性的なストレス，役割の圧倒，そしてアルツハイマー病の患者の喪失がそれである．役割による圧倒は，介護者たちが，もはや他の活動にたずさわるための時間，あるいは，エネルギーを所有していないために，ありふれている．介護することが，かれらの社会的接触を制限する前には，これらの活動は，支持的なそして情報を与える，フィードバックの重要な源泉であった．このフィードバックは，自己正当化の根源であった．

この正当化は，介護者たちにとって，重要な判断の基準である．かれらは，役に立つであろう，新しい着想と同様に，かれらの状況と，かれら自身について，どれくらい申し分なく実行しつつあるか，そして，異なった見地を手に入れているか，を判断しうる．フィードバックの喪失は，かれら自身と介護することの状況について，健康な見地を保持することを，いっそう困難にする．

患者に対してもっている関係と同様に，他の，自己を肯定する活動にかかわり合っている介護者たちは，自己喪失に対して，より少なく傷つき易い．かれらの自己の意義が，最愛の人の喪失によって，おびやかされるとき，それは，他の活動，および関係によって，肯定され，また回復される．自己喪失は，かれらが夫婦であることから，かれらの同一性の大部分を得るときに起こる．夫婦の同一性は，患者の進行性の悪化によって失われる．

下記の諸特徴をもつ介護者たちは，自己の喪失 (Skaff and Pearlin, 1992)，および結果として起こるうつ病に対して，いっそう傷つきやすい．配偶者たちは，血縁関係の親密さにおける差異，および成人の子供たちが，かれらの同一性を支持する，他の活動，役割および血縁関係をもっているという事実のために，成人の子供たちよりも，より大きな危険にさらされている．女性たちは，かれらは，つねに男性たちよりも結婚生活の外に，より多くの社会的接触をもっているが，役割に圧倒されることの結果として，かれらの生活のより多くの，自己—肯定的な面を失う立場にある．男性たちとは違って，男性たちは，別の仕事として介護することに接近しうるが，女性たちは，かれらがそれを，かれらの生活のすべてで実行していたために，かれらが，けしからぬことと思う，望まれていない役割として，介護することを考えるだろう．

年齢は，ひとつの因子である．より若い，成人の子供たち，および配偶者たちは，介護することと競合する他の優先するもの，たとえば，子供たち，および他の家族の成員たちの世話をする，仕事を続ける，あるいは，学校に戻る，ための必要をもっているであろう．より若い，介護者たちは，かれらが実行したいと望み，またかれらが実行しなければならないと思うことの間の，葛藤の中にとらえられている，より多くの見込みがある．介護することは，より若い介護者たちにとって，人生のこの期間の間，適切な他の目標に向かって努力するための，機会を奪おうとする．介護者である独身の成人の子供たちは，とくに子供たちと同居している人々は，役割に圧倒されるための，より多くの機会をつくり出す，競合する強い要求をもっている．

　介護することの状況の，2つの特徴が，自己喪失を予言している．両方ともが，介護者たちに永久化して行く活動を体験するのを，許容する機会を制限する．問題行動は，それらが介護者たちにとって，他の活動を捜し求めるための，わずかな動機づけを残して，かなりの警戒（vigilance）と，エネルギーを要求するために，自己喪失を予言している．入浴，更衣，および給食のような，毎日の生活の中の患者の活動に対する，援助の程度は，これらの要求に取り組むために必要とされた，警戒とエネルギーが，行動上の問題を管理するために必要な，それに接近するときに，自己喪失に関連あるものとされる．

　さらに同一性は，介護者たちに肯定的な自己評価と，フィードバックの，より多くの可能性のある根源を供給する（Skaff and Pearlin, 1992）．結婚していること，子供たちをもっていること，そして雇用されていることは，成人の子供たちに，自己喪失からの保護を提供する．

　雇用は，介護する状況の外で起こるので，それは介護者に，個々の同一性，自己評価の別の根源，および介護することによる，ストレッサーからの憩いの場所を提供する．その配偶者たちが，ナーシングホームにいる介護者たちは，ボランティアの役割が報われることに，気づきつつある．かれらは，進んで助力を与えることが，介護することから，かれらにかれらの気をそらせると言う．それは，介護すること——かれらが，そのために非常に長い間にわたって，世話をしていた人以外の成人たちに，関係している——によって，休止したままにされてきたであろう，かれら自身の，その部分を復活させる．友人たちとの接触は，とくに配偶者たち，および独身の成人の子供たちにとって，自己喪失から守るために，保護を供給する．介護者たちは，かれらが，他の点では，介護することによって，圧倒され，また患者の悪化によって，失われるであろう自己のそれらの面のために，支持的である活動や関係を維持するときに，自己喪失から保護される．

　介護者たちは，かれらが断念してしまった，あらゆることに代わることを，介護する役割に期待し得ない．確かに，ある介護者たちにとって，かれらに，かれらの人生を戻すよりも，かれらの人生から，より多くのものを奪うことは，脅威となる．最愛の人の喪失は，介護者たちにとって多大な脅威を表す．わずかの，他の自立している関係，あるいは活動をもつ人々は，同一性に対する，より大きな脅威を体験するであろう．自己喪失のための理由が，何であっても，介護者たちはかれらの人生の残りに，重要な関連を保持するための方法を，捜す必要があ

る．もしも，かれらが介護することのために，自発的により少ないものを失うとしても，かれらは，介護することが終るときに，立ち直るためには，かれら自身のために，より少ないものを所有するであろう．

14. 進行中の介護のストレスに対する対処の方法

■変化の分析と管理を学習すること

　家族の介護者たちは，アルツハイマー病のケアの大黒柱である．アルツハイマー病（AD）の慢性的な，そして悪化する経過のために，介護者たちの仕事は，長引く見込みがある．かれらがADをもつ家族の成員の安全と幸福のために，絶対に必要な役割をもって継続できることが肝要である．介護者たちは，かれら自身で，ケアのあらゆる活動を，ばく然と遂行することを，期待してはならない．介護することの旅路の非常に早い時期に，他の地域社会の資源と個人的な支持が，すぐ役に立つことを考慮に入れるのが重要である．必要とされる前に，資源の目的と利用可能性について，より多く知ることは，劇的に変化する状況に，介護者たちが適応するのを，助けるであろう．

　最愛の人たちは，介護者たちが，かれらとともに，もちうる関係を願うので変化するであろう．かれらの介護する役割への，はげしい没入のために，介護者たちは，もはや他の重要な人生の活動へ，参加することができないであろう．アルツハイマー病を介護することは，進行中の基盤によって，極度にストレスが多くなる可能性をもっている．好結果の介護は，移り変わるストレスばかりではなく，慢性のストレスを処理することに，かかわり合うだろう．

　介護者たちは，介護することの状況へ，かれら自身のスキルと資源をもたらす．これらは，役に立つであろうがしかし，アルツハイマー病のケアは，伝統的な家族の介護とは，全く異なっている．家族の介護をすることは，家族の成員たちの，時間を制限された要求に，取り組む．アルツハイマー病のケアは，疾患が診断されるときから，家族の成員が死ぬまで，必要である．それは最初の介護する役割を引きうける家族の成員の，資力の豊かさと柔軟性に左右される．ケアを受ける人と介護者の要求が，取り組まれなければならない．

　家族の介護者たちは，むずかしい問題に直面させられる．そしてかれらは，ストレスの多い，新しい，そして親しんでいない状況に適応しなければならない．慢性的なケアの，一定しない，そして多様なストレッサーを管理することは，ストレスへの対処の学習によって左右される．ある介護者たちは，かれらの責任の中に意味を見出すことができる．そして介護することとい

う体験の，一部分として，情動的に，そして精神的に成長する．他の人々は，これが困難だと考える．絶望的に，そして抑うつ的に感じる介護者たちもまた，より多く健康の諸問題を体験する．ストレスに対処することは，介護することの体験をうまく切り抜ける介護者たちを，他の人々，すなわちこのようにしないで，しかも，その後，精神的，および身体的な健康に対する，より多くの有害な影響に悩む人々から，区別する．介護することが，介護者たちに否定的な衝撃をもっているときには，それは，課業の好結果な完成を，不可避的に妨害する．そしてアルツハイマー病のケアに際して，より早期に，かれらが，やめたものに似ている生活様式を，再び始めるための，かれらの機会を減じるであろう．

　この章は対処を扱う．ストレッサー，ストレスおよび異なった対処のストラテジィが検証される．介護者たちは，どんな風に，理性的でない信念がストレスを強め，そして対処をいっそう困難にする思考，および行動のパターンをつくりだすか，を検証することができる．かれらが抱くこれらの信念，および思考が重大なストレッサーでありうる．状況を組みたてなおすことが重要である．

　介護者たちは，かれら自身について知っていることを，検証することが必要である．ここに，いくつかの役に立つ質問がある．すなわち，

- どんな風に，あなたは過去にストレスの多い状況に対処したか？
- どんな方法で，あなたは普通はストレスに対して反応するか？
- どんな風に，ストレスはあなたに影響するか？
- どんなものが，あなたが通常ストレスを加えられたときに受ける，情動的および身体的結果であるのか？
- あなたは，あなたがたいていの問題を解決することができると信じているか？
- あなたは，何もかもを，あなた自身で実行しなければならないと信じるか？
- 他の人々は，たとえかれらがあなたのように援助を供給できないとしても，役にたちうるのか？
- もしも，あなたたちが問題を管理することに，厄介な事があったならば，誰が，あなたに援助のために役立ちたいと思うであろうか？
- あなたは，あなたが，ストレスを加えられていると感じているときに，本当に助けになるのか？
- どんな人たちが，あなたが信頼しうる人々であり，またどんな人たちを，あなたは信用しうるのか？
- アルツハイマー病は，あなたの親族関係の中で，他の人の役目の遂行に影響する．どんな相違点がそのような結果を招くのであろうか？
- あなたたちの両方ともに影響した，人生のストレスの多い，強い要求を扱うにおいて，その人が演じたのはどんな役割なのか？
- かれの，あるいは，かの女のかかわり合いなしに，対処することができることを，どのく

らい，あなたは信用しているのか？
- その人が，あなたの立場の中で実行するであろう物事について考えることは，役に立つのか？
- あなたはどんなことが事態を処理するための，最良の方法と考えるのか？

　どんなことが，介護者たちにとって，ものごとを処理する最良の方法なのか？　これは，介護者たちにとって，考慮すべき重要な問題である．しかし，それは，安易な解答をもっていない．介護者たちは，かれら自身の，独特の介護する状況を，個人的に処理する最良の方法を知るために，大量の知識と情報を，自分のものにしなければならない．かれらは家族，友人たち，および専門家たちの忠告を考慮する必要がある．書物の中の，またアルツハイマー病協会の分会，および支持グループからの，利用しうる情報は役に立つであろう．かれらの伝統的な誠実さによる指導は強さを供給するだろう．かれらは，かれらにとって健康的で，しかも可能であることをもまた，調べなければならない．かれらは，かれらにとって利用しうる，そしてかれら自身の人間性によって制限されたものでない，あらゆる資源の見地から考える必要があるだろう．かれらは，介護することが終り，そして現在のためのかれらの計画の中に，未来をもつことを組み込むときに，かれらが，どんな種類の生活を所有しうるかについて，考えなければならない．かれらは，かれらが知っていることを思い出し，またかれらが学習する必要があることを検証する必要がある．結局，かれらは，物事を処理しうる，最良の方法を決定する必要がある．

■ストレッサー，ストレス，および対処すること

　介護者の対処は，介護に関連があるストレスに対して，健康的な適応をすることを必要とする．それは，ADをもつ人のケアと同様に，介護者の健康を承認する．財政上の心配は，進展するストレッサーでありうる．介護者たちは，かれら自身のために，ほとんど時間をもっていない．かれらは，更衣および入浴のような，毎日の生活の活動を手伝っている間に，行動上の諸問題を処理しなければならない．放浪，金切声を出すこと，また所有物を破壊することのような，他のADの行動は，介護者たちにとって，非常にストレスが多い．激越興奮，物を蓄積すること，危険な活動，そして人を困らせるような活動が，介護者たちの心配に加わる．妄想，および幻覚は，ADをもつ人々において，激越興奮，非協力性および攻撃性を誘発しうる．くりかえす質問，および執着することは，退屈でまたいらいらさせられることがありうる．最愛の人の妄想的な信念の標的になることは，とくにストレスが多い．

　介護者のストレスは，介護することのひとつの特別な領域の結果ではない．密接な相互関係のある諸因子は，社会経済的状態，文化および人種のグループ，教育，介護することの経験，家族の支持，住宅の適合，そして環境を含んでいる．介護者たちの，個人的な諸特徴は，ストレスの多いこと，そしてかれらが反応する方法に対してかなりの影響を及ぼす．ある人の挑戦は，別の人のストレスである．

ストレッサーは，ストレスが多くなる可能性をもっている状態，あるいは環境である．ストレスのレベルは，どれくらいに，われわれがストレッサーを評価し，また脅威が存在することを，確かめているか，に左右される．ストレスは，正常の生理学的均衡を乱し，あるいは，妨害するストレッサーによって生じさせられた，あらゆる強い要求に対する身体の反応である．ストレスは，身体的，情動的，あるいは精神的な負担，あるいは緊張にかかわりがある．人が，管理できないほどの強さで，ストレスが生じるとき，病的な変化が起こる．ストレスの多い状況は，それが，それを管理するための個人の，本人自らの資源を，もう少しで限度を越えるときに，脅迫的と知覚される．

　介護する状況のいくつかの独特の面は，高い程度の介護者のストレスの一因となる．ストレスは，慢性的であり，そして，それは，もっとも重大な面であるかも知れない．そしてそれは，研究によって取り組まれる必要がある．われわれは，すでに慢性的なストレスが，介護者のうつ病にとって，主要な，促進的な出来事であることを知っている．介護者たちは，アルツハイマー病をもつ家族の成員の，機能稼働が衰退するに従って，より多くの責任を引き受ける連続的な必要性のために，消耗の脅威によって増大する重圧に直面する．かれらは，最小限度ではあるが，気晴らしの期間をもっている．そのために，連続的な適応と，役割の交代が必要である．かれらの，ストレッサーに長い間さらされることは，結局はすりきれることになる．そして，それは，かれらの対処の資源を枯渇させ，また抑うつ的になるための，かれらの危険を増大する．

　うつ病と他のストレス関連問題は，家族の介護者たちの弱さよりも，人間存在の限界に，より多く関係がある．かれらの人間的条件の性質は，増大する強い要求に，かれらがどこまでか対処しつづけることができる範囲を限っている．新しい要求，あるいは変化の，高値の数字をもつ介護者たちは，うつ病で苦しむより多くの見込みがある．かれらのストレスの根源は，それに，かれらがより多く親密である状況ではなく，新しい要求から，徐々に明らかになる見込みがある．新しい行動上の諸問題と，精神医学的症状は，しばしば，新しい要求の根源である．

　ストレスが生じる，情動的，および生理学的覚醒(arousal)は不快感を与える．この覚醒の状態は，それが時間の長い期間にわたって存続するとき，とくに苦悩を与えるように，そして有害になりうる．精神的，および身体的健康の問題が，慢性的なストレスの状態の下で発現するだろう．Hans Selye は，ストレス反応の早期の研究者の1人であるが，ストレスと疾病の間のこの関係を検証した．Selye (1974) は，ストレス反応の3つの段階を記述した．そして介護者たちは，3つのすべての段階を体験する．

　最初の段階は警告である．警告は，ストレッサーに対する，身体の最初の反応に連動させられた覚醒の全般化された状態である．抵抗期が，結果として生じる．身体は，ストレッサーに適応する．そして，それに抵抗することができる．しかし，覚醒の高いレベルで機能する．アルツハイマー病の介護の間に起こるように，ストレスが長たらしい期間にわたって存続するときに，身体は慢性的に活動しすぎ，そして適応の能力がより低くなる．ストレスに抵抗するこ

とができないために，身体は疲弊期に入りこみ，そして疾患にかかりやすくなる．それどころか，死が極端な環境のもとで起こりうる．

多くのアルツハイマー病の介護者たちは，より歳をとっており，また年齢に関連した，健康問題をもっている．かれらの身体は，ストレスに対していっそう脆弱である．高血圧，冠動脈疾患，偏頭痛，および過敏腸症候群 (irritable bowel syndrome) が，ストレスに関連があった．男性の介護者たちは，心臓発作の高度の危険をもっている．ここに，慢性のはげしい疲労と，潜在的な健康の諸問題のための段階を定める，ありふれた，ストレスの多い状況の一例がある．

別の長い，そして，疲れさせる，一日の後に，ある介護者は，静かな，私的な瞬間を手に入れる．突然，悲鳴が，すぐあとで，うしろのドアで，ガチャンという音がして，かの女の平穏と静寂が乱される．かの女は，恐れている．かの女の心臓は，早く鼓動する．かの女の呼吸は，速くなる．かの女の両手は，湿っている．かの女は，それを感じとっていない．しかしかの女の血圧は，あがりつつあり，またかの女の血糖のレベルは，かの女の身体に，潜在的な危険に対処するための，エネルギーの手っ取り早い源泉を授けるために，上昇しつつある．かの女の感覚，心，そして身体は，準備ができている．かの女は，かの女の夫を呼びたてる．しかし，いかなる返答もない．かの女は，裏口へ行く．かれはそこにいない．しかし裏口は，少し開いている．かれは外にいるに違いない．かの女は，静けさが，このとき，再び呼鈴によって破られるときに，裏庭の暗やみの中へ足を踏み出そうとする．かの女は，表玄関へ家を通りぬけて歩く．かの女は，ポーチの明かりをつける．そして，ドアの中の小さな窓を通して，じっとみつめる．だれも，そこに立っていない．かの女は，本当に，恐れている．多分，かの女の夫は，家の中へ入ろうと努めた．かの女は，正面玄関を開け，そしてポーチの上へ踏み出す．街灯の弱い光の中で，かの女は，かの女の夫が，すぐ隣りの家に向かって歩いているのを見る．かれは道に迷った，そして，おびえた人のように，かの女の名前を大声で叫んでいる．かの女は，かれの歩みをおそくするために，かれの名前を大声で呼ぶ．もっとあとの瞬間に，かの女は，かれに追いついた．そして，かれの向きを変えさせて，かれの傍を歩いている．ストレスは去った——差当たっては．

かの女の家庭を安全にするためには，かの女が，変更を行わないかぎり，この偶発事は再び起こるかも知れない．ドアに対するダブルロック，ブザー，そしてかの女の夫のための，本人識別用ブレスレット．かの女は，他の重要なストレッサーに対処した．それで毎日，長い時間の間言い争う．かの女は，疲れ切っており，その上，かの女が継続できないことをくよくよ考えさせられている．かの女は，もう少しで，介護の慢性的なストレスの，犠牲者になるところである．他の諸因子が，この危険の一因になる．

われわれが，われわれにとって非常に脅迫的である何事かを知覚するとき，われわれのストレス反応は，この知覚と一対になっているであろう．脅迫的な状況は，身体的な危険，情動的な苦痛，あるいは財政上の危険に，かかわるであろう．当惑，罪の意識，あるいは恥は，介護者の自己評価，あるいは同一性をおびやかすかも知れない．とくに，害のない状況が，命にか

かわる破局と考えられうる．われわれは，命を脅かす出来事であると，われわれが信じていることに対して反応しているので，われわれのストレスのレベルは，このことを反映するであろう．しかし，もしもわれわれが，どんなことが実際に起こりつつあったかを，評価したならば，またそこに，くよくよ悩むべき何もなかったことを見極めたならば，われわれは，いかなるストレスの徴候をも示さないであろう．

　われわれの思考は，ストレスの根源であり，またストレス反応を強めるか，または軽くするかしうる．次の例は，介護者の将来の出来事についての面倒な考えが，どれくらい，かの女の現在の不幸をつくりだすかを示している．数日にわたって，かの女は，かの女の夫の，医師の約束の日時に，かれを連れて行くことを非常に恐れた．それどころか，かの女は，かの女の子供たちがそれを実行しようと申し出なかったと，憤慨して思いはじめていた．かの女の恐れは，発達して，怒り易さになる．そしてかの女は，容易に怒らせられる．かの女の夫を医師のところへ連れて行くことは，発達して重大なストレス反応になった．かの女の夫は，かの女の怒りっぽい，自分に対する態度に気づき，そのため興奮して，しかも非協力的になる．

　ほとんど同じ状況に直面した別の介護者は，まったく異なって反応した．かの女は，どのように，物事が現在の中で進行していたかについて，かの女の問題とする焦点を見失わなかった．そして，医師との約束についてこだわっていなかった．かの女は，かの女自身に，見通しの明るい事態を言いきかせることを学習してしまっていたために，今のべたことができた．かの女は以前にこの課業を処理したと，そして再びそれを成しとげることができるであろうと心の中で考えた．たとえ，問題が次第に現れたとしても，それはこの世の終りではなかった．かの女は，静かな落ち着きを維持することが必要であった．約束の日に，かの女と，かの女の夫は，全く魅力的に，造園によって美化された，ある地域を通って快適なドライブに出かけた．かれらは，景色を楽しんでいたのだが，すでに，医師の診察室のある地域の中に居たので，そこをもまた，不意に訪れるかも知れないことを，ふと口にした．かの女の夫は，反対はしなかった．

　われわれは，出来事それら自体ではなく，われわれが出来事についてもっている考えによって悩まされている．外界の出来事が，われわれのストレスの原因になるという信念は，われわれが，実際に実行するときに，われわれの身の上に起こるものごとについて，われわれがいかなる統制力をももっていないという着想を押し進める．われわれは，われわれの考えを決定する．われわれの出来事と，状況についての知覚は，それらが，実際に，ストレッサーであるかどうかを決定する．われわれは，われわれ自身のストレスの張本人である．尊敬すべき，ウィリアム・シェイクスピアは，このことを知った．かれは次のように言うことによって信用される．"善も悪も何もない．考えることがそれを善や悪にする．"

■思考とストレッサーに反応すること

　第12章で，われわれは，介護者たちに対して否定的な影響をもつことを意図した行為とし

てよりも，むしろ脳障害の表現としてそれを考えることによって，肯定的に，行動に対して反応することを学習した．われわれの思考は，行動についてのわれわれの見解を，変える．そして，それは，われわれが，行動に対する，われわれの反応を変えるのを助ける．われわれは現在，どのように，われわれが，ストレッサーに反応するかを調べるために，この体制を，いつでも喜んで利用する．われわれが，ストレッサーをそれぞれに理解するとき，われわれは，それぞれに反応しうる．われわれは，ストレスを加えられるべき，いかなる理由もないことを発見するだろう．

ストレッサー． *介護者のストレスの原因になりうる起こったこと，状況あるいは出来事．*

思想． *解釈および判断．われわれが，ストレッサーについて知覚し，そして知っていることの意味，および個人的な重要性について，われわれ自身に言いきかせること．*

反応． *ストレッサーについての，われわれの思考に対する，身体的および情動的反応．*

　どんな風に，人々が，ストレッサーに対して知覚し，解釈し，そして反応するか，を描くために，この枠組を利用することは，介護者たちが，ストレスをつくりだすことにおける，かれらの思考の役割を認識するのを助けるであろう．

ストレッサー． *夫は紙幣の入った郵便物を紛失する．したがってそれらは，支払われていない．*

思想． 　介護者は，夫がことによると，かの女から郵便物をかくしていると信じている．よくても，かの女は，かれが，それを置き忘れているのかも知れないと思う．かれは，これらの行為を否認する．それだから，かの女は，かれが，かの女にうそをついていると，またあたかも，かれが，かの女を気にしていないかのように行動していると考える．

反応． 　かの女の思考は，怒りおよび疑いを，つくり出す．かの女の夫が，心配しないことが，かの女の感情を傷つける．かの女は絶望的だと思う．かの女は，より多く，頭痛と疲労を経験した．夜に，かの女は，代り代り現れる，怒りと悲しみの感情をもって，より長い間眼がさめて横たわっている．かの女はおそらく，いくつかの選択できるものを，もっているのだが，かの女は，それらに気づいていない．かの女はかの女自身に，この状況が，恐ろしく，またかの女がなしうる何事もないこと，を言ってきかせる．かの女のストレスのレベルが，次第に高まる．かの女のストレスは，ストレッサーではなく，かの女のストレッサーについての評価によって，引き起こされる．かれが，アルツハイマー病に罹っていることをかの女が知っていたか，またどんな風に，それがかれの行動を冒したかを，かの女が理解していたかという，あれ

やこれやの問題に対して，かの女は，全く，それぞれに反応してもよかった．かの女は，私書箱のために，夫婦の住所を変えて，かれらの紙幣を手に入れても，それらを支払っても，しかも，かれに郵便受けに，行き続けさせてもよかった．

　介護者たちは，しばしば配偶者，あるいはひとりの親が以前に管理してしまった事柄を，処理することに直面させられる．かれらは，出来事，あるいはかれら自身で物事を管理するためのかれらの能力についての，抵抗できない感情によって，それ以上に，かれら自身を煩わせる必要はない．

　介護者たちは，記憶，および他の認知機能の衰退を見守りながら，どうすることもできないと感じるだろう．ケアを受ける人たちは，適切に服を着替える，そして毎日の生活の他の活動を実行することが，できないかも知れない．介護者たちは，これらの問題を，疾患の徴候として認めることができない．かれらは，最愛の人たちを，機能的にしておくことができる何もかもを実行しようと努めるであろう．介護を受ける人たちの，努力の不足，あるいは，介護者たちが，介護を受ける人たちのために，より多くのことをやっている，という受ける側の意思によって，問題が起こされると考えるので，介護者たちは受ける人たちを，より精一杯に押し動かすであろう．どんなことがこの行動を引き起こすかについての，かれらの信念のために，介護者たちは，怒りを，憤慨を，欲求不満を，また真価を認められないとさえ，感じる．これらの感情を生じるのは，行動ではない．行動についての介護者の思考は，ストレスの多い感情の原因になる．

ストレッサー． *Richard の妻の Mary は，適切にあるいは完全に服を着替えない．*

思想．　Richard は，Mary が，かの女が実行しつつあることに充分に注意を払っていないと信じている．そして，かの女が，かの女自身のために実行できるであろうより多くのことをやるために，かの女の代わりに，かれを頼りにしてもらいたいと思っている．ところがかれは実行するのがやっとである．

反応．　Richard は，Mary に対して怒りと欲求不満によって反応する．

　認知症に関する行動を理解することの重大性は，後段の A と B によって強調される．そこでは，同じストレッサーに対する，異なった思考と反応が，Richard と Mary の間に，より多くの建設的な相互作用を生じうる．

A：思想．　Mary は，以前やっていたとおりに，衣服を着ていないであろうが，しかし，かの女がなしうる最善のことを，行っている．かの女は，実際には，いくらかの援助なしには，自分のことを自分で始末できない．Richard は，かれの期待をふるいたたせる必要がある．Richard は，これについて，いくらかの悲しみを感じる．そして，Mary の機能におけるこれ

らの変化を理解することを，学習する必要があるのを，自分自身に言いきかせる．かれは，かの女がかならずしも実行できるとは限らない物事を実行することをかの女に強い，しかも，ついで，かれの欲求不満を，かの女の方へ向けるときに，かの女を動転させる．

A：反応．　かれは，かの女の装いを助けることによって，援助しているので，思いやりがある．

B：思想．　Mary は，もしも Richard が，かの女が，服を着替えるのを忍耐強く手助けするために，より多くの時間をかけないで，大急ぎでかの女に服を着せるならば，挫折することに，またまごつくことになる．かれは，かの女が，かの女の外観を非常に得意に思うのが常だったことを思い出す必要がある．そのことは，もしも，かれが，どんなに綺麗にかの女が見えるかについて，かの女をほめたたえることができるならば，かの女を楽にするであろう．

B：反応．　Richard は，Mary のために，感情移入を経験する．そして，手順よく服を着せることによって，かの女を援助する．かれはどんなに，かの女が綺麗に見えるか，そしてかの女が，かれにほほえみかけるときには，更に，もっとよく見えるかを，かの女に話すことによって嬉しく思う．

　多くの異なった反応は，同じストレッサーについての異なった考えから，生じうる．われわれのストレッサーについての評価は，われわれが何事かに反応するであろう方法に対してたくさんの影響をもっている．われわれは，もしもわれわれが考えていることに従うならば，われわれ自身の行動とケアを受け入れる人の行動を，理解することを学習しうる．介護者たちは，最愛の人たちが実行することを，変化し得ないであろう．しかし，かれらは，最愛の人たちが，行動する方法を，かれらが解釈し，またその方法に対して，反応するやり方を変えることができる．

■ストレス，および自己に話しかけること

　われわれは，何か他のことのために必要とするエネルギーを使い果たす前に，態勢を立て直しうるためには，状況の考え方がわかっている必要がある．われわれは，ストレッサーについて，どのようにわれわれが考え，そしてストレッサーを解釈するか，ということに綿密な注意を払わなければならない．これは，われわれが心に思うことの中に，反映される．われわれは，毎日，自己に話しかけることに，たずさわっている．それは，われわれの生活の中で起こる事態について，われわれが信じていることを反映する．それは，われわれに，他の人々，およびわれわれ自身について，われわれが考えていることを，そして，何故ものごとが，われわれの身の上に起こっているかに関しての，われわれの考えを，われわれにかいま見させる．自己に話しかけることは，ストレスに対する，われわれの反応を先導する．それは，われわれの思考

過程のふつうの部分であるのに，われわれは，必ずしも，それがどんな風に，われわれの感情，およびわれわれの思考に影響を及ぼしているかに，気づいているとは限らない．われわれが，心に思うことに，そしてどんな風に，それがストレスに対するわれわれの反応に影響を及ぼしているかに，更にそれ以上に，気づくようにならない限り，われわれは，ストレスを管理することに関して，好結果という程ではないであろう．

　行動の問題を取り扱おうと努めている，ある介護者は，ものごとをやりとげる方法について，非常に批判的である．かれのみるところでは，かれは，決してものごとを正しくすることはできないと，かれ自身でくりかえして言うのを聞いている．かれは，非現実的な期待が，批判的な自己への話しかけのための根拠であることを理解していないので，かれが，そのような期待をもっていることは重要ではない．別の介護者は，更に現実的な見解をもっている．そしてかれは，それの意味を理解することができるつもりであることを，かれ自身に言いきかせる．それは，少しは，時間と努力を，必要とするであろう．しかし，事態は，まさに，とてもよくなるであろう．かれは，それを実行できるであろう．自己への話しかけは，われわれの対処の努力を勇気づけ，あるいはそれに水を差しうる．われわれは，われわれ自身を，痛めつけうる．あるいは，勇気をふるいおこすことができる．われわれは，われわれが言っていることに，そして，それを評価していることに，耳を傾ける必要がある．われわれのストレスの多い状況に対する反応は，不正確な，そして理性的でない信念から現れる，自己への話しかけによって，方向づけられうる．

　理性的な自己への話しかけは，介護者の現実を正確に反映し，そして健康な機能を支持する．理性的でない「自己への話しかけ」は，ストレッサーに対する，苦痛な，情動的な，そして身体的な反応を増強する．理性的でない信念は，不正確な認識にもとづいている．介護者たちは，最愛の人たちが考えていることを，理解しうる．そして，理性的でないと，理解しうる．かれら（介護者たち）は，かれら自身の理性的でない考えを，認める必要がある．つぎの例を考えなさい．

　非常に類似した状況をもっている2人の介護者たちが，両方とも，ひとりぼっちだと思っている．1人の介護者は，かの女が，かの女の孤独とともに生きることを学習しうるであろうことを，かの女自身に言いきかせる．それは不愉快であるが，しかし決してもっともひどくいやな事ではない．この感情の一部分は，おそらく，かの女の喪失の意識に，関係づけられる．かの女は，たやすく友達をつくることができた．そして，かの女は，この苦痛を和らげるのを助ける，何人かの重要な友人たちをもっている．理性にもとづく，自己への話しかけは，ストレスを弱め，また生活の変化に対する適応のための，よりよい機会をつくりだす．

　もう一方の介護者の自己への話しかけは，全く異なったメッセージを発する．かの女は，決して，人を，1人だけにすることは，できないであろうと，かの女自身に言いきかせる．かの女の夫は，かの女の全生活である．かれは，かの女の決定をすべて行った．かの女は，あるいは，かの女自身によって，申し分のない決定を行い得なかったであろう．かの女は，一度も，かれのようなだれも，見出すことができなかったであろう．この女性は，この疑わしい真理を不審

に思わない．かの女は，それを現実と受けとる．かの女の自己への話しかけは，恐ろしい，絶望的な未来を構築した．

自己への話しかけの，2つのタイプは，介護者たちにとってとくに厄介であるだろう．すなわち，出来事を"ひどくいやなものにし"，また"絶対的なものにする"言明であるだろう．"ひどくいやなものにする"不合理な自己の言明は，出来事を破局にする．この見地は，所有している，あるいは起こるであろう事態が，最悪のありうることであるのを予言している．"ひどくいやなものにすること"はある出来事に対する，過剰反応であるために，それは，ストレスに対するより大きな情動的反応をつくりだす．そしてそれは，出来事が，その人にとって，処理するためには手に負えないという信念を強める．われわれは，われわれの"ひどくいやなものにすること"によって，圧倒されるようになり，そして最後は，それによって無力にされる．

"絶対的なものにする"理性的でない，自己への話しかけを認めるために，介護者たちは，*never*（一度も～ない），*always*（つねに），*should*（すべきである），*have to*（ぜひ～した方がいい），*ought to*（～すべきである）そして*must*（しなければならない）という言葉によって導入された信念を検証しなければならない．絶対的なものにする，自己への話しかけは，異議をとなえるためには，あるいは従わないためには困難である暴君的な声をもっている．われわれのうちの大部分の者は，それを認めるであろう．というのは，われわれが，子供であったとき以来，それは，われわれとともにあったからである．われわれの両親たち，そして他の権威ある人物たちが，これらのメッセージを徐々に教えこんだ．

最初に，もしも，かれらがわれわれに実行すべく指図することを，われわれが成し遂げないならば，われわれは罪の意識を，恥ずかしいと，あるいは価値がないと感じるために，これらの理性的でない信念を否定することは困難である．融通性のない反応は，物事を実行するために唯ひとつの"正しい"方法があることという結果になり，そしてそれを強く要求する．われわれが，この基準に従って行動しないときには，われわれは，われわれが善良な人々ではないという信念をもつ．絶対論者的な言明は理性的ではなく，また不合理である．そのような言明は，人々がストレスに対処するために所有している，他のすべての選択権をとり去る．人々はそれゆえ，かれらが――諸問題を解決するための，かれらの接近法ではなく――次に結果として起こる，失敗に責任があることを信じる傾向がある．

■理性的でない信念がストレスを引きおこす

Albert Ellis は，認知療法のひとつのタイプである，合理的な感情的療法（rational emotive therapy）（Ellis, 1975）の創始者である．Ellis は，思考と情動が，有意に，相互に，関係づけられることを決定した．苦悩を与える症状あるいは結果は，それらを活性化する体験，あるいは出来事についての，人の信念が原因になる．われわれの目的を支持して，これは，介護者のストレスが，アルツハイマー病の発生によって起こされないことを意味する．ケアを受ける人

の，行動の問題を管理しようと努めることは，ストレスの原因ではない．それは，これらの状況についての介護者たちの，理性的でない信念によって引き起こされる．Ellisは，非理性的な，そして非現実的な信念は，不愉快な情動を引き起こすことを発見した．かれの接近法の目標は，情動障害の根源である，非理性的な信念を同定し，また問題にすることである．

更に明確に言えば，情動的な苦悩は，ストレスの多い状況の，非現実的な，否定的な評価に由来する．たとえば，ある介護者は，この1か月の間，かの女が，かの女の友人たちともっている接触の乏しさを考える．その女性は，だれも，かの女と，かの女の夫について，接触を保って家に居続けるほど，充分に気をつけないことを，自分自身に言いきかせる．かの女は，もはやかの女の友人たちに会わないであろうことを恐れる．そして，かの女の状況が，恐ろしく，また絶望的であることを，自分自身に言いきかせる．

Ellisは，非現実的，絶対的，あるいは過度に一般化された期待の形をとる，12の不合理な信念を検証した．これらの信念は，しばしば，われわれが心に思う事柄にからませられる．そして，しばしば，そのような信念を支持する事実がないのに，非現実的であると認めることが非常に困難である．理性的でない信念は，実際には，われわれの望ましくない感情，および，われわれが，これらの感情を変えるために利用する効果のない対処的反応のための根拠である．しかし，われわれはこれらの思考のパターンを，非理性的なものと考えないために，パターンを保持しようと努力する．非理性的な信念は，われわれの自己への話しかけに，刻みつけられ，またそれを方向づける．

介護者たちは，Ellisが最初に確認したいくつかの信念に対して，とくに傷つきやすい．介護者たちは，いくつかの形態をとった，これらの信念の出現に対して，かれらの思考と自己への話しかけの監視を開始する必要がある．それゆえに，かれらは，それらを支持するために，理性的な，事実にもとづいた証拠を見つけることによって，攻撃的に，それらを問題にしなければならない．しばしば，上述の例におけるように，われわれは，信じることのために，証拠が全く不足している．介護者たちは，最初は，別の見地を採用することに，抵抗するかも知れない．理性的でない信念は，生涯のより長い間，問われていなかったので，それは理解し得る．かれらの苦悩に対処し，それを軽減するために，介護者たちが，物事をそれぞれに考えてみることを受け入れるのが極めて重要である．このことが，ストレッサーを評価しなおすことか，または，対処のための他の方法を捜すことかを，可能にする．

1. *成人にとって仲間たち，家族，および友人たちからの，愛情と承認を得ることは，絶対的に必要である．*

孤立化されている，また圧倒されている，介護者たちは，だれも，もはやかれらを顧みないと，安易に信じていることに気づく．かれらは，かれらが実際に愛されているか，どうか，を怪しむ．実際には，かれらが，愛らしくないために，多分人々は，かれらのじゃまをしない．いっそう頻繁な接触をもつことは，適切であるだろう．しかしこれは，どれくらい人々が，われわれを愛しているかということにとっては，よい尺度ではない．かれらを招待し，それに加

えてかれらにちょっと立ち寄るように求めなさい．

2. *あなたは，確実に有能で，そして，あなたが，引き受けるすべてのことの中で，ほとんど完全でなければならない．*

　そのような，非現実的な基準に従って行動しようと努める介護者たちは，罪の意識，恥，抑うつ，自己非難，そして怒りに悩むであろう．かれらがアルツハイマー病のケアの固有の困難さを認め，またしたがって，かれら自身についてのかれらの期待を修正しうるまで，かれらは，否定的な自己への話しかけ，およびそれを生み出す不愉快な考えや感情からの解放を楽しむことができないであろう．

3. *人々と物事が，あなたが以前に，未来のそれらに望んだとおりでないときに，それは恐ろしいことである．*

　この信念は，"ひどくいやにすること"，のための基盤である．介護者たちは，多くの状況の中で，かれらの見方を手に入れないであろう．アルツハイマー病は，だれのことも考えない．介護することの重荷と満足は同時に存在する．

4. *外部の出来事は，もっとも人間的な不幸の原因となる——人々は，出来事がかれらの情動を始動するままに，単純に反応する．*

　もしも介護者たちが，かれらが感じていることが，外部の出来事によって引き起こされると信じているならば，かれらは，かれら自身が，つりひもによってあやつり人形たちになるのを，放置しつつある．外部の出来事ではなく，介護者たちは，かれらが感じること，またストレスに対するかれらの反応を統制する．かれらは，かれらの不幸の源泉である．もしも，われわれが，感じる方法を，外部の出来事によるものとするならば，われわれは，考える，感じる，そしてわれわれが行う通りに反応するための，選択を行うことが理解できないはずである．

5. *あなたは，知られていない，確実でない，あるいは潜在的に危険である何かあるものについて，怖れ，あるいは不安を感じなければならない．*

　針小棒大に言う介護者たちは，必要以上の不安を体験するだろう．そして，実在の山に登るためには，利用しうるより少ないエネルギーをもっている．知られていないものは，多くの人々の中に，不安な感情を誘発する．介護者たちは，かれらが処理できるだろうがしかし，うまく管理することができた，と決して信じていない，あらゆる確実でない状況を，かれら自身に気づかせる必要がある．

6. *困難や責任に直面することよりも，それらを回避することの方が，より容易である．*

　きまりきった根拠にもとづいて，障害を回避することは，回避するために更にそれ以上の障害をつくり出す．ついである日，これらの障害はあなたをとりかこみ，そしてどこにも行くところは残されていない．問題を解決することは，他の障害を処理することを学習する，能力における自信を確立する．

7. **あなたは，人を頼みにするために，あなた自身以外の，あるいはあなた自身より，より強い誰かを必要とする．**

　この信念に執着する人々は，かれらがあるより高い程度の，権威，もっと優れた地位をもつ人，あるいはより多くのことを知っている人を，頼りにしなければならないと考える．介護者たちは，他の人たちからの支持と，フィードバックを必要とするとは言っても，かれらが，もしもあらゆる歩みを指図するために，誰か他の人を頼みにするならば，動けなくされる．

8. **過去は，現在を決定することとともに，処理すべき沢山のことをもっている．**

　ときどき古い方法が，諸問題を処理するための，最良で，唯一の方法であると考えられる．介護者たちは，新しい方法と着想に自由である必要がある．

　自己に話しかけることは，ストレスの多い状況を処理することにおいて，協力者でありうる．ここには，ストレス管理のために，より多くの柔軟性を与える，ある対処の信念がある．すなわち

- 私は，間違いを認めることを，学習しうる．
- 私は，いくらかの援助を，必要とするかも知れない．
- ある物事を，私は忘れることができる．
- それについて，何も悪いことはない．
- あることに関して，現在，私は特定の行動をとる必要がある．
- 私は，たいていのことに関して，1回以上の機会をもっている．
- 私は，いくつかの状況を，変えることができない．
- 私は，つねに，私の最善のことを，行うことはできない．しかし私は，それを理解した上で生きることはできる．
- このことを何とか切り抜けて，私は目的を達し得るだろう．

　あなたの身の上に起こっていることが，危急なのではなく，どんな風に，起こっていることをあなたが考えているのか，また，次いで，もし必要ならば，あなたがどのように反応するかが，危急であることを思い出しなさい．

■対処のモデル

　ストレスに対処することは，複雑でありうる．このモデルについて理解することは，より容易である．247ページの図は，この過程を例証している．この図の中で，私は，"介護者の状況と出来事"を切り離して囲んだ．そして，それを，積極的な対処の，最初の歩み，すなわち"潜在的なストレッサー"につないだ．確かに，ストレスとしての可能性は，介護者たちの生活の他の領域の中に存在するであろう．その結果，ストレスを管理することは，これらの領域の中のストレッサー，たとえば，他の家族の責任，あるいは仕事を処理することもまた，かかわりがあるだろう．もしも，繰り返されるストレッサーが，本当に，生活の他の領域の中に，

存在するならば，介護者たちは，私が介護者の状況と出来事のために実行したと同様に，これらを障碍によって，封じこめるかも知れない．その時に，生活の他の領域の中に現れるストレッサーに対する対処の過程を，考察することが可能になるであろう．

　他の領域の中に生じるストレスは，とくに，もしも，介護者たちがそれを管理し得ないならば，介護することに対して衝撃を与えるであろう．たとえ，それが，介護する状況に対して外部にあるとしても，ひとつの領域の中で処理されないストレスは，介護することに関係する活動におけるストレスに向かう可能性を増大する．介護者は，事実上，あたかも介護することにとって外部のストレッサーが，実際にかの女のストレスの根源であるときに，かの女の怒り，緊張，欲求不満の原因となっていたかのように，特殊な介護する状況に反応するであろう．もしも，現実のストレッサーが，介護することに直接に関係づけられない状況の中で生じ，また，介護することの状況と出来事が，単に，何か他のことのために，出来事のきっかけになるものとして働くならば，家族の介護者たちは，決して現実のストレッサーに対処する方法を見出し得ないであろう．

　観察しうる行動，あるいは出来事とストレスとの間の関連は，われわれの思考とストレスとの間の関連よりも，関連づけることが非常により容易である．介護者たちは，ちょうどストレスの早期の徴候に気づき始めるときに，考えていることに，より多くの注意を払う必要があるだろう．このことが，かれらに対する，ある直接の要求によって始動された未解決のストレッサーを，かれらが検証するのを助けるであろう．たとえば，あなたが，あなたの医師と重要な会う約束があると，想像しなさい．あなたは用意をし始め，そして，あなたの夫は，あなたが，彼をどこかに連れて行くことを要求し始める．あなたは，あなたの夫に，あたかも，かれが，あなたに不可能なことの実行を要求しているかのように反応する．夫の要求，あるいはあなたが，あなた自身の上に，約束をし続けることを置いた心理的圧迫が，現実のストレッサーだったのか？

一時的な評価．　介護者は，その状況が，脅威，あるいは他のストレスの多い変化を，表しているかどうか，を決定するために，起こりつつあることを評価する．その評価は，対処の極度に重要な部分である．しかし，人々にとって，実際に起こっていることのために，脅威があるのかどうか，あるいは，かれらが，何かそれに対して反応しているのかどうか，をこれまでに決定することなしに，ストレスに反応し，またそれを感じることは全く普通である．もしも，介護者たちが，その状況が存在することを決定するならば，かれらはそのとき，それが脅威をもたらすかどうかを決定しうる．

いかなる脅威もなく，いかなるストレスもない．　もしも介護者が，いかなる脅威も，いかなる有意の変化も知覚しないならば，いかなるストレスも，体験されない．出来事の知覚は，それが脅威であるかどうかを決定する．たとえ，何が起こったとしても，あるいは，たとえ，ど

んな考えをわれわれが心に抱こうとも，われわれが悩まされていない，あるいは脅かされていると感じないならば，われわれはストレスを体験しない．

脅威とストレスが存在する． 介護者は，悩まされつつある，脅威，あるいは変化を知覚し，また緊張，不安，怒りおよび心頻拍 (racing heart) のような，ストレスの症状を感じる．

評価された資源． 介護者は，充分な資源が，ストレッサーを処理するために，存在するかどうかを決定する．それらは，エネルギー，問題解決のスキル，心理学的な適応性，社会的な支持，財政的資源，および地域社会のサービスを含んでいる．

選ばれた対処のストラテジィ． 介護者は，ストレスを管理するために，ひとつ，あるいはそれ以上の，対処のストラテジィを選択するであろう．

対処の結果． 介護者は，対処の努力の結果として，起こったことを調べる．

二次的な評価． 介護者は，物事が変化したかどうかを，そしてどんな風に変化したかを評価する．そこにまだ脅威があるのか？ 二次的な評価は，介護者においてまだ観察されたストレッサーの状態とストレスの徴候を再評価することによって，対処の努力の効果を決定する．二次的な評価は，介護者が，対処の努力が失敗したために混乱しているかも知れないので，ストレッサーそれ自体になりうる．介護者たちは，かれらが失敗したことをかれら自身に言うこと，あるいは，かれらがその状況を処理することができないと結論することによって，かれらのストレスを増強することがありうる．

軽減されたストレス． いかなる脅威もない——いかなるストレスもない，という状態への復帰がある．

ストレスが残存する． 対処することが，好結果ではなかった．そしてストレスが，未だに存在する．その過程は資源を評価すること，また，別の対処のストラテジィを選択することに戻る．あるいは，介護者はストレスに屈服する．

　ストレッサーを認めることは，簡単のように見える．しかし，介護する状況に影響するストレスの多様な根源があり，また，介護者が，すでに延長されたストレスに悩んでいるときには，それは困難である．われわれが，長い間ストレスの下にあったときには，われわれは，しばしば，とくに害のない出来事に強く反応する．それらの出来事は，らくだの背骨をへし折った諺のストロー（訳註：英語の諺で The straw that broke the camel's back. からの引用．「沢山の荷物を

背負っているらくだに《わら》を追加したら，らくだの背が折れた」の意味で重荷を背負っているときに，些細な負荷が重大な反応を起こすことを意味している）のように感じられるので，あたかも，それらが非常に脅迫的であったかのように，反応するのである．疲れきらされ，また圧倒されて，介護者たちは処理すべきであるもうひとつのことがあるために，良性の出来事に対して大異変（catastrophe）として反応するのであろう．しかしかれらは，どんなふうに，それらがかれらに影響するであろうかを評価する前に，ストレッサーに対して反応しつつある．別のストレッサーに対して対処することに際しての，最初のステップは，ストレスの根源である出来事，あるいは環境を認めることであり，ついで，介護者に対するその結果を評価することである．

　苦悩の特別の根源を検証するに従って，介護者は，何故，それがストレスが多いのか，それを管理するために，他の選択肢である接近法を現出させるのか，を決定しうる．ストレッサーを管理するための可能な方法を，ひとつの表にすることは，よい発想である．もしもこれらの方法が，日誌の中に記録されるならば，介護者たちは，それらの進路と結果を，記録しうるであろう．われわれが，より早期に論じたように，かれらの自己への話しかけに，耳を傾けることを学習する介護者たちは，それぞれの状況に対して，ストレスの多い反応を始動する思考，信念および価値への，重要な先例を見出すであろう．自己への話しかけの，メッセージは，日誌の中に書き留められ，また足跡が残されうる．介護者たちが，状況と出来事について，何が

介護者のストレスに対する対処の過程

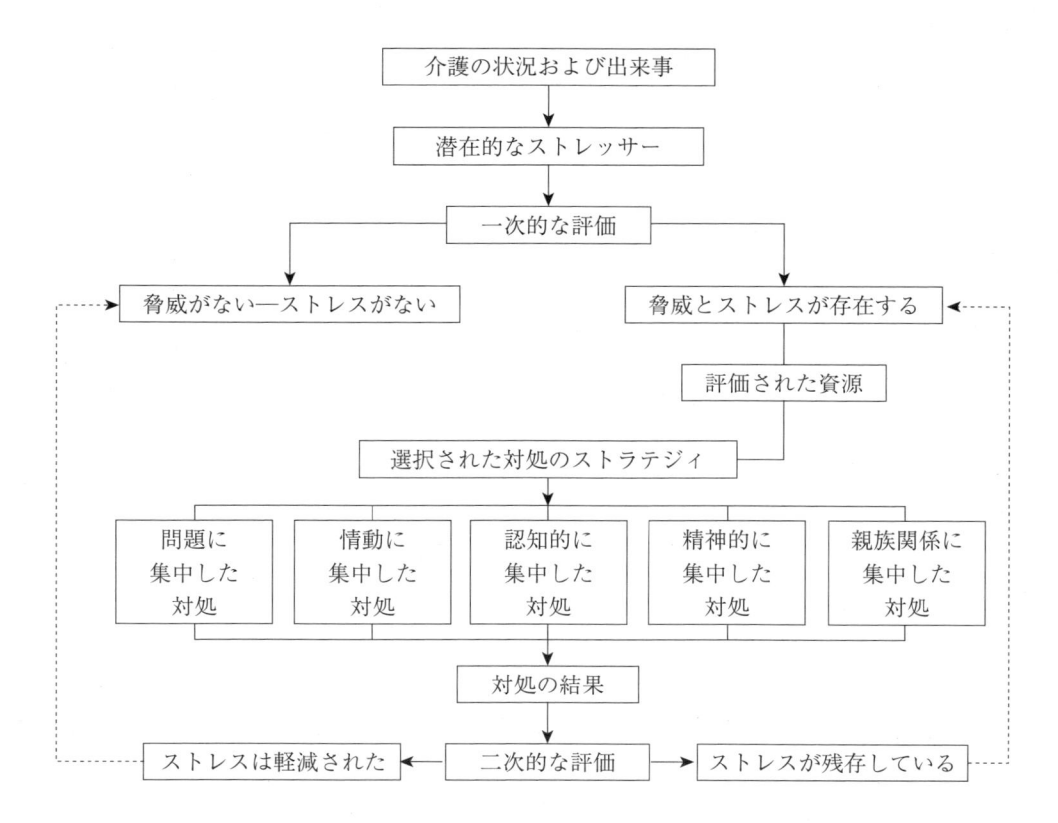

```
        介護の状況および出来事
                ↓
         潜在的なストレッサー
                ↓
            一次的な評価
          ┌──────┴──────┐
   脅威がない─ストレスがない   脅威とストレスが存在する
                              ↓
                         評価された資源
                              ↓
                     選択された対処のストラテジィ
         ┌────────┬────────┼────────┬────────┐
       問題に    情動に    認知的に   精神的に   親族関係に
       集中した  集中した  集中した   集中した   集中した
       対処      対処      対処       対処       対処
                              ↓
                          対処の結果
                              ↓
                          二次的な評価
                   ┌──────────┴──────────┐
            ストレスは軽減された        ストレスが残存している
```

ストレスを多くしているか，を検証することを学習するに従って，かれらは，対処のための信念と，他の接近法を見失わないことが可能である．

人格の表現様式（スタイル），態度，情動的，および身体的健康状態，および人生観は，われわれの身の上に起こっていることを，われわれが知覚し，解釈し，そしてそれらに反応する方法の進路をきめる．個人的な特徴は，どのように，ストレッサーが知覚されそして解釈されるか，どんな風に，介護者はそれに対処したいと思うか，そしてどれくらい長い間，介護者がうまく適応するのに必要であろうかに独特の表現を与える．楽観的な，融通性のある，立直りの早い介護者たちは，ストレスに対処することにより大きな成功をおさめる．かれらは多様な対処の接近法を活用する．かれらが，実行していることに，有意義にかかわり合っており，また毎日の決まった仕事を管理する意味を，わきまえている介護者たちもまた，ストレスに対して，より多く抵抗力がある．より大きなストレスは，介護すること，という仕事，すなわち介護者たちが，かたくなさ，悲観論，限られた忍耐力，いっそう直接的なケアの供給，そしてケアを供給するための資源の欠乏を管理し得ない，という永続する行動上の問題についての知識の欠乏に関連する．家族の不一致，および介護者の限られた支持は，進展するストレッサーにかかわっている．

■ストレスの異なったタイプ

慢性的なストレスは，介護者の安楽に対する，最大の脅威をあらわしている．下記のストレッサーは，慢性的な介護者のストレスの一因となる．すなわち，

1. 別の人の責任についての，増大した感情．
2. 不適当な期待に関連した，罪の意識および欲求不満．
3. 決断することによる，増大した心理的負担．
4. 生活と生活様式の分裂．
5. 家族，および友人たちからの孤立化．
6. 友人たち，家族，および協力者たちからの疎外．

しかし，すべてのストレスが，慢性的ではない．介護者たちは，かれらが検証する，ストレッサーのタイプを区別することが役立つのに気づくであろう．

慢性のストレスは無際限に続くか，または再発するか，であるストレッサーから生じる．夫婦間の，そして家族の葛藤は，慢性的なストレッサーである．介護者たちが耐える，介護者の役割と過負荷は，慢性的なストレッサーである．ケアを受けている人の衰退する記憶は，介護者たちが，それが，疾患の逆転できない症状であることを，認めうるまで，慢性的なストレッサーを意味する．このタイプの，延長されたストレスは，何か月間も，あるいは何年間も続き，そして重大な自然の摩耗(まもう)を生じる．介護者のうつ病は，慢性的なストレスに関連がある．それ

は身体の免疫系における崩壊であり，それは，介護者の疾患に対する脆弱性を増大する．衰弱，疲労，そして興味の喪失は，慢性的なストレスの他の結果である．

アルツハイマー病のような，重大なライフイベントは，急性のストレスを始動する．仕事の喪失，最愛の人の死，財政上の損失，離婚，あるいは自然の，あるいは人工の災害は，急性のストレッサーを表す．そしてそれらは，長期間のストレスを引き起こす．ストレスの強さ，が激しいままにとどまるとき，それは，減弱された活動と，社会的な相互作用および他の活動からの撤退に帰着する．

われわれのすべては，毎日の面倒なことを処理している．これらの試みと困苦は，不愉快でうんざりさせ，あるいはいらいらさせることがありうる．ときどき，それらはしたたり落ちる切り子面のように見える．それらは，あなたが，それらについて何事かを実行するまで，あなたを悩ませる．入浴，あるいは着衣を助けることのような，きまりきった介護活動が，手間がかかるものになりうる．しかし，ストレスは，毎日のきまりきった仕事の完結とともに終る．もしも，あなたが，これらの毎日の面倒なことに関連した問題について，考え続けるならば，一時的なストレスは，累積的な効果をもつであろう．

■ストレスの徴候

ストレスに対する反応は，心理学的，および身体的症状として現れる．多くの反応は，強さにおいて最小で，あるいは，短い持続のものである．またそれらは，ストレッサーが，もはや脅威になるものではないときに，忘れられる．われわれは，不安に，あるいは混乱させられるようになる．しかし一度，これらの反応の根源に取り組まれたならば，これらの不愉快な感情は，消散する．しかし，人が，慢性的なストレスの状態で機能するときには，ストレスの徴候，およびその有害な影響は，知らないうちに現れるであろうし，また徐々に，潜行性に発現しうる．ストレスの徴候は，他の健康上の諸問題の症状に似ているであろう．それらは，精神的，および身体的健康に関する衰退を，示唆しているかも知れない．

思考. 共に考えること，そして自分が忘れっぽいと，述べることが困難で，注意を集中し，理解することが困難で，決心することが難しく，自己および他の人々について，いっそう批判的で，自己に集中しており，自己憐憫的で，将来に専念しており，失敗を恐れており，整理されていない，理性的でない信念，心配ごとと執着，新しい情報とスキルを学習することが難しく，容易に注意を散乱され，精神的に遮断され，無力である．

行動. 自己表出について困難．不決断で，また非常に慎重，どもりながらの話．緩慢にされた，あるいは激越化された，運動性の動作，従属的で依存的，ひきこもり，歩き廻ること，動けなくされている，叫ぶこと，衝動的，神経質な笑い，歯ぎしりすること，増加した喫煙とア

ルコールの使用，精神安定剤の増加した使用，事故を起こしがち，食欲における変化，反復性の活動，すすり泣くことのような，注意を求める行動の増加，振戦，および身体の症状，不眠，悪夢，夜間の頻尿．

情動． 不安，易刺激性，恐怖，怨恨，怒り，不機嫌，罪の意識と恥，そわそわしている，落胆している，疑い深く，また妄想的，低い自己評価，孤独，困惑した，悲しげな，抑うつ的な．

身体的． 胸部と背部の疼痛，筋緊張，失神，そしてめまい，冷たい，あるいは汗をかいている両手，慢性的な疲労，はげしい不調（hot spells），乾燥した口，呼吸困難，呼吸促迫，胃部の苦痛，動悸，耳鳴り，便秘，下痢，嘔気，急性の病気，四肢の感覚の，長びいた喪失，聴覚，あるいは視覚の鋭敏さの，突然の喪失．

　ストレスの多くの徴候は，より重症な精神医学的，および身体的健康の諸問題を示唆する．介護することのストレスは，慢性的であり，また長びかせられたストレスは，身体的，および精神的健康の諸問題のより大きな危険に関連している．介護者たちは，かれらのかかりつけの家庭医と，かれらの健康と介護への適応を監視するために，規則的な接触をもつことが必要である．もしも，うつ病，あるいは他のメンタルヘルスの障害が疑われるならば，介護者たちは，メンタルヘルスの専門家によって評価されるための，準備をしなければならない．

■対処（Coping）の例

　一般に，対処は，ストレスが多いものを変えるために，何事かを実行することに，あるいは状況と出来事について，それぞれに考えることにかかわりがある．対処は，下に論じたように，ストレス管理を支持する，重要な機能をもっている（Pearlin et al., 1989）．

状況の管理／ストレスを生じる出来事

　下記の管理の道具は，可能性があることである．すなわち行動の管理，行動，精神医学的症状，そしてADの症状のための，投薬の利用，要求に優先順位をつけること，情動の抑制，激越興奮を予防するために，一部だけの真理を含んだ話をすること，ケアの環境を改善すること，地域社会の資源の利用，法律上の，また財政上の緊急事態のために，計画をたてること．

状況／出来事の意味の管理
それでその脅威が減じられる

　変化され得ない状況とともに生活するための方法を捜し求めなさい．下記のことを，考慮しなさい．すなわち，あなたに示す建設的な比較は，他のものよりももっと好都合である．将来

を予想するものではなく，むしろ毎日毎日を生きること．過去にしがみつくことではない，かれそのまま，あるいは，かの女そのままであるものとして，そしてあなたが，かれ，あるいは，かの女が，ありうるだろうと望むとおりではない，人を認めること．ありうる行動と，より両立するために，期待の構造を立て直すこと．冷酷さを追い払うために，ユーモアを利用すること．神業のような介入のために，祈りを活用すること．アルツハイマー病に関係する，組織体にかかわり合わされていること．

結果として起こるストレス症状の管理

　長期間の問題，たとえば，アルコールを飲むこと，煙草を吸うこと，あるいは過度に食べることが引き起こし得る，悪化させる事態を避けなさい．運動をしなさい．そしてたくさんの休息をとりなさい．くつろがせる趣味を見つけなさい．

　問題に集中した対処の反応は，ストレスの多い状況，あるいは出来事を変える何事かを実行すること，それゆえにストレスを減じること，あるいは取除くことにかかわりがある．ストレスの多い状況を変えることは，問題を分析すること，そしてストレスを引き起こすものは，何でもすぐに処理するための手段を講じること，にかかわりがあるだろう．すべてのストレスの多い状況が，変えられうるのではない．それはとにかく，そこで他のタイプの対処の反応が，活用されなければならない．

■異なったストレッサーのための対処の方法

　異なったストレッサーは，それぞれの接近法を必要とする．この節では，異なる接近法が，限界を定められるであろうし，また介護することの例が，供給されるであろう．介護者は，これらの対処のストラテジィのうちの，ひとつ，あるいはそれ以上によって，ストレッサーに対して反応しうる．対処の接近法の組み合わせは，相当に役に立つであろう．実際，われわれは，われわれが，毎日の基盤の上で直面する，通常のストレッサーを解決するための接近法の，種々の取り合わせを利用するであろう．しばしば，われわれは，どんな風に，われわれが対処の接近法を選択するかを，意識していることなしに，毎日のストレスに対して自動的に反応する．果てしのないケアを供給している，家族の成員たちは，さまざまな，また，予測できない状況に直面しうる．ストレッサーは，それらがなじみが薄く，また介護者が，その状況のために，自動的，習慣的な，対処の反応をもっていないために，脅迫的でありうる．介護者たちは，しばしば，多数のストレッサーに直面する．かれらの，ストレスを処理するための通常のパターンは，これらのストレッサーのうちの一部分には，適合しないであろう．

介護することという，ストレッサーの性質と持続期間は，介護者たちに，どんな風に，かれらがストレッサーを知覚するか，またかれらの対処の反応が，事実上，かれらのストレスを軽くしたとして，どの様に，かれらが対処し，評価することを選ぶか，について，更に，より多く

意識的になることを要求する．次の例を見てみよう．

　平常どおり，介護者は，かれの母親の状態と要求についての考えに反応する．その際，どれくらい多く，かれの母親が，過去の一年の間，変化したか，についての苦しい意識と，かの女が，かれが与えうるより以上の援助を必要とするという事実を管理することを，情動的に遠ざけることと，避けることによって反応する．かれは，習慣的に，かの女の状況に関連して，ストレッサーを管理するためにこれらの接近法を用いてきた．かれは，かの女を援助するために，少数の物事を実行した．そしてそれは，かれのかかわり合いについて，かれが，よりよく感じるのを助けた．しかし，現在かれは，かの女の隣人たちや，友人たちの発言に聞き入っている．かれらは，かの女と，かの女の現在の生活の手はずについて，非常に関心がある．かれ自身の抑圧された怖れ，および心配は，現在では，他の人々もまた，関心をもっていることを無視するためにはあまりにも強力になりすぎている．苦悩は圧倒的になる．次の二，三日の間，かれはかれの母親の生活状況を評価し直し，そしてかれらの両方ともを，不快にさせる不可避的な事柄を取り除くことを実現させる．涙ぐむことと，強められた喪失の意識の，数時間後に，かれは，かれのもっとも強い怖れに対して，行動を起こす必要があることを結論する．かれは，かれが働いているときに，日中の間，かれの母親にいくらかの援助をしてもらい，そして仲間を得ることが必要である．かれは，「加齢に対する地域の機関（Area Agency on Aging）」に加盟した，広報と援助の計画に，呼びかけ，また，可能性のある資源の表を，細部にわたって仕上げ始める．かれは日中の間の管理，交友，および有意味な活動に対する，かの女の要求に取り組むために，いくつかの方法があることを学習する．

　この男性は，異なったストレッサーに対処するための，新しい接近法を使用した．かれは，ストレッサーを，それぞれに考えることをもまた学んだ．かれは，かれの母親の要求，およびかれ自身について，いくつかの事実を有効と承認した．かれは，回避するために精一杯やってみたのではというある反感に対決した．より効果的な対処は，かれが，かれの母親の要求のための供給を実行しうることを，かれに検証することを可能にさせた．好結果の対処法の目標は，介護者たちによって知覚されたストレッサーを管理することに関して，もっとも役に立つ，どんな反応でも，それを利用することである．

情動に集中した対処

　ストレスの多い状況が変えられ得ないとき，介護者たちは，対処のために，情動に集中した接近法を用いるかも知れない．この接近法は，出来事に関連した苦悩が，ある期間の間減じられるように，われわれの変化し得ない出来事についての感情を，われわれが再調整するのに役立つ．短い期間という原則にもとづいて，ストレスを管理するために，この接近法を活用することは重要である．われわれは，何かの不愉快な出来事について，それぞれに感情をもつことを決定することができるし，あるいは，不快な感情を経験することを選択し得ない．このことは，非常にストレスの多い状況の中で，エネルギーを回復する，また次に何をなすべきかにつ

いて，かれらの心を澄んだものにするための，機会の存在を人々に可能にする．

この方法でストレスを管理することは，ストレスの真の根源に取り組まれていなかったときには，有害になりうる．そして問題を処理することは，無期限に回避される．問題が消失するであろうことを望む，あるいは問題を回避する介護者たちは，不安と抑うつの，より多くの症状をもっている．情動に集中したストラテジィの活用は，末期の疾患と，他の果てしない状態のような，ストレスの多い出来事の決着への対処に，本当に重要な適用がある．たとえば，起こっていることの承認は，アルツハイマー病に関連した認知の衰退に対する，もっとも適切な対処の反応であるかも知れない．状況が変えられ得ないときには，介護者たちは，すでに起こったこと（アルツハイマー病），あるいは起こりつつあること（記憶の進行性の衰退）について，かれらが感じる方法を変えることができるであろう．

情動に集中した対処の例

1. 必要である限りの間，ストレッサーを否認すること．
2. 短期間の間，介護から引き下がること，あるいは責任と問題について，考えないことのような回避／現実逃避を利用すること．
3. たとえば疾患と介護の心理的負担がなくなるであろうことへの願望のような希望的思考を活用する．
4. あなたを悩ますストレッサーに，影響を及ぼさせないこと，その状況を軽視すること，あるいは明るい面を見ようと努めること，これらの考えによって示唆されることとしての疎隔化を活用すること．
5. 問題あるいは間違いをもてあそぶのを学習すること，親戚と一緒にからかうこと，およびふざけること，ひと自身の行動に対して，冗談で反応すること，一日の活動の中に，意図的にユーモアを発見すること，などのように，ユーモアを活用すること．
6. 禁欲主義(ストイシズム)（冷徹さ）を活用すること，そして他の人々に，実際には，どんなに，悪いことがあるかを知らせないこと．
7. 強く望まれた情動的，および精神的状態を獲得するために，投薬と気晴らしを利用すること．
8. 不安，抑うつ，不眠，疲労，あるいは緊張のような，不快なストレス症状を変化するために，投薬を活用すること．アルコール，あるいはニコチンのような，他の物質を利用すること．
9. 最愛の人の衰退，また最愛の人自身の情動的な苦悩，を処理するために，社会的支援を利用すること．社会的支援は，苦悩を与える感情，およびひとりだけでいるという意識を減じるようにとの，情動的配慮の有益な形態である．
10. より大きな不安を撃退するために，絶え間なく警戒しているか，精神的に占念されていること．
11. カタルシスを利用すること，そして，それは，悲しみあるいは怒りのような情動を軽減するための，感情の表出である．

12. 人の心を，何かほかのことにとどめること，あるいは，他の活動に関係することによって，問題から注意を減じること．

認知に集中した対処

　認知に集中した対処は，介護者のストレスを管理するための，別の接近法を提出する．もしもわれわれが，何事かを，ひとつの問題と考えるならば，そのとき，それは，われわれにとってある意味をもっている．もしもわれわれが，その状況について考えるために，他の方法を見出しうるならば，その問題は，別に再び枠に入れられ，また異なって考えられうる．この問題は，起こっていることではなく，それについての，われわれの見解である．可能性あるストレッサーについての，思考，信念，自己への話しかけ，そして起こりうるストレッサーの評価は，状況，および出来事の衝撃を妨げ，あるいは，減じるための認知的手段の例である．これらの反応は，ストレスの多い状況が起こる後に，しかし，ストレスが発現する前に，その状況の意味を統制する．

　一部の介護することのストレスは，もしも家族の成員たちが，他の方法の中でのかれらの役割を考えるならば，減じられる．たとえば，役割を引きうけるための動機づけは，どんな風に，介護者たちが，かれらが遂行する活動を考えるかに影響しうる．ある人々にとって，これはより大きなストレスを生じるその役割と考えに対する，否定的な意味を提供するであろう．他の人々にとって，それは肯定的な意味，個人的な挑戦，そして目的の新たにされた意味を供給するであろう．

認知に集中した対処の例

1. 意味を形作ることは，介護者たちが，親族の行動が，かれ，あるいはかの女である人の性質の結果であるよりもむしろ，疾患に関連したものであることを，かれら自身に思い出させるときに生じる．一部の行動が，ケアを受ける人の対処と適応のための努力を表しているのを真に認めることは重要である．
2. 承認は，介護者たちが可能であるすべてを実行していることを理解できるし，またかれらの役割から意味を見出すのと同様に，状況の外で最大限のことを行っているときに生じる．
3. 枠に入れなおす接近法は，ときどき一日を要すること，ひとつの仕事として介護をみなすこと，どんな風に，人自身の状況が別の人々よりも，よりよいかを理解するために肯定的な比較を行うこと，悲しいものの代りに，ユーモラスなものとして，ある状況を考え得るようになること，そして，状況を承認することを含んでいる．
4. 肯定的な自己への話しかけ／肯定は，その状況へ，より肯定的な意味をもたらすことが可能で，また問題を処理するための，楽天主義の発展する思慮をうみ出す．
5. 肯定的な枠をつくることによって，介護者たちは，状況の肯定的な面に集中し，そして否定的な特徴を最小限度にする，あるいはその一方である．(Gignac および Gottlieb, 1996)．

6. 肯定的な判断の仕直しによって，介護者たちは，かれらの状況をそれぞれに考察することができる．そしてかれらが変わった，人として成長した，かれらができるだろうと信じていなかった事を成し遂げた，生活の中で，新しい決意と目的を見出した，そしてかれらの体験からインスピレーション（激励）を得た，とかれらは結論する故に，より大きな意義を発見し得る．
7. 病気の体験のより深い意識は，介護者たちが，かれら自身，かれらの潜在能力，そして他の人々が，かれらの生活に対して与えうる衝撃について，学習するのが可能になることによって，かれらの体験を更によく理解しうるときに生じる．
8. 介護者たちは，将来において，介護する義務をどうにか果し得るための，かれらの能力について，全く楽観的でありうる．
9. 介護者たちは，将来の介護責任を全うするための，かれらの能力について否定的でありうるし，あるいは，かれらの最愛の人のように，苦しむ運命を恐れている．
10. かれらが実行しつつあることのために，肯定的な目的を見つけることは，本当に，介護者たちの個人的な価値を高めつつある．
11. 減じられた期待は，現実的であることに役立つ．疾患に適応することは，最愛の人々が，現在直面している障碍に関して，考えられうる．かれらの行動上の問題は，かれら自身のストレッサーに対処するための努力を，表しているかも知れない．

親族関係に集中した対処

　親族関係に集中した対処は，人々が，互いによく作用しあっていないときには，かれらが，より肯定的に関係するのに役立つ．ある人は，他の人を感情移入，元気づけ，および他の血族関係の先導者たちによって援助する．これはアルツハイマー病をもつ人の，介護者に対する否定的な反応を減じる．そしてそれは順次に，ストレスが多いものとして体験される，行動上の問題を減弱する．不幸にも，最愛の人たちに対する，われわれの肯定的な反応は，これまでに明らかになっていることから，あるストレスの多い状況を，予防しうるのを認めることが，ときどき困難である．

　どのように，ストレスが否定的な相互作用から現れるかを認めることが，より容易であるかも知れない．否定的な相互作用の歴史をもっている，血族関係の中で，ストレスの多い強い要求，あるいは意見として，アルツハイマー病をもつ人が知覚することに対する，かの女の反応は，介護者たちに対して，ストレスの多い行動を速やかに始動しうる．介護者——介護を受ける人の関係の中のこれらの反応のパターンに対して，肯定的な，他に選べる方法をもっていることは，現在への対処，および将来におけるかかわりに対する，建設的な接近を供給する．最愛の人々に対して，しばしば拡大的，あるいは批判的になる介護者たちは，妥協と積極的に聞くことが，ケアを受ける人にとって，重要な関係を強めるものとして役立つことをかれらが認めるときには，否定的に反応する必要はない．血族関係に集中した対処は，誰か外の人に対す

る，元気づけるつながりへ，非常に強い要求をもっている．アルツハイマー病をもつ人の，真価と個性を承認する．

対処へのこの接近法は，最初には，介護者のためにより多くのものを要求するだろうが，しかし肯定的に関係を保つことは，長い期間にわたって，相互作用の肯定的なパターンを確立するのに役立つであろう．疾患に関連する行動は，ケアを受ける人々のために，この対処のストラテジィを活用することを，いっそう困難にする．しかし，ときどき，かれらは非常に有意味な，心のこもった反応が可能である．

運転を必要としない AD をもつ人にかかわる状況を考察しよう．かれらがどこかへ車で行ったときはいつでも，介護者は，かの女の夫の運転することへの固執，および，かの女が，かれに，何もかもを，説明しようと努めるときに，つねに起こるように思われる問題を非常に恐れた．かれが運転できないだろう，そして怒り，恨み，また非協力的なものに，直面され得ないであろうことの，すべての適当な理由を説明しようと試みることの代りに，かの女は，運転についてのかれの質問に，かれの感情への温かさと関心をもって，答えることを始めた．共感的に，かの女は，疾患のために，運転する特典を失うのと同様でなければならないことを，かの女が理解しているのを示した．かれは，かの女の答えによって，警戒心を解かれた．そしてかれの感情への彼女の関心を認めた．少したったあとで，かれらにとって，かれらのうちのひとりが，もはや運転できないだろうという，あらゆる理由よりも，むしろかれらが一緒に実行できるだろう何事かについて，話すことが可能になった．血族関係に集中した対処は，ストレスへの可能性を増強する，個人間の葛藤と，行動上の問題の頻度を，減少するのに役立つ筈である．

親族関係に集中した対処の例

1. 親族関係を強めるものは感情移入，累を及ぼすこと，情動的，および認知的支持を与えること，親族関係と個人たちにとって，有害な行動を避けることを——すなわち判断における誤り，あるいは行動上の問題について，アルツハイマー病をもつ人々に，直面しないし，あるいは，かれらを批判しないことを含んでいる．絶え間なく，かれらの欠陥に気づかせたとき，ある人々は，非常に落胆したと感じるので，かれらは，更にそれ以上に，かれら自身の中にひきこもる．

2. 患者の記憶の欠陥，および下記のことのような，認知の障害を補償する，コミュニケーションのスキル．
   - ゆっくりと話しなさい．
   - より簡単な言葉と表現を用いなさい．
   - メッセージが理解されないときに，趣旨をくりかえし，またはっきりさせなさい．
   - 事実よりも，むしろ意見を述べることを，ケアを受ける人に，できるようにしなさい．事実は忘れられ易い．

- 意図的に耳を傾けなさい．そして個人に，答えるための充分な時間を与えなさい．
- 訂正を回避しなさい．それは不安定にする．その代りに，明らかにする陳述を活用しなさい．すなわち，"……をあなたは意味するのですか？ ……のことをあなたは言っているのですか？ あなたは……を信じるのですか？"
- かれ，あるいはかの女が，課業あるいは他の割り当てられた困難な試みにかかわり合わされるときに，その人に，元気づける，そして肯定的なフィードバックを行わせなさい．もしも課業，あるいはかれの援助のために，かれに報いることが有意味なものという程ではないならば，その人のために理解を示しなさい．
- ケアを受ける人に，かれ，あるいはかの女に，よりよく伝達できるようにするには，どうすればよいか，あなたに思いつく方法を教えてあげなさい．たとえば，その人は，次のように言うことができるであろう．"私は，当を得た言葉をみつけるために，少しは，より多くの時間を必要とする""あなたは，われわれが，どんなことを話していたかを，私に思い出させることができますか？"

精神的に集中した対処

あるアルツハイマー病をもつ人は，新聞が，次のように書いたのを忘れないでいる．"どんな風に，私は，私が，問題を解決するために活用するもの——私の心を，私が，失いつつあるときに，このすべてを考えた末に解決しうるのか？"精神的に集中した対処は，介護者たちとアルツハイマー病をもつ人々が，かれらの苦痛の中に，意味を見出すのに役立つ．精神的なことは，思い出されるよりも，いっそう容易に感じられうる，成長の意味と，支持のための根拠を，差し出している．それは苦悩，喪失，および悲嘆の承認を見出すための，ひとつの方法である．精神的な支持，および親族関係によって，われわれは生活に関係づけられていると感じ，しかも，実際に，何が重要かを再発見することができる．

精神的に集中した対処の例

1. 宗教，すなわち教会へ行くこと，そしてその仲間付き合いの一員であることのような，宗教的な協力および関連した活動．
2. 精神的な支持，すなわち他の人々から個人的な接触の，おそらく人の信用の，一部としてささげられた祈り，懸念および援助．
3. 精神的な資源，すなわち聖書および他の精神的に方向を定められた図書，音楽，ビデオ，および宗教的な対処を支持するテレビ番組．
4. 牧師としての監督，すなわち精神的および聖書による方向づけあるいはそのどちらかをもった牧師，あるいは別の専門家からの指導，支持，カウンセリング，そして牧師としての精神的指導．
5. 個人的な祈り，瞑想および他の精神的習慣，すなわち神へより接近していること，自分の

信仰を実行しなさい．自分自身と接触を保ちなさい．自分自身の闘争と苦悩に，意味と慰安を与える，苦悩と喪失に対する解答を見出しなさい．

■介護者たちのための12の歩み

Farran および Keane-Hagerty（1989）によるこれらの12の歩みを覚えておきなさい．

1. 私は，この疾患が私と私の親戚に影響を及ぼす方法を抑制しうる．
2. 私は，自分のことは，自分で始末する必要がある．
3. 私は，私の生活様式を，単純にする必要がある．
4. 私は，他の人々が，私を助けることができるようにする必要がある．
5. 私は，ぶっ続けに一日を費やす必要がある．
6. 私は，自分の全盛時代を構築する必要がある．
7. 私は，ユーモアの感覚を身につける必要がある．
8. 私は，私の親戚の行動と情動が，かれの，あるいは，かの女の，病気によってゆがめられていることを思い出す必要がある．
9. 私は，私の親戚が，まだ実行しうることに集中し，またそれを楽しむ必要がある．
10. 私は，愛と支持のために，他の親族関係に依存する必要がある．
11. 私は，まさにこの瞬間に，私が可能な最善のことを行っているのを，私自身に気づかせる必要がある．
12. より高次の権限は，私のために利用しうる．

15. 地域社会の資源を調査すること

　1980年代の早期以来，アルツハイマー病は，かなりの社会的な注目を浴びた．メディアは，この病気が，その犠牲者たちと，かれらの家族の両方ともに対して及ぼす衝撃に，特別な強調を行ってきた．それでもなお，たいていの地域社会は，アルツハイマー病の患者たちに対して，とくに発達した事業（services）とケアの施設をもっていない．それらは，アルツハイマー病の患者たちの，長期間の要求も実際に満たしていない．それらは，本当に，家族のための支持的な助力をも供給していない．たとえば，すべての地域社会は，患者と介護者の両方ともの要求に取り組む，充分な稼働時間と休息の計画をもっていない．しかし，たいていの地域社会は，高齢者の，種々の長期間のケアの要求を満たす機関を実際にはもっている．そしてこれらの機関は，しばしばアルツハイマー病の患者たちと，介護者たちに支持と助力を供給している．

■地域社会の資源に頼ることは，介護者に対する過度の強要を軽減する

　この書物は，地域社会の資源を引き出すことの重要性を強調する．この章では，これらの資源の創造的な，また適切な利用が，もっとくわしく論じられる．そのような資源は，生活に関する，厳しく制限的な特質をもたずに，家族が，家庭で，アルツハイマー病をもつ人を世話できるようにしうる．介護者は，この病気の目立たない犠牲者として記述されてきた．それで，かれの要求は無視され得ない．しかし，介護者の上に置かれた，身体的，および精神的負担は，もしも，家族と地域社会の両方ともの資源が，充分に役立たせられるならば相当に減じられうる．

要求が批判的になる前に

　家族の成員たちは，最初は，かれらが，ひとりだけで管理する方がいいと思うだろう．しかし地域社会の資源は，最初の介護者が，次第にいっそう孤立化され，疲労させられるようになるに従って，さらに重要になる．他の資源を調査することへの関心は，当然どれぐらいより長

い間，かれが，介護者の役割で続けうるかを疑い始めるに従って現れる．外部の援助に対する要求もまた，患者の悪化が，管理および自己管理（self-care）についてより大きな困難を生じるに従って表面化するであろう．それゆえに，家族たちは，かれらが，より多くの援助のための究極的な要求が発生するときに準備されているように，疾患の早期の段階において，かれらの地域社会の中で利用しうる資源を調査することが得策である．前途に待ちうけているものについての事実を教えこまれた家族たちは，将来に対して予想し，また計画することが，より容易であるのに気づく．

地域社会の資源を利用することについての最初の歩みは，どんな資源が存在するかを検証することである．下記のことは，あなたの地域社会の中の資源を捜し求めるときに，それを開始するための，いくつかの目的にかなった場所である．すなわち

- *保健の専門家たち．* 家庭医たち，精神科医たち，精神衛生の専門家たち，ソーシャルワーカーたち，また，すでにアルツハイマー病にかかわってきた，他の人々が普通の出発点である．手近にある要求，および問題に取り組むための，指示と，資源について，かれらに示唆を求めなさい．
- *地域社会の精神衛生センター．* 高齢者のために業務を行っている，あるいは，より専門化されたアルツハイマー病のケアを提供する，精神衛生センターは，有益な情報の供給源でありうる．これらの機関は，アルツハイマー病をもつ人，そして，かれの，あるいは，かの女の家族あるいは配偶者と一緒に仕事をしうる．必要とされた資源のタイプを決定した後に，その機関は，地域社会の中に存在する助力と，家族たちを，つなぐことができる．
- *加齢に対する地域の機関．* これらの機関は，加齢の人口の要求に支持的な，地域社会の資源を発展させることにかかわっている．アルツハイマー病をもつ人々は，この人口の特殊な部分を表している．そして加齢に対する地域の機関は，アルツハイマー病のケアを支持するであろう地方の資源について，豊富に情報を用意している見込みがある．
- *医学的な情報と指示の計画．* これらの計画は，人々が，あらゆる種類の医学的状態についての情報をあちこちで捜し求めるのを助ける．またその状態のことで援助するために存在する．それらは，政府の機関，ケアの設備，あるいは，高齢者のための計画に加担しているかも知れない．あなたの地域社会の中で，そのような計画のありかをつきとめるために，医学的な施設，あるいは加齢に関する機関に接触しなさい．
- *アルツハイマー病の資源，および情報センター．* より最近，いくつかの地域社会は，アルツハイマー病の患者と，家族の資源と情報の要求に，特別に取り組む計画を発展させた．そのような計画は，個人的な要求を調査する，また介護者たちが，かれらの状況を管理するのを援助するであろう．それらはまた，歳をとった人，あるいはアルツハイマー病をもつ人々のために発展した，他の地域社会の施設，あるいは精神的保健の計画に，家族を委託しうる．
- *アルツハイマー病の家族の支持グループ．* これらのグループは，アルツハイマー病の患

者のケアを支持する，より公式的な，局地的な資源について重要な情報を提供する．そのようなグループもまた，家庭の中で，その人と一緒に滞在するために，また個人的なケア，および管理によって援助するために雇われうる，個人たちについての情報を供給しうる．

介護することのために，目標を発展させること

　一度家族が利用できる資源の，完全な範囲を知るならば，成員たちは，かれらの状況の中でもっとも役に立つ資源を選択しうる．資源を活用する方法を決定することに関して，家族は，介護の目標に，影響を及ぼしたいと思うであろう．しばしば，介護することの全面的な目標は，親戚を，かれの家庭の親密な環境の中で，保護することである．しかし，この目標に更に洗練を加えることは，地域社会の資源の選択のために，より明確な指針を，介護者たちに供給しうる．かれらは，以下のことのために，かれらを援助しうる人々を，頼りにしなければならない．

1. *最高の可能なレベルに，患者の社会的な，および自己ケア (self-care) の，能力を維持する．*　早すぎた依存は，家族の介護者に対して，過度の緊張をもたらす．その人の能力を維持するために，適切な程度の社会的活動，および刺激が必要とされ，そしてそれを，家族は，必ずしも供給しうるとは限らない．

2. *病気に関連した徐々の喪失と制限への，患者の適応を支持する．*　アルツハイマー病をもつ人々は，とくに疾患のより早期の段階における，支持的なカウンセリングから利益を受けうる．またかれらには，かれらの適応のために，徹頭徹尾，情動的な支持のよさが認められ得る．患者にとって，親密な活動の中で，ある程度の好結果をもちつづけるための機会が必要とされる．これらの成功は，患者の自尊心を支持するのに，また起こっている他の喪失を相殺するのに，役立つ．

3. *疾患の退化的な過程，およびケアのストレスに対する，家族の適応を支持する．*　家族の成員たちは，病気に取り組むための，またお互いにとって，支持的に仕事ができるようになるための，支持的なカウンセリングを必要とするだろう．介護することの進展する活動は，ストレスに関連した，情動的，および身体的な衰退を回避するために，擁護されなければならない．

4. *もっとも安全な，そしてもっとも支持的な，環境を維持する．*　基本的な要求は，満たされなければならない．そしてその人は，危険，放置，虐待，あるいは，搾取から，安全でなければならない．これらの懸念は，とくに1人だけで生活している人々に適用される．

5. *介護することによる，恒常的な責任からの，気晴らしを供給する．*　その人の恒常的な管理からの気分転換は，たとえば，1人のナースが，個人的なケアと，家事に，1日に少しの時間立ち合って助けるときに，可能になるであろう．介護者たちは，かれら自身の要求を気にかける機会を供給しながら，かれらの親戚の世話をする，外部の資源を利用しうる．

資源を活用するための指針

　地域社会の資源は，家族のかかわり合いにとって代るのではなく，支持することになるはずである．地域社会の公務（services）を頼りにすることに関して，家族の成員たちは，これらの指針に従わなければならない．すなわち

- 状況についての，かれらの理解をはっきりさせるために，質問をする．
- かれら自身の要求と懸念を言い表す．
- 役に立つかも知れない，他の資源について学習するためのひとつの機会として，ひとつの地域社会の資源との接触を活用する．
- 決定が困難になるときには，地域社会の資源，および専門家たちから提供される情報を請い求めなさい．

アルツハイマー病を世話する点で役立っている，いくつかの地域社会の資源は，次の部分で，議論される．公務／資源／作業進行表は，介護者たちのために，資源を比較し，また選択する際に使用するように，付録 A に含まれた．

■アルツハイマー病のケアのための，地域社会の資源

1. *アルツハイマー病の家族の支持グループ*．　これらのグループは，介護者たちに，病気に対処することによって，また介護することの中で体験した諸問題を処理することによって，支持を提供する．自己－支持グループはまた，疾患，および地域社会の資源についての，情報源でありうる．参加者たちは，同様の諸問題を体験し，またケアについて決定を行うことに際して，互いに助けになる．病気に対する家族の，情動的な適応は，そのようなグループによって推進される．

2. *ケアを休息させなさい*．　このタイプの業務は，家族の成員たちに，連続的に介護することの心理的負担のために，ときどきの，気晴らしを供給する．そのような気分転換は，介護者の身体的，および情動的ストレスの結果としての，患者の時期尚早の，公共施設への収容を妨げうる．形式的な休息の計画は，数時間から数週間の息抜きまでにわたる，サービスを申し出ている．

　　ケアを休息させることは，家族たちが，人々を，家庭における義務から自分たちを解除するために，雇っているときにもまた生じる．ある家族たちは，介護することを，順に交替して，行うことができる．他の状況において，休息は，医学的，あるいは精神医学的入院の，副次的な利益として現れる．

3. *分担されたケアの休息*．　アルツハイマー病の親戚をもっている，いくらかの家族たちは，交替する原則で，介護を供給するために，一緒に仲間入りする．典型的なものでは，何人かの家族の成員たちが，他の人々が，いくらかの自由な時間をもつことができるようにするために患者たちのグループを監視する．アルツハイマー病の患者と，配偶者が，家族の人々

の外部の活動環境の中で，他の患者たちと，かれらの家族たちと一緒に加わるに従って，有益であることが体験される．他の人々と一緒の，仲間たちの中で，かれらの最愛の人たちを世話することによって，介護者たちは，社会的な孤立化が軽減されることに気がつく．活動を供給することのための心の重荷は，参加者たちによって分担されているたまの機会になる．

4. *成人のデイケア*．　いくつかの日中のプログラムは，とくに，アルツハイマー病をもつ人々のために計画されている．他のプログラムは，障害された，より歳をとった人々の，いっそう異質なグループ，あるいは他の年齢のグループに対して，構造化された活動を供給する．デイケアは，運動，活動，レクリエーション，毎日の生活のスキルの支持，カウンセリング，そして参加者たちの全般的な健康の監視を提供する．そのようなプログラムは，アルツハイマー病をもつ人が，違った方法では，いっそうすみやかに悪化するであろう，いくつかの能力を保持するのを助けうる．ある人たちは，より多く専門化されたソーシャルワーク，ナーシング（看護），あるいは身体的療法，および作業療法サービスを供給する．成人のデイケアを利用することによって，家族の成員たちは，雇用されたまま，用事を実行するまま，休息するまま，そして社会生活を行うままに留まりうる．

5. *在宅看護*．　在宅保健のプログラムは，つねに，かれらの家庭において，患者たちに対して，看護および個人的ケアサービスを供給しうる．アルツハイマー病をもつ人々のために，看護ケアは，他の共存する医学的問題が存在しないかぎり，通常は，病気のより後期の段階まで必要とされない．しかし管理と個人的なケアは，アルツハイマー病の患者の，非常に重要な要求である．多くの在宅保健のプログラムは，これらの要求を助けうる看護師の援助，主婦たち，あるいはケアの供給者たちをもっている．自営の人々もまた，管理を提供し，また個人的なケアの要求を助けるために，雇用されうる．アルツハイマー病をもつ人々は，かれらが，1人だけで生活している，そして近くで生活している1人の家族もいないときに，確かに，このタイプのケアを必要とするであろう．在宅看護の人員は，食事および買物，投薬，クリーニングと洗濯，運送，その人の状態の評価，および話相手のような，管理的，および直接的なケアの，広範囲の配列によって援助しうる．

6. *法律的なサービス*．　しばしば，家族の成員たちは，収入を処理する，また，かれ自身のために決定する，個人の能力のような問題を考えなければならない．個人と財産の保護が，考慮されなければならない．しかし他の権利，および特権を，犠牲にしてではなくである．アルツハイマー病は自動的に，人を無能力にするのではない．法律的な後見人の地位をもつ，ある形態が考えられているときには，治療をしている医師，精神科医，あるいは他の精神的保健の専門家の意見が，法律的な相談に先立って，懇請されなければならない．

7. *地域社会の精神衛生センター*．　いくつかの地域社会の精神衛生センターは，アルツハイマー病の患者の管理に関して，非常に役に立ち，また家族の介護者に，非常に支持的でありうる，専門化された老人医学的計画をもっている．これらのプログラムは，包括的な評価，精神医学的評価，個人的，集団的，および家族のカウンセリングを含む，広い範囲のサービ

スを供給しうる．付加的に，症例の管理業務は，家庭の維持を助けうる，他の地域社会の資源を仲間に入れる．指示が行われ，またサービスの連鎖が，徐々に形成されうる．

アルツハイマー病をもつある人々は，重大な行動上の管理的な問題を示しうる．しかしそのような問題が明白でないときでさえ，介護者は，ケアを計画する際に，精神衛生センターが役に立つことに気づくであろう．

精神保健的介入は，介護のとくに長い期間をもつ症例の中で，扱いにくい人格の特性，厳しい生活環境，あるいは他の大きな規模の問題をもつ患者を援助しうる．即刻的な注意の必要を示す特別な行動の中に，次のものがある．すなわち

- 睡眠障害，激越化された，また好戦的な行動，あるいは隣人たちと地域社会との，分裂性の相互作用の一因となる，幻覚と妄想
- 重症の錯乱状態，および失見当識
- 身体的に，脅迫的な行動
- 必要なケア，および管理に対する有害な抵抗
- 家族が，止めることができない徘徊，運転などのような，潜在的に危険な活動
- 病気の経過における，早期の抑うつ症状
- 不安，激越興奮，あるいは否認が非常に極端なので，それらが，ケアの管理を困難にする．

精神衛生センターの症例管理業務によって取り組まれうる要求は，次のものを含んでいる．すなわち

- 家族の支持の深刻な欠乏
- 高いレベルの，介護者のストレス
- 1人だけで，生活している人のそれのような，不適切な介護する状況

8. *精神科の病院．* 私立の精神科の病院は，評価意見（アセスメント）と，行動の安定化を提供する．これらの病院は，手に負えない行動をもつ症例において，もっともよい頼みの綱であるだろう．病院のスタッフは，しばしばケアの計画，および管理によって家族を援助し得る．

■ナーシングホームケアについての考慮すべき点

在宅ケアの適切さを再評価すること

家族たちは，家庭の中で最愛の人を守るために，他の資源を活用しうる．しかし，家族の成員たちが，在宅ケアの適切性を再検討することが必要な状態が現れるだろう．つねにこれらの状態は，人の統制を越えている．専門家たちは，アルツハイマー病をもつ人を，ナーシングホームに預けるべきかどうかを決定する際に，家族たちを援助しうる．以下の質問が考慮されなけ

ればならない．すなわち

1. 最愛の人の，全体にわたる要求は，家庭の中の 24 時間の生活にもとづいて適切に満たされうるのか？
2. 個人の健康状態は，より多くの看護のケアと，医学的な監視が必要であるように変化したか？
3. 介護者のスタミナは，家庭におけるケアの状況によって，厳しく重荷を負わされているか？
4. もしも人が，1 人だけで，生活しているならば，進行するものにもとづくかれの要求を満たすために，利用できる適切な管理と援助があるか？
5. 家族に，親戚が現在，家庭の中で必要としている助力を，与えるか，あるいは買い取ることを期待するのは現実的であるのか？
6. 配偶者の財政上の資源は，はげしく脅かされるようになりつつあるのか？
7. 介護者にとって，健康への関心は，アルツハイマー病の患者にとっての，それらに匹敵し始めているのか？
8. 介護者の孤立化は，きびしくなったか？
9. 在宅のケアは，介護者／配偶者の情動的／身体的崩壊の一因になりつつあるのか？
10. ナーシングホームに預けることは，それが最初に思えたと同様に承認できないのか？
11. ナーシングホームの中に，預けることによって，アルツハイマー病をもつ人との接触の質は改善するだろうか？
12. 家族は，ナーシングホームに預けることの周囲で，より密接して，一致協力しうるであろうか？
13. 医師たち，および他の専門家たちは，そのような入所を勧めたか？
14. 毎日の諸問題に対する，介護者の接近法は役に立たなくなったか？

認知症は，ナーシングホームではありふれている

　ナーシングホームは，アルツハイマー病の患者と，家族の要求に，更に多く気づくようになりつつある．ナーシングホームは，非常に長い期間にわたって，他の名称によって偽られたこの病気を扱ってきた．そしてナーシングホームにおける，高い百分率の人々は，認知症のある病型，あるいは認知障害をもっている．

特別な助力

　いくつかのナーシングホームは，これらの個人たちの，全体的なケアの要求に，いっそう適切に取り組むために，アルツハイマー病のための設備一式を発展させた．そして，他のホームは，そのような接近法を考慮に入れつつある．特殊な，アルツハイマー病のための計画は，家族の成員たちにとっての，更に有意義な役割を，供給しうる．しかしながら，家族たちは，そ

のような設備一式が，単に患者たちを一緒に集めることよりも，むしろ実際に，専門化された助力を供給するかどうか，を決定しなければならない．

　ナーシングホームを，アルツハイマー病をもつ親戚のために選択するとき，家族たちは，これらの諸因子を考慮しなければならない．すなわち

1. スタッフの医師は，アルツハイマー病に精通しているか？
2. ナーシングホームのあらゆるレベルで，スタッフは，この疾患に関連した諸要求と，諸問題に，気づいているか（すなわち，管理上の，看護の，食餌の，また種々の活動のスタッフの）？
3. 同様に，障害されている居住者たちと，どのように，スタッフは影響し合っているか？
4. どんな活動が，アルツハイマー病，および他の認知症をもつ人々のために，供給されているか？
5. よく組織された施設の，物理的な計画は，魅力的で，また社会化か，または，適切なものとしてのプライバシーか，を促進するために計画されているか？
6. 施設は，家族のかかわり合いと，支持グループを励ましているか？
7. 雰囲気は友好的か？
8. 徘徊を妨げるために，どんな対策が行われているか？
9. 建物は，著しく騒々しいか？
10. その人にとって，戸外で散歩するために，安全な区域があるか？
11. 施設は騒々しい，また管理するのが困難な，居住者たちを，どのように扱っているのか？
12. 行動の管理に関して，薬物と，拘束力が，どのように利用されているのか？
13. 施設は，あなたの家庭から，適度な距離があるか？
14. アルツハイマー病の設備は，これらの居住者たちの要求のために，特別な接近法を活用しているか？

　ある家族たちは，ナーシングホームが，アルツハイマー病をもつ，かれらの親戚たちのケアにとって，もっとも適切な資源でありうることを，真に理解するであろう．しかしながら，かれらは，入所しようと努めることのための，障壁を築き上げたであろう．一部の懸念は，実際的で，他のものは，心理学的である．次の例は，克服されなければならない，いくつかの心理学的障壁を例証している．

　Suzyは，アルツハイマー病をもつ75歳の男性の中年の娘であった．Suzyは，かの女の2人の兄弟たちが，都会を離れて生活していたために，最初の介護者になった．かの女の父親との関係は，とりわけ親密ではなかった．しかしながら，かの女は，ある程度まで，かの女の家族と同居していた過去について，気がとがめる思いをしていたために，父親のケアの責任を負った．かの女は，10年間にわたって離婚していた．そして，その期間の間に，かの女は，

かの女の両親の世話をすることに関する，主要な役割を引き受けてしまっていた．かの女は，かの女の兄弟たちが，まだ更に，それ以上に，援助しなければならないと信じていた．しかし，かれらの，それ以上かかわり合っていないことについての説明は，だいたいもっともなものであった．かれらは財政的な要求について，本当にいくらか援助した．かの女の母親は，ナーシングホームで，1年前に亡くなってしまっていた．それから，かの女の父親は，かの女と一緒にくらしていた．

母親は，自分が脳出血に苦しめられてしまうまで，Suzyの父親を世話することに，強力な役割をもっていた．そしてそれは，結局はナーシングホームへの，かの女の入所を促進した．その時点で，父親はかれの妻の退去に反対した．Suzyは，そのとき以来，かれが，かの女に対して怒っていると思った．確かに，かれは，いっそう激越化されていた．Suzyは，かの女の母親を，かの女の父親を一緒に連れて，ナーシングホームに訪問した．これらの訪問は，しばしば，かの女の父親に不快感を与えた．かれは，かれを捨てようとしていることを理由に，いつもかの女を非難した．

ところで，父親は，より多くのケアと，監督を必要とした．Suzyは，未だに，過去について，いくらかの罪の意識を感じた．しかし，かの女は，母親の入所に，またそれが，かの女の父親に影響を及ぼしたことを，どのように考えるかについて，新しい罪の意識の感情を体験した．かの女は，かの女の父親を世話することに関して，より大きな罪の意識を体験しつつあった．かれが，かれの妻の代りに求めた，あるいは，Suzyを，かれの妻の名前で呼んだときにはSuzyにとって苦しかった．ある晩，かれは頻繁に，帰宅することについて話した．Suzyは，かれが家庭にいることを，かれに得心させるために，かの女の最善を行った．しかしかれの激越興奮の状態の中で，かれは，どうしても，きかなかった．その夜のもっとあとで，かれは，家からさまよい出た．

Suzyの父親は，早朝の時間までに，警察によって発見されなかった．そして警察官は，かれを病院の救急室へ連れて行った．Suzyは，父親の札入れの中に，かの女の名前と電話番号が発見された後に，呼び出しの電話によって目をさまされた．かの女の父親は非常に混乱させられ，また激越化されていたので，かれは，二，三日の間精神科病院に，預けられなければならなかった．

父親は，その環境に適切に反応した．しかし病院のスタッフにとって，Suzyが家庭で供給しうるであろうよりも，より多くのケアをかれが必要としたと思われた．ナーシングホームへの入所が勧められた．しかし，Suzyは，かの女が，かれを，家庭で世話をしなければならないことを強く主張した．しばらくの間，かの女の立場は，過去と現在の罪の意識の根源が暴露されるまで，スタッフにとって不条理と思われた．Suzyは，実際には，かの女の家庭で，とくにかの女の父親が，より安定した状態になった今，よりよいケアを供給しうるだろうと信じていた．

病院のスタッフは，もしもSuzyが，かの女の父親を，かの女が管理するのを援助する，そ

して，かの女の要求を処理するために，いくつかの地域社会の業務から助力を得たいならば，この決定を支持することに同意した．カウンセリングは，最後には，Suzy が，かの女の父親を世話することに関して，かの女の限界を認めることを援助した．かの女は結局，かの女が，進んでいくつかの，他のナーシングホームを調べていたほどまでに，かの女の罪の意識の感情をあきらめさせた．かの女は，その成員たちがアルツハイマー病の患者たちをケアするために，そして建設的な方法で家族の成員たちをかかわり合いにするために，よりよく機能を備えたいくつかの施設をかの女が調べるのを援助した．アルツハイマー病の家族の支持グループに関係をもっていた．Suzy はまた，かの女の兄弟たちを，この決定にかかわり合わせた．それだから，かの女は，それが，かの女ひとりだけの決定だ，と思う必要はなかった．

　3 か月後に，入所が行われた．1 か月後に，Suzy は，父親が，家で行ったよりも少しはよりよく実行しているのを見たときに，かれらは正しい決定を行ったのだと確信していた．かの女は，ナーシングホームの諸活動の一部にかかわり合うようになった．そして，かの女の父親に対して，軽減された介護の役割を続けた．かの女は，かの女自身のものである生活を，再びもち始めた．

財政状態

　財政的な準備は，家族たちが入所を強く望むときでさえ，ナーシングホームへの入所に対する，実際的な障壁でありうる．メディケイド，Medicaid（医療扶助，低所得層の老人を対象とする保険）のような，ナーシングホームのための公共の援助計画は，費用が州と連邦の費用供給の混合によって充分に償なわれる前に，満たされなければならない，財政的な必要条件を有している．家族の成員たちは，かれらの親戚が，ナーシングホームケアを必要とする前の長い間，この資源を探索しなければならない．あまりにも度々すぎる，ナーシングホームへの入所は，危機によって得ようとされる．ある病院は，その人を，退院させようとしているかも知れない．あるいは，介護者は，ケアをかれ自身で供給しつづけるためには，あまりにも病的にすぎるか，またはあまりにも圧倒されすぎた状態か，になったのであろう．

　多くの州では，——ひとつには Texas 州だが——ナーシングホームの入所が，州と連邦の財政的資源によって援助されうる前に，満たされなければならない 2 つのタイプの適格がある．すなわち，財政的なもの，および医学的なものの 2 つである．これは，家族たちを混乱させることでありうる．2 つのタイプの適格があるばかりでなく，2 つのタイプの適格を承認する 2 つの異なった州の部門がある．アルツハイマー病は，まだ一律に医学的状態と見なされていないので，医学的適格が確立されることに関する問題があるだろう．その人の機能における欠損は，医学的，およびナーシング的ケアを受けることが必要であるものとして，その人を適格にするために，ほとんど過度に強調されなければならない．治療している医師は，毎日の機能と，精神的な状態のすべての面を，熟知していないだろう．（付録 A の中の様式は，障害の程度を確立することに関して，役に立つであろう）

家族たちは，財政的，および医学的適格を確立することに関して，代理人および他の機関からの援助を引き出すことが，必要であるだろう．私的な支払いは，そのような計画を必要としない．しかし，アルツハイマー病をもつ多くの人々は，少しも私的な支払いをする余裕がない．ナーシングホームとの接触は，もしも家族たちが，かれらの計画を早期にたて始めるならば，家族たちがナーシングホームへの入所を得ようとするのを援助するであろう．適格を確立することにかかわり合う機関は，どんな情報が必要とされるかを決定するために，接触が行われなければならない．その過程における歩みは，家族たちによって，完全に理解されなければならない．一般に，もし家族たちが適格の必要条件と，ナーシングホームのケアにかかわり合う過程を，熟知しているならば，究極的な入所は，いっそう円滑に行われるであろう．早期に計画することもまた，家族の成員たち，とくに家庭にとどまっている配偶者に，財政的な安全を求めて計画をたてる機会を得ることを可能にする．

　アルツハイマー病をもつある患者たちは，復員軍人局（VA）病院，あるいはナーシングホームケアの設備への入院（所）のような，他の長期間のケアのサービスのために，選ばれる資格があるだろう．このこともまた，家族の期待が，事実に，そして，仮定でないものにもとづき得るように，調査されなければならない．復員軍人は適格の必要条件を満たさないために，入所は可能ではないであろう．必要条件を満たす他の人々は，長期間のケアのために，VAシステムの中にとどまらないであろう．VAは，入所のために，地域社会のナーシングホームともまた，契約している．

■最後の資源について考慮すべきこと

　アルツハイマー病をもつ親戚を世話している家族の成員たちは，つねに，かれらが利用しているよりも，より多くの，かれらのために用いうる資源と事業をもっている．家庭の中での，長期間のケアは可能である．いくつかの例では，親戚の死まで，ケアが，家庭で供給されうる．ケアを計画することは，地域社会の資源，他の家族の成員たち，および友人たちの戦略的な利用の必要性に，かかわるであろう．アルツハイマー病のケアのための事業は，地域社会ごとに相違する．田園の地方と，小都市は，つねに都市の地域よりも，より少ない事業をもっている．

　事業のための費用もまた，相違する．あるものは，州の，連邦の，そして一地方の資金供給をもっている．他のものは，基金，および他の補助金の源泉によって創設されている．更に，他のものは，私的であり，また他の準備が行われ得ない限り，完全な支払いを必要とする．

　保険業は，いくつかの助力を十分に補うであろう．しかし，この点で，家族の成員たちは，保険業の適用範囲について，あまりにも多すぎて仮想してはならない．かれらは，どんなタイプの，ケア，および助力を保険が十分に償い，そして，どれくらい長い間にわたって，償うであろうかを調査しなければならない．ある家族たちは，かれらが，保険業がナーシングホームケアを十分に償うことを仮想するとき，困難な苦境に直面する．生命保険は，一部のナーシング

ホームケアを償いうるけれども，長期間のケアは，たいていは償われない．より多くの，ナーシングホームの補償による長期間のケアの施策は，確かに費用がかかり，またしばしば，アルツハイマー病を補償しない．

少数の地域社会は，アルツハイマー病のケア，とくにデイケアの選択肢，および休息ケア援助のための，充分な，そして手ごろな資源をもっている．他の助力は，在宅ケアの進展する要求を満たすためには，利用できないか，あるいは，単に不適当であるだろう．クリーニング，および個人的なケアのような，在宅サービスを供給する，多くの支給者型（provider-type）の計画は，監督のための責任を引き受け得ない．そのような助力が供給されうる，1週間あたりの時間は，しばしば限られている．在宅の監督は，それでもやはり，主要な要求である．短期間を基礎とした在宅休息ケア，あるいは短期間の休息入所が，有益でありうる．

1人だけで，暮らしている，また，アルツハイマー型の状態をもっていることが，疑われている人々は，家族が不在か，あるいは存在しないときには，援助することが全く困難である．これらの症例において，あるタイプの保護（guardianship），あるいは保護的な助力（protective services）が，ケアを供給するために必要であるだろう．メンタルヘルスの当局は，もしもこれらの人々がかれら自身に，あるいは他の人々にとって危険である点に到達するならば，援助することができるであろう．成人の保護事業が接触されなければならないだろう．しかし，そこには，いかなる長期間にわたる解決法もないであろう．

家族の介護者たちは，どんな助力が，かれらの地域社会において要求されるか，ということについての発想の源泉である．事実上，家族たちは，かれらが地域社会の中で，計画を発展させる機関，および他の人々の配慮のところに要求をもって行く方法を発見するとき，これらの状況の中でより少なく無力に感じる．ひとつの，よりよい意見は，加齢に対する地域の機関に接触することである．そしてそれは，高齢者たちの要求を検証すること，それらの要求のために，計画をたてること，アメリカ高齢者法のもとで，資金が供給された計画を実行すること，そして監督することの責任を負わされている．(付録Bの中のこれらの機関の表を見なさい) そこには，計画をたてること，および計画の発展に関して活動する，他の地域社会の機関もまた存在しうる．加齢に関する地域社会の機関は，地域社会の中のこれらの他の資源に向けて，介護者たちを指導することができるであろう．

謎

それは不思議ではないか…
私たちが長い間感知してきたことが
心の重荷として──
病んだ最愛の人のケア──
続けてきたケア
そして続けに続けた──いま終るのか？

それは疲れさせて，そしてとじこもらせていた，
そしてときどき落胆させて，品位を傷つけていた
けれども──奇妙なやり方で──
私はどんな気晴らしをも感じ得ない．

ことによるとふと，
かれは私の人生にひとつの目的をくれた──
私がほとんど見知らなかった
よいとも認めなかったひとつの目的を．

いま私は新しい目的を必要とする
（だが私はそのためには年をとっている）
その契約は守られてきた
最善のものとして，私がどういうわけかを知ったもの──
けれども私の人生は前へ進んで行く．

新しい目的をみつけるために私に手を貸してください──
新しい決意──
そして自由でないひとつの人生をあるがままにしよう
生きることにだけかかずらわっていない人生を．

Maude S, Newton

第Ⅱ部
研究と治療

　本書のこの部分で,われわれは進歩が毎日起こりつつあることに留意しながら,アルツハイマー病のいっそう専門的ないくつかの面を,最初に脳の生理学と行われる変化を記述することによって,ついで,治療の可能性を論議することによってとり扱かう.最後に,われわれは普通用いられている投薬と,ありうる副作用を詳述する.

生き残った人達

数年のあいだ，私は見守ってきた
古いメスキートの木を——
節だらけで，折れ，またねじ曲った——
風と日照りのために打ちのめされて．

それは成長しはじめる
太陽と空に向かって．
だが土壌はあまりにもやせて，
水はあまりにも乏しく，
暑さはあまりにも激しく，
ときにはあまりにも寒く，
それは完全に打ちのめされた．

冬がくるたびにあなたはこんな考えをもった，
　——それは枯れている，たしかに！
それは争いに負けたもの
非常に不利な立場に置かれて．

けれども春まで待ちなさい
そうすれば奇跡が起きる，
新しい生命が芽を出す
節だらけの古い枝から——
ちっぽけな淡黄緑色(シャルトルーズ)の芽が
頭をまっすぐに太陽に向けて！
それは生きている——打ち勝ちながら
厳しいすべてのものに，
世界中のものにこう語りかけながら，
　——私は生きている，私は何とかやって行く(生き残る)つもりだ！と

ときどき私はその古いメスキートの木のような気がする．
私は人生の災難のために打ちのめされたと思う．
私は落ちぶれていると感じる——だが完全にではない！

春がめぐって来るときに，
私は生命の新鮮な兆しを感じる．

私にはなすべきことがある——
私が探検したいと思う場所，
私が愛する人々！
私は私の頭を高く上げることも——
眼によって世界を見ることも——
そして言うこともできる．
　——私は生きている，私は生き残るつもりだ！と

Maude S, Newton

16. 脳における異常な変化

　数百年の間，現在，われわれが，アルツハイマー病として知っているものの症状は，老衰と晩年に帰せられた．と言うよりは，おそらくもっと最近の時代では，それらの症状は，動脈の硬化と精神病に帰せられた．過去に人々は，ある日，単にかれらが歳をとったために，"気が狂った状態になり"，かれらの記憶を喪失し，また絶対に理由を知ることなしに，完全にどうすることもできなくなるようになることを恐れた．しかし，アルツハイマー病の確認によって，この病気に苦しんでいる人々を，適切に診断すること，そして少なくとも部分的に，かれらの苦悩を緩和することが可能になった．医学の研究者たちが，現在取り組んでいる次の段階は，この疾患の正確な，生物学的原因を単離することである．一度これらの原因が知られるならば，われわれは，アルツハイマー病の効果的な治療法を発展させ始める，またことによると，いつか完全な治療法を発見することができる．

　この本の次の2つの章は，アルツハイマー病の原因と治療法の両方ともに関して，現在までに行われた研究の概観を提供する．この研究は，この疾患の可能な原因を示唆して，また見込みのある治療についての実験を含めて，アルツハイマー病によって冒された脳に存在する，物質的および化学的変化を示した．

　研究は，答えのない多くの問題を残しているために，ここで対象とされた大部分の題材は，幾分思弁的なままにとどまっていなければならない．多くのことが，現在まで学習されてきたにも拘らず，アルツハイマー病によって提出されたミステリーに対して，いかなる決定的な解答も見出されなかった．しかし研究による発見は，価値があるものである．なぜならそれらは，アルツハイマー病の患者の内部に起こりつつある変化を，介護者たちに，より完全に，理解できるようにするからである．その上に，非常に現実的な進歩は，医学的研究が，われわれを疾患の治療法と予防のための，明確なストラテジィに導くであろうという期待を与える．

　最後の章は，アルツハイマー病の，いくつかの精神医学的徴候を治療する際に使用される現在の投薬の用法を対象とする．激越興奮，不安，妄想，そして睡眠障害は，家族の介護者たちに対して行動管理上の諸問題を提出する．精神医学的薬物の慎重な使用は，介護することを非常により容易にしうる．

■脳の中の物質的な変化

脳の中の異常

　ある人が，アルツハイマー病に罹患しているものとして診断されるときには，脳はすでにある程度まで，劣質化されている．ほとんど例外なしに，（神経原線維変化《neurofibrillary trangles, NFT》，変性神経突起をともなうプラック《訳注：老人斑 senile plaque とも呼ばれる》，およびその他のもののような）物質的な異常が大脳皮質，すなわち記憶，思考，および推論のような，より高次の機能を管理する脳のより外部の層であるが，その中に存在する．

　アルツハイマー病によって冒された，脳のいくつかの異常な特徴は，脳のもっとも基礎的で重要な部分である，ニューロン（神経細胞ともまた呼ばれている）に関連している．脳は何十億ものニューロンから成っており，そしてそれらは伝えるべきもの（メッセージ）を受けとり，そして送りとどけるための脳の手段である．ニューロンは脳の異なる部分が，お互いに，そして身体の残りの部分とも連絡をとる経路とみなされうる．脳のひとつのニューロンは，1,000個ほどの他のニューロンと連絡しうる．これらの伝達の単位は，通常は単に少数のニューロンにメッセージを送っているのではあるが．アルツハイマー病は，どういうものか，ニューロンの喪失に責任がある．いくつかの物質的異常，たとえば神経原線維変化は，ニューロンの神経細胞体の中に起こる．これらの変化は，神経細胞の破壊の一因である，あるいは，それらの機能を危うくする，かも知れない．

疾患と異常との間の関連

　神経原線維変化，老人斑，および他の物質的異常は，非常に首尾一貫してこの疾患に付随するために，研究者たちはこれらの脳の異常と，アルツハイマー病の患者たちが体験する，精神的および情動的変化との間に，何らかの関連が存在することを間違いないと思っている．これらの物質的な変化が，アルツハイマー病の原因に，直接に関係づけられるかどうか，あるいはこの疾患それ自体の，他の面が，異常を引き起こしているのかどうかは，よく知られていない．後者の場合では，物質的な変化は，疾病の徴候であるだろう．これらは，将来の研究が取り組み続けるであろう問題である．

異常と障害との間の関連

　われわれは，物質的異常の程度および分布状態と，アルツハイマー型認知症の重症度との間に，直接的な相関関係が存在することを実際に知っている．われわれは，この章で論じられた異常がアルツハイマー病によってもっとも冒される，能力を統制する脳の領域の中に集中する傾向があることもまた知っている．これらの所見は脳における物質的な変化が，この疾患の障害にある寄与を行っていることを，示唆している．

■脳の解剖学

　どのようにアルツハイマー病が，脳を冒すか，を理解するために，われわれは，先ず，脳の解剖学の基礎を，そして，脳の種々の領域が，それによって特殊な精神的機能に関係づけられている方法を理解しなければならない．

脳の皮質

　脳の外側の表面は，大脳皮質として知られている（図1を見よ）．脳全体の大きさの，およそ80パーセントを占めて，皮質は，2つのほとんど対称的な半球に分割される．すなわち左半球と右半球にである．これらの半球のおのおのは，次々に4つの葉に分割される．すなわち前頭葉，頭頂葉，後頭葉そして側頭葉にである．

前頭葉

　前頭葉は運動機能を伝達し，情動的な行動を左右し，規則的な系列をなす身体の運動を組織するのを助け，意味のある話のための，ある能力を決定し，また人格，抑制および社会的行動に影響を及ぼす．アルツハイマー病が，脳のこの領域を冒すに従って，患者たちは，色々な人格変化を経験し，抑制を失い，また行動を構成することがうまくできなくなる．脳の前頭葉に対する損傷によって，人々はかれらの誤りを認めない．

頭頂葉

　頭頂葉は，身体的な感覚，触覚，および空間的な関係のような感覚機能に関係している．それらはまた，われわれに，われわれの体験における，パターンを認めること，数学のような知的な課業を遂行すること，そしてわれわれの身体的な方向づけを維持することを可能にする．場所に対する失見当識は，この脳の領域に加えられた損傷から生じることがありうる．アルツハイマー病が，頭頂葉を襲うとき，患者たちは，他の数ある機能の中でも，協調のとれた，目的をもった運動，空間の知覚，そして認知についての障害を経験する．

後頭葉

　後頭葉は，非常に基礎的な視覚的知覚を統制し，また視覚的情報の要素を，意味のある全体の中に集める，脳の視覚中枢である．この領域に対する損傷は，視野の喪失と，空間知覚における諸問題に帰着しうる．

側頭葉

　側頭葉は聴覚，記憶，視覚，および言語の理解を含んで，ある範囲の重要な機能に関連がある．脳の辺縁系との結合によって，これらの両側の側頭葉は怖れ，嫉妬，怒り，あるいは幸福

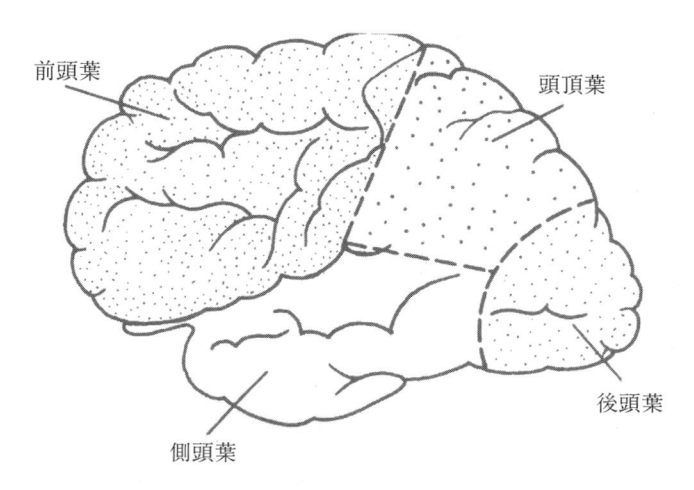

図 1. 大脳皮質. 脳皮質の葉. 前頭葉は頭部の最前部にある. これは左半球の側面図である. 右半球は本来は左半球の鏡像的な（左右が逆になる）反転である.

感のような情動の体験，および記憶にもまた影響する．時間，および個体性についてのわれわれの感覚もまた，これらの脳葉に定置されるように思われる (Restak, 1984)．4つの脳の領域のうちで，側頭葉はアルツハイマー病によって，もっとも重く冒される領域であるように思われる．記憶の諸問題，聴覚的知覚，音楽の知覚，理解に関する障害，また言語による遂行の障害は，すべてこの領域における損傷に関係づけられるように思われる．集中された注意に関する諸問題もまた，側頭葉における損傷に帰せられ得る．

脳の辺縁系

アルツハイマー病を理解することに関係のある，いくつかの他の脳の領域は，皮質によって包み込まれている．これらのうちの一部は，辺縁系，すなわち，われわれの情動と行動に影響を及ぼす一群の脳の構造の部分である．最高度に，アルツハイマー病に関連する損傷にかかわりのある，辺縁系の諸要素は，情動に影響すると信じられている扁桃核，および短期間と長期間の両方ともの記憶に影響すると信じられている海馬を含んでいる（第2図を見よ）．

ここで記述した脳の部分の重要性は，われわれが，アルツハイマー病がもたらす身体的な変化を，更に深く探求するに従って明白になるであろう．読者は，皮質の側頭，頭頂および前頭葉が物質的変化によってより多く冒されることに留意しなければならない．海馬は，身体的異常の首位の標的であるように思われる．

■神経原線維変化

1900年代早期の，その独創的な診断で Alois Alzheimer によって同定された，この疾患の

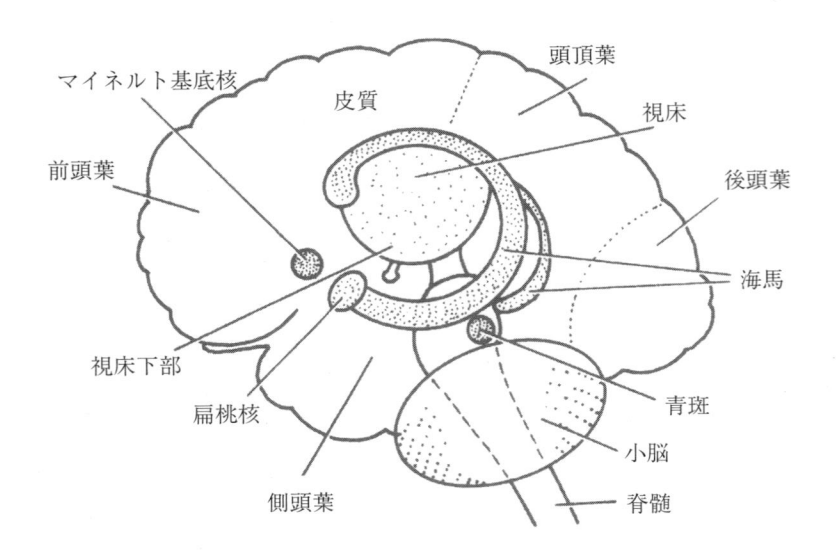

図2. **アルツハイマー病によって冒される脳の領域**. 脳のこの図はアルツハイマー病の異常によって, 強い影響を受ける領域を示す. マイネルト基底核の位置は概略的なものである. 脳の他の部分は, それらが, われわれの議論に関係がないために省略された. 辺縁系のいくつかの部分——海馬, 扁桃核, 視床, および視床下部——が示されている.

症状の中に, 神経原線維変化の, 脳の中での存在があった (図3を見よ). 簡単に考えれば, 神経原線維変化は, 不自然にねじ曲げられるようになった普通の脳の神経原線維の束である. そのようなもつれが, 電子顕微鏡の下で観察されるとき, フィラメントと呼ばれた小さな頭髪のような構造が認められうる. これらのフィラメントが2つずつ生じるとき, それらは, らせん形の様式で, 互いの回りに巻きついている (Reisberg, 1981). それは, いくらか互にからまった, またついで, きつく引き伸ばされた, 2片の紡ぎ糸のようである. それらは, 対になったらせん状のフィラメント (paired helical filaments) として知られているが, これは, ときどき, 神経原線維変化を呼ぶために使用される専門用語である. フィラメントは正常である. それらは, それらの形態が, らせん状になることによって変えられるときには異常になる.

面白いことには, 神経原線維変化形成のある程度のものは, 90歳以上の人々の, 実際に検査されたすべての脳組織の中に見出される (Reisberg, 1987). もつれは, もっとも正常な, 中年の, またより歳をとった人々の, 特殊な脳の領域の中にもまた見出される. かれらの脳の組織が, 顕微鏡的に調べられるとき, もつれの形成は, とくに海馬, すなわち最近の記憶の機能と, 長期間の記憶の貯蔵と復元の両方ともに, 役割を演じる領域の中で明白である (Beaumont, 1983). それは, 学習に多少の関連をもっている. 海馬は, 更に種々の形式の, 入ってくる感覚的情報を集めること (Bloom et al., 1985), 反応の抑制, 運動の構成, および空間の構成に, かかわりをもっているように見える (Kolb および Whishaw, 1980). もつれの集中が見出される,

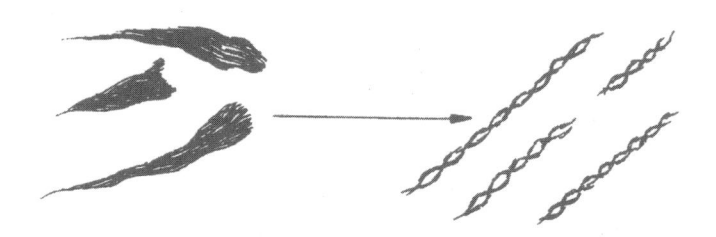

図3 神経原線維変化および一対になったらせん状のフィラメント. 左側にある，もつれのイメージが拡大されたならば，線は右にある一対になった，らせん状のフィラメントの外観をとるであろう．

別の領域は扁桃核である．そしてそれは，恐れの反応および攻撃的行動において，ひとつの役割をもっている．海馬による記憶に関して，ある役割をもっていることもまた，気づかれている．読者は，これらの構造の両方ともが，脳の辺縁系の一部であることを思い出すであろう．そしてそれは，情動の表出，および経験に重要な役割をもっている（KolbおよびWhishaw, 1980）．

歳をとった人々は，記憶の諸問題にと同様に，記憶に関連した脳の領域の中に，もつれの，高い出現率を示す傾向があるので，年齢にともなう，僅かの短期間の記憶の喪失の発現が，海馬に加わった微妙な損傷に関連しうるだろうことは，ありうると思われる．その上に，アルツハイマー病の患者たちの，さらに重症の記憶障害は，関連した諸問題と同様に，さらに重症の，海馬の損傷に関連するかも知れないということになる．同様に，アルツハイマー病で早期に発見される，記憶の問題に対する，情動的反応の欠如は，ときどき鈍感にされた，あるいは平板な感じと呼ばれるが，扁桃核に対する損傷に関連がありうるだろう．一方で，全面にわたる辺縁系に対する損傷は，患者の情動統制の喪失の原因でありうるだろう．概して，脳のこれらの部分に対して，もつれ，によって引き起こされた損傷は，アルツハイマー病をもつ人々によって徴候を示された情動障害，および人格変化の一部分に責任がありうるだろう．

もつれは，もちろん，年齢とともに生じるように思われるために，単なる脳の中のもつれの存在は，疾患を示さない．しかし，アルツハイマー病の患者たちの，脳について異なっているものは，もつれの部位と数である．これらの人々では，もつれは有意に海馬の中に，また正常に歳をとる人々の脳の中でよりも，はるかにより高い程度の数となって集中する傾向がある．それらはまた，大脳皮質の中に，とくに頭頂-側頭領域，および連合野の中に集中している．皮質の連合野領域は，その領域が位置している，周辺の領域からの情報を集める．脳が記憶と情動とともに直接的な感覚的情報を統合し，このようにして，われわれにとって考えること，決定することを可能にし，そして行動を計画することを可能にするのは，これらの領域の中で，である．そのように普通に統合された思考は，アルツハイマー病の患者たちにとっては困難になるので，連合野皮質で観察された損傷は，とくに重要であると思われる．

脳の，他の小さな，しかし重要な領域は，神経原線維変化によって冒される．これらの小さ

な領域は，脳の皮質の中へ上がって行くニューロンのための，刺激中枢として役立つ神経細胞の集積を表している．脳のニューロン，あるいは脳細胞は，それによって情報が伝達され，そして受けとられうる，複雑な網状組織を形成している．

脳の網状組織内部のニューロンのグループは，それら自身の化学的伝達子と連絡しあうために特殊的に適合させられている．そしてその伝達子は神経伝達物質と呼ばれている．神経伝達物質のこれらの特殊な網状組織，特殊な神経細胞は，おのおのが，脳のより深部の神経細胞による，それら自身の集積からの刺激を受けとる．たとえば，アセチルコリン（acetylcholine）という神経伝達物質については，それはアルツハイマー病の脳には不足しているが，刺激の根源は，マイネルト（Meinert）の基底（神経）核と呼ばれている（図2を見よ）．この脳の領域は，もつれの有意な集中を示している．

もつれは，神経伝達物質ノルエピネフリン（norepinephrine），セロトニン（serotonin）およびドパミン（dopamine）を用いるニューロンの刺激中枢として作用する，脳の局在化された領域の中にもまた発見される（Bondareff, 1986）．脳における化学的変化は，この章の中で，あとで論じられる．

発見された相関関係は，もつれが，直接に，脳の機能の障害に結びついていることを見込みのあるものにする．けれども，研究は，その結合があり得ることを，まだ正確には発見していなかった．いくつかの研究は，もつれが，ニューロンの劣質化と破壊に関して，ある役割をもっているかも知れないことを示唆している．ニューロンの喪失は同様に，疾患過程の他の未知の面にとって，二次的であるだろう．他の研究は，老人斑として知られる，別の異常と一緒に発見された，もつれの数が多ければ多いほど，アルツハイマー病をもつ人々において観察された，認知症の程度は，より高度になることを示した．

研究者たちは，もつれと，一対になったらせん状のフィラメントの組成は，アルツハイマー病を引き起こし，またニューロンの喪失の原因となるものについての，重要な情報を知らせるかも知れないと，長い間考えてきた．最近の発見は，ニューロンの喪失と，もつれの形成が同時に進行することを示している．神経原線維変化を構成する，神経細胞の内部のねじ曲った線維は，*tau*（タウ）と呼ばれる，正常の蛋白質の，過度にリン酸化された形態によって成り立っている．正常のタウ蛋白は，中枢神経系にとって重要である．なぜなら，それらは，微小管（microtubules）を束ね，そして固定するのに役立ち，また微小管は，細胞の内部の支持構造の一部だからである．微小管は，細胞体からその軸索の末端まで，栄養物と分子を通すことを可能にする，健康なニューロンにおける鉄道路線の軌道のように想像されてもよかった．軸索は，他のニューロンとの接続を可能にするために，細胞の体部から外部へ延長する長い細い構造である．アルツハイマー病では，正常なタウが，化学的に変化され，そしてこの変えられた形態は，もはや微小管の軌道様の支持構造を，連続して保持し得ない．この化学的改変の結果として，微小管は崩壊する．ニューロンの運送システムにおけるこの破壊は，神経細胞間の伝達を，相当に途絶させ，また最終的には，ニューロンの死に帰着しうる．

微小管の構造の安定化と支柱は，脳の機能において，タウが演じる唯一の役割ではないであろう．たとえば，タウは，細胞の成長にかかわりがありうる．はるかにより多くの研究が，この非常に複雑な蛋白質を，またどのようにそれが正常の脳におけると同様に，ADをもつ人々の脳において調節されているかを，完全に理解するために必要とされる．

　かなりの量の研究が，アミロイド（amyloids）の役割に集中してきた．たとえば，ベータアミロイド（beta-amyloids）の沈着に対抗手段をとるために，またアルツハイマー病の脳の中にすでに存在するそれを減じるために，計画されたワクチンは，遺伝子操作されたADハツカネズミで，上首尾の結果を示してきた．最近，報告は，そのワクチンが，脳化学にと同様に，行動および認知機能に，見通しの明るい結果を得ていることを示している．染色体10番の上に，アミロイド斑に関連する領域があり，研究者たちは，そこにアルツハイマー病に関連しうる遺伝子が位置を占めると信じている．アミロイドは，この疾患に関して道具的な役割をもっているものとして，タウよりも，より多くの裏づけをもっているように思われるけれども，研究は，アミロイド斑が疾患の原因，あるいは疾患の進行の副産物であるのかどうか，を証明していなかった．

　タウは，疾患の重症度の標識であるように思われる．神経原線維変化をもつニューロンの百分率は，疾患の重症度とともに増大する．これは，それらが悪化を引き起こすことに，より多くかかわっていることを意味するのか？　あるいは，それらは，タウはこの疾患の副産物であるという指示であるのか？　この疾患に有力な存在をもっているアミロイドについて，タウと同じ方法で，それが増加することが期待されるであろうが，しかしこれは事実ではない．実際に，アルツハイマー病の脳の中のベータアミロイドの量は，疾患の経過を通じて，比較的恒常的にとどまっている．

他の認知症化する疾病

　神経原線維変化は，他のタイプの認知症化する疾病でもまた発見された．これらの疾患の中で，dementia pugilistica（punch-drunkness 乱打による脳損傷），すなわちヴェテランのボクサーで観察される認知症，稀なグアム島のパーキンソン病複合（Reisberg, 1981），脳炎後のパーキンソン病（Bondareff, 1986），および感染性の認知症の他の病型がある．その中で，もつれが非常に頻繁に存在する，別の障害はダウン症候群であって，精神遅滞を引き起こす遺伝的異常である．40歳を超えて生存している，ダウン症候群をもつ人々は，つねに神経原線維変化，アミロイド斑，およびアルツハイマー病に共通の他の病理学的変化を発現し（Katzman, 1986），また神経原線維変化が，同様に脳の中に位置づけられる（Reisberg, 1981）．

　パーキンソニズムをもつ前頭－側頭型認知症は，染色体17番上のタウ遺伝子突然変異に，関係づけられた．多数の神経学的疾患が，顕著なタウの病理をもっている．細胞の内部のタウの存在は，ピック病，進行性核上麻痺，AD，および他の目立ったタウの病理をもつことが発見された，他の神経変性疾患の，発病，あるいは進行を誘発するのに充分であるだろう．

■老人斑, あるいは軸索の (アミロイド) 斑 (Senile or Neuritic Plaques)

老人斑の意義

　神経原線維変化のように，老人斑は，Alois Alzheimer によってかれのこの疾患についての独創的な診断の中で注目された物質的異常のひとつであった．もつれについてのように，老人斑は正常な歳をとった人々の脳の中に見出されるが，しかし，それらは，アルツハイマー病をもつ人々の脳の中に，はるかに，より多くの有意の集中となって現れ，本疾患によって，もっとも重度に冒される脳のそれらの部分に現れ，そしてもっとも激しく冒された人々でもっとも一般的である．実際に，老人斑は，神経原線維変化よりも，認知症の程度の，よりよい指標でさえあるように思われる．

老人斑のタイプと記述

　老人斑の，3つのタイプがある．原始的 (primitive)，古典的 (classical)，そしてアミロイド (amyloid) である．古典的，およびアミロイド斑は，両方とも，より多くのアミロイドを含んでいる．老人斑のすべてのタイプが，アルツハイマー病で見出され得る．古典的老人斑の中で，アミロイドは，中心部に含まれている．アミロイド斑は，ほとんど完全に，この物質から成っている (Wisniewski, 1983)．古典的老人斑は，描写することがより容易である (図4を見よ)．ぼやけて (fuzzy)，そして線維性に見える，アミロイドの中心の核がある．この核は，とげによって緩く配列された王冠に似ている，細胞の退化しつつある断片の輪によって囲まれている．この断片は，脳細胞の残骸の様であり，また軸索，樹状突起および細長いフィラメントを含んでいる．神経原線維変化の，一対になったらせん状のフィラメントは，古典的老人斑の，核の周囲の残骸の中に見出されうる．軸索性の，あるいは老人のアミロイド斑は，老人斑の3つのタイプについて用いられた，いっそう一般的な専門用語である．

　老人斑は，ニューロンの外部で見出される．これに反して，神経原線維変化は，ニューロンの中に見出される．アルツハイマー病で老人斑は，とくにそれらが正常な歳をとった人々の脳の中でよりも，より頻繁に生じるために異常である．老人斑は，脳の他の疾患においてもまた生じる．

図4. 古典的軸索性の老人斑．原始的老人斑は，大部分は，このプラックの核の外側に群がった残骸から成っている．アミロイド斑は，プラックの核の物質から成っている．

老人斑の位置

もつれについてのように，老人斑は，大脳皮質の中により豊富にある傾向があり，また視床のような脳の他の部分の中には，より少ない数として発見される．稀に，それらは小脳の中に発見された (Bondareff, 1986)．視床は，感覚情報を受けとり，そして，われわれの運動活動のために，多少の統制を行っている．それは，一般的に，われわれが，接触，温度，および疼痛に気づくのに役立つ．小脳は，主として，筋の活動を協調させ，そして皮膚，筋，および関節のような，身体の他の部分からの情報を受けとる．

視床への損傷のいくつかの徴候は，アルツハイマー病の経過を通じて観察されうる．小脳に関連する損傷は，あるいは，疾病のより後期の段階まで，観察することがより困難であるだろう．海馬および皮質のせいにされた機能は，より容易に認められまたより激しく障害される．記憶の障害，および思考，判断，そして言語における障害は，アルツハイマー病の共通の特徴である．

アミロイドとプラック（老人斑）

この疾患に関して，プラックの重要性は，もっとも障害されている脳の領域の中への，それらの集中にばかりでなく，同様に重要である，アミロイドの存在にもとづいている．アミロイドは，プラックの一部分であり，また研究は，この異常な蛋白質を理解することが，アルツハイマー病の原因に対する手掛りをもたらすかも知れないと考えられるために，アミロイドへの永続する関心を示してきた．

アミロイドと疾患

アミロイドは，結核，ホジキン病 (Hodgkin's disease)，および癌を含む種々の疾患に関連があった．クロイツフェルト・ヤコブ病およびクールーのような，重い神経学的疾患は，アミロイドの蓄積に関連がある．両方ともが，スローウィルスによって引き起される．

アミロイドと免疫組織

アミロイドは，変化された免疫に直面する組織の中に蓄積されることが，知られている (Thienhaus et al., 1985)．いくつかの理由で，身体の免疫組織は，疾患から身体を有効に保護しない．アルツハイマー病が，身体の免疫組織における，衰えから生じるかも知れないという，可能性が提出される．脳を保護することの代りに，免疫組織が脳に挑戦する．これは，それによって，身体が，それ自身の健康な組織に対して向けられる，抗体を生じる，自己免疫反応を示唆している．免疫組織は，正常の，そして異質の物質との間の，相違を識別し得ない．

アミロイドとプリオン

アミロイドを理解することは，Prusinerと，かれの協同研究者たちの業績によって，多少促進されてきた．アミロイド斑は，羊，およびヤギにおける遅発性ウイルス性疾患（スクレピー

scrapie）で，見出された．この疾患は，ハムスターの脳に伝染された．脳の組織は，プリオンと呼ばれた非常に小さな，桿状の粒子を含むことが発見された．プリオンは，蛋白質様の感染性の粒子であり（Goldsmith, 1984），それはウイルスより，より小さい．ある構造の中で，プリオンは一部の研究者たちのアミロイド斑が，プリオンと関連があると考えられるかも知れないという，期待の原因になる，アミロイド斑との著しい類似をもっている．このことは，同様のスローウィルスが，アルツハイマー病の原因になるかも知れないといういくつかの証拠を提供するであろう．しかしながら，この疾患におけるアミロイド斑は，プリオン以外の蛋白質からもまた，形成されうるであろう．プラックの中のアミロイドの原因になっているものの問題は，まだ解決されていない．

ダウン症候群

軸索のプラックの意義は，別の見地から検証された．アルツハイマー病で発見されたアミロイド蛋白は，ダウン症候群に存在するのと同じアミロイドであると考えられる（Davies and Wolozin, 1987），ダウン症候群の脳において，（アルツハイマー病に関連する他の異常と同様に）アミロイドを含んでいる軸索のプラックが，普通は豊富に出現し，またアルツハイマー病と同じ方法で，多くのものの中に分布される．ダウン症候群は，染色体21番の余分の複写（extra copies）（三染体性，trisomy）によって特徴づけられ，また遺伝子の障害である．

染色体21番とアルツハイマー病

1987年に，いくつかの重要な発見が，染色体21番と，アルツハイマー病に関連して行われた．この染色体上の，ひとつの異常な遺伝子は，アルツハイマー病の，家族性の病型に責任があると考えられている，遺伝子の欠陥を示す．そしてそれは，アルツハイマー病のいくつかの症例が，遺伝子の統制のもとにあることを示している．この同じ染色体は，アミロイドの主要な蛋白質の成分を産出することに責任がある遺伝子を含んでいる．この遺伝子は，現在アミロイド前駆体蛋白（amyloid precursor protein, APP）として知られている．それは，蛋白質の断片であるベータアミロイドを含む，アミノ酸の，より小さな連鎖の，親蛋白（parent protein）である．

ダウン症候群におけるアミロイド

APP遺伝子は，ダウン症候群の脳の中の，ベータアミロイドの原因である．この障害においては，染色体21番の余分な複写（トリソミー）があるので，アミロイドの産出に影響する遺伝子の，更に多くの複写があるだろう．推論のこの方向は，しかし，アミロイド遺伝子の，いかなる重複もないために，アルツハイマー病における，アミロイドを説明し得ない．

アミロイドミステリー

　加齢は，それ自体が，ひとつの因子であるかも知れない．われわれが，歳をとるに従って，アミロイドが生産されるであろう．これは，アルツハイマー病が，より歳をとった人々において，増加する理由を説明し得るであろう．われわれは，アミロイドが，歳をとった人々の，大脳の血管壁の中に，存在することを知っている（Wisniewski, 1978）．しかし，これらのアミロイドの蓄積によってしても，プラックは必ずしも生じない．血管のアミロイドが，それは，アルツハイマー病と，老年の両方ともにおいてかなり共通であるが，プラックの中のアミロイドと，同じ起源と化学的組成を有しているかどうかは明白ではない．プラックの中のアミロイドの存在は，謎のままにとどまっている．

アミロイドはアルツハイマー病の原因に接近する

　現在のところ，われわれは，単にアミロイドが，アルツハイマー病に関して中心的な役割を演じていることを知っている．われわれは，本当のところは，それがどのように役割を演じているかを知らない．それはアルツハイマー病の原因にか，または原因に帰着するであろう他の基礎をなす状態にか，非常によく密接に関係づけられる．現在，おのおのの人が，アミロイドの産出に役割を演じている遺伝子をもっていると思えるので，われわれは，何故，だれもかれもが，アルツハイマー病にかからないのかを，問わなければならない．研究者たちは，ある他の因子，あるいは諸因子が，アルツハイマー病を発現させるためには，アミロイド遺伝子の役割と結合しなければならないと考えている．これらの諸因子は，ウィルス，脳，あるいは身体に対する，外部からの，ある化学薬品，免疫組織の衰え，あるいは単に検証されなかった諸因子であるかも知れない．

　アルツハイマー病に共通のプラックの中のアミロイドは，研究のために多くの問題を提出する．アミロイドについての，われわれの理解はますます増大している．それはプラック（老人斑，アミロイド斑），もつれ（神経原線維変化），および大脳の血管に関連している．われわれは，脳のニューロンの喪失が，プラックと，もつれの分布に一致していることもまた，知っている．もつれ，とプラックは，とくに，認知症の重症度の指標である．プラックの集中度が，大きくなるほど，脳機能の障害は大きくなる．われわれは，まだ，プラックが，脳細胞の喪失の原因になるとは言い得ない．

　アミロイドは，アミロイドの産出を促進するアルツハイマー病に関する，まだ未確認の諸因子としての，外のものとともに作用するであろう．その結果として，攻撃的な蛋白質における相互作用は，アミロイドの有害な蓄積に変えられるのであろう．科学は，アミロイドの遺伝子による産出を阻む方法を，発見することができるであろう．アミロイド遺伝子をもっているだれでもが，アルツハイマー病を発現しない理由を説明し得る他の諸因子が検証されなければならない．

他の蛋白の異常

　細胞は，蛋白質から成っているので，研究者たちは，異常な蛋白質に興味をもつようになった．他の蛋白質は，化学的な伝達子（messenger）のための導管（conduits）として作用する．これらのうちの2つ，すなわち tau 蛋白質と MAP（微小管付属蛋白質 microtubule-associated protein）がアルツハイマー病をもつ一部の人々において，異常な形態の増大した量となって見出される（Mace and Rabins, 1991）．これらの蛋白の異常についての学説に従えば，身体は，それらを破壊することはできないであろう．その結果として，異常な蛋白質が脳の中に増大する．

■顆粒空胞変性（GVD：Granulovacuolar Degeneration）

GVD の記述

　脳の異常の第三のタイプである，顆粒空胞変性（GVD）は，アルツハイマー病の患者の脳の海馬の中のニューロンに，誘因をもっている．GVD は，細胞質と呼ばれる領域である，脳細胞の核の周囲の脳細胞の領域を襲う（図5を見よ）．ひとつ，あるいはそれ以上の，液体で満たされた空間，すなわち空胞が，細胞の細胞質の中に GVD によって形成される．空胞の内部には，密度の大きい顆粒状の物質があり（Ball, 1983），それは電子顕微鏡のもとで，クリスタリン構造（crystalline structure）をもっているように見える（Conley, 1987）．これらの顆粒空胞が，発現するに従って，それらは，細胞の細胞質の増大を引き起こし，そしてそれは結局，脳細胞それ自体の，変性あるいは機能不全に帰着するだろう．

GVD と正常な加齢

　正常な加齢とともに，GVD は海馬の領域の中にもまた現れる．しかし，その集中度と重症度は，比較的に程度が低い．そして，この変性は，加齢とともに比較的にゆっくりとした速度で，起こる（Kemper, 1984）．GVD の進度は，アルツハイマー病では更に敏速である．神経原

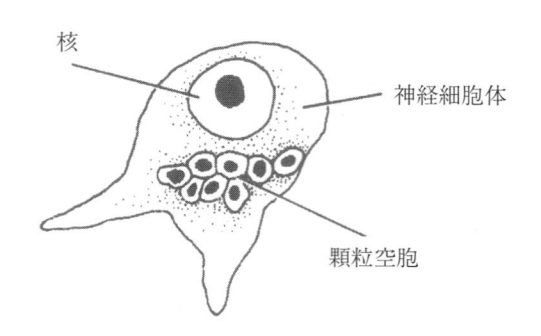

図5．ニューロンの中の顆粒空胞変性．多数の顆粒空胞が，核の周囲の，このニューロンの体部の中に形成されていることに留意されたい．

線維変化はまた，アルツハイマー病では，GVDの高度の集中が見出される海馬の領域の中に多くみられる．

GVDと記憶障害は，減少した海馬の細胞によって生じる

アルツハイマー病で海馬に関連した記憶機能障害の重症度は，GVDが，ニューロンのすでに収縮しつつあるニューロンの集団の内部で生じると考えられるときには，より完全に認識されうる．海馬の，本来のニューロンの2分の1以上が失われたかも知れない．そしてそれは，正常の加齢における細胞の喪失よりも，さらに5倍にいたるまでより重症であると考えられる(Ball, 1983)．GVDともつれの両方ともが，この減少した細胞の集団の中で起る．

海馬の役割

海馬は，一般に記憶機能に関して，重大な役割を与えられている．遠隔記憶(remote memories)に，より多くかかわりがあると考えられた領域である，海馬の後部の部分における細胞は，GVDに対してはとくに脆弱である．それ故に，GVDは，より遠隔の記憶の崩壊，すなわちアルツハイマー病の，より後期の段階において，もっとも明白である，記憶障害の一型に寄与し得るらしい．

将来の研究とGVD

多くのことが，GVDについて，まだ発見されずにいるけれども，一部の研究者たちは，それがプラック，およびもつれよりも，実際，あるタイプの行動の悪化に，より強い関係をもっているかも知れないと信じている(Ball, 1983)．この主張は，さらに多くの研究を必要とする．GVDと，もつれは，海馬の中の，それらの発生と所在に関して密接に対になっているために，両方ともについて，関連する原因がある可能性が考えられたきた(Reisberg, 1983)．GVDは，1911年に，認知症のひとつの特徴として，初めて記述された．しかし，アルツハイマー病における，この異常の研究は，比較的最近に行われた．そういう理由で，アルツハイマー病の古典的な脳の異常，もつれとプラックに払われた注意を受けなかった．

■平野小体 (Hirano bodies)

平野小体の記述

アルツハイマー病の4番目の異常は，1965年に，平野によって初めて記述されたが，平野小体(Hirano body)として知られている．これは，最初に，海馬で認められた変化の目立たないタイプである．顕微鏡的な，紡錘型をした構造(Kemper, 1984)，すなわち平野小体は，一連の赤血球細胞に似ている(Davies and Wolozin, 1987)．電子顕微鏡の下で，平野小体はクリスタリン構造をもっているように見える(Brun, 1983)．平野小体は，ニューロンの神経細胞体を，

そしてその突起（軸索および樹状突起）をもまた侵襲する．平野小体の性質も，重要性も，明白に確証されてはいない．しかし，これらの異常な構造は，筋線維の中に発見される，主要な蛋白質である，アクチン（actin）に関連があるとされてきた（Davies and Wolozin, 1987）．

年齢に関連した変化

アルツハイマー病の典型的な他の異常についてのように，脳の中の平野小体の出現は，年齢に関連した変化である．この小体は，人の10代の間に，非常に僅かの数をもって出現し始める．そして単に，60代の間と，その後にのみ，有意の増加をもって生じてくる．80歳以上のすべての人々は，平野小体をもっている（Kemper, 1984）．

平野小体と記憶の喪失

どんな風に，平野小体が，海馬の記憶機能に影響するかは，正確には知られていない．しかし，一部の研究は，平野小体が，リボソーム（ribosomes）を休止状態にすることによって，それを閉じこめうることを示唆している．リボソームは，RNA分子——記憶の基本的単位——を，RNAに記憶を形成することという，その仕事をさせながら蛋白質に変える作因である．もしも，平野小体が必要なリボソームを拘束しつつあるならば，そのとき，リボソームのために，RNAはその仕事を実行できないであろう．したがって記憶は，形成されてはいない．この理論のそれ以上の検証が，必要とされる．

■コンゴーレッド好性のアンギオパチー（Congophilic Angiopathy）

アミロイド，すなわち老人斑の中に発見された，問題をはらむ蛋白質は，大脳の動脈，毛細血管およびごく小さい静脈の壁の中にもまた異常に蓄積されて出現する．アミロイドが，コンゴーレッド好性の物質（組織を確認するために用いられた，コンゴーレッドとして知られている染料をとりあげるもの）であるために，血管の中の，これらの異常な蓄積の存在は，コンゴーレッド好性のアンギオパチー，あるいは，単に，アミロイドアンギオパチーと呼ばれる（アンギオパチーは血管の障害を意味する）．

アルツハイマー病に何となく関係づけられているもの

コンゴーレッド好性のアンギオパチーの意味は，明白には確証されていなかった．しかしその蓄積とアルツハイマー病との間に，本当に何か特別な関連がそこにあるように思われる．すなわち，この状態が，神経学的に，正常な個人たちの単に9％に出現するのに，それは，アルツハイマー病の患者たちの92％に現れる．それは，ダウン症候群の，すべての犠牲者にもまた出現する．

アンギオパチーと卒中発作 (strokes)

　われわれは，更に，コンゴーレッド好性のアンギオパチーが，ときどきアルツハイマー病の脳の中に，出血，および梗塞――血管の閉塞によって引き起こされた組織の死――に帰着することを知っている．梗塞，および出血は，順次に，発作の原因になり得るし，そして，発作は，結局は認知症になりうる．実際に，多発性脳梗塞による認知症――多発性の大きな，あるいは，小さな発作から生じる状態――がすべての認知症化する脳障害のうちの，およそ15％の原因である (Reisberg, 1981)．多発性脳梗塞による認知症とアルツハイマー病との結合は，より後期の人生におけるすべての認知症の，約25％の原因である．一部の研究者たちは，それ故に，コンゴーレッド好性のアンギオパチーは，アルツハイマー病において，発作が誘発した認知症の一因となる因子であると考えている．

アンギオパチーの可能な原因

　他の研究者たちは，コンゴーレッド好性のアンギオパチーが，脳の免疫組織の異常，あるいは血液－脳関門，すなわち不純物から脳を保護する特殊な膜の劣質化の前兆になり得ることを，理論づけている．この関門の劣質化は，アンギオパチーと，脳の中の，アミロイド蓄積の形成によるアルツハイマー病の脳の中に発見される，梗塞と，出血の，より多数の発生の，両方ともの原因になりうるであろう．

主要な問題点

　研究は，アルツハイマー病の，患者たちの脳の中に首尾一貫して存在する，5つの物質的異常――神経原線維変化，老人斑，あるいは軸索性のプラック，顆粒空胞変性，平野小体，およびコンゴーレッド好性のアンギオパチー――を検証した．このすべてのものが，記憶と行動を統制する，脳のそれらの部分に，とくに海馬に存在する．これらのアルツハイマー病におけると同じ異常の一部のものは，認知症の原因となる他の神経学的疾患において，また精神遅滞の原因になるダウン症候群においてもまた，発見される．脳における，これらの異常のすべての偶発的な出現は，年齢に関連した変化であり，そして，正常な加齢の脳は，はるかにより少ない量ではあるが，一般に同様の変化を示す．

　いかなる明確な事実も，これらの観察された異常と，アルツハイマー病の原因との間の因果関係について知られていない．しかしながら，これらの異常は，疾患によって，もっとも冒される機能を統制する脳の，それらの領域の中に生じる傾向があるために，またそれらが，脳細胞をどうにかして，破壊し，あるいは役に立たなくするかも知れないために，研究者たちは，それらが，アルツハイマー病の患者たちによって，堪え忍ばれている精神障害の多くのものを説明しうると信じている．もしも，アルツハイマー病における，神経細胞の破壊が，よりよく理解されうるならば，この疾患における細胞崩壊の，より高い程度への進行を予防することが可能になるかも知れない．化学療法は，現在研究中であり，疾患が進行するに従って減少する，

機能可能な神経細胞に，大きな程度で依存している．研究は，物質的異常が，この疾患過程の残骸を表しているのかどうか，あるいは，それらが機能可能な精神（mind）であったものの破壊へある程度，寄与しているかどうかを，更に決定しなければならない．

■脳における化学的変化

アルツハイマー病の脳の中に現れる物質的異常にともなって起こることは，化学的変化である．すなわち，脳が，情報を記録し，整理し，そして蓄積するために必要とする，極めて重要な化学的物質の低められたレベルである．これらの化学的物質は，アルツハイマー病によってもっとも冒された脳の領域の中で，もっとも有意に低下していることが発見された．これは，研究者たちを，化学的変化がこの疾患の障害の一部分の原因であろうと，強く疑うことに導いた．

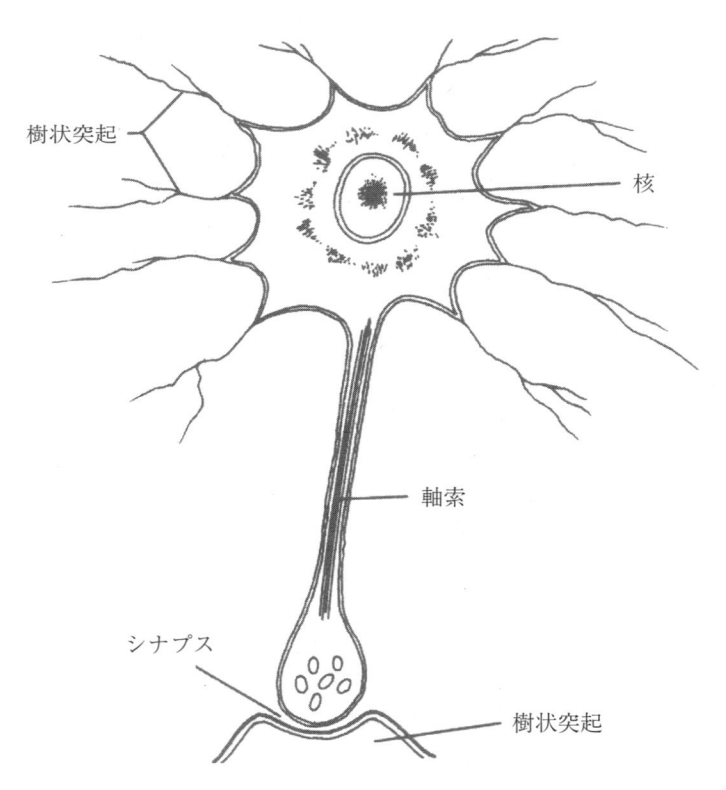

図6. 脳からの1本のニューロンの例． 軸索に注目しなさい．それはニューロンがシナプスに送るメッセージを運ぶ．ニューロンは，他のニューロンからのメッセージを受けとる樹状突起をもっている．（軸索と樹状突起が，神経伝達物質と連絡をとる場所であるシナプスは，読者が，この領域をありありと心に描けるように，拡大されている）

■脳の解剖学について，更に多くのこと

ニューロン

　細胞のレベルで，脳は，おのおのが，特殊な課業を遂行するために備えられている，数十億の相互に関連させられた細胞の，複雑な網状組織である．このネットワークに含まれた他のものは，10億かそこらの，ニューロンと呼ばれる神経細胞である――脳の種々の領域の間に，また脳と身体の残りの部分との間に，メッセージを中継する，複雑な伝達の系の区画を構築するものである．これらのメッセージ（伝達されるべきもの）は，ニューロンによる径路づたいに進行する．多くの健全なニューロンが，径路を形成しうるときには，全体の伝達系――またそれゆえに，われわれの思考の過程それら自体，および他の脳に関連した能力――は適切に機能しうる．しかし，多数のニューロンが，劣質化し，あるいは，破壊されるときには，脳の機能の有意な活動停止が起こり，それは考え，行動し，そして思い出すための能力を，激しく制限する．

図示されたニューロン

　ニューロンは，細胞体と，核と，突起と呼ばれた突出部から成っている．そして突起は，ひとつの細胞から別の細胞へ，電気化学的メッセージを伝達する．軸索は，伝達を届ける．樹状突起は，他のニューロンからの伝達を受けとる（図6を見よ）．おのおののニューロンは，つねに，いくらかの樹状突起をもっている（その枝をもつ木を意味している）．脳のニューロンの，注目に値する特徴は，軸索，および樹状突起が，回路の中で，ニューロンを互いにつないでいるという事実である．1本のニューロンは，おそらく，文字通りに，数百の他のニューロンに対してメッセージを伝達しうるであろう．つねに，ニューロンは，単に少数の他の受容するニューロンとつながれている．細胞の体部もまた，隣接するニューロンとの連絡があり，またそのニューロンのメッセージを受けとりうる．

ニューロンのシナプス

　一本の軸索から，別の細胞の受容する部分（樹状突起あるいは細胞体）への実際の伝達は，シナプスと呼ばれる，それらの間の，ごく小さいすき間で行われる（図7を見よ）．ニューロンは，お互いに接触することによって，直接には伝達しない．シナプスは，そこで起こっていることのために重要である．この特殊なすき間（シナプス）の中で，伝達されるべきメッセージのためには，化学的メッセージが伝達されなければならない．

神経伝達物質

　ニューロンの軸索の末端に，特殊化されている領域があり，軸索は，シナプスという，その領域の中に，別の化学物質と結合する化学物質を分泌する．生じる化学的過程は，ニューロン

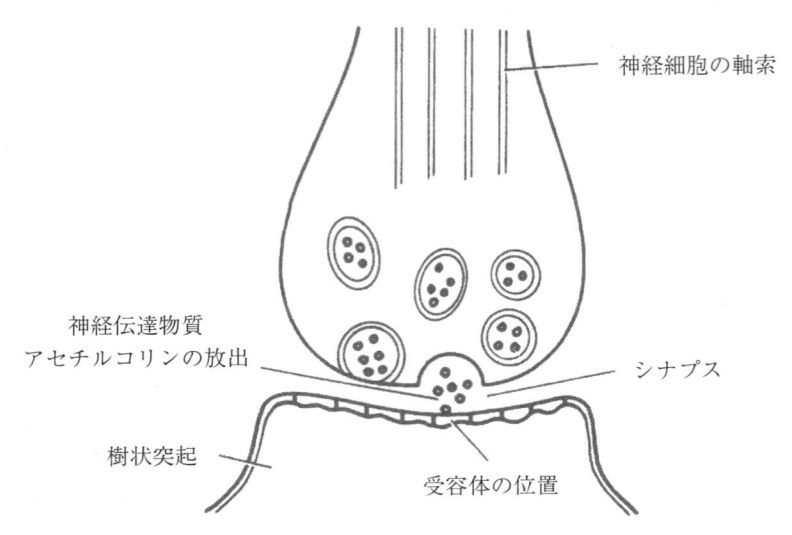

図7. あるニューロンの軸索．別のニューロンの樹状突起との伝達が示されている．神経伝達物質はシナプスの中に放出され，そして樹状突起の受容体の位置で受けとられる．神経伝達物質は酵素CAT（choline acetyltransferase，コリンアセチラーゼ）が，アセチルコリンすなわちコリン作動性システムの神経伝達物質を作るためにアセチル基と結合するときに形成される．

の特殊な科学的メッセンジャーを，神経伝達物質にする．神経伝達物質なしでは，ニューロンは伝達し得ないであろう．言わば，これらの化学的メッセンジャーが運ぶ情報は，伝達されないであろう．

径路の中のニューロンは同じ神経伝達物質を用いている

　多くの神経伝達物質が，脳の中に存在する．脳の網状組織における異なったニューロンは，異なった神経伝達物質を活用する．同一の神経伝達物質を利用する，ニューロンは，脳の中の径路を形成する．それらはしばしば，メッセージを送るために，共通の，神経伝達物質を利用するニューロンの径路にとって，刺激の根源として役立つ脳のより深部の領域から現れる．思考と記憶にかかわり合っていると考えられる，神経伝達物質のシステムは，コリン作動性システムと呼ばれる．

　アルツハイマー病では，問題は，脳の伝達系の中に次第に現れる．構造上のメカニズム（ニューロンそれら自体）か，または，化学的なメッセンジャー（神経伝達物質）か，における障害，あるいは欠陥は，行動，思考，あるいは情動における障害に帰着しうる．とくに，アルツハイマー病は，脳のコリン作動性のシステムを無能力にする．そしてこの系は，神経伝達物質アセチルコリンと，コリン作動性ニューロン（Reisberg, 1981），あるいはコリン作動系として知られたニューロンの，アセチルコリン（acetylcholine）に関連した網状組織を含んでいる．

　より低い程度まで，疾患は，セロトニン作動性の系にもまた，影響するように見えるだ

ろう．それは，神経伝達物質セロトニン（serotonin）を分泌する．ノルアドレナリン作動系にもまた影響し，それは神経伝達物質ノルアドレナリン（noradrenaline）（ノルエピネフリン，norepinephrine）を分泌する．そして，神経伝達物質ソマトスタチン（somatostatin）を利用する系にもまた影響し，それは神経ペプチドとしてもまた，同定される．われわれは，これらの重要な，化学的なシステムの，おのおのに関して，アルツハイマー病によって作られた変化を考察し，またこれらの変化が原因となると思われる，精神的機能および行動において，次に結果として起こる障害を考察する．

■コリン作動性の系（Congophilic Angiopathy）

　コリン作動性のニューロンは，神経伝達物質のアセチルコリンを利用する．マイネルト基底核と呼ばれる小さな領域から，これらのニューロンと，それらの突起は，上へ，また外部へ進んで脳の皮質の中に達する．これらのコリン作動性の径路が機能していないとき，脳のある領域から，別の領域へ，精確なメッセージは通過し得ない．それゆえに，健康なコリン作動性のシステム——ニューロンと，それらに関連のある化学的メッセンジャー——は，われわれの記憶，思考，判断，人格，感覚的認知，および他のより高次の心的機能にとって，絶対に必要であるだろう．確かに，それは，記憶に，また情報に意味を与えることに，かかわりがある．

　コリン作動性のニューロンは，化学的連鎖反応によって伝達する．そして適切に機能するための伝達にとって，連鎖の中で，連結するもののすべてがあるべき場所になければならない．情報を伝達することという過程を開拓するために，ニューロンは，その軸索の中に，アセチル基と呼ばれる化学物質を分泌する（図8を見よ）．アセチル基は，コリンアセチルトランスフェラーゼ choline acetyltransferase（CAT）として知られる酵素と，化学的に結合し，またCATは，順次に神経伝達物質，アセチルコリンを作り出し，そしてそれは，シナプスの中に放出される．アセチルコリンは，その化学的なメッセージを運んでいるが，隣接しているニューロンの上の，特殊な位置（受容器の位置）によって認められる．メッセージは，別の酵素が賦活されるまで伝達されつづける．この酵素は，アセチルコリンエステラーゼ acetylcholinesterase（AChE）と呼ばれる．アセチルコリンに対する，AChEの作用なしには，ニューロンは，ひとつのメッセージまでに，とじこめられるであろう．他のメッセージは送られ得ないであろう．一度，メッセージが隣接している細胞によって，受けとられ，そしてアセチルコリンが分解されるならば，全体の過程が再開しうる．脳のニューロンの網状組織に，刻々，数百のメッセージを，身体中いたるところに送ることを可能にするのは，この単純な化学的システムである．

　しかし，アルツハイマー病では，このシステムは破壊される．不明の理由のために，コリン作動性のニューロンは，それらのアセチルコリン神経伝達物質と，2つの生命維持に必要な酵素CAT，およびAChEの両方ともを，喪失し始める．研究は，コリン作動性のシステムが，とくにアルツハイマー病によって冒されることを示した．しかも，コリン作動性のニューロン

が，選択的に破壊される．しかし，この破壊の原因は，訳がわからないままにとどまっている．このシステムの破壊が，アルツハイマー病に関連した障害を引き起こすことに関して演じている正確な役割もまた，議論されている．

障害に関連したCAT，およびAChEの喪失

ある研究は，酵素CAT，およびAChEの喪失に集中した．これは，これらの酵素の欠損が，プラック，およびもつれのような物質的な異常に付随する傾向があることを発見している．海馬における，また皮質の前頭葉／頭頂葉領域における，コリン作動性の機能障害は，全くはっきりしている．そのような欠陥は，アルツハイマー病の患者の認知障害の程度，および認知症の重さと相関することもまた，発見された．このことは，酵素の活動だけにおける減退が，コリン作動性のシステム全体の認知的，および記憶の能力を障害し得ることを示唆している．

酵素CATとAChEにおける欠陥は，アセチルコリンが適切に形成され得ないし，また再び有効に分解され得ないことを意味する．コリン作動系の機能は，その役割を有効に成しとげるこれらの酵素に，ずっしりと依存している．

コリン作動系の起源と，アルツハイマー病の衝撃

科学者たちは，首尾一貫してアルツハイマー病において，アセチルコリンを用いるニューロンの，とても大きな喪失があることに同意している．現在われわれは，この系の起源であるマイネルト基底核が，そのニューロンの，44％から75％までの喪失を被っていることを知っている．脳のこの領域は，コリン作動性の刺激の主要な根源である (Davies and Wolozin, 1987; Tagliavini and Pilleri, 1983; Coyle et al., 1983)．基底核の中のニューロンに発する軸索の網状組織は，皮質にいたるまで，コリン作動性の径路を形成する．コリン作動性の刺激の起源に関するニューロンの実質的な喪失は，皮質と海馬に対する刺激を減弱するであろう．研究者たちは，この特殊な核と密接に接近しているニューロンが，それはアセチルコリンに依存していないの

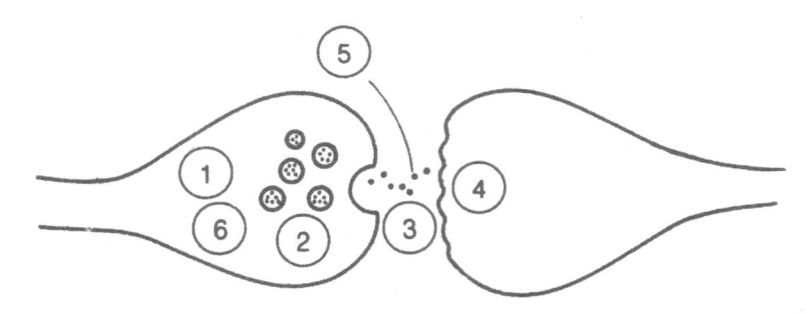

図8．神経伝達 ①CATは，アセチル基と結合する．②アセチルコリンが生じる．③神経伝達物質は，シナプスの中に解放される④受容するニューロンの上の受容器は，アセチルコリンをとりあげる．⑤酵素AChEは，アセチルコリンを分解する．⑥新しい伝達は，この過程を再開する．

だが，いかなる有意な損傷をも示さない理由を説明し得ない．

他の研究は，神経伝達物質アセチルコリンに集中した．この化学物質は，われわれの環境を詳細な，そして有意味な方法で知覚するための，われわれの能力に関して，独特の役割を演じているように思われる（Restak, 1984）．それは，われわれのまわりの出来事に，強度にかかわりあいになるための，またわれわれが経験すること——美しい庭園の外観，ことによると，あるいは新しい知人の顔を思い出すための，われわれの能力と関係づけられる．反対にアセチルコリンの量が減少するときには，アルツハイマー病の患者たちは，人生への没入，および人生に対する熱中を失いはじめる．かれらは現在から無関心になり，また徐々に，過去の中へ押し流されるようになる．

記憶の喪失，および他の認知的および情動的諸問題

不幸にも，これらの関連ある化学物質の，ひとつ，あるいはそれ以上のものにおける欠乏は，コリン作動性のニューロンそれら自体の破壊に帰着するであろう．一度ニューロンの大きな数が損傷されるならば，前頭／頭頂，および側頭葉に到達する，そしてそれらから発する，極めて重要な径路は，海馬および他の脳の領域の活動を封じ込め始める．海馬へのまた，海馬から発する，コリン作動性の径路に対する損傷は，とくに深刻で，海馬を脳の残りの部分から非常に孤立化させておくので，それは完全に除去されてしまったのも同様である（Hyman et al., 1984）．この孤立化は，大部分，記憶の機能に対してばかりでなく，患者の情動的健康に対しても，重い損傷の原因になる見込みがある．それは，火に関する恐怖のような，過去の情動的体験によって学習された，必要な制止もまた破壊しうる．要するに，海馬を皮質および扁桃核を含む辺縁系の構造とつないでいる，コリン作動性の径路に対する損傷は，他の脳の領域に対する損傷と同様に，アルツハイマー病の患者たちによって体験された，情動的，および認知的障害の多くのものに責任があると思われる．

■セロトニン作動系（Serotonergic System）

セロトニン（serotonin）

睡眠と感覚的認知（sensory perception）の両方ともを，調節すると信じられて，セロトニン作動系もまた，アルツハイマー病で障害を示す．この系は，神経伝達物質，セロトニンを頼りにしている．そしてそれは，脳の中に睡眠を誘発するともまた考えられている化学物質である．ちょうどアセチルコリンがコリン作動系の中で不足しているのと同様に，セロトニンは，アルツハイマー病が存在しているときには，種々な脳の領域の中で有意に減じられている（Volicer et al., 1985; Carlsson, 1983）．セロトニンの代謝産物（5-HIAA）もまた，不足している．そしてそれは，代謝に関係のある化学的変化の産物である．一部の研究は，これらの2つの化学物質の欠乏が，一部のアルツハイマー病の患者たちに，典型的な睡眠障害，気分の変化，および過度

に攻撃的な行動に関係づけられることを示唆している (Volicer et al., 1985).

アルツハイマー病との関係は，はっきりしない

多数の研究が，神経伝達物質であるセロトニンが，アルツハイマー病で不足しているのを発見した．それは，50％から70％まで減じられる (Cummings et al., 1998). セロトニン作動系における変化は，認知的変化にではなく，セロトニンの喪失に関連があると信じられている．攻撃的行動およびうつ病のような，非認知的な症状に強く相関する (Dekosky, 1996). そのうつ病が，より多くの激越興奮と，攻撃性によって特徴づけられる，アルツハイマー病をもつ人々は，sertraline (Zoloft) および paroxetine (Paxil) のような，セロトニン再取り込み阻害薬 (SSRIs) と呼ばれる抗うつ薬に好適に反応しうる．セロトニン，およびノルエピネフリンのレベルにおける変化は，しばしば，その疾患の開始が65歳以前に起こる人々にかかわりがある．これらの人々は，かれらの人生における重大な変化に直面しており，また心理社会的喪失が共通している．うつ病の発現は，かれらの環境に対する不合理な反応ではないであろう．しかし，セロトニン，およびノルエピネフリンのレベルにおける変化は，これらの抑うつ的障害の病因論に，より多くかかわりがあるだろう．うつ病のための心理学的，および化学的基盤によって，これらの人々は，精神療法と投薬を併用する，治療的接近によって利益を得るであろう．

■ノルアドレナリン作動系 (Noradrenergic System)

アルツハイマー病における変化

この系は，覚醒した状態 (wakefulness)，および目ざめ (arousal) を始動することによって，セロトニン作動系に，対抗手段をとるように思われる．活動的な神経伝達物質，ノルアドレナリンがあまりにも多すぎると，重症のストレス反応を生じるであろうし，また，あまりにも少なすぎると，うつ病と過度の睡眠を引きおこすであろう．ある研究は，ノルアドレナリンが，アルツハイマー病の脳で，57％から74％まで減じられると報告している (Gottfries, 1985). 別の研究は，すべてのアルツハイマー病の患者たちの凡そ半数が，そのグループの，単に，およそ20％で，ノルアドレナリンの重症の減少を示して，皮質におけるこの物質の欠損を被っていることを示している (Davies and Wolozin, 1987). 海馬と視床下部もまた，49％から73％までの，ノルアドレナリンの欠損を示す (Winblad et al., 1982).

ノルアドレナリン (Noradrenaline)

この系と，セロトニン作動系の，相互作用が行われると，いずれか一方の，あるいは両方ともの，神経伝達物質における障害が，アルツハイマー病で見出される睡眠障害を引き起こしうるであろう．これらの化学物質の欠損は，一部の患者たちが，異常に激しく，トランキライザーによって鎮静化されるようになる理由をも，また説明しうるであろう．対照的に，ノルアドレ

ナリンの欠損は，情動的なめざめをもまた，始動しうるであろう．この神経伝達物質の欠損は，うつ病の症状との多少の相関関係をもっているが，しかし，ADにおける認知的喪失とは，いかなる相関関係をももっていない．

■ソマトスタチン (Somatostatin)
脳とアルツハイマー病における役割

　アルツハイマー病において役割を演じていることが，考えられている他の神経伝達物質である化学物質の中に，神経ペプチド (neuropeptides)，すなわちソマトスタチン，サブスタンスP (substance P)，ニューロテンシン (neurotensin)，コレシストキン (cholecystokin) (Perry and Perry, 1985) がある．神経ペプチドは，現在，脳の中で神経伝達物質として機能することが知られている，アミノ酸から作られたペプチドである．

　とくに，ソマトスタチンの欠乏は，この疾患にともなって起こるように，またその障害の一因であるように，思われる．この化学物質に関する研究が，まだ早期の段階にあるにも拘らず，ソマトスタチンは，アルツハイマー病で最初に，そしてもっとも根深く侵されることが，多数の人によって考えられた領域である．頭頂葉を含む，いくつかの脳の領域の中で，有意に減じられていることが示されてきた (Tamminga et al., 1987)．他の発見は，ソマトスタチンニューロンの喪失が，直接にアルツハイマー病の認知症に関係づけられうることを示唆している (Tamminga et al., 1987)．

　記憶が，ソマトスタチンによって高められ得るという継続された証拠がある (Craft et al., 1999)．記憶と，ニューロンの伝達を支持することに関する，この神経伝達物質にとっての，治療上の役割が認められている．より多くの研究が，他の神経伝達物質の系の中に，存在していることが知られているソマトスタチンの欠損にと同時に，ADにおけるその役割についてのわれわれの理解を増大するために必要である．研究者たちは，現在，多数の機能と，薬物，あるいは化合物の結合が，付加的な治療的な価値を，供給するかも知れないことを信じている．ソマトスタチン，セロトニン，ノルアドレナリンのレベルは，ADをもつある人々で，正常よりも，より低く，また感覚障害，攻撃的行動，およびニューロンの死，の一因であるだろう．これらの，より低いレベルは，認知的および行動上の欠陥に関して，役割をもっているように思われる．アルツハイマー病における，コリン作動性の欠損は，更に深く研究される必要がある．

■グルタミン作動系 (Glutaminergic System)

　グルタミン酸塩 (glutamate) は，グルタミン酸 (glutamic acid) のひとつの形態である．そしてそれは，蛋白質の中の必要不可欠ではないアミノ酸である．グルタミン酸塩は，脳の中の主

要な刺激性の神経伝達物質である．中枢神経系の中の，興奮性のシナプスの，およそ70％は，この神経伝達物質を利用する．過度の興奮の条件のもとで，グルタミン酸塩は，神経毒性の原因となりうる．この状況は，興奮性毒性（excitotoxicity）と呼ばれる．グルタミン酸塩の神経伝達の機能障害は，アルツハイマー病に関連があると考えられた，変性のひとつのメカニズムである．

　ニューロンは，生存するために，酸素とグルコースの適切な供給を必要とする．持続されたグルコースの欠乏は，卒中（stroke）および窒息で起こるように，てひどい結果をもっている．すなわちグルタミン酸塩は別の点では，必須であり，また無害であるが，慢性的なグルコースの機能不全の条件の下で，強力なニューロンキラーに変えられる．

　グルタミン酸塩は，──適切な量で──細胞の発達と，正常な機能遂行のために，必須である興奮性のアミノ酸である．極端な量では，この神経伝達物質は，それがふつうは適切な方法で刺激する，寸分違わぬ同じニューロンに対して，有毒になる（Khachaturian and Radebaugh, 1996）．神経毒性は，あまりにも多すぎるグルタミン酸塩が，シナプスに存在するときに生じる．それはグルタミン酸塩が，グルコースが欠乏したニューロンを刺激するときにもまた起る．慢性的に放出されたグルタミン酸塩の刺激的な効果は，皮質の，また皮質下の，細胞の変性の原因になり，それゆえに認知症の症状の発現に帰着する．

　グルタミン酸塩の毒性は，カルシウムが，正常に細胞の中に流入するときに伝達される．しかしながら，この正常な化学的な過程における崩壊は，結局は，細胞を殺す，カルシウムの過度の内部の濃度という結果になる．

　グルタミン酸塩の効果は，普通は，そのおのおのと関連したアゴニスト（agonist 作動薬）に従って命名された，3つの種類の受容体によって伝達される．アゴニストは，常態では，自然に生じる物質によって刺激される，細胞の受容体に化学的に引きつけられ，またその活動を刺激する薬物である．これらの受容体のうちのひとつは，NMDAと呼ばれ，またアルツハイマー病の脳はNMDA受容体の位置の，広範な喪失をもっている（Shihabuddin and Davis, 1996）．

　グルタミン酸塩の活動性を変えることは，支持を得つつある，アルツハイマー病を治療するための，ひとつの接近法である．しかしながら，グルタミン酸塩が，神経毒性を生じるのと同様に，学習と記憶を向上しうる事実を，説明しなければならないのは，同じひとつのものである．認知障害を引き起こすことなしに，毒性を減じるために，ひとつの方法が発見されたに違いない．これを実行しているように見える，ひとつの薬物，Memantineは第17章で記述されるであろう．

■神経伝達物質の欠乏を治療すること

薬物による介入

　いくらかの薬物の治療が，すでにコリン作動系の欠損を治療するために存在している．しか

し，現在まで，それらはとくに効果的であることが証明されていなかった．この系は他の冒された系と同時に，治療される必要があるかも知れない．疾患と，その脳に対する影響に関する研究が継続するに従って，アルツハイマー病に関連がある，他の神経伝達物質と化学的な系もまた発見されるであろうことは大いに見込みがある．疾患の症状は，1人ごとに大いに変化し得るために，いくらかの，異なった神経化学的欠損が，かかわりがあるかも知れない．一定の個人の症状は，治療への手掛りを保持しうるであろう．すなわち，たとえば，早期の認知症，はっきりした視－空間的欠損，および，より小さい知的および記憶の障害に苦しむ患者は，コリン作動性の薬物治療だけに，より多く反応しやすいかも知れない．

他の化学的系のための他の薬物治療

われわれが，アルツハイマー病に関連した，神経伝達物質と他の化学的欠損の全体の範囲について，より多くのものを学習するに従って，薬物治療は，少くとも部分的に，これらの欠損とそれらの原因になる諸問題を補償するのに，利用できるようになるであろう，という見込みがあると思われる．

■要　約

脳の情報伝達過程に極めて重要な，ある神経伝達物質と関連のある化学物質のレベルは，アルツハイマー病によって低下される．これらの化学的物質の欠如は，ニューロン，とくに脳の皮質の海馬，前頭／頭頂葉および他の領域への径路を形成する，コリン作動性ニューロンの破壊の原因になり得る．これらの領域の間の，活動しうる伝達路を切断することによって，脳の中の化学的障害は，アルツハイマー病の患者たちによって耐えられている情動的，認知的，記憶の，そして行動上の，変化の多くのものに責任があるだろう．大部分のアルツハイマー病の治療に向けられた研究は，化学的異常を正常化するための方法を捜し求めてきた．

17. 治療の可能性

■アルツハイマー病の治療における薬物の役割

　医学の研究者たちは，徐々に，アルツハイマー病の脳の中に起こる物質的，および化学的変化を理解することに到達するに従って，これらの変化を有効に予防し，あるいは逆転させる治療法を発展させるために，かれらの知識を利用しうる．アルツハイマー病の患者たちに対して薬物療法を用いている，多くの実験的研究が，成功の程度は異なっているが，すでに試みられてきた．アルツハイマー病にとっていかなる"驚嘆すべき"薬物も——あるいは明解な，そして首尾一貫した治療的接近でさえ——まだ出現しなかったのに対して，研究は，一部の薬物が，いくらかの人々に，ある時期に，役に立つことを示してきた．不幸にも，このようにして完成させられた研究は，ひとりひとりの患者ごとの反応において，非常に度々，わけのわからない無統一を示している．いっそう首尾一貫した結果を手に入れるために，われわれは，疑いもなく，この疾病の性質とその原因について，より多く学習する必要がある．

コリン作動性の欠損は治療の標的である

　現在まで，薬物のいくつかの主要なグループが研究されてきた．研究の中で多くの薬物の相互作用が，脳のコリン作動系における欠乏を正常化しようと試みてきた．神経伝達物質であるアセチルコリンは，アルツハイマー病の脳の中では不足しており，また，これらの欠乏は，アルツハイマー病関連の障害に関係があったために，この化学的なメッセンジャーを増加する方法を発見することは，この疾患を治療することに関する可能性を保持しているのではないかと考えられてきた．

薬物研究のための根拠

　付加的に，レシチンとコリンが，それらはアセチルコリンの有効性を増大するが，一部の研究の注目を受けた．アセチルコリンを，その破壊を阻止することによって，脳の中でより長い間利用できるようにする，フィゾスチグミン (physostigmine)，および THA (tetrahydroacridine)

のような薬物は，アルツハイマー病の効果的な治療を発展させることに見込みがあるように思われた．直接的にアセチルコリンの量を増加する薬物，およびその化学的破壊を妨げる薬物は，コリン作動性の作因と呼ばれる．

1993年に，連邦薬品庁（Federal Drug Administration《FDA》）は，Cognexという名称でTHAの使用を許可した．1996年に同様の医薬，アリセプト（Aricept, donepezil）が，FDAによって承認された．またExelon（rivastigmine）が2000年の4月に承認された．これらの薬物はそれらが神経伝達物質，アセチルコリンの破壊をおそくする．そして情報の伝達が行われるためにより好ましいように，シナプスでのその利用しやすさを高める故に，コリンエステラーゼ阻害薬として知られている．それらはニューロン，それらの突起，そしてシナプスによる接合の，かなり欠損のないシステムに依存している．最初には，それらは，軽度から中等度までの認知症をもつ人々のために，良いと認められた．このタイプの薬物は，さらに進行したアルツハイマー病をもつ人々のためにもまた，役に立ち得るという証拠がある．

神経細胞の生存と，保護を支持する接近法が必要とされた．酸化と，炎症の，有害な結果から生じる神経細胞に対する損傷を予防する薬物は，神経細胞の主要連絡路，およびそれらの神経化学的伝達の生存を支持するであろう．疫学的研究の結果として，アルツハイマー病の進展を妨げ，あるいはおそくし得る，2種類の薬物が同定された．すなわちエストロゲンと消炎性の作因である．抗酸化剤の使用は，酸化の防止，あるいは抑制によって，ニューロンの生存を助けることをもまた約束する．酸化のメカニズムによって生じた遊離基は，アルツハイマー病で，ひとつの役割を演じていると考えられている．酸素―遊離基形成と，抗酸化剤による防御の間に，微妙な平衡が存在する．この平衡が，反応性の遊離基を支持して傾くときには，酸化のストレスの結果は，それゆえに，ニューロンを，遊離基の攻撃に，とりわけ，傷つきやすくしつつある（Markesbery, 1996）．酸化から生じる損傷の累積は，ついで神経細胞が変性するための原因になる．

この章では，われわれは異なったグループの薬物と，個々のまた他の薬物と共同しての，それらの作用を検証する．われわれは，アルツハイマー病が，異なった治療法に反応する，異なる亜型をもっている可能性を含めて，現在までの薬物研究の不一致の結果についての，可能な説明を考慮する．他の新しい治療法が，熟考されつつある．たとえば，ニューロンの移植が，可能であるだろう．マウスで，広範囲なプラック形成によって作用した，ワクチンが，人間で安全で，また効果的であろうかどうかを決定するために，研究が最近になって開始された．アルツハイマー病の研究は，より敏速な速度で，ADを予防すること，遅延させること，あるいはおそくすることのための可能性を展開しつつある．医薬は，発達されつつあり，またいっそう簡単に利用できるようになりつつある．これらのうちの多くのものは，いまだにアリセプトに類似した，コリンエステラーゼ阻害薬ではあるが，それらは僅かに異なった特徴をもっている．われわれは，いっそう綿密に薬物を考察する前に，薬物の調査研究に参加することにとって，関係のある問題を考察の範囲内に入れる必要がある．

■あなたは薬物の調査研究に参加すべきだろうか？
危険，費用，および動機づけを熟慮しなさい

　アルツハイマー病の治療法にとって適切に発展させられ，そしてテストが受けられるためには，アルツハイマー病をもっている人間の対象たちを用いた研究を導入する必要がある．そのような研究を志願する対象たちは，医学的研究のためと，かれらの仲間であるアルツハイマー病の患者たちのための双方に，偉大な貢献を行っている．しかし進んで調査研究に参加する人々は，かれらの参加することのための，個人的な動機づけと同様に，研究から起こり得る危険，結果，および必要条件をはっきりと理解することが重要である．

　家族たち，および対象たちは，有意味な改善について，非現実的な期待を抱いてはならない．一般的に，重症の障害をもっている人々は，薬物療法によって利益を受ける少ない機会をもっている．一方，この疾患のより早期の段階にある人々は，実質的な僅かの，改善を体験しうるか，あるいはいかなる改善をも体験しないであろう．薬物は，患者の状態を悪化することの原因になりさえするかも知れない．家族や対象たちもまた，ときどき，対象が実際に治療薬，あるいは対照群のために使用されたプラセボを，受けとっているであろうかどうかを，告げられ得ない．

考えるための問題点
　注意深く考えられなければならない，他の問題点は以下のものを含んでいる．すなわち
- 研究の目的と理論的根拠
- どんな風に研究は誘導されたか
- 投与された服用量の規模の大きさと安全性
- 薬物を投与する方法
- 起こりうる副作用
- 家族の責任
- 対象の同意
- （旅行，宿泊などを含む）参加と関係のあるすべての費用
- （家族の成員たちを含む）研究参加者たちに対する研究者たちの態度
- 研究者たちの実務

■薬物研究における統一の無さ
未知のあるいは統制されていない可変的なもの

　アルツハイマー病の研究で気づかれた，腹立たしい統一の無さを説明しうる，多くの統制されていない可変的なものが薬物研究の中に存在する．対象ひとりごとに変動しうる，多くの個

人的な因子が，研究における薬物の効果に影響し，あるいはそれを隠すが，以下のものを含んでいる．すなわち

- 対象の認知症の程度
- コリン作動性ニューロンの喪失の重症度
- アルツハイマー病の誤った診断
- 同時に存在する能力障害（すなわち卒中発作）
- 他の同時に存在する状態（すなわち感染）
- 行動および気分における関係のない変動
- 認知症の開始時の年齢

未知の可変的なものが重要でありうる

　たとえば，重症の初老期認知症（65歳前の発病）は，重症の老人性認知症（65歳後の発病）よりも脳病理学の見地からすると，本質的に異なっているかも知れない．またそれゆえに，それはある薬物療法に対して非常に異なって反応するであろう．上に羅列された可変的なものどれもが，アルツハイマー病の薬物の研究のための，重要な指標であることを立証するであろうし，あるいは立証しないであろう．

　統制されなければならない他の可変的なものが，研究それ自体に関係がある．これらは以下のものを含んでいる．すなわち

- 投薬の量
- 治療と研究の期間
- 投薬の方法（経口的，静脈内など）
- 改善を評価する方法
- 薬物と期待された効果についての仮説
- 評価されるべき症状の選択

治療にそれぞれに反応する別箇の亜型

　見出される統一のなさのための，別の可能な説明は，アルツハイマー病が，おのおのが，症状の僅かに異なった現れと，進行の速度に関連がある，別箇の亜型を備えうることである．異なった亜型は，同じ薬物療法に，異なって反応する場合もある．ある研究者は，アルツハイマー病の2つの亜型，すなわちAD-1，およびAD-2 (Bondareff, 1989) が存在することを仮定する．定義に従えば，AD-1は，老年に始まり，また緩徐な，複雑な進行を続ける．AD-2は，中年に始まり，そしていっそう急速な経過と，より大きな障害を示している．この2つのグループの間に確立された，他の神経化学的，および解剖学的な相違は，この区別を支持しているように見えるであろう．たとえば，AD-2は，より多く遺伝的に統制された影響のもとで発現するのかも知れない．

別の研究者は，この疾患の4つの別箇の亜型を示唆した．すなわち錐体外路性（extrapyramidal），マイオクローニック（原文は myclonic だが myoclonic の誤りと考えられる―訳者），良性（benign），および典型的（typical）（Mayeux et al., 1983）の4型である．典型的グループと比較して，錐体外路性およびマイオクローニックグループは，おのおの一定の際立った特徴を示すが，一方で良性のグループは，より少なく表現された特徴を示す．このグループは，認知的，および記憶の機能における障害の重症度についてもまた異なっている．

亜型に対する注意は，よりよい治療的ストラテジィを産出するであろう

　他の研究者たちは，現在，亜型の妥当性と意味を調べつつある．そして全体的にみて，亜型の概念は，治療法の研究のために得るところがあることを，立証するであろう．これらの亜型への，また発病年齢，および認知症の重症度のような他の特徴づける指標への注意は，より多く予言しうるし，また信頼しうる結果をもつ，よりよい薬物治療のストラテジィをつくり出すことに帰着することが可能である．

　統制されるべき多くの可変的なもの，また現在までの研究の中で発見された統一性の無さにも拘わらず，薬物療法が，アルツハイマー病の症状における改善を生じうることが，決定的に示されてきた．現在，挑戦は，どの薬物が，どの患者たちを，どんな方法で，またどれくらいの長い間にわたって助けるために期待されうるかを，われわれに示すであろうある明白なパターンを同定しなければならない．

■コリン作動性の作因

　第16章の化学的変化についての議論でみられたように，アルツハイマー病には，脳の中の神経伝達物質，アセチルコリンの低められたレベルがともなわれる．不足したアセチルコリンは，脳のコリン作動系の機能障害の原因になる．そしてそれは，記憶，および認知的能力の障害に帰着するであろう．

　それゆえに，探求されるべきアルツハイマー病のための，第一の治療法の中に，脳の中のアセチルコリンのレベルを増大しうる薬物がある．試みられた薬物は，アセチルコリンの前駆物質である2つの物質を含んでいる．すなわちコリン（choline）と，レシチン（lecithin）である．これらの物質は，アセチルコリンの利用可能性を増大する．われわれは，フィゾスチグミンとTHAをもまた考慮に入れる．そしてそれらは，この神経伝達物質の破壊を妨げる．この役割によって，これらの2つの薬物は，アセチルコリンの利用可能性を長びかせる．結局，本質的には，利用しうるアセチルコリンの潜在的能力を増大させることによって，われわれは，アセチルコリンにとっての受容体を，さらに鋭敏にする薬物を考慮に入れる．

コリン

　種々の食物の，そして商業的に利用しうるレシチンの構成要素であるコリンは，脳の中のアセチルコリンの利用可能性を増加し，またその合成を高め，そしてニューロンの間のシナプスの中へ放出し得る．これらの可能な効果のために，それは最初に，多くの希望をもって接近された．しかし，仕上げられた多数の研究の中で，コリン療法は，アルツハイマー病の患者たちにおける，単に極度にささやかな改善に関連があったか，あるいはいかなる改善にも少しも関連がなかった．

　一部の症例では，覚醒 (alertness)，および意識 (awareness) におけるささやかな増強が報告されてきた．しかし，この増強は，軽度の被刺激性をともなっていた．少数の他の症例では，錯乱状態における軽減が留意された (Fovall et al., 1983)．しかし，これらの改善のすべては，非常に軽度なので，それらはコリン療法に関連がない，単に，普通の行動上の変動であり得たであろう．改善しているように思われた，それらの患者たちは，疾病のより早期の段階にあった．コリン療法による，いかなる効果も，いっそう進行した症例では可能とは思われない．一部の研究による発見は，他の薬物と共同して使用されたときに，より多く有益であるのを立証するかも知れないことを示唆している．

　コリンによる副作用は，嘔気，腹痛，下痢，失禁，および汗の中の魚のようなにおいを含んでいる．この最後の副作用は，コリンが，ひとつの成分である薬物の，更に複雑な形態であるフォスファチジルコリン (phosphatidylcholine) に代用することによって回避された．コリンとレシチンの利用可能性はそれらの使用を促進している．

レシチン

　レシチンは，卵の卵黄，肉，魚，および大豆の産物を含む，多くの食物の中に見出される自然に生じる食餌療法的な物質である．しかしながら，アルツハイマー病を治療することに使用されたレシチンの用量は，健康によい食餌療法によって得られるそれらよりも，非常により程度が高い．コリンのように，レシチンは，アセチルコリンの利用可能性を増強する．それは，身体の血液のコリンのレベルをもまた高め，また，そのレベルを純粋なコリンが実際にするよりも，より長い間維持する (Etienne, 1983)．それは，一部の患者たちにおいて，僅かな改善を生じることを示した．

　もっとも重要な発見は，レシチンが少数の患者たちにおいて，悪化の減速を可能にしうるであろうことである．このことは，長い期間のレシチン療法は，疾患の進行を鈍らせるために使用されうることを意味するであろう (Dysken, 1987)．この理論を支持することは，レシチンの使用を中止した患者たちが，いっそう敏速な悪化を示したという Dysken の研究における発見である．しかし，この非常に制限された証拠は，より強力な結論が引き出されうる前に，他の研究の中で模写されなければならない．

　現在のところ，レシチン療法は，それ以上の探究を必要とする．いかなる反論できない証拠

も，それはそれだけで，意味のある，あるいは首尾一貫した改善を生じうることを示唆していない．けれども，それは，他の薬物療法に対する効果的な，補助薬物であることを立証するだろう．なおその上に，レシチンが，アルツハイマー病を予防しうるという考えの支持については，いかなる科学的証拠もない．レシチン療法は，一部の患者たちにおいて，いくらかの時間，多少の非常にささやかな改善を示した．アセチルコリンの量を増加するレシチンとコリンの背後にある考えは，将来の研究のための方向を約束するままにとどまっている．

　レシチンの副作用は嘔気，下痢，被刺激性および口渇を包含しうる．これらは，より歳をとった人々に，より多く起こる見込みがある．レシチンは，他の点では害はない．それは，健康食品の店で購入できる．しかし，この形状は，通常20％がレシチンである (Henig, 1981)．アルツハイマー病に対して少しでも利益をもっているという理由で，沢山のこの形状のレシチンを摂取することは不可能であるだろう．

フィゾスチグミン

　この薬物は，脳のシナプスの中のアセチルコリンの，化学的な破壊をおそくすることによって作用する．存在している，利用しうる，アセチルコリンを，より長い間保有することによって，それは，疾患によって損傷され，あるいは破壊されたシナプスを救済し得ないけれども，活動的なシナプスにおけるコリン作動性の活動性を増強する．フィゾスチグミンは，血液脳関門を事実上通過すると考えられるので (Smith et al., 1979)，それは酵素，アセチルコリンエステラーゼによる，アセチルコリンの破壊を妨げることによってより効果的であるだろう．

　フィゾスチグミンの危険は，その制限された，使用量の範囲である．すなわち，安全な量と，有害な量との間に，単にわずかな差異が存在する．つけくわえると，それは身体の中にあまり長い間とどまっていない．それ故に，それは，より多く頻繁に投与されなければならない．この不利な点にも拘らず，より肯定的な結果が，コリンか，またはレシチンかによるよりも，フィゾスチグミンによって手に入れられた．注目された改善は，ささやかである．すなわち中型の用量によって，それは言語性の再認記憶を改善するが，より多くの用量によって，それは非言語性の再認記憶を改善する (Dysken, 1987)．全体的にみて，それは視覚的な記憶，すなわち視覚的な形態で示されている情報の記憶（すなわち状況を認知すること）に対する肯定的な効果をもっているように見える．

　フィゾスチグミンは，心理学的テストによって測定された，あるタイプの学習をもまた改善するように思われる．そして改善は，単に軽度の症状をもつ患者たちにおいて最高であった．それは，他の神経伝達物質の系が，コリン作動系に加えて障害されるとき——早期発病の認知症について，より頻繁であると思われる状態であるが，これに効果的のままではないであろう．(Mohs et al, 1982)．

　全体的にみて，フィゾスチグミンについての研究は，心強い思いをさせる．それらが，改善の，そのような大いに変化する種類と程度——多くの患者たちにおいて，いかなる改善をも含

んでいない——を示したために，それ以上の研究が，この薬物にとっての最良の使用に焦点を合わせるために必要とされる．すなわちもっとも効果的な用量，種々の用量によって改善された機能のタイプ，そしてもっともよく反応する患者たちの種類についての研究である．それは，現在経口的な形状で，研究者たちに利用され得る．毒性についての可能性は，それは，フィゾスチグミンにとって，ひとつの危険因子のままにとどまっているけれども，調整されうる．この薬物は，劇的な改善を生じたことはなく，また，そのアルツハイマー病の進行に対する影響は，決定されなかったけれども，フィゾスチグミンは，それ以上の研究への可能性を示している．

■利用しうるコリンエステラーゼの阻害薬

タクリン（Tacrine）

　タクリン，あるいは，より早期の研究において知られたような，THA（tetrahydroacridine）は，研究の環境の外部での使用に，利用しうるようになった薬物の最初のものであった．多数の中心となる施設による臨床試験が遂行された．そして1993年の9月に，連邦食品医薬品局によって，Cognex（tacrine）の名称のもとに，その有効性についての懸念にも拘らず，アルツハイマー病の治療のためにそれは承認された．それは，フィゾスチグミンと同様の化学的作用をもっている．すなわち，それは，脳のシナプスにおける，アセチルコリンの化学的破壊を緩慢にし，またシナプス接合部で放出された少量の神経伝達物質に，通常よりもより長い間とどまることを可能にする．おそらくこの作用は，シナプスでの情報の伝達を，いっそう有効に支持するであろう．シナプスのところに神経伝達物質を保有することは，アルツハイマー病の，脳のコリン作動系の中で，すでに検証された欠損を，より長い間補うかも知れない．タクリンは，それがコリンエスラーゼを，すなわちアセチルコリンを破壊する酵素を阻害するために，コリンエスラーゼ阻害薬として知られている．

　タクリンの研究は1981年に始まった．その研究の中で，対象たちの75パーセントは，タクリンだけによる治療によって，主観的に評価された改善を示した（Summers et al., 1981）．1986年のSummersによる別の研究でもまた改善を示した（Summers et al., 1986）．他の人々によって報告された研究は，レシチンとともにか，またレシチンなしで，タクリンを研究した．レシチンは必須ではなく，そして治療効果にあまり貢献しない（Stearn and Davis, 1996）．タクリンは，認知の悪化を，6ないし12か月だけおそくしうる．この期間は，患者たち，およびかれらの介護者たちにとって有意味であり得る．

　タクリンに対して反応する患者は，異種的で，またそれによって受ける恩恵は，多様である．意味のある利益は，10％の患者たちによって体験された．よりささやかな利益は，20％によって証明された．そして20％は，臨床的な状態，あるいは遂行行動（performance）に関して，より低い程度であるが，しかし有意の改善を示した．残りの患者たちは，いかなる短期間の利益

をも示さなかった (Stearn and Davis, 1996).

　タクリンによる副作用は，嘔気，げっぷ，および下痢を含む．肝臓毒性についての可能性のために，タクリンを服用している人々は，肝機能を監視するために，規則的な血液検査を受けなければならない．発疹，食欲不振，および鼻炎は，他のかなり共通の有害な作用である．タクリンの使用は，投薬することが，より容易であり，また肝機能を監視する必要がないために，ドネペジルの導入によって衰退した．

アリセプト (Aricept)

　アリセプト（ドネペジル donepezil）は，中枢神経系の中で，コリンエステラーゼにとって，いっそう選択的である．それは，嘔気，嘔吐，および下痢のような，末梢的なコリン作動性の作用のうちの，より少数のものをもっている．服用量は低用量である．すなわち，5あるいは10ミリグラムが，就寝時刻に与えられうる．それは，アルツハイマー型の軽度，ないし中等度の認知症をもつ人々のために指示される．有害な作用は，報告によれば，軽度で，また一時的である．そして，それらは，この薬物による治療の間に解消される．このタイプの対症療法 (symptomatic treatment) は，6か月，あるいはそれ以上の間，疾患の進行を緩慢にし，あるいは遅延させうる．コリン作動性の欠損は，疾患のさらに進行した段階では，はるかにより大きい．ドネペジルの使用は，現在は，いっそう進行したADをもつ人々のために考慮されつつある．

Exelon

　Exelon (rivastigmine) は，アリセプトと少し異なって作用する．それは2つのコリンエステラーゼ酵素，すなわちアセチルコリンエステラーゼと，ブトリルコリンエステラーゼ (butrylcholinesterases) を阻害することによって，アセチルコリンの破壊を妨げる．ブトリルコリンエステラーゼの存在，あるいは活動は，アルツハイマー病の脳の中で，より高度でありうる．したがって，この酵素を阻害することは，ADを治療することに関して，有益であるだろう．

　Exelonについての，大規模な臨床的試験にかかわった人々は，機能することについての，いくつかの鍵領域，すなわち食べること，および着衣，全体的な機能すること，および認知のような毎日の生活の活動における利益を証明した．毎日の生活の活動を保全することに関する，Exelonの強い影響は，中等度の段階の認知症において，もっとも有意味であるように思われる．趣味に関する社会的な相互作用と，参加における改善もまた，観察された．Exelonは，1日に2回与えられる．それは通常1日に2回，1.5ミリグラムでもって開始され，それから1日ごとに6ミリグラムの最高の量まで，徐々に増加される（最後には経口的な溶液が利用しうるであろう）．認知症をもつ大部分の人々は，より歳をとっており，また多数の薬物を服用している．Exelonは，他の処方された薬物との，陰性の相互作用については，程度の低い可能性をもっている．他のコリンエステラーゼ阻害薬のように，この薬物は嘔気，および嘔吐のような，消化管の副作用をもっている．そしてそれは，食物と一緒に服用されるときには，もっともよく耐

えられる．副作用は，軽度で，一時的であると，報告されてきた．そしてそれらは，継続された治療によっておさまる．この薬物は中等度に，重症ないし進行したADをもつ人々にとって，有益であるだろう．その欠点は，多量の毎日の用量，時間のかかる滴定（titration），および消化管の副作用である．

多少の機能的な悪化なしに，あるコリンエスラーゼ阻害薬から，別のものへ転換することはむずかしい．Cognex を服用している人々が，アリセプトへ転換されたときには，Cognex の洗い流し（wash out）が，必要であった．たとえば，アリセプトによる治療が開始される前に，2週間の間 Cognex が中止された．悪化はこの過渡期の間の人々について留意された．アリセプトの治療上の用量が達せられたときまで，その機能的な状態（悪化）は転換がもとの状態にもどし得ないであろう間は，存在する．

そういう理由で，Exelon については，アリセプトあるいは Cognex に反応しなかった，あるいは，まだ少しも，コリンエスラーゼ阻害薬を開始されていなかった人々のために，考慮すべきものであるとすることが，もっとも適切のように思われる．さらに進行したアルツハイマー病をもつ人々，かれらはこの種の治療法のための適切な予定者と考えられていなかった人々であるが，これらの人々が Exelon に関して再考され，またその試用が行われなければならない．別の同様の薬物から，Exelon へ転換することについての問題は，医師によって解決されなければならない．

Metrifonate

開発されつつある，抗認知症薬の多くは，コリンエスラーゼ阻害薬である．そのひとつ galantamine は，2001年の2月に，FDA（食品医薬品局）の認可を受けた．それは Reminyl という商品名のもとに，Janssen によって市販されるであろう．別のもの metrifonate の開発は中止させられた．

Galantamine

Galantamine は，ヨーロッパでいくつかの神経筋疾患を治療するために使用された．それは一種のラッパスイセンの，球根から抽出され，そして（人体には）充分に耐性がある．

Galantamine は，コリンエスラーゼ阻害剤の中で，独特のものである．それは，アセチルコリンの受容体に結合する．そして細胞の機能を刺激する．Galantamine は，ニコチニックレセプター（nicotinic receptors）と呼ばれた，ニューロンの上の，特殊化されたアセチルコリン受容体を調節する．そしてこの受容体は，ニコチンと，種々の他の物質によって賦活される．Galantamine は，これらの受容体を賦活することができる物質のひとつである．このことは，ニコチニックレセプターが，学習と記憶に関して，重要な役割を演じているために重要である．ニコチニックレセプターの刺激は，β-アミロイドの形成を抑制することに，そして脳細胞に対する損傷に終ることにもまた，関連するだろう．

研究は有望である．Galantamine は，AD をもつ人々における，記憶と機能を保持するのに役立つ．効果は12か月続いた．軽症，また中等症の AD をもつ人々は，記憶の機能と学習するための能力を保持することができた．かれらは，薬物が開始される前にみられたのと同じレベルか，あるいはそれよりも，よりよいレベルで，毎日の生活の活動を遂行することができた．Galantamine は，とくにより高い用量で，嘔気，下痢，めまい，および頭痛を含む，消化管の副作用をもっている．

神経伝達物質アセチルコリンの欠乏は，アルツハイマー病で起こっている，一連の生化学的な出来事のうちの単にひとつである．コリン作動系の欠乏を専ら逆転させることにもとづく治療は，完全に好結果であることが期待され得ない．アルツハイマー病のための，可能な治療法の探求は相当に発展してきた．

■コリン作動性受容体のアゴニスト（作動薬）

脳のコリン作動系を促進するように思われる，他の薬物は，コリン作動性受容体の，アゴニストである．これらの薬物は，アセチルコリンを受容する，受容体を刺激することによって作用する．2つのそのような薬物，arecoline と RS-86 は，アルツハイマー病の患者たちについての研究の中で試みられた．しかし，あいにくそれらは，軽度の有意の改善しか生じなかったか，あるいはいかなる有意の改善をも生じなかった (Bruno et al., 1986)．別の薬物，benthanechol chloride は，4人の対象の研究において実際に軽減された錯乱状態，増大した自発性，および，より大きな生産的な活動性のような，改善を生じた (Dysken, 1987)．

benthanechol の研究のひとつの興味ある面は，用いられた投薬の方法を開発することであった．薬物を注入するポンプは，対象の腹壁に埋めこまれ，また頭蓋内のカテーテルに接続された．(Dysken, 1987)．このポンプは，薬物が脳に直接に達すること，そして血液―脳関門を通過することを可能にした．それは他の投薬の方法によっては不可能な，価値のあることなのだが，脳の中の薬物の量の直接的な測定をもまた，可能にした．このポンプの改良された測定の能力は，それが供給する安定した，保証された用量とともに，いっそう正確な所見を可能にすることによって，それを脳の変化する化学物質についての，あらゆる研究のための，いっそう望ましい投薬の方法にするであろう．しかし，これらの利点は，このポンプ，およびカテーテルの好ましくない，身体的な侵襲と比較して考えられなければならない．

■Naloxone および Naltrexone

これらの薬物による治療法は，認知症化する疾患によって冒された脳の，より基本的な生物学的システムの役割についての，非常に高級な研究を表している．それらは，いくつかの研究の中で，アルツハイマー病の患者たちに対して試みられたけれども，それらは，少しも，現実

の首尾一貫した改善を生じなかった．Naloxone についての，ただひとつの研究が，この薬物による有意の利益を示した (Reisberg et al., 1983)．いくつかの他の研究は，この薬物が，好ましくない症状を悪化させることを発見した．現在のところこれらの薬物が将来の治療のために，成功の見込みを保持していることを示唆する証拠は，僅かしかない．

■血管拡張性および抗知性薬性作因 (Vasodilators and Nootropic Agents)

　血管拡張薬は，狭窄された血管を拡張することによって，脳に対する血流を改善する，一群の薬物である．アルツハイマー病によって襲われた脳の中では，大脳の血流における急速な，そして汎発性の減少が，症状の開始後に起こる．血管拡張剤は，この減少を償うのに役立ちうる．実際に，血管拡張剤は，同じ年齢の正常な人々における (Reisberg, 1981) よりも，アルツハイマー病の患者たちにおいて，あるいは，しばしば，"動脈の硬化"と呼ばれる動脈硬化症の脳の変化をもつ人々において，大脳の血流を高めることに関して，より効果的である．

　血管拡張剤の 2 つのタイプが存在する．すなわち一次性と二次性である．一次性の血管拡張剤は，——たとえば，認知症を改善することが示された，唯一の薬物である，nylidrin のように——血管の異常に対して直接に作用する．Piracetam のような二次性の血管拡張剤は，大脳の物質代謝を刺激することによって，間接に血流を増加する．物質代謝は，身体と脳にとって，それら自体を維持し，また再生させるために必要な化学的な過程である．エネルギーは，物質代謝の産物である．

Piracetam

　Piracetam もまた，抗知性薬性作因のひとつである——軽度ないし中等度の認知症において，機能を改善するように思われる，化合物のひとつのグループである (Jenike, 1985)．Piracetam は，海馬における，ニューロンの反応を増大する (Cooper, 1984)，そして，大脳のグルコースの物質代謝を刺激するように思われ (Jenike et al., 1986)，また海馬におけるアセチルコリンの放出を増加する (Rosenberg et al., 1983)．

　大脳の血流は，物質代謝の活動と強力な関係をもっている．物質代謝における障害は，アルツハイマー病で発見された，大脳の血流の減少に，密接に関係づけられるように思われる．たとえば，アルツハイマー病をもつ人々には，脳の前頭，側頭，および頭頂領域における酸素とグルコースの利用の，有意に，より低いレベルがある．二次性の血管拡張剤は，大脳の血流を増加するために脳の物質代謝を刺激する．

　動物の研究によって，piracetam は脳のエネルギーの蓄えを増大し，学習を増強し，また学習の障害から保護した．同様の研究は，piracetam が，普通の治療的な用量で，副作用，あるいは有毒な作用をもっていないことを示している (Schneck, 1983)．手始めの証拠は，一週間の間投与された piracetam と cholin の組み合わせが，記憶の貯蔵，再生 (想起)，および遅延再

生 (delayed recall) を改善したことを示唆している (Schnek, 1983). piracetam は，アセチルコリンの利用可能性を増大する薬物と組み合わされるときには，もっとも効果的であるかも知れない．他の薬物治療についてのように，より軽度に障害された患者たち——そのコリン作動系が，もっとも少なく障害されている，またそれ故に，もっとも反応しやすい人々——は，もっとも大きな恩恵を示すように思われる．

現時点で，nylidrin も，piracetam も合衆国では商業的に利用できない．カナダでは nylidrin は，Arlidin, Arlidin Forte, および PMS Nylidrin の商品名のもとに販売されている．そして悪化した循環による問題を治療するために使用されている．piracetam は多くの異なった名称の下に市販されており，またメキシコでは，処方箋によらないで購入されうる．合衆国の外部では，それはヒポキシア (hypoxia，低酸素症，酸素の欠乏) による認知障害を改善するために，また脳卒中，アルコール中毒，およびめまい，のための治療法として使用されている．

■神経ペプチド (Neuropeptides)

神経ペプチドは，神経系に対して強力な作用をもっている，アミノ酸の短鎖である．あるタイプの神経ペプチドは，身体の中で，ホルモンとして作用し，また脳の中では，神経伝達物質としての役割をもっている．それらは，身体の細胞，組織と器官との間の伝達にもまた，助けになる (Reisberg, 1981). アルツハイマー病を治療することに関して，神経ペプチドに適した，可能な使用法を目的とした研究は，まだ早期の段階にある．

動物の研究においては，神経ペプチドは，記憶障害の逆転を生じた．神経ペプチドは，人間の認知能力を高めること，また化学的伝達に関して，また記憶および学習に関して，ひとつの役割を演じることをもまた，示してきた．しかし，アルツハイマー病の患者たちに対する，薬物の研究は，現在まで，とくに心強い思いをさせる結果を示さなかった．神経ペプチドは，軽減されたうつ病，増大したエネルギー，および増強した注意力および集中力のような，気分の改善を生じることが示されてきた (Ferris, 1983). そして，それらは，老人の抗うつ薬としての，ひとつの役割をもっていることを立証するであろう．

Vasopressin (バゾプレシン)

神経ペプチドと，二次性の血管拡張剤 vasopressin の両方ともが，動物の研究において記憶と学習を改善した．ひとつの，とくに興味深い，ネズミについての研究の中で，vasopressin は，動物たちが以前に忘れてしまっていた物事を思い出すのに役立った．記憶障害に悩んでいるアルツハイマー病の患者たちについての，ある研究の中で，vasopressin の鼻腔内スプレー (nasal spray) の使用が，記憶がいっそう速やかに出現するのに役立った．正常の成人の男性たちは，vasopressin に対する反応の中で，改善された注意力，集中力および再生を示した (Reisberg et al., 1982).

Vasopressinの類似物——LVP, ODAVPおよびDGAVPのような薬物——もまたアルツハイマー病の患者たちに対して試用され，種々雑多な結果を得ている．ある研究は，ある類似物が投与されたときに，記憶，検索 (retrieval)，および反応時間において，僅かな，しかし統計学的に有意な改善を示した (Ferris, 1983)．ことによると，さらに強力な，より長期間作用する類似物が，最大の効果を得ることが立証されるであろう．それ以上の研究が，どのようにVasopressinとその類似物が作用するか，を決定するために必要とされる．すなわち，真正に記憶を改善することによって，高められた集中力を刺激することによって，あるいは抗うつ薬として作用することによってである．

記憶，学習，およびニューロン間の伝達において，それらが演じているように見える役割のために，神経ペプチドは，それ以上の研究にとっての，見込みのある最先端を表している．それこそ少なくとも，それらは，抗うつ薬的作用因として，役に立つのが立証されるであろう．

■中枢神経刺激薬（Psychostimulants）

このグループの薬物は，運動性の活動を増大することによって，また疲労を軽減することによって，中枢神経系を刺激した．中枢神経刺激薬は，認知の，あるいは記憶の能力を改善しないけれども，それらはアルツハイマー病の他の症状の改善のために利点をもちうる．研究は，症状の3つの群を治療することに集中した．3つの群とは，すなわち (1) 無感動の，そしてひきこもりの行動，(2) 軽度のうつ病，そして (3) 障害された短期間の記憶 (Prien, 1983) である．

試用された中枢神経刺激薬のうちで，Ritalin（リタリン）のようないくらかの薬物は，一般に役に立たないことが証明された．これらの薬物は，すでに激越化されている行動を悪化させうる．Metrazol（メトラゾール）は，複雑な批評を受けた．しかし，それは無感情 (apathy)，ひきこもり，欲動，および自己管理 (self-care) をよくするのに役立つように見えた (Prien, 1983)．しかし，それは，いくらかの非常に望ましくない副作用をもっている．Procaine hydrochloride（塩酸プロカイン）は，Gerovital-H3と呼ばれた薬物の中の主要な有効成分であるが，老人のうつ病の治療のためにのみ，可能性をもっているように思われる (Prien, 1983)．

現在まで，その外に，中枢神経刺激薬は，それらがアルツハイマー病の特殊な亜型を治療することにおいて，多少の効用をもち得るけれども，とくに役に立つことが証明されなかった．これらの薬物に関連した副作用は，注意深く監視されることが必要であるが，それはとにかく，一方でそれらの有用性を制限するであろう．

■グルタミン作動性の作因（Glutaminergic Agents）

アルツハイマー病におけるコリン作動系の欠乏は，抗認知症薬に関する研究の多くのものを

推し進めた．この欠乏に取り組んでいる薬物は，毎日の生活の活動を維持する，いくつかの行動上の問題を軽減する，そして疾患の進行の緩徐化によって症状を管理することに関して，適度に上首尾であった．研究は，他の治療的接近法を考えるために，広げられる必要がある．

Memantine は，グルタミン作動性の作因であり，またグルタミン作動性の，化学的伝達，および特殊なグルタミン酸塩の，受容体の喪失に対して作用する．これらのうちのひとつである NMDA 受容体は，アルツハイマー病で気づかれた悪化に関係させられている．Memantine は，NMDA 受容体の作動薬 (agonist) である．アルツハイマー病をもつ人々の，脳についての研究は，NMDA 受容体の位置の広範な喪失を発見した．Memantine は，細胞の死に帰着する神経毒性から，ニューロンのシステムを保護している．それはグルタミン作動性の，化学的伝達の適切な働きのために必要な，賦活の適切なレベルを保持し，あるいは回復する．グルタミン酸塩は，AD のニューロンの変性にかかわりのあった，ひとつのメカニズムであると考えられているので，Memantine のような受容体の作動薬は，疾病の進行をおそくしなければならない．

Memantine は，ドイツ，フランクフルトの Merz and Co. によって開発され，10 年の間ドイツで，認知症の治療のために認可されてきた．最近，この薬物を使用する研究の試みが，合衆国で起こった．New York の Forrest Labs，および Merz は提携を結んだ．合衆国で，薬物を市場に出すために，食品医薬品局 (FDA) の認可を求めるための試みが進行中である．

報告は Memantine が，中等度に重症，ないし重症のアルツハイマー病をもつ人々において，症状の進行を遅くしたことを示唆している．それは，人体に充分に耐性があり，そしてたとえあるとしても僅かの副作用を生じた．プラセボと比較して，この物質を服用している人々は，臨床的に全体的な，認知的な，そして行動上の機能における改善を明示した (Reisberg, 2000)．より少ない健康の衰退が，疾患の進行の中で留意された．Memantine は，ニューロン保護的 (neuroprotective) および対症的 (symptomatic) の両方ともの，治療的有効性をもっている．この研究が，いつそう進行した AD をもつ人々にかかわっている一方で，Memantine は，より早期の段階のこの疾患をもつ人々の治療のために，使用されてきた．合衆国における，抗認知症薬の，簡潔な表になった，とくにいっそう進行した認知症をもつ人々のための，価値のある出版物が，あってもよいだろう．

■併用薬の研究

レシチンと THA は共同して適切に作用する

しばしば，2 種類あるいはそれ以上の薬物が，おのおのが，他のものがその責務を果すのを助けうるように，併用によって与えられる．たとえば，われわれが 1986 年の Summers の研究で経験したように，THA とレシチンは，異なっているが，しかし補足し合う作用を生じるために，うまく組み合わせられた．レシチンは，ニューロン間のシナプスの中で，アセチルコリンの利用可能性を増大した．ところで一方，THA は受容するニューロンの中で，アセチル

コリンを分解する酵素の活動を阻害した．共同してそれらは，強く望まれた効果を生じた．すなわち，脳の中で，より多く利用できるアセチルコリンを生じたのである．別の研究によって，レシチンと THA は，比較的高い教育程度と，61.5 歳という平均年齢をもつ，アルツハイマー病の患者たちの一グループに対して，一緒に与えられた．とくにより軽度に障害された患者たちの中で，学習に関する多少の改善が注目された (Sitaram et al., 1983).

コリンおよびフィゾスチグミンと併用されたレシチン

　レシチンは，フィゾスチグミンについての研究の中でもまた，一対にされた．ある研究は，レシチンとフィゾスチグミンが一緒に投与されたときに，長期の記憶における多少の改善を示した (Peters and Levin, 1982)．一対にされた，同じ薬物についての別の研究は，更に目ざましい結果をさえ産出した．12 人の患者の中の 8 人は，長期間の記憶の再生における，明白な改善と浸入 (intrusion)——表面は忘れ去られているが，しかしあとで別の文脈の中に差し挟まれる記憶——における減少を示した (Thal and Fuld, 1983)．この結果は，次の試みの中でくりかえされた．いくらか驚いたことには，この薬物の組み合わせについての他の研究が，さらにそれ以上重症に障害された患者たちにおいて，より大きな程度の改善を示したことである．

　薬物の併用療法は，単独薬の療法のように，一般に期待されるかも知れない，首尾一貫した結果のようなものを示さなかった．同様のいろいろな特徴——たとえば認知症の程度，認知症の早発あるいは晩発 (65 歳前あるいは 65 歳以後)，などのような特徴——を共有している患者たちが，薬物に対して同様に反応するようには見えない．このことは，患者の反応を予言するか，あるいは研究の結果におけるどんなパターンでもを，同一のものにすることを非常に困難にする．

■エストロゲン，抗炎症性作用物，抗酸化剤 (Estrogen, Anti-Inflammatory Agents, and Antioxidants)

　いくつかの疾患関連過程が，細胞の死を生じる．この過程はアポプトーシス (apoptosis, 訳注，生体の発達の正常な役割として起こる細胞の死) ——計画どおりに行われた細胞の死——にもまたかかわりがある．それは存在し，またある刺激によって賦活されることが考えられた遺伝子が操作されて，決定される過程である．そして，それは，もはや必要とされない細胞の順序正しい崩壊と除去を引き起こす．もしもこの過程——神経細胞のシナプスと接続のほかに，神経細胞を保護し，そして保存するための——を中止させる方法があったならば，そのときアルツハイマー病を予防し，あるいは，少くとも，その発病，あるいは重症化を遅延させることが可能になるかも知れない．科学者たちは，これを実行する方法に目を向けつつある．エストロゲンはひとつの役割を演じるであろう．

　エストロゲンは，脳，および女性の生殖のシステムの中での，その役割に加えて，身体の他

の部分の中で，重要な役割をもっていると考えられている，ホルモンである．抗酸化剤，および抗炎症性の薬物のように，エストロゲンは，神経細胞が，炎症および酸化による損傷を妨げることによって，生存するのを助けるであろう．エストロゲンが，アルツハイマー病によってもっとも冒される脳の同じ領域の中で，正常な保存的な役割を満たしているという，ますます増大する証拠がある (Simpkins et al., 1994)．エストロゲンは，コリン作動性ニューロンの成長を促進するように思われ，またアポリポプロテインE (apoprotein E) と相互に作用し得る (Tang et al., 1996)．ひとつの，神経向性の因子として作用することによって，エストロゲンは，反応するニューロンにおける，軸索の成長と，シナプスの形成を刺激する (Henderson et al., 1994)．それはまた，細胞に対する酸素分子の有害な作用を中止することによって，抗酸化剤として作用するように見え，また細胞の物質代謝を促進すると考えられる．

　ある研究は，より歳をとった女性における，アルツハイマー病の増加した罹病率は，エストロゲンの欠乏によるのであろうことを示唆している．エストロゲンの代償療法 (replacement therapy) は，アルツハイマー病の発病を妨げること，あるいは遅延させることのために，有用でありうる (Paganini-Hill and Henderson, 1994)．より早期の研究は，閉経後に，エストロゲンを摂取した女性は，摂取しなかった人々よりも，アルツハイマー病のより低い比率をもっていたことを示した．エストロゲンの使用は，それを使用しなかった，疾患をもつ他の人々に比較して，アルツハイマー病をもつ女性たちにおける，よりよい認知的遂行にさえ関連していた (Henderson et al., 1994)．さらに最近の研究は，エストロゲンの保護的な役割について，支持的であるが，しかし，ADをもつ女性たちのために，それが役に立つ治療法であるかどうかについては，支持的という程ではない．

　エストロゲンにとっての，有意の役割が，アルツハイマー病の予防に関して，明らかになりうるけれども，閉経後のエストロゲン代償療法は，すべての女性に対して推奨されない．この因子，そしてどれほど，人々がエストロゲンの保護的な役割から恩恵を得るだろうか，ということは，それ以上の研究を必要とする．脳のコリン作動性ニューロンは，多数のエストロゲン受容体をもっている．そしてそれらは神経の成長因子のための受容体をもっている，同じそのニューロンの上に生じる．このことは，エストロゲンと神経成長因子が，コリン作動性ニューロンの変性を妨げることに関して，共通の役割を共有していることを，意味するのか？　この問題は，研究によって取り組まれつつある．

　脳の炎症，および酸化に関連した損傷を予防することは，脳の中の神経細胞が生存するのに役立つ．研究は，抗炎症薬を摂取し，あるいは，慢性関節リウマチのような，抗炎症性疾患に苦しんでいる人々は，アルツハイマー病を発現するための減じられた危険をもっていることを示してきた．別の研究は，抗炎症性の活動を行う薬物を連続的に摂取した日本のハンセン病患者たちが，アルツハイマー病の低い罹病率をもっていることを示している．ある研究は，抗炎症薬の保護的な役割を検証することによって，その役割が，70歳以上の人々において，より大きくありうることに留意している．抗炎症薬的治療は，apoE4対立遺伝子のない人々で

もまた，より効果的であった（Breitner, 1996）．抗炎症性の作用因は，predonisone のようなステロイド性の (steroidal) 薬物，および非ステロイド性抗炎症薬 nonsteroidal anti-inflammatory drugs (NSAIDs) を含んでいる．後者はアスピリン（aspirin），およびイブプロフェン（ibuprofen）のような，市販の薬物を含んでいる．インドメタシン（Indomethacin）およびナプロキセン（naproxen）は，処方箋を必要とする NSAIDs である．

最近公表された研究は，NSAIDs を摂取している人々は，この薬物を使用していない人々よりも，この疾患が発現する，半分の危険をもっていたことを示している．研究者たちは，これらの薬物の，より長期間の使用が，アルツハイマー病の危険を減じることをもまた，初めて確立した．より短期間の使用もまた，危険を減じるかも知れない．もっとも一般に使用された，抗炎症薬は，イブプロフェンであった．アスピリンとアセトアミノフェン（acetaminophen），後者は NSAIDs ではないが，それらは危険を軽減することに関して，僅かの効果をもっていたか，あるいは，いかなる効果をももっていなかった．アスピリンの服用量は，中枢神経系に影響するためには，あまりにも低用量すぎたかも知れない（Stewart, 1997）．従って，アスピリンは，より程度の高い用量で，効果を有するだろう．

薬物を摂取しなかった，アルツハイマー病の患者たちに比較された，アルツハイマー病をもつ患者たちにおけるインドメタシンの6か月間の研究は，薬物を摂取している人々が，安定した認知を有していることを示した．薬物なしの患者たちでは，機能は衰退した．反対の効果は，注意深く監視されなければならないし，またその使用を制限するかも知れない（Aisen and Davis, 1994）．

読者は，これらの発見がまだ予備的であり，また潜在的に重大な副作用は，抗炎症薬の慢性的な使用に関連があることに気づかせられる．たとえば，胃の刺激と出血，胃潰瘍という疾患，またさらに障害された，いろいろの腎機能．医師は，進行中の使用を監督しなければならない．

加齢と，アルツハイマー病は，増加した遊離基の形成に関連している．酸化のストレスは，抗酸化剤の防御が，遊離基形成によって圧倒されるときに起こる．β－アミロイド蛋白の，グルタミン酸塩，あるいは他の有毒な諸因子もまた，遊離基の原因となりうる．抗酸化剤は，酸化の損傷から，ニューロンを保護する．そして，遊離基形成を減じること，また関連ある細胞の傷害，および喪失を妨げることによって，アルツハイマー病に関して有益な効果をもちうるだろう．

Selegiline，あるいは deprenyl は，パーキンソン病の治療で使用される．それは，また抗酸化剤である．Selegiline と，ビタミンE（alpha-tocopherol）は，両方ともが，酸化のストレスを軽減すること，また，神経保護的な機能をもっていることが推定される．ビタミンEは，遊離基をとじこめ，また細胞を損傷する連鎖反応を妨げる．それはまた，グルタミン酸塩とβ－アミロイド蛋白によって引き起こされる細胞の死を妨げる．selegiline は，遊離基の廃品回収業者（scavenger）として作用すると考えられている（Shihabuddin および Davis, 1996）．それは，認知の欠損を改善しうる．

アルツハイマー病をもつ患者たちに，別々に，また組合わせによって，selegiline，およびビタミンEにかかわる，長期間見越された研究の結果が発表された (Sano et al, 1997)．著者たちは，認知の悪化の代りに，機能的な低下に集中することを選んでいる．両方ともの薬物は，施設に収容化することのための，軽減された必要性によって示されたように，機能的な悪化を遅延させることが報告された．組み合わされた薬物の治療法を受けているグループの，また単独の薬物の治療を受けているグループのいずれか，の結果に関して，いかなる報告された相違点もなかった．selegilineか，または，ビタミンEか，による治療は，中等度に重症のADをもつ患者たちにおいては，疾患の進行をおそくする．そのために，中等度の認知症をもつ人々のために勧められる．

これらの薬物についての，更に多くの研究が，アルツハイマー病の長期間の管理に関する，それらの価値を決定するために実行されなければならない．ビタミンEは，処方箋なしに利用できる．しかし，高用量では，嘔気やけいれんの原因になりうる．血液を薄くするものを摂取している，あるいは凝固異常をもっている人々では，出血の危険が増大しうる．selegilineのためには，処方箋が必要とされる．

■スタチン（Statins）（コレステロール低下剤）

スタチンは，心疾患および脳卒中を予防するために広範囲に使用された，コレステロールを低下させる薬物である．より高値のコレステロールは，アルツハイマー病のための，別の危険因子として関係させられた．科学者たちは，心循環系疾患と，コレステロールのレベルが，認知症に関係づけられると考えた．コレステロールが，アルツハイマー病についての危険を増大する蛋白である，アポリポプロテインE4（apoE4）を輸送するという発見は，この関係についての，ひとつの説明を供給する．さらに一層重要なのは，スタチンを摂取している，より歳をとった人々が，アルツハイマー病，および，他の認知症を発現するには，有意に減じられた危険をもっているという発見である．これらの薬物は，認知症の治療，あるいは，予防のために，とくに計画されなかった．しかし，その後の研究は，アルツハイマー病の，（進行の）遅延と，可能な予防のために，スタチンがもっていると思われる役割を希望的に実証するであろう．

研究者たちは，どれくらい，スタチンが，アルツハイマー病の危険を軽減するかということを，確信していない．しかし，スタチンが，β－アミロイド蛋白の産出を減じるという証拠は，増加しつつある．β－アミロイドは，脳細胞の周囲に蓄積され，これらの細胞に対して有毒になり，そして，細胞の死を助長する．それは，ADの原因であるかも知れない．

β－アミロイドと，コレステロールの間に関係が見出されたという事実は，研究にとって非常に重要である．アルツハイマー病の，動物のモデルで，コレステロールと脂肪を豊かに含んでいる食餌は，脳の中のβ－アミロイドの量を増加する．より低いコレステロールのレベルをもつ人々の脳は，より少ない脳のアミロイドをもっている．β－アミロイドとコレステロール

の両方ともは，血管の中の炎症性の反応を刺激するであろうし，またそれらを収縮させる原因になる．それでスタチンという薬物は，炎症を減じることによって，免疫反応を和らげるだろう．より多くの研究が行われなければならない．しかし，スタチンは，アルツハイマー病の発病，あるいは進行を遅延させることができるであろう．そして，疾患の予防に関して，役割を演じさえするであろう．スタチンは現在，処方箋によって利用しうる．

われわれは，現在，アルツハイマー病のための，いくつかの薬理学的な接近を行っている．疾患の予防と遅延は可能である．われわれは，根治策をもっていないが，しかし研究は急速に進みつつある．

■神経の移植

将来において，アルツハイマー病の脳の，障害された領域に，健全な神経組織を移植することが可能になるであろう．このようにして，ニューロンの網状組織の再生を刺激し，そして一定の脳の機能を改善する．この移植の技法は，いっそう重く傷害された人々にとって，重要な選択肢を提供しうるであろう．というのは，薬物療法は，めったに，広範囲のニューロンの損傷をもつ人々には，役立つようには見えないからである．

神経の移植は，すでにパーキンソン病に苦しんでいる患者たちに対して試みられてきた．ひとつのそのような研究は，変性の緩慢化を報告した (Moore, 1987)．一方で別の研究は，運動機能に関する改善を報告した (Madrazo et al., 1987)．神経移植による動物の研究は，この技法が特別な行動の，また認知の，障害のために強く望まれた結果を，手に入れうることを示してきた (Gash et al., 1985; Merz, 1987; Fine, 1986, Gage et al., 1984)．

アルツハイマー病の，ひとつの治療法としての神経移植の活用は，とくに，パーキンソン病についての，ほとんど20年間の研究から発する，ますます増大する可能性である．この治療法は，脳卒中のような，他の変性的な脳の障害に対して可能性を保持している．脳の中に，直接的に細胞を移植することは，失った機能を復活させうる．これは，死んだニューロンを，健全なニューロンに置き換えることによって，成しとげられる．パーキンソン病のために，ドパミン作動系神経細胞の豊富な胚組織が，脳の中に注入された．胎児の組織から採取されたドパミン作動系ニューロンを注入された，17人の人々に関連する，最近の研究結果は，改善と，安全によって全く心強い思いをさせた (Melton, 2000)．この接近法の成功は，神経細胞の，他の根源を捜し求めることへ，われわれを仕向ける．

重大な倫理的な問題が，どれくらい多くの胎児の組織が，パーキンソン病，アルツハイマー病，および他の変性的な脳障害をもつ人々の総数を治療するために必要とされるであろうかが，考慮されるときに提出される．6人にいたるまでの人間の胎児が，パーキンソン病をもつ1人の人を治療するのに充分な組織を供給するために必要とされたことが考慮されるときに，実際的な障壁もまた，もち上り，また克服できなくなる．

科学者たちは，移植のために，健全な細胞の他の根源を見つける必要がある．いくつかの，新しい接近法が探索されつつある．実験室における，人間の細胞専門の，ますます増大する培養は，ひとつの選択肢である．別のものは，幹細胞 (stem cells) についての，最近の発見によって支持される．すなわち幹細胞は，培養中に，不定の期間の間，分割する，また特殊化された細胞を生じるための，能力をもっている．胚性の幹細胞は，ひとつの胚の，もっとも早期の発達段階から出てくる．そして，体内のほとんどあらゆるタイプの細胞を産出しうる．これらの幹細胞は，アルツハイマー病のような，神経学的状態によって引き起こされた損傷を修復するために使用されうるだろう．脳の中の成人の幹細胞を，疾患によって死ぬか，あるいは傷つけられる細胞と置き換えるために賦活する方法がそこにあるだろう．細胞の他の根源が，神経細胞の移植のために発達させられうることが，可能と思われる．

　身体の中枢神経系の，外部の神経細胞は，傷つけられるのちに，再生させられるための能力をもっている．脳の神経細胞は，この能力をもっていると考えられなかった．身体の中のこれらの細胞，および他のものは，神経成長因子と呼ばれた特別な化学物質の指揮のもとに，特別なパターンによって，本当に発育する．科学者たちは，現在これらの化学物質を，それらが，脳の中の劣質化しつつある神経細胞を，再生し，あるいは作り変えるために，利用されうるかどうかを決定するために研究しつつある (Mace and Rabins, 1991)．もしも，この過程が，よりよく理解されたならば，損害を与えられた脳細胞の置き換え，あるいは，再生を刺激することが可能になるかも知れない．このことは，順次に，よりよく利用されるような，薬物による治療法を可能にしうるであろう．脳の化学的メッセンジャー（伝達子 messengers）のために必要な径路の一部の回復が，可能になるかも知れない．

18. 精神医学的な薬物と認知症

　精神医学的薬物は，アルツハイマー病の一部の症状を管理することに関して，有効でありうる．これらの種々の薬物の概観は，介護者たちにとって役に立つ．副作用は，あるものは全く反対に発現しうるので，これらの薬物は，医師たち，および家族の成員たちによって，親密に監視することを必要とする．精神医学的な薬物に対する，個々の反応は，明らかな利益あるものから，いかなる変化もないものまで，さらに悪い症状にまで，かなり変化しうる．高齢者たちは，一般に，より年下の人々よりも，これらの薬物に対して，より低い耐性をもっている．そして脳の障害は，しばしば薬物の有効性を妨げる．

　精神医学的薬物について，経験から得られたよい通則は，低用量で，人々を始めさせること，ゆっくりと用量を増加することである．この接近法は，一部の症状からの，急速な救済を捜し求めている家族の成員たちにとって，腹立たしいであろう．しかし，それは，より安全な接近法であり，そして医師たちに薬物に対する個人の反応を，監視することを可能にする．副作用は，より程度の高い用量で，より多く，生じる見込みがある．もしも，人が，やがて好ましくない副作用を体験することになるならば，これらは，おそらくより低い用量で，より軽い形態で，生じるであろう．つけ加えれば，ある人が，特別な精神医学的な薬物に耐性があり得るかどうかを，ある期間の間に決定することが重要になる．より低い用量は，身体を徐々に薬物に順応させることを可能にする．

医師のみが，処方された用量を変更しなければならない

　医師たちのみが，用量を変更しなければならない．家族の成員たちは，副作用が発現するかどうか，あるいは薬物が，率直に言えば，作用していないのかどうかを，医師に意見をきかなければならない．家族たちは，かれらが期待しうる変化について，現実的な期待をもたなければならない．一般的に薬物は，適度の変化を生じうる．標的となる症状は，処方をしている医師によって論議されなければならない．かれは，患者が現在摂取している，どの他の薬物についても，知らせられなければならない．家族は，たとえ激越興奮，あるいは怒りの突発のような行動が，なお起こりつつあるとしても，用量を変更してはならない．実際，薬物の，より多

くのものは，更に重症の症状をつくり出しうるだろう．そして，それらは，とりわけメジャートランキライザー（神経安定薬）について真実である．処方されたものよりも，より多くの薬物を投与することは，より多くの副作用をもまた，つくり出しうる．そしてそれらは，とくにアルツハイマー病をもつ人にとって危険でありうる．つぎの例は，医師の助言なしに神経安定薬の用量を増加することに関連する，いくつかの問題を例証している．

高用量の神経安定薬の有害な作用の場合の実例

　Emma Day は，中年をすぎた女性で，神経安定薬の一日の総量 150mg を処方されていた．この特別な薬物 (Mellaril) は，高度の鎮静作用をもっていた．用量は，激越興奮，睡眠障害の症状，および，かの女の夫についての妄想的な信念が軽減されるまで，1か月のあいだ増加した．これらの症状は，軽減されたが，しかしなおときおり発現した．夫の Jim は，糖尿病と重症の関節炎に罹患していた．糖尿病は，適正に管理されていなかった．こうして，うつ病の期間を始めている．

　この特別な日に，Jim は介護することと財政の諸問題のことでの疲労と心配によって，いくらかやきもきさせられていた．かれは，Emma の入浴の，のろさによって，ぶっきらぼうになり，また憤慨させられた．かれは，かの女の行動を反抗的，そして非協力的であると考えた．かれが，いっそう激しくなるに従って，Emma は，更にそれ以上，めちゃくちゃになった．かれが，いっそう強く主張すればするほど，かの女は，敵対するようになった．のちほど，かの女は平静に戻ったが，しかし Jim は，自分の考えで，かの女の薬物を増加することを決めた．その晩に，かれは，用量を2倍にした．

　次の日の朝，Emma は少しだが，いっそう混乱させられ，また鎮静化されていた．Jim は，もう一度用量を2倍にした．その朝のもっとあとで，かの女は，まだベッドの中に居り，そして Jim は，かの女に起床することを望んだ．かれは，多少の困難さとともに，ベッドからかの女を出し，かの女の心を，バスルームへ向けさせ，そして家の別の部分に立ち去った．途中で，かれは，かの女が転ぶ音を聞いた．かの女は，ひどくは，けがをさせられなかったがしかし，かの女の肩と肘は，まずく，打撲傷のあとがつけられた．数週間の間，Jim は，更衣と入浴について，より多くかの女を援助しなければならなかった．Emma の転倒と Jim の増大した仕事量は，医師の指示なしに投与された，あまりにも多量すぎる神経安定薬の直接の結果であった．

神経安定薬は，化学的拘束力として使用されてはならない

　異常な環境の中でを除いて，化学的拘束力としての神経安定薬の使用は不適当である．これは，家庭で，家族の成員たちによって，決して行われてはならない．2つの他の問題点が，上の例の中で生じさせられている．すなわち (1) 介護者たち，とくにより歳をとった人々は，しばしば介護すること，および毎日のストレッサーに対するかれらの反応を妨害しうる，健康の

問題をもっている．また (2) 薬物を増加することよりも，むしろ，問題解決，および対処のスキルを活用することが，介護者と患者の利益でなければならない．

この章では，われわれは，認知症，あるいはうつ病のような，他の同時に存在する，精神医学的状態に関連した症状を治療する際に用いられる，3つのグループの薬物を対象にする．副作用は，それらを生じうる薬物のグループに関して論じられ，また表に作られる．これらの薬物が処方される理由は，それらの一般名，および商標名と同様に言及される．

■副作用

神経安定薬は，認知症に関連した症状のために，もっとも頻繁に処方される薬物である．監視されなければならない，ひとつの起りうる副作用は，*低血圧*である．これは，血圧を低くすることという結果になる．そしてそれは，めまいや，平衡の喪失によって引き起こされる転倒 (falls) の危険を増大しうる．

副作用の別のタイプは，*錐体外路性の反応* (extrapyramidal reaction) と呼ばれる．それは，減じられた，あるいは，緩徐化された運動，筋強剛，静止している手の振戦，足を引きずって歩く歩行，流涎，および仮面様顔貌の原因になる．これらの症状の一部分は，とくに，もしも真のパーキンソン病が，アルツハイマー病と同時に存在するならば，認知症にともなって起こり得る．薬物誘発性，あるいは"仮性パーキンソニズム (pseudoparkinsonism)"は，神経安定薬による治療開始後，最初の週と2か月の間の，いつかに，現れる見込みがある．これらの症状は，他の薬物の慎重な追加によって軽減されうる．それは，順次に，もしも症状が次第に消失するならば，あとで中止されうる．

神経安定薬が，反対に激越興奮や落ち着きのなさを生じることなしに，それらを軽減するために投与されるときに，当事者は薬物に対して，逆説的な反応を示しつつある．患者は，静かに座っていることができないし，変わらずに，歩調を正しく，歩いているかも知れないが，その一方で，不安に，また動揺を感じる．さらに加えて，その人は，眠ることが困難なのに気づくかも知れない．いかなる姿勢も快適ではない．投薬における変化，用量を減じること，あるいは抗パーキンソン型の薬物の使用は，この副作用をもつ一部の人々に役に立つかも知れない．

もしも，アルツハイマー病をもつ人々が，長期間にわたって神経安定薬を摂取したならば，かれらは遅発性ジスキネジア (tardive dyskinesia) と呼ばれる，別のタイプの錐体外路性の反応の危険に陥る．加わってゆく年齢もまた，ひとつの危険因子でありうる．このタイプの副作用は，不随意的な口唇，および舌の運動，そして上肢と下肢をねじる運動 (writhing movements) によって特徴づけられる．より重症の遅発性ジスキネジア (tardive dyskinesia) においては，言語，食べること，歩行，および呼吸さえも障害されうる．用量を減じること，あるいはパーキンソン病治療薬を追加することは，この副作用を軽減するのに，首尾一貫しては役に立たない．最良の治療法は，予防的なものである．すなわち，可能なときにはいつでも，

神経安定薬の使用を回避しなさい．あるいは低用量で使用しなさい．

別のありうる副作用は，一部の神経安定薬が所有しうる，抗コリン作動性の効果に関係づけられる，せん妄，あるいは可逆性の認知症である．さらに共通の特徴は，口渇，かすんだ視力，散大した瞳孔，便秘，尿閉，鼻のうっ血，および増加した心拍数にかかわりがある．少数の神経安定薬は射精を抑制する．脳のコリン作動系は，それは記憶機能にとって絶対に必要であるが，アルツハイマー病では，すでに障害されている．神経安定薬とある種類の抗うつ薬は，アセチルコリン，すなわち脳の，コリン作動性ニューロンに対する，固有の化学的メッセンジャーの機能を遮断する．

その上に，急性の中毒性の錯乱状態のように見える，ひとつの症状群が発現しうる．この状態は失見当識，幻視，被刺激性，および障害された注意によって特徴づけられる．この症状群は，抗コリン作動性の作用をもつ薬物（群）を中止することによって治療されうる．症状は，2ないし3日の間に，消失する筈である．この薬物はついで，より少ない抗コリン作動性の特性をもつ薬物に変えられうるか，あるいは，もしも症状群が毒性の増強から発展したならば，中断の後，再開されうる．

いくつかの他の副作用は，一部の神経安定薬によって生じうる．とくに初老の人々に向けられるあるものは，高温と寒さに対して，より大きな感受性がある．体重の増加が，神経安定薬を摂取しているときにもまた，起こりうる．心臓に関する副作用は，神経安定薬の一部については稀であるが，起こりうるしまた，心疾患をもつそれらの患者たちのために，考慮に入れなければならない．

他の副作用が起こりうるが，しかし，全く稀である．医師は，家族の成員たちがするであろうように注意深くアルツハイマー病の患者を監視しなければならない．

精神医学的な薬物の3つのグループ，神経安定薬，穏和安定薬，および抗うつ薬が次に記述される．

■神経安定薬（Neuroleptics あるいは抗精神病薬 Antipsychotics）

目的

激越興奮／不安，疑い深さ，敵意，妄想，幻覚，先入観，精神病的状態から生じる不十分なセルフケア，社会的なひきこもり，非協力性，好戦的な，そして敵意のある行動という症状を管理する．

薬物は，落ちつかせる，あるいは鎮静する作用をもっている．気分，思考，および行動に対して抗精神病的作用，あるいは正常化する作用がある．

副作用

眠気（drowsiness），光に対する敏感さ，減じられた発汗，口渇，声のふるえ，排尿障害，便秘，

頚部／背部における筋の痙攣 (spasm)，落ちつきなさ，霧視 (blurred vision)，めまい／頭のふらふら感，低血圧，硬直，鼻閉，はやい心拍，流涎，減じられ性的能力，引きずり歩行

関係のあるどの副作用も，薬物を処方する医師の注意をひくことに，ならねばならない．より新しい，非定型抗精神病薬—リスペリドン risperidone（リスパダール Risperdal），クエチアピン quetiapine（セロクエル Seroquel）およびオランザピン olanzapine（ジプレキサ Zyprexa）—はいっそう好ましい，副作用のプロフィールに関連しており，他の接近法に対して反応しない認知症の，行動上のまた，心理学的な症状を治療するために使用されつつある．より低い用量が，しばしば好結果を生む．より重症の，激越興奮，攻撃性，妄想，そして幻覚は，より程度の高い用量を必要とするであろう．

気分安定薬である，バルプロ酸，valproic acid（Depakote）と，カルバマゼピン carbamazepine（テグレトール Tegretol）は，神経安定薬が好結果でなかったときに，これらの諸問題を処理することに関して，効果的であった．これらの薬物は，単独で，また抗精神病薬，および抗うつ薬とともに，AD に関連した非認知症的諸問題を統制するために使用されうる．次の表はいくつかの普通の神経安定薬と副作用を控えてある．

神経安定薬

商品名	一般名	鎮静作用	抗コリン作用	錐体外路性
高度の効力				
Haldol	Haloperidol	弱い	弱い	高度
Navane	Thiothixene	弱い	弱い	高度
Prolixin	Fluphenazine HCL	弱い	弱い	高度
Stelazine	Trifluoperazine HCL	中等度	弱い	中等度
中等度の効力				
Trilafon	Perphenazine	中等度	中等度	中等度
Loxitane	Loxapine succinate	中等度	中等度	中等度
Moban	Molindone HCL	中等度	中等度	中等度
低い効力				
Thorazine	Chlorpromazine	高度	高度	弱い
Mellaril	Thioridazine	高度	高度	弱い

■穏和安定薬

穏和安定薬は，アルツハイマー病にともなって起こる，いくつかの症状を治療するために使用される．それらは，精神病の特徴が明白でないときに，不安／激越興奮を抑制することのために，いっそう適切であるだろう．これらの薬物は，徐々に身体の中に蓄積されうる．それゆえに，より短い半減期をもつ，それらの薬物が，この蓄積を防ぐために使用されなければなら

ない．薬物の半減期が長ければ長いほど，それは身体の中に長い間とどまる．われわれは半減期を下に，またおのおのの薬物の作用の速度（作用開始の速度）を書き留めている．一部の例では，この薬物を定期的によりも，むしろ必要とされるに応じて投与することがより適切であるだろう．われわれは単に抗不安薬を示している．

目的

不安／激越興奮という症状，および関連する不眠を軽減する．

副作用

過鎮静　めまい　疲労
眠気　頭がふらふらすること　うつ病
普通でない興奮　頭痛　霧視　神経過敏　被刺激性（逆説的）　呼吸の諸問題

他の薬物によるように，穏和安定薬の使用は，他の内科的疾患に対しては，適切ではないであろう．医師は，この因子を考慮するであろう．このタイプの薬物による禁断症状は，医師によって管理されなければならない．というのは，もしも，その人が長い期間にわたって，その薬物を摂取してきたならば，いろいろな問題がありうるからである．

穏和安定薬

一般名	商品名	効果開始の速度	半減期（時間）	高齢者のための用量範囲 ミリグラム／日
Diazepam	Valium	もっとも速い	26-53	2-10
Clorazepate dipotassium	Tranxene	速い	30-200	7.5-15
Triazolam	Halcion	速い	2-5	0.25-0.5
Lorazepam	Ativan	中間的	20-200	0.5-4
Chlordiazepoxide HCl	Librium	中間的	8-28	5-30
Alprazolam	Xanax	中間的	6-15	0.125-0.5
Oxazepam	Serax	中間的ないしおそい	5-15	10-30
Temazepam	Restoril	中間的ないしおそい	12-24	15-30
Prazepam	Centrax	おそい	30-300	10-15

■抗うつ薬

どれくらい頻繁に，アルツハイマー病の患者たちが抑うつ的になるかについて，いくつかの問題がある一方で，うつ病が，アルツハイマー病に先行し，あるいは，共存しうることには疑問の余地がない．一部のうつ病は，うまく治療され得る．そしてその人の精神状態は，改善するであろう．しかし，副作用は，抗うつ薬についての重大な懸念である．抗コリン作働性の効

抗うつ薬

商品名	一般名	鎮静作用	抗コリン作用	起立性低血圧
Elavil	Amitriptyline	高度	高度	高度
Asendin	Amoxapine	中等度	弱い	中等度
Wellbutrin	Bupropion	弱い	弱い	弱い
Annafranil	Clomipramine	高度	高度	高度
Norpramin	Desipramine	弱い	弱い	弱い
Sinnequan/Adapin	Doxepin	高度	中等度―高度	高度
Prozac	Fluoxetine	弱い	弱い	弱い
Tofranil	Imipramine	中等度	中等度	中等度
Ludiomil	Maprotiline	高度	弱い	弱い
Pamelor/Aventyl	Nortriptyline	弱い	弱い	弱い
Paxil	Paroxetine	弱い	弱い	弱い
Zoloft	Sertraline	弱い	弱い	弱い
Desyrel	Trazadone	高度	弱い	中等度

果は，抗うつ薬の投薬によっても起こりうる．すべての副作用は，重要でありうるが，より多くの錯乱やせん妄を生じるそれらは，予防されなければならない．認知症においては，これらの作用は，存在している記憶や認知の欠損をさらに悪化する．適切な抗うつ薬の慎重な活用は，時には，これらの副作用を回避しうる．(アルツハイマー病をもつうつ病についてのより詳細な情報については第3章を見よ).

選択的セロトニン再取り込み阻害薬 (SSRIs)，および他のタイプの新しい抗うつ薬は，アルツハイマー病をもつ，うつ病を治療することに関して成功の見込みを示しつつある．またamitriptyline，およびimipramineのような三環系抗うつ薬のそれらよりも，よりよい耐性がある副作用のプロフィールをもっている．この表に載せられていない，新しい世代の抗うつ薬は，nefazodone (Serzone)，venlafaxine (Effexor)，fluvoxamine (Luvox)，citalopram (Celexa) およびmirtazapine (Remeron) である．

目的

抑うつ的な気分の，いろいろな面を軽減し，食欲と睡眠の習慣を改善し，社会的機能を改善し，エネルギーのレベルを増強する．

副作用

眠気，心拍数の増加，低血圧，口渇，霧視，不整脈，尿閉，便秘，体重の増加，鼻閉，めまい／失神，胃の不調，せん妄，振戦，嘔気，甘いものに対して増加した食欲，徐脈

別のタイプの抗うつ薬，モノアミン酸化酵素阻害剤 (MAOs あるいは MAOIs) は，多少関心を

もたせる．この抗うつ薬は，他のものが作用しないときに考慮されうる．しかし，食餌の制限（訳註，肝障害，高血圧の危険がある），また他の薬物とMAOIsを併用することに関して（訳註：交感神経作働性アミン類を含むすべての薬剤を避ける），特別な配慮が行われなければならない．このタイプの薬物は，また注意深く考慮されなければならない副作用をもっている．

たいていの抗うつ薬は，治療的レベルに達するまで，数週間から1か月を必要とする．家族たちは，このことを考慮に入れ，また，これに耐え得なければならない．高齢者たちについては，より低い用量での投与が，しばしば，抗うつ薬が，どれくらいよく耐えられるであろうかを決定するために開始される．

■要　約

精神医学的薬物——注意深く処方され，また管理されるとき——は，アルツハイマー病に関連する精神医学的症状の管理において，役に立ちうる．家族は，これらの薬物が処方される理由，そしてどんな副作用が予想されるかを，理解しなければならない．度々の簡単な説明が，アルツハイマー病の患者たちが，かれらの薬物を服用することを勇気づけるであろう．あらゆる精神医学的薬物は，弛緩，および睡眠によって援助しうる．家族たちは，副作用を監督すること，そして処方している医師に，これらを報告することに責任がなければならない．家族の成員たちは，処方された用量を増加するために，気がかりな症状を過大視したり，あるいは過度に報告するための誘惑を回避しなければならない．結局，専門家の援助は，行動上の諸問題，および介護者のストレスを処理するための，より適切な方法を学習することを目標に捜し求められなければならない．もっぱら，精神医学的薬物に依存することは，十分ではないであろう．

あとがき

　私がおよそ17歳であったとき，私は，Texas州，Wacoの近くの，孤立した田舎の地方にあった祖父母の家の傍で，入江に沿って積み上げられた石の中に隠されていた，古びたドイツ製の，飲酒用のマグカップを発見した．入江は，私のお気に入りの場所のひとつで，探険することは刺激的であった．それは，ひとつには，私がある程度まで海のトウ（sea cane：海辺の竹のような植物）の中に，隠れることが，そして水をはねとばして進むことができるであろうから，けれども，もうひとつには，私がつねに，そこに，時代がかった，そして貴重な何かを発見したいと望んだからであった．私の眼は，古いコインと矢じりのためには油断がなかったが，私はその代りに，錆びたブリキ缶と，使い古したラバの馬具からとれた，バックルを見つけるのであった――私が古いマグカップを見つけた日まで．取手はこわされていた．しかし，そのタイプの，多くの装飾的なマグカップについているように，昔のドイツで，それの上に刻みつけられたものがあった．確かに，私は思った．そこに現れた，ある偉大な真理があると．もしも単に，それを翻訳する誰かを，知ることができただろうならば．

　私の家族は，ドイツ語を話すのを止め，そしてその言語を大部分忘れてしまって以来，長い期間を過ごした．けれども，私は，その言葉が意味することを，私が理解するのを助けてくれる誰かを捜し求めた．結局，ハイスクールのドイツ語教師が，古代のドイツ語が，次のように述べているのを翻訳するための，誰かを見つけた．すなわち

神はあなたを守る．
物事が起こった
私が心に描いたのとは違って

それなのに

神はあなたを守る．
それはつねに，感じのよいものであった．

　私の青春期の心の状態の中で，私は，そのときに，刻みつけられたものが，ずっと昔に，その最初の恋愛の対象を喪失した，若い人に関係があるに違いないと考えた．しかし，後になって，私が，高齢者たちと，かれらの家族たちとともに働き始めたとき，その言説は，非常に異なった性質の喪失への適用によって，意味において深みを増した．つかの間の恋愛の結末に，かな

えられていない，失なわれた夢を認めるのは難しい．何十年もにわたって，ゆっくりと形作られたが，しかし終るまで，永久に進行し続けるように見える病気によって，無情にも，ばらばらにされた計画と夢を知ることは，全く別のことである．

　昔の言説は，それらの言葉を，私が今日，私が毎日協力している人々——少くともまだ終っていない，ある事の承認によって充満された永遠のさよならに暇(いとま)がなかった，アルツハイマー病をもつ人々と，かれらの家族たちに，適用しながら，マグカップを眺めるときに，新しい意味をまとう．

　私は，どのように，マグカップが，いくつかの場所で欠けた形にされてしまったかを思い浮かべる．その磁器製品は，時間と天候の猛威によって，ひびが入って終る．ひとりのティーンエイジャーとして，私は，マグカップが，昔はきっととても美しかったであろうと心に描いた．私は，もしもそれが話すことができただろうならば，それが私と共有できたであろう，歴史のすべてについて考えた．度々，私は，マグカップを，その最初の状態に復旧する方法を見つけようと努めた．欠けあとは埋められた．しかし，それは，あまり役に立たなかった．それは，復旧され得ないであろう．

　結局，私は，マグカップを，それがあったままのものとして受けとった．それはまだ，特別なものであったし，それが運んだメッセージは，時間が経過するに従って，より多くの意味をもつものになった．私は，マグカップを，その最初の形に戻し得なかった．私にとっての，その個人的な価値は，他の人々によって充分に真価を認められ得ない．その本来の機能と目的は失われた．しかし，それは，まだ，私の家庭で，本棚の上の名誉ある場所を占めている．そして，そのメッセージは，人生は喪失と失望で一杯であるが，しかしまた希望で一杯であることを，私に思い出させるのに役立っている．

　われわれが，誰かに先立たれたときに，楽しかった，それに不快だったと，起こったことを追想するのは普通である．アルツハイマー病の場合に，あなたの介護の行為は，あなたが愛した人に対して大いに影響した．あなたは，現在，それを認めるために，またそれを，あなたに対して大いに影響させておくために，その人に耳を傾ける必要がある．

　われわれの誰でもが，物事は，われわれが想像したのとは相違して解決された，と言うことができるだろう．もしも，われわれが，あり得ただろうことのみについて考えるならば，われわれは，おそらく，どんなに感じよく，それがあり得ただろうかを，深く考えている．そうではなく，かつてあったこと，今だにそんなものであること——人の全人生の体験，記憶，そして遂行，を，われわれは思案しているのかも知れない．そして，それらもまた，感じがよいと，それらは，その通りではないのか？

　　　Behut aich Gott,
　　　（神はあなたを守る）
　　　Howard Gruetzner
　　　Waco, Texas

訳者あとがき

　本書は Gruetzner H., *Alzheimer's : A caregivers guide and sourcebook*, 3rd edition, NewYork, John Wiley & Sons, Inc., 2001 の完訳である．

　現在，アルツハイマー病の種々の治療薬が，使用されているにも拘らず，この病気の治療や治癒には，多大な障壁が存在する，というのが偽らざる現状であると言えよう．さらに，アルツハイマー病の患者が，医療の手に委ねられる前に，家族の方々が，その介護のために如何に苦しまれるかは，想像に絶するものがある．人権についての意識が高く，また家族を大切にする人々が多い社会では，なおさらのことであろう．

　本書の第Ⅰ部は，現時点でのアルツハイマー病に関する正確な知識，従来の誤った考えについての啓蒙，介護者たちの個々の反応，介護者たちがストレスやうつ病に悩まされるリスクについての警告が仔細にまた，冷静に述べられ，介護者自身のメンタルヘルスに配慮し，人間関係や地域の資源を大切にすることを勧めている．第Ⅱ部では，かなり専門的なアルツハイマー病に関する医学的知識，また向精神薬を含めて治療薬的な薬物についての理論や作用機序，現代におけるそれらの評価や研究の現状が，分かり易く書かれているので，家族の介護者は勿論，専門的な介護，看護者，ケースワーカー，薬剤師，精神科医および管理に当っている方々にも役立つものと考える．

　なお，本書の出版にあたって，多大な御助力を頂いた学文社の田中千津子社長およびスタッフの方々に，深く謝意を表する次第である．また兄の日大名誉教授菊池敏夫に，紹介の労をとってくれた好意を有難く思っていることを付記しておく．

　平成 22 年 11 月 27 日

訳　者

付録 A　作業進行表

■行動プロフィールの使用

　行動プロフィールは，家族の介護者および専門家にとって役立ちうる．われわれはその内容と使い方を簡潔に論じるであろう．

行動の領域：　5つの範疇の中で，表に載せられた58の行動がある．これらの行動は，アルツハイマー病とともに生じる．けれども，一部のものは，すべての人々においては頻繁なものとしては起こり得ない．確かに，稀な理由では，一部のものは，ほとんど誰でもについて起こる．行動の問題は他の状態，とくに精神医学的障害とともに起こりうる．

どれくらい頻繁にそれは起こるか：　多くの問題は，それらが頻繁に起こらないかぎり，有意味ではない．これは，確かに，アルツハイマー病における，症状とそれらの徴候をもつ場合である．もしも，食べないこと，あるいは入浴しないことのような行動が頻繁に起こるならば，より多くの監督が指示され得る．他の行動は，たとえ，徘徊，あるいはストーブを点火したままにしておくような行動が，たまに起こるとしても，注意を必要とする．介護者は，援助と監督の，必要な程度の計画をたてるために，行動の頻度を利用しうる．一部の行動は，他のそれよりも，より多くの介入を必要とするであろう．行動の起こりうる結果は，介入のタイプに，またどれくらい速やかに，介入が行われなければならないかに影響を及ぼすであろう．たとえば，人が，運転に失敗するようになり始めるならば，かれの運転をやめさせるために，行動がとられなければならない．問題の否認が起こりうる．これは厄介であるだろうが，しかしその人が有害な結果を経験しうるであろう物事を，どうしても実行することをあくまでも要求しないかぎり，問題を提出しない．

どれくらい多く，それはあなたを困らせるか： このことは，より多くの理解と注意を必要とする行動を指摘するのに役立つであろう．たとえば，もしも身づくろいに付随的な事故が，介護者にとって極端に厄介であるならば，この領域は，偶発事の回数を減じるために取り組まれなければならない．もしもその人が，妄想的な観念をもっているならば，これらの観念は，おそらく激越興奮によって付随されるであろう．これらの行動は，つねに，介護者を最初はおおいに悩ませる．精神医学的投薬が，おそらく必要とされるであろう．介護者たちが，アルツハイマー病の症状に適応しようと努めるに従って，かれらは，さらに，症状のより大きな数によって，悩ませられるであろう．

プロフィールを完成させること： おのおの行動のために，次の2つの範疇の中の，もっとも適切な枠をチェックしなさい．すなわちどれくらい頻繁にそれはおこるか，またどれくらい多くそれはあなたを悩ませるか．もしも，行動が，あなたがその範囲の問題をとりはらったために，もはや心配がないならば，その行動と右の方のかこみの列を抹消しなさい．たとえば，もしもあなたが，現在その人のために紙幣を支払っているならば，"紙幣を支払うのを忘れる"と右の方のかこみの列を抹消しなさい．

プロフィールの利用： 介護者たちと，専門家たちの両方ともが，プロフィールを利用できる．介護者たちは，プロフィールを完成させ得る．また，どのように，行動が変化するか，そして，どのようにかれらの問題についての認識が変化するか，を見て知るためにそれを参照させることができる．より重症に障害された人は，より多くの行動を，より頻繁に起こすことがあるだろう．しかし，これは，つねに徐々に起こる．もしも，多数の行動の頻度が，突然増加するならば，根底に潜む医学的な状態が明らかになったのであろう．投薬が再検討される必要があるかも知れない．

　もしも，その人が診断されていなかったならば，完成されたプロフィールは，その個人の機能と，介護者の懸念について，医師に情報を提供するであろう．プロフィールは，診断の道具であるために意図されてはいない．しかし，人が検査を受けられないときに，信頼すべき家族の情報が，プロフィールを完成させることによって，機能することについての，いっそう完全な病像を供給しうる．
　カウンセリングの目的のために，プロフィールは，より多くの問題解決のための作業と，理解を必要とする行動を指示しうる．それは介護者にとって，大きな関心をもつものであり，また，それ故に，付加的な支持，および介入，あるいはそのどちらかを必要とする行動の範囲をもまた，いっそう速やかに明らかにする．

行動のプロフィール

姓名：＿＿＿＿＿＿＿＿＿＿＿＿＿＿＿＿　　介護者：＿＿＿＿＿＿＿＿＿＿＿＿
日付：＿＿＿＿＿＿＿＿＿＿＿＿＿＿＿＿　　介護期間：＿＿＿＿＿＿＿＿＿＿

おのおのの行動について適切な範疇をチェックしなさい

	どれくらい頻繁にそれは起こるか				どれくらい多くそれはあなたを悩ませるか			
	つねに	大抵	ときどき	一度もない	極度に	非常に多く	中等度に	少しだがある／少しもない

行動の範囲
見当識
1. 友人たちを認めない
2. 家族を認めない
3. 年を忘れる
4. 月を忘れる
5. 曜日を忘れる
6. 場所（町，など）の名を呼べない
7. よく知っている場所を認めない
8. 近所で道に迷うようになる（歩行で）
9. 運転していて道に迷うようになる
10. 自分の家庭で迷うようになる
11. 夜間により多く混乱する
12. 初めての場所でより多く混乱する
13. 徘徊し，そして道に迷うようになる

記憶

14. 取るに足らない品目を紛失し／置き忘れる
15. 貴重な事物を失い／置き忘れる
16. 紙幣を支払うのを忘れる
17. 食べるのを忘れる
18. 読んだ事を思い出せない
19. 水道，ガスなどの栓を止めたり，電気器具を切ったり消したりするのを忘れる
20. どんな会話が行われているかを忘れる
21. テレビで行われていることを追跡できない
22. 入浴を忘れる
23. その日の重大な事件を忘れる
24. その週の重大な事件を忘れる
25. 遠い過去の重大な事件を忘れる

言語

26. 会話を開始することができない
27. 他の人々が話すことを誤解する
28. 質問に答えられない

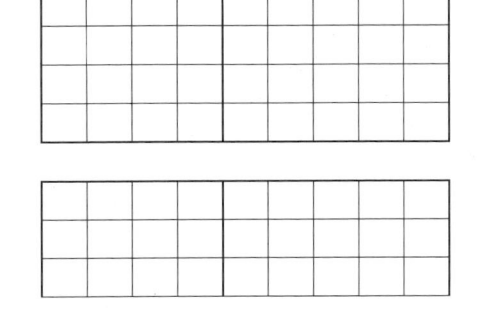

	どれくらい頻繁にそれは起こるか				どれくらい多くそれはあなたを悩ませるか			
	つねに	大抵	ときどき	一度もない	極度に	非常に多く	中等度に	少しだがある	少しもない

29. 適切な言葉を見つけるのが困難である
30. 単に慣用句で話している
31. 質問を回避する
32. 要求を言葉に表せない
33. 同じことをくりかえして話す
34. 言われることがほとんど意味をなさない

移動／運動

35. 短距離を歩き，足をひきずる歩行
36. ゆっくりした困難な歩行
37. 歩いているときに容易に疲れる
38. 椅子からひとりだけで立ち上がれない
39. 階段を利用できない
40. 食器を利用できない
41. 名前が書けない
42. 手／腕がふるえる

行動の諸問題

43. 眠ることに問題がある
44. トイレを使わせる場合に思いがけない出来事がある
45. 過去のことについて過度に話す
46. 問題を否認する
47. 容易に混乱した状態（upset）をもたらす
48. 身体的に乱暴になる
49. よくない判断を示す
50. 薬物を服用することに困難がある
51. 運転が危険である
52. 非常にひきこもり，家から立ち去ろうとしない
53. 非常にいらいらしまたそわそわしている
54. 絶え間なく歩き，行ったりきたりする
55. 非常に疑い深く／妄想的
56. 妄想的観念をもっている
57. 幻覚がある
58. 性的に不適当

その他

59.
60.
61.
62.
63.

■個人的／社会的支持のための資源を活用すること

　家族の成員たちは，しばしば，介護することに関して，孤立化されるようになった．しかし，これは不可避ではない．外部の世界との接触は維持されうる．介護することのストレスと圧迫が次第に強まるに従って，誰が援助しうるかについて考えることは困難になる．それ故に，あなたが，あまりにも多すぎる要求によって圧倒されるように，また考えるためのいかなる時間もないようになる前に，援助を求めるために人々を仲間に入れることは，よい考えである．

　最初に，家族と近所の人々の範囲内での，支持を評価することが役に立つ．自立した人々として，多くの介護者たちは，つねに，かれら自身の世話をしうると考えることを好む．しかし，絶え間ない介護は，事情を変化しうる．かれらは，なおさら，支持と援助を必要とするであろう．介護者たちは，家族に，友人たちに，近所の人たちに，教会の会員たち，あるいは専門家たちに援助を求めることができる．

　われわれは，最初は，介護者たちにとって，この（質問表の）形態を完全にすることが，しばしば，困難であることに，われわれの仕事の中で気づいた．あまりにも，しばしばすぎるのだが，単にひとりの人が，質問によって包含された，すべての範囲のための支援者である．他の人々については，後ろ盾（back up）の資源とみなされること，そして，介護者については，その範囲の一部を包含するために，少くとも1人，あるいは，2人の人々を頼りにし始めることが重要である．家族の支持グループは，重要な資源でありうる．

　質問のいくつかは，安全の，更に，直接的な根源を必要とすることを示している．たとえば，介護者が驚かされるとき，かれ，あるいは，かの女は，だれかに，速やかに話す必要がある．もしも，親戚の行動が脅迫的であるならば，介護者は，医師，あるいは，メンタルヘルスの専門家に依頼したいと思うであろう．もしも，介護者が，侵入盗が家の中にいると疑うならば，かれ，あるいは，かの女は警察を呼ぶにちがいない．

　いろいろな資源は，異なる質問のために，より適切であるだろう．介護者たちは，かれらの全体にわたる支持の網状組織を，綿密に調べるために，この形式を活用することが奨励される．親友は，貴重な資源であるが，しかし，他の個人的な資源が，現れることが必要であるだろう．

個人的／社会的支持のための資源

姓名：＿＿＿＿＿＿＿＿＿＿＿＿＿＿＿＿　日付：＿＿＿＿＿＿＿＿＿＿＿

あなた自身の状況を使用すること．おのおのの質問の，右の欄に適合する，もっとも適切な個人的／社会的支持を確認しなさい．
少くとも３つをチェックするように努めなさい．

	あなた自身	配偶者	子供たち	他の家族	友人たち	近所の人たち	教会	牧師／司祭	医師	他の専門家	支持グループ	官庁のスタッフ	その他
1. 誰を，あなたは移送のために，頼りにできるか？													
2. 誰を，あなたは財政上の援助／決定のために頼りにできるか？													
3. 誰が，家族の人々の家事に対して，大部分を援助できるか？													
4. 誰を，あなたは面会の約束を手に入れるために，頼りにできるか？													
5. 誰と，あなたは一週間の間，一緒に物事を実行することを楽しむか？													
6. 誰を，あなたは危機のときに頼りにしうるか？													
7. あなたが，身体的に病気であるときに，誰をあなたは頼りにできるか？													
8. 誰を，あなたが，非常に混乱しているときに，あなたをなぐさめるために，あなたは頼りにできるか？													
9. 誰を，あなたが，驚かされているときに，あなたは捜し求めるであろうか？													
10. 誰が，あなたが，ひとりぼっちでいるときに，あなたに話しかけるであろうか？													
11. あなたが話す必要があるときに，誰が，聞こうと努めて，あなたを頼りにできるか？													
12. 誰と一緒だと，あなたは実際に，あなた自身でありうるのか？													
13. 誰を，あなたは完全に信頼しているか？													
14. 誰が，あなたを１人の人間として，実際に真価を認めていると，あなたは思うか？													
15. 誰と，あなたはもっとも頻繁に，接触をもっているか？													
16. 誰の助言を，あなたはもっとも受け入れる見込みがあるか？													
17. 誰が，あなたの自立をもっとも支持するか？													
18. 誰が，あなたをもっともよく理解しているように見えるか？													
19. 誰が，あなたが，あなた自身と誠実につき合うのを援助するか？													
20. 誰が，あなたが，建設的な見通しを保有するのを援助するか？													

あなた自身の状況を使用すること．おのおのの質問の，右の欄に適合する，もっとも適切な個人的／社会的支持を確認しなさい．
少くとも3つをチェックするように努めなさい．

質問	あなた自身	配偶者	子供たち	他の家族	友人たち	近所の人たち	教会	牧師／司祭	医師	他の専門家	支持グループ	官庁のスタッフ	その他
21. 誰と，たいていの場合に一緒にいると，あなたが楽しい思いをするか？													
22. あなたの現在の状況を，誰が，もっともよく理解しているか？													
23. 誰が，あなたの問題をあなたが解決するのを，最高の程度に援助しているか？													
24. 誰が，介護することにおいて，一時的にあなたに代わることができるだろうか？													
25. 誰を，法律的な問題について，あなたは信頼しているか？													
26. 誰と，家族の問題について，あなたは話ができるか？													

■在宅ケアのリスト

　この書式は，かれらの親戚たちが，毎日の生活の活動を遂行するために，実際にどれくらい多くの援助を必要とするかを決定するために，家族の成員たちによって活用されうる．現実的な期待が，明らかになりうる．そしてこの情報は，介護することで援助する，他の人々に伝達されうる．アルツハイマー病の患者たちは，かれら自身のために，かれらができることを実行するべく，勇気づけられなければならない．家族の成員たちは，必要もないのに，かれらのために物事を実行することは避けなければならない．

　アルツハイマー病をもつ一部の人々は，なお1人だけで生活している．これらの症例では，在宅ケアのリストが，その人がどれくらい多くの援助を必要とするかを決定するために，家族の成員たちのために役に立つであろう．

　ナーシングホームは，居住者がどれくらい多くの援助を，毎日の生活の活動，社会化およびレジャー／レクリエーション的活動の中で必要とするであろうか，についてのよりよい着想を得るために，この書式を利用しうる．このスケールは，計画をたてること，コミュニケーション，そして監視することの道具である．他の専門家たちは，家族たちに，適切な地域社会の資源を確保してあげるのを，援助するために，それを活用しうる．

　おのおのの行動について，どんな風にそれが起こるかを，もっともよく詳述する範疇をチェックしなさい．たとえば適切に，あるいは強く望まれるものとして起こる行動については，ことばに関する援助，身体的な援助，あるいは完全な管理が，必要であるだろう．他方規則的な基盤にもとづいて，要求されたものとして，起こる行動については，そこに，どの種類の援助も必要ないであろう．一部の症例では，行動は完全な管理をもってしてさえ，強く望まれるように，あるいは適切に，なしとげられないであろう．その場合には，行動が適切に起こっていないことをチェックしなさい．その行動が適合しないときには"適切でない"のためのNA (not applicable) を記入しなさい．

■定義

援助なし： 行動は，いかなる援助あるいは改善する道具（すなわち眼鏡，補聴器，歩行器，など）もないにも拘らず，適切に起こる．

ことばに関する援助による： 行動は単に言葉に関する，ヒント，思い出させるもの，教えられた知識，指図，などによって適切に，あるいは強く望まれるように起こる．

身体的な援助による： 言葉に関する援助では十分ではない．身体的な援助が，行動が適切に起こるために必要とされる．介護者は，身体的に，その人のために援助し，あるいは実行する．眼鏡，および他の適応のための道具は，身体的な援助に代わるものである．

全体にわたる管理による： 行動は，ことごとく管理されている場合に限り起こる．言葉に関する，また身体的な，両方ともの援助は，管理の一部として必要であるだろう．

行動は適切に起こらない： 行動が，援助および管理によってさえ，強く望まれるようには起こらない．

在宅ケアの表

姓名：＿＿＿＿＿＿＿＿＿＿＿＿＿＿＿＿＿　　日付：＿＿＿＿＿＿＿＿＿＿＿＿

	行動が適切に起こる				行動は適切には起こらない
	援助なし	ことばに関する援助による	身体的な援助による	全体にわたる管理による	

I. 毎日の生活の活動

基本的部分

A. 自分で服を着替える
B. 規則的に入浴する
C. 規則的に食事をする
D. 処方された薬を服用する
E. 市販の薬物を服用する
F. 必要に応じて浴室（便所）を使用する
G. 自分をいつものように身綺麗にする
H. 清潔な衣類を身につける

上位の行動

A. 食事の支度をする
B. 食物の買物をする
C. 紙幣を支払う
D. 電話を使用する
E. 安全にストーブを使用する
F. 医療の助言に従う
G. 金銭を処理する
H. 衣類を洗濯する
I. 家を清潔に保つ
J. 毎日のきまりきった仕事を続ける
K. 天候にふさわしい衣類を身につける
L. 必要とされたときに援助を捜し求める
M. 車を運転する
N. 医師と規則的な接触をもつ

II. 社会化

A. 社会的な活動のために家を立ち去る
B. 友人たち，近所の人たちとの良好な相互作用
C. 配偶者との良好な相互作用
D. 他の家族との良好な相互作用
E. 自己を表現する
F. 他の人々の言っていることを理解する

	行動が適切に起こる				行動は適切には起こらない
	援助なし	ことばに関する援助による	身体的な援助による	全体にわたる管理による	

G. 親しい人々を認める
H. 一般に人々と折り合ってゆく

Ⅲ. レジャーの活動

A. 特別な指示に従う
B. 庭の中を歩く
C. 近いところを歩く
D. 新聞を読む
E. テレビを見る
F. ゲームで遊ぶ
G. 雑誌にざっと目を通す
H. 園芸を楽しむ
I. 音楽を聴く
J. 美術あるいは手工芸を楽しむ
K. 運動をする

その他：

■ケアマネージメントのストレス

　この書式は，家族の介護者，および，介護者とアルツハイマー病の患者にかかわり合った専門家たちのために役に立ちうる．それは問題を解決する，そして，介護者の状況の中に，変化を生じさせる，ための別の接近方法である．一部の変化は，心理学的適応の結果として起こらなければならない．しかし，家族の支持と外部の資源が役に立ちうる．たとえば，アルツハイマー病の診断を受け入れるのが困難であるとき，介護者は，患者と介護者の両方ともに対し前途に待ちうけることを理解するために，適応する時間と，沢山の情報を必要とする．頻繁な財政上の問題を経験する介護者にとって，地域社会の資源の可能性と調査を話し合うための家族の会合が，役に立つことを立証するであろう．

　介護者が，何度も孤立させられ，見捨てられたと感じるときには，自分たちのケアと配慮を示している他の人々が援助しうる．他の陳述は，頻繁なストレスに対する，介護者の反応を反映している．陳述の別の群は，専門家の治療を必要とするであろう，うつ病，あるいは他の適応の問題を示唆しうる．たとえば，過度に混乱させられ，あるいは疲労させられていること，十分に眠っていないこと，あるいはいらいらすると感じること，このすべては介護者にとってのより多くの支持を，カウンセリングを，そして，ことによると，治療を介護者のために必要としている．

　家族の問題，あるいは疎隔化の感情は，もしも，家族についての陳述が，頻繁に認められるならば，明白であるだろう．これらの種類の問題は，家族を，意見を異にする家族の見解を受け入れることに連れ戻し，和解させる，あるいは受け入れる方法を徐々に明らかにするために，カウンセリング，あるいは他の接近方法を必要とするであろう．

　このストレスのスケールは，どんな風に，介護の体験の持続期間全般に，かれらが対処しているかを評価することに関して，介護者たちを援助しうる．

ケアマネージメントストレス

介護者：_____　日付：_____　年齢：_____
依頼者：_____　年齢：_____　介護の持続期間：_____

おのおのについての反応をどうぞチェックしてください．

	一度も	稀に	ときどき	頻繁に	ほとんどつねに
1. 私は，私の親戚をひとりだけにしておくと不安である					
2. 心配事が，私をおおいに悩ませる					
3. 私は，何もかも実行して疲れているし，また弱り切っている					
4. 家族は，私が経験しつつあることを理解していない					
5. 誰もかれもが，起こりつつあることを認めない					
6. 家族の成員たちは，さらにおおいに援助しうるであろう					
7. 私は，更に多く，友人たちと会いたいと思うのを常とした					
8. 私の親戚の行動は，私を怖がらせる					
9. 現在，この診断を承認することは困難である					
10. 私の家族にとって，この診断を承認することは困難である					
11. 私は，更に多く緊張し，また神経過敏であるのを感じつつある					
12. 私は，多くの財政上の心配をもっている					
13. 私の親戚は，私に対して，あまりにも多すぎることを要求する					
14. 私は，医師たち／専門家たちによって，見捨てられていると感じる					
15. 私は，私の健康が，このことのために損害を受けていると思う					
16. 意志を決定することは，私にとって難しい					
17. 私は，より多くの休息と睡眠を必要とすると思う					
18. 家族の成員たちは，私が，より多くのことを実行しなければならないと考えている					
19. 私は，より多くのプライヴァシーを必要とすると，肌で感じる					
20. 私は，私が行う必要があることを，実行するために出ていけない					
21. 私の親戚の行動によって，私は，閉口させられる					
22. 私は，私の親戚によって，たやすく混乱する					
23. 私は，私がより多くの援助を要すると感じる					
24. 私は，私が，徐々に孤立化させられていると感じる					
25. 私は，将来起こるであろう事が怖い					

■スタッフのストレス測定

　この書式は，アルツハイマー病の患者たちをケアする，ナーシングホーム，およびデイプログラムでの使用のために計画された．それは，管理的，およびスタッフ育成的立場にある人々のために，育成訓練計画の中で，また個々に，使用人たちとして個々に働くことの中で，役に立ちうる．直接のケア・スタッフは，アルツハイマー病の患者と，もっとも多くの接触をもっている．それゆえに，かれらは，この病気を，よりよく理解すること，行動の取り扱い方，そして，この行動に情動的に対処する方法を必要とする．かれらは，スキルと感受性を必要とする．

　開放的な，そして支持的な，学習的環境の中で，これらのスタッフは，かれらの欲求不満と怖れについて，自由に相談でき，また率直でありうる．かれらは，脳を障害された個人たちの行動が，更に予測される，また管理しやすいようになりうる，ことを理解し始めるときにもまた，提言をよく受け入れるようになりうる．

スタッフのストレス測定

認知症のケア

下記のすべての陳述は，アルツハイマー病，あるいは類似した変質性の認知症に罹患している，居住者とともに働くために適用される感情および信念を反映している．おのおのの陳述について，どれくらい頻繁に，あなたが，そのような見方によって影響されているかをチェックしなさい．

	一度も	稀に	ときどき	頻繁に	ほとんどつねに
1. かれらの忘れっぽさは，本当に私の神経にさわる					
2. 私は，これらの居住者たちが，かれら自身のために，それ以上のことを実行しなければならないと信じる					
3. 私は，これらの居住者たちが暴力的になり，そして誰かを傷つけるであろうことを恐れる					
4. 私は，非常に多く，かれらに対して物事をくりかえすことによって疲れる					
5. かれらの家族は，これらの人々のために，われわれが行っていることを全く認めない					
6. かれらのぺちゃくちゃ喋る，そして散漫な話は，私をいらいらさせる					
7. これらの人々と親しく交わることは，私にとっては非常に困難である					
8. かれらが問題を否認したり，またものごとについて他の人々を非難するとき，私は狂ったようになる					
9. 私は，これらの居住者たちと一緒に作業をしていて，ほんとうに疲れる					
10. これらの居住者たちに起こりつつあることを，承認することは困難である					
11. 私は，これらの居住者たちと一緒に作業しながら，欲求不満になり，そして怒るようになる					
12. 私は，より多くの薬物が，かれらを援助することをより容易にするであろうと考える					
13. 私は，かれらの家族たちと話すことで当惑する					
14. 私は，携えてきた，かれらについての私の仕事を，わが家でしている					
15. 私は，これらの居住者たちが，われわれの援助を更にそれ以上，有難く思わなければならないと思う					
16. これらの人々が，さまよって居なくなるであろうことが，私を悩ませる					
17. 私は，かれらのために物事を実行するのに，あまりにも長すぎる時間を要すると思う					
18. これらの居住者たちが，どれくらい無力になるかということが，私を苦しめる					
19. 私は，われわれが，かれらと一緒に仕事をするためには，より多くの訓練を受けなければならないと信じている					
20. かれらの行動を，他の居住者たち，あるいは家族たちに説明することは困難である					

サービス／資源　作業進行表

例

機関の名称：<u>在宅看護</u>

サービスのタイプ／必要とされる資源：<u>家庭におけるアルツハイマー病の患者の管理と基本的な個人的ケア（入浴）による援助</u>

サービス／資源が成しとげるであろうこと：<u>介護者に立ち去る，そして必要な用事，訪問，買物に行く，を実行するための時間を与える</u>

機関／個人的な用意されたサービス――接触する人：<u>在宅看護：Jodie Smith</u>

適格に必要な条件（収入，年齢，地理的）：<u>サービスのこのタイプのためには何もない</u>

報酬／サービスの費用：<u>10 時間の間 1 時間につき 5 ドル</u>

時間経過にともなうサービスの費用の見積り：<u>1 か月につき 20,000 ドル× 12 か月</u>

報酬の構成のためのスライド制：<u>何もない――全体の毎月の時間について異なる 1 時間ごとの料金</u>

保険の適用範囲――どれくらいの金額，どれくらいの期間：<u>ナーシングケアが必要とされないかぎり何もない</u>

在宅および職場でのサービス，またはその一方：<u>すべてのサービスは家庭で供給される</u>

家族に対するサービスの恩恵：<u>介護者に，他のことをする時間である小憩を与える</u>

この機関によって供給される他のサービス：<u>機関は医学的な設備，ナーシングサービス，職業的，身体的，および言語的セラピスト（治療者）をもまた有している．</u>

専門家たちおよび友人たち，あるいはそのどちらかによって推せんされた供給者たち：<u>この機関とホームヘルプヘルスケア（それはとにかく 1 時間につき 8.00 ドルである）</u>

付録B　自助（Self-Help）グループと援助しうる組織

アルツハイマー病協会

　自助グループの網状組織(ネットワーク)は，アルツハイマー病協会の助けによって存在する．加入するようになったばかりのグループは，ここで表に載せられていないだろう．アルツハイマー病協会に加入していない一部の地域における，一地区特有の支持グループもまた存在する．これらのグループは，介護者にとって役に立つであろう．あなたの地域の中の支持グループについて探し当てるために，加齢に関する地域の機関，あるいは情報，および支持計画に接触しなさい．アルツハイマー病協会は，加入したグループについての情報を，また疾患と介護することについての，情報を所有しているであろう．

国立の機関——アルツハイマー病協会，919N, Michigan Ave., Suite1000, Chicago, IL
　60611-1676；312-335-8700

アルツハイマー病協会は，情報，および指示のサービスの系列をもっている．それによって，あなたはあなたにもっとも近い，支持グループの位置をつきとめることができる．800-272-3900 に電話をしなさい．

アルツハイマー病教育，および指示のセンター，私書箱 8250, Silver Spring, Maryland 20907-8250, 800-438-4380

アメリカ健康援助基金

　アメリカ健康援助基金（AHAF）は，アルツハイマー病，ならびに他の高齢関連性および変性疾患に関する，科学的研究に基金を供給するために，もっぱら用いられる．AHAFアルツハイマー病の家族の救護計画は，いかなる他の手段も利用できないときに，アルツハイマー病をもつ人々，および介護者たちに対する，直接的緊急的財政的援助を供給する．基金は，請求次第で，アルツハイマー病に対する，無料の教育的資料をもまた提供している．アメリカ健康援助基金，15825 Shady Grove Road, Suite140, Rocckville, MD 20850; 301-948-3244 あるいは 800-437-2423

加齢に対する地域の機関

　加齢に対する地域の機関は，アメリカ高齢者法（Older American Act）によって示される，より高齢な人々のための計画を，実効あるものにすることを実施する．加齢に対する管理は，連邦制のレベルで，この責任をもっている．加齢に対する地域機関は，連邦の機関の，地域的な拡張である．つねに，おのおの州のための，加齢に対する地域機関を管理する，加齢に対する州の部局がある．読者はどんな「加齢に対する地域の機関」が，自分の特別の居住地を担当するかを決定するために，州の部局に電話をかけることができる．州の部局，あるいは加齢に対する地域の機関は，ナーシングホームオンブズマン（ombudsman：政府への苦情を処理する人）計画に関する，情報をまた供給しうる．

Administration on Aging
　　330 Independence Avenue
　　Washington, DC 20201
　　General Information: 202-472-7257

Alabama—Region IV
　　Melisssa M. Galvin, Executive Director; **Alabama Commission on Aging**, RSA Plaza, Suite 470, 770 Washington Avenue, Montgomery, AL 36130-1851; 334-242-5743; fax: 334-242-5594

Alaska—Region X
　　Jane Demmert, Director; **Alaska Commission on Aging**, Division of Senior Services, Department of Administration, Juneau, AK 9981 1-0209; 907-465-3250; fax: 907-465-4716

Arizona—Region IX
　　Henry Blanco, Program Director; **Aging and Adult Administration**, Department of Economic Security, 1789 West Jefferson Street, #950A, Phoenix, AZ 85007; 602-542-4446; fax: 602-542-6575

Arkansas—Region VI
　　Herb Sanderson, Director; **Division of Aging and Adult Services**, Arkansas Department of Human Services, P.O. Box 1437, Slot 1412, 1417 Donaghey Plaza South, Little Rock, AR 72203-1437; 501-682-2441; fax: 501-682-8155

California—Region IX
　　Lynda Terry, Director; **California Department of Aging**, 1600 K Street, Sacramento, CA 95814; 916-322-5290; fax: 916-324-1903

Colorado—Region VIII
　　Rita Barreras, Director; **Aging and Adult Services**, Department of Social Services, 110 16th Street, Suite 200, Denver, CO 80202-4147; 303-620-4147; fax: 303-620-4191

Connecticut—Region I
　　Christine M. Lewis, Director of Community Services; **Division of Elderly Services**, 25 Sigourney Street, 10th Floor, Hartford, CT 06106-5033; 860-424-5277; fax: 860-424-4966

Delaware—Region III

Eleanor Cain, Director; **Delaware Division of Services for Aging and Adults with Physical Disabilities**, Department of Health and Social Services, 1901 North DuPont Highway, New Castle, DE 19720; 302-577-4791; fax: 302-577-4793

District of Columbia—Region III

E. Veronica Pace, Director; **District of Columbia Office on Aging**, One Judiciary Square, 9th Floor, 441 Fourth Street, N.W., Washington, DC 20001; 202-724-5622; fax: 202-724-4979

Florida—Region IV

Gema G. Hernandez, Secretary; **Department of Elder Affairs**, Building B, Suite 152, 4040 Esplanade Way; Tallahassee, FL 32399-7000; 904-414-2000; fax: 904-414-2004

Georgia—Region IV

Jeff Minor, Acting Director; **Division of Aging Services, Department of Human Resources**, 2 Peachtree Street N.E., 36th Floor, Atlanta, GA 30303-3176; 404-657-5258; fax: 404-657-5285

Guam—Region IX

Arthur U. San Augstin, Administrator; **Division of Senior Citizens, Department of Public Health and Social Services, P.O.** Box 2816, Agana, Guam 96910; 011-671-475-0263; fax: 671-477-2930

Hawaii—Region IX

Marilyn Seely; Director; **Hawaii Executive Office on Aging**, 250 South Hotel Street, Suite 109, Honolulu, HI 96813-2831; 808-586-0100; fax: 808-586-0185

Idaho—Region X

Lupe Wissel, Director; **Idaho Commission on Aging**, P.O. Box 83720, Boise, ID 83720-0007; 208-334-3833; fax: 208-334-3033

Illinois—Region V

Margo E. Schreiber, Director; **Illinois Department on Aging**, 421 East Capitol Avenue, Suite 100, Springfield, IL 62701-1789; 217-785-2870; Chicago Office: 312-814-2916; fax: 217-785-4477

Indiana—Region V

Geneva Shedd, Director; **Bureau of Aging and In-Home Services, Division of Disability, Aging and Rehabilitative Services**, Family and Social Services Administration, 402 W. Washington Street, #W454, P.O. Box 7083, Indianapolis, IN 46207-7083; 317-232-7020; fax: 317-232-7867

Iowa—Region VII

Dr. Judy Conlint, Executive Director; **Iowa Department of Elder Affairs**, Clemens Building, 3rd Floor, 200 10th Street, Des Moines, IA 50309-3609; 515-281-4646; fax: 515-281-4036

Kansas—Region VII

Connie L. Hubbell, Secretary; **Department on Aging**, New England Building, 503 S. Kansas Avenue, Topeka, KS 66603-3404; 785-296-4986; fax: 785-296-0256

Kentucky—Region IV

Jerry Whitley, Director; **Office of Aging Services**, Cabinet for Families and Children, Commonwealth of Kentucky, 275 East Main Street, Frankfort, KY 40621; 502-564-6930; fax: 502-564-4595

Louisiana—Region VI

Paul "Pete" F. Arcineaux, Jr., Director; **Governor's Office of Elderly Affairs**, P.O. Box 80374, Baton Rouge, LA 70898-0374; 504-342-7100; fax: 504-342-7133

Maine—Region I

Christine Gianopoulos, Director; **Bureau of Elder and Adult Services**, Department of Human Services, 35 Anthony Avenue, State House—Station #11, Augusta, ME 04333; 207-624-5335; fax: 207-624-5361

Maryland—Region III

Sue Fryer Ward, Secretary; **Maryland Department of Aging**, State Office Building, Room 1007, 301 West Preston Street, Baltimore, MD 21201-2374; 410-767-1100; fax: 410-333-7943; E-mail: sfw@mail.ooa.state.md.us

Massachusetts—Region I

Lillian Glickman, Secretary; **Massachusetts Executive Office of Elder Affairs**, One Ashburton Place, 5th Floor, Boston, MA 02108; 617-727-7750; fax: 617-727-9368

Michigan—Region V

Lynn Alexander, Director; **Michigan Office of Services to the Aging**, 611 W. Ottawa, North Ottawa Tower, 3rd Floor, P.O. Box 30676, Lansing, MI 48909; 517-373-8230; fax: 517-373-4092

Minnesota—Region V

James G. Varpness, Executive Secretary; **Minnesota Board on Aging**, 444 Lafayette Road, St. Paul, MN 55155-3843; 612-297-7855; fax: 612-296-7855

Mississippi—Region IV

Eddie Anderson, Director; **Division of Aging and Adult Services**, 750 North State Street, Jackson, MS 39202; 601-359-4925; fax: 601-359-4370; E-mail: ELANDERSON@msdh.state.ms.us

Missouri—Region VII

Andrea Routh, Director; **Division on Aging**, Department of Social Services, P.O. Box 1337, 615 Howerton Court, Jefferson City, MO 65102-1337; 573-751-3082; fax: 573-751-8687

Montana—Region VIII

Charles Rehbein, State Aging Coordinator; **Senior and Long Term Care Division**, Department of Public Health and Human Services, P.O. Box 4210, 111 Sanders, Room 211, Helena, MT 59620; 406-444-7788; fax: 406-444-7743

Nebraska—Region VII

Mark Intermill, Administrator; **Division on Aging**, Department of Health and Human Services, P.O. Box 95044, 1343 M Street, Lincoln, NE 68509-5044; 402-471-2307; fax: 402-471-4619

Nevada—Region IX

Mary Liveratti Administrator; **Nevada Division for Aging Services**, Department of Human Resources, State Mail Room Complex, 3416 Goni Road, Building D, Carson City, NV 89706;

775-687-4210; fax: 775-687-4264

New Hampshire—Region I
Catherine A. Keane, Director; **Division of Elderly and Adult Services**, State Office Park South, 129 Pleasant Street, Brown Building #1, Concord, NH 03301; 603-271-4680; fax: 603-271-4643

New Jersey—Region II
Eileen Bonilla O'Connor, Acting Assistant Commissioner; **New Jersey Division of Senior Affairs**, Department of Health and Senior Services, P.O Box 807, Trenton, NJ 08625-0807; 609-588-3141 or 800-792-8820; fax: 609-588-3601

New Mexico—Region VI
Michelle Lujan Grisham, Director; **State Agency on Aging**, La Villa Rivera Building, 228 East Palace Avenue, Ground Floor, Santa Fe, NM 87501; 505-827-7640; fax: 505-827-7649

New York—Region II
Walter G. Hoefer, Executive Director; **New York State Office for the Aging**, 2 Empire State Plaza, Albany, NY 12223-1251; 518-474-5731 or 800-342-9871; fax: 518-474-0608

North Carolina—Region IV
Karen E. Gottovi, Director; **Division of Aging**, Department of Health and Human Services, 2101 Mail Service Center, Raleigh, NC 27699-2101; 919-733-3983; fax: 919-733-0443

North Dakota—Region VIII
Linda Wright, Director; **Aging Services Division**, Department of Human Services, 600 South 2nd Street, Suite 1C, Bismarck, ND 58504; 701-328-8910; fax: 701-328-8989

North Mariana Islands—Region IX
Ana DLG Flores, Administrator, Director; **CNMI Office on Aging**, P.O. Box 2178, Commonwealth of the Northern Mariana Islands, Saipan, MP 96950; 670-233-1320/1321; fax: 670-233-1327/0369

Ohio—Region V
Joan W. Lawrence, Director; **Ohio Department of Aging**, 50 West Broad Street, 9th Floor, Columbus, OH 43215-5928; 614-466-5500; fax: 614-466-5741

Oklahoma—Region VI
Roy R. Keen, Division Administrator; **Aging Services Division**, Department of Human Services, P.O. Box 25352, 312 N.E. 28th Street, Oklahoma City, OK 73125; 405-521-2281/2327; fax: 405-521-2086

Oregon—Region X
Roger Auerbach, Administrator; **Senior and Disabled Services Division**, 500 Summer Street, N.E., 2nd Floor, Salem, OR 97310-1015; 503-945-5811; fax: 503-373-7823

Palau—Region X
Lillian Nakamura, Director; **State Agency on Aging**, Republic of Palau, Koror, PW 96940; 9-10-288-011-680-488-2736; fax: 9-10-288-680-488-1662 or 1597

Pennsylvania—Region III
Richard Browdie, Secretary; **Pennsylvania Department of Aging**, Commonwealth of

Pennsylvania, 555 Walnut Street, 5th Floor, Harrisburg, PA 17101-1919; 717-783-1550; fax: 717-772-3382

Puerto Rico—Region II

Ruby Rodriguez Ramirez, M.H.S.A.. Executive Director; Commonwealth of Puerto Rico, **Governor's Office of Elderly Affairs**, Call Box 50063, Old San Juan Station, PR 00902; 787-721-5710, 721-4560, 721-6121; fax: 787-721-6510; E-mail: ruby-rodz@prtc.net

Rhode Island—Region I

Barbara A. Raynor, Director; **Department of Elderly Affairs**, 160 Pine Street, Providence, RI 02903-3708; 401-277-2858; fax: 401-277-2130

American Samoa—Region IX

Lualemaga E. Faoa, Director; **Territorial Administration on Aging**, Government of American Samoa, Pago Pago, American Samoa 96799; 011-684-633-2207; fax: 011-864-633-2533/7723

South Carolina—Region IV

Elizabeth Fuller, Deputy Director; **Ofiice of Senior and Long-Term Care Services**, Department of Health and Human Services, P.O. Box 8206, Columbia, SC 29202-8206; 803-898-2501; fax: 803-898-4515; E-mail: FullerB@DHHS.State.sc.us

South Dakota—Region VIII

Gail Ferris, Administrator; **Ofiice of Adult Services and Aging**, Richard F. Kneip Building, 700 Governors Drive, Pierre, SD 57501-2291; 605-773-3656; fax: 605-773-6834

Tennessee—Region IV

James S. Whaley, Executive Director; **Commission on Aging**, Andrew Jackson Building, 9th floor, 500 Deaderick Street, Nashville, TN 37243-0860; 615-741-2056; fax: 615-741-3309

Texas—Region VI

Mary Sapp, Executive Director; **Texas Department on Aging**, 4900 North Lamar, 4th Floor, Austin, TX 78751-2316; 512-424-6840, fax: 512-424-6890

Utah—Region VIII

Helen Goddard, Director; **Division of Aging and Adult Services**, Box 45500, 120 North 200 West, Salt Lake City, UT 84145-0500; 801-538-3910; fax: 801-538-4395

Vermont—Region I

David Yavocone, Commissioner; **Vermont Department of Aging and Disabilities**, Waterbury Complex, 103 South Main Street, Waterbury; VT 05671-2301; 802-241-2400; fax: 802-241-2325; E-mail: dyaco@dad.state.vt.us

Virginia—Region III

Dr. Ann Magee, Commissioner; **Virginia Department for the Aging**, 1600 Forest Avenue, Suite 102, Richmond, VA 23229; 804-662-9333; fax: 804-662-9354

Virgin Islands—Region II

Ms. Sedonie Halbert, Commissioner; **Senior Citizen Affairs**, Virgin Islands Department of Human Services, Knud Hansen Complex, Building A, 1303 Hospital Ground, Charlotte Amalie, VI 00802; 340-774-0930; fax: 340-774-3466

Washinton—Region X

Ralph W. Smith, Assistant Secretary; **Aging and Adult Services Administration**, Department of Social and Health Services, P.O. Box 45050, Olympia, WA 98504-5050; 360-493-2500; fax: 360-438-8633

West Virginia—Region III

Gaylene A. Miller, Commissioner; **West Virginia Bureau of Senior Services**, Holly Grove, Building 10, 1900 Kanawha Boulevard East, Charleston, WV 25305; 304-558-3317; fax: 304-558-0004

Wisconsin—Region V

Donna McDowell, Director; **Bureau of Aging and Long-Term Care Resources**, Department of Health and Family Services, P.O. Box 7851, Madison, WI 53707; 608-266-2536; fax: 608-267-3203

Wyoming—Region VIII

Wayne Milton, Administrator; **Ofiice on Aging**, Department of Health, 117 Hathaway Building, Room 139, Cheyenne, WY 82002-0710; 307-777-7986; fax: 307-777-5340

付録C　インターネットと World Wide Web 資源

　インターネットおよび World Wide Web は，介護者たちにとって重要な資源（resources）である．私はアルツハイマー病のために，また介護することのために，いくつかの役に立つ Web site を表にした．読者は，"アルツハイマー病（Alzhimer's）"，あるいは"介護者（caregiver）"という語について，インターネットを探索するために，Web browser（閲覧ソフト）を使用することによって，多くのそれ以上のものを発見しうる．多くのサイトは，介護者たちの問題と解決を共有するために，かれらに対する chat room（インターネット上の談話室），および e-mail（電子メール）を含んでいる．そして他の人々が，かれらの体験を感知することを承認する．アドレスは変化するがしかし，つねに，あなたは新しい Web サイトに方向を変えられる．

アルツハイマー病のために：

Alzheimer's Association of Australia
   http://www.alzheimers . org.au/

Alzheimer's.Com
   http://www.alzheimers.com/

Alzheimer's Disease Education and Referral (ADEAR), The National Institute on Aging
   http://www.alzheimers.org/

Alzheimer's Disease International
   http://www.alz.co.uk/

Alzheimer's Disease Society
   http://www.alzheimers.org.uk/

Alzheimer's Disease Society, London, England
   http://www.alzheimers.org. uk/alzheimers/

Alzheimer's Europe (most languages)
   http://www.alzheimer-europe.org/

Alzheimer Research Forum
   http://www.alzforum.org/

Alzheimer's Society of Canada
   http://www.alzheimer.ca/

Alzheimer Italia (Italy)
   http://www.alzheimer.it/

Association Mexicana de Alzheimer y Enfermedades Similares
   http://www.spin.commx/alzheimer/

Association of Family Caring for Demented Elderly (Japan)
   http://www2f.meshnet.or.jp/~boke/boke2

Doctor's Guide to Alzheimer's Disease Information and Resources
   http://www.pslgroup.com

John Hopkins Health Information
   http://www.intelihealth.com.

National Alzheimer's Association
   http://www.alz.org/

Mayo Health Oasis Alzheimer's Resource Center
   http://www.mayohealth.org/

介護することのために：

AARP
   http://www.aarp.org/

Administration on Aging
   http://www.aoadhhs.gov/

Caregiving Online
   http://www.caregiving.com/

Family Caregiver Alliance
   http://www.caregiver.org/

Family Caregivers Association
   http://www.nfcares.org/

Mediconsult.com: Senior Health and Caregiving-
   http://www.mediconsult.com/

National Alliance for Caregiving
   http://www.caregiving.org/

Senior-Directions. Com
http://www.senior-directions.com./

文　献

Agbayewa, O. M. "Earlier Psychiatric Morbidity in Patients with Alzheimer's Disease." *Journal of the American Geriatric Society*, 34 (1986):561-564.

Aisen, P., and Davis, K. "Inflammatory Mechanisms in Alzheimer's Disease: Implications for Therapy." *American Journal of Psychiatry*, 151 (1994): 1105-1113.

American Psychiatric Association. *Diagnostic and Statistical Manual of Mental Disorders*, 4th ed. Washington, DC, 1994.

Aneshensel, C. S., et al. *Profiles in Caregiving: The Unexpected Career*. San Diego: Academic Press, 1995.

Backnan, L., et al. "Episodic Remembering in a Population-Based Sample of Nonagenarians: Does Major Depression Exacerbate the Memory Deficits Seen in Alzheimer's Disease?" *Psychology and Aging*, 11 (1996):649-657.

Ball, M. J., "Granulovacuolar Degeneration." In *Alzheimer's Disease—The Standard Reference*, Reisberg, B., ed., pp. 62-68. New York: The Free Press, 1983.

Ball, M. J., et al. "A New Definition of Alzheimer's Disease: A Hippocampal Dementia." *The Lancet* (January 5, 1985): 14-16.

Bartus, R. T., et al. "The Cholinergic Hypothesis of Geriatric Memory Dysfunction." *Science*, 217(1982) :408-417.

Beaumont, J. G. *Introduction to Neuropsychology*. New York: Guilford Press, 1983.

Blacker, D., et al. "Alpha-2 Macroglobulin Is Genetically Associated with Alzheimer's Disease." *Nature Genetics*, 19(1998):357-360.

Blass, J. P., et al. "To the Editor." *New England Journal of Medicine* (1983): 309.

Blazer, D. "Evaluating the Family of the Elderly Patient." In *A Family Approach to Health Care of the Elderly*, D.Blazer and I. Siegler, eds., pp. 13-32. Menlo Park, CA: Addison-Wesley, 1984.

Blenkner, M. "Social Work and Family Relationships in Later Life, with Some Thoughts on Filial Maturity" In *Social Structure and the Family: Generational Relations*, E. Shanas and F. G. Streib, eds. Englewood Cliffs, NJ: Prentice-Hall, 1965.

Bloom. T. E., et al. *Brain, Mind. Behavior*. New York: W. H. Freeman and Company; 1985.

Bodnar, J. C., and Kiecolt-Glaser, J. K. "Caregiver Depression After Bereavement: Chronic Stress Isn't Over When It's Over." *Psychology and Aging*, 9 (1994):372-380.

Bondareff, W. "Age and Alzheimer's Disease." *The Lancet* (June 25, 1983): 1447.

Bondareff, W. "Biomedical Perspective of Alzheimer's Disease and Dementia in the Elderly." In *The Dementias: Policy and Management*, M. L. M. Gilhooly et al., eds., pp. 13-37. Englewood Cliffs, NJ: Prentice-Hall, 1986.

Breitner, J. "Inflammatory Processes and Anti-Inflammatory Drugs in Alzheimer's Disease: A Current Appraisal." *Neurobiology of Aging*, 17(1996):789-794.

Breitner, J. C. S., and Folstein, M. F. "Familial Alzheimer Dementia: A Prevalent Disorder with Specific Clinical Features." *Psychiatric Medicine*, 14(1984):63-80.

Breitner, J., and Gau, B. "Inverse Association of Anti-Inflammatory Treatments and Alzheimer's Disease: Initial Results of a Co-Twin Study:" *Neurology*, 44(1994): 227-232.

Brookmeyer, R., et al. "Projections of Alzheimer's Disease in the United States and the Public Health Impact of Delaying Disease Onset." *American Journal of Public Health*, 88 (1998) : 1337-1342.

Brun, A. "An Overview of Light and Electron Microscopic Changes." In *Alzheimer's Disease: The Stdndard Reference*, B. Reisberg, ed., pp. 37-48. New York: The Free Press, 1983.

Brun, A. "The Structural Development of Alzheimer's Disease." *DMB, Gerontology*, 1(1985):25-27.

Bruno, G., et al. "Muscarinic Agonist Therapy of Alzheimer's Disease." *Archives of Neurology*, 43(1986):459-661.

Callahan, D. "Families as Caregivers: The Limits of Morality." *Archives of Physical Medicine and Rehabilitation*, 69(1988):323-328.

Carlsson, A. "Changes in Neurotransmitter Systems in the Aging Brain and in Alzheimer's Disease." In *Alzheimer's Disease: The Standard Reference*, B. Reisberg, ed., pp. 100-106. New York: The Free Press, 1983.

Carlsson, A. "Neurotransmitter Changes in the Aging Brain." *DMB, Gerontology*, 1(1985):4043.

Chui, H. C., et al. "Clinical Subtypes of Dementia of the Alzheimer's Type." *Neurology*, 35(1985):1544-1550.

Clyburn, L. D., et al. "Predicting Caregiver Burden and Depression in Alzheimer's Disease." *Journal of Gerontology*: Social Sciences, 55B(January 2000):S2-S13.

Cohen, D. "The Subjective Experience of Alzheimer's Disease: The Anatomy of an Illness as Perceived by Patient and Families." *The American Journal of Alzheimer's Care and Related Disorders and Research*, (May/June 1991):6-11.

Cohen, D., and Eisdorfer, C. *The Loss of Self—A Family Resource for the Care of Alzheimer's Disease dnd Related Disorders*. New York: W. W. Norton and Company; 1986.

Cohen, S., and Whiteford, W. *Caregiving with Grace*. Video Production. Baltimore Life Care, Inc. 1987.

Conley, Charles, M.D. Personal communication with author, July 1987.

Cooper, S. J. "Drug Treatments, Neurochemical Change and Human Memory Impairment." In *Clinical Management of Memory Problems*, Barbara Wilson and Nick Moffat, eds., pp. 132-147. London: Aspen Publication, 1984.

Corder, E., et al. "Gene Dose of Apolipoprotein E Type 4 Allele and the Risk of Alzheimer's Disease in Late-Onset Families." *Science*, 261(1993):921-923.

Coyle, J. T., et al. "Alzheimer's Disease: A Disorder of Cortical Cholinergic Innervation." *Science*, 219(1983): 1184-1189.

Craft, S., et al. "Enhancement of Memory in Alzheimer's Disease with Insulin and Somatostatin, But Not Glucose." *Archives of General Psychiatry*, 56(1999): 1135-1140.

Cummings, J. L., and Benson, D. F. *Dementia: A Clinical Approach*. Boston: Butterworths, 1983, pp. 35-167.

Cummings, J. L., et al. "Alzheimer's Disease: Etiologies, Pathophysiology, Cognitive Reserve and Treatment Opportunities." *Neurology*, 51S(1998):2-17.

Davies, P. "The Genetics of Alzheimer's Disease: A Review and a Discussion of the Implications." *Aging*, 7(1986):459-466

Davies, P, and Wolozin, B. L. "Recent Advances in the Neurochemistry of Alzheimer's Disease." *Journal of Clinical Psychiatry*, 48(1987):23-30.

DeKosky, S. "Advances in the Biology of Alzheimer's Disease." In *The Dementias: Diagnosis, Management and Research*, M. Weiner, ed., pp. 313-330. Washington, D. C. : American Psychiatric Press, Inc., 1996.

Devanand, D. P "The Interrelations Between Psychosis, Behavioral Disturbance, and Depression in Alzheimer's Disease." *Alzheimer's Disease and Related Disorders*, 13(November 1999):S33-S38.

Doody, Rachelle S. "Therapeutic Standards in Alzheimer's Disease." *Alzheimer's Disease and Associated Disorders*, 13(November 1999):S20-S26.

Dunn, A., and Brody, S. *Functional Chemistry of the Brain*. New York: Spectrum Publications, 1974.

Dura, J. R., et al. "Spousal Caregiver's of Persons with Alzheimer's and Parkinson's Disease Dementia: A Preliminary Comparison." *The Gerontologist*. 30(1990):332-336.

Dysken, M. W. "A Review of Recent Clinical Trials in the Treatment of Alzheimer's Dementia." *Psychiatric Annals*, 17(1987) : 178-191.

Ellis, Albert. *A New Guide to Rational Living*. North Hollywood, CA: Wilshire Books, 1975.

Etienne, P. "Treatment of Alzheimer's Disease with Lecithin." In *Alzheimer's Disease: The Standard Reference*, B. Reisberg, ed., pp. 353-354. New York: The Free Press, 1983.

Evans, D. A. "Estimated Prevalence of Alzheimer's Disease in the United States." *The Milbank Quarterly*, 68(1990) :267-289.

Eyde, D., and Rich, J. *Psychological Distress in Aging: A Family Management Model*. Rockville, MD: Aspen Publications, 1983.

Farran, C.J., and Keane-Hagerty, E. "Twelve Steps for Caregivers." *American Journal of Alzheimer's Care and Related Disorders and Research*, 4(Nov/Dec 1989):38-41.

Ferris, S. H. "Neuropeptides in the Treatment of Alzheimer's Disease." In *Alzheimer's Disease: The Standard Reference*, B. Reisberg, ed., pp. 369-373. New York: the Free Press, 1983.

Fine, A. "Transplantation in the Central Nervous System." *Scientific American*, 255(1986): 52-59.

Folstein, M. F., et al. "The Meaning of Cognitive Impairment in the Elderly." *Journal of the American Geriatric Society*, 33(1985):228-235.

Fovall, P, Dysken, M. W., and Davis, J. M. "Treatment of Alzheimer's Disease with Choline Salts." In *Alzheimer's Disease: The Standard Reference*, B. Reisberg, ed., pp. 346-353. New York: The Free Press, 1983.

Gage, F. H., et al. "Intrahippocampal Septal Grafts Ameliorate Learning Impairments in Aged Rats." *Science*, 225(1984):533-536.

Gallagher, D., Rose, J., Rivera, P., Lovett, S., and Thompson, L. "Prevalence of Depression in Family Caregivers." *Gerontologist*, 29(1989):449-456.

Garity; J. "Stress, Learning Style, Resilience Factors, and Ways of Coping in Alzheimer's Family Caregivers." *American Journal of Alzheimer's Disease*. 12(July/August 1997) : 171-178.

Gash, D. M., et al. "Neuronal Transplantation: A Review of Recent Developments and Potential Applications to the Aged Brain." *Neurobiology of Aging*, 6(1985): 131-150.

Gignac, M. A. M., and Gottlieb, B. H. "Caregiver's Appraisals of Efficacy in Coping with Dementia." *Psychology and Aging*, 11(1996):214-225.

Goldsmith, M. F. "Attempts to Vanquish Alzheimer's Disease Intensify, Take New Paths." *Journal of the American Medical Association*, 251(1984): 1805-1807, 1811-1812.

Gottfries, C. G. "Neurotransmitters in the Brains of Patients with Dementia Disorders." *DMB, Gerontology*, 1(1985):44-47.

Greenwald, B. S., et al. "Neurotransmitter Deficits in Alzheimer's Disease." *Journal of the American Geriatric Society*, 31(1983):310-316.

Gwyther, L. "Letting Go: Separation-Individuation in a Wife of an Alzheimer's Patient." *Gerontologist*, 30(1990) :698-702.

Haley; W. E. "The Family Caregiver's Role in Alzheimer's Disease." *Neurology*, 48(May 1997): S25-S29.

Haley; W. E., et al. "Psychological, Social and Health Consequences of Caring for a Relative with Senile Dementia." *Journal of theAmerican Geriatric Society*, 35(1987): 405-411.

Haley; W E., et al. "Psychological, Social and Health Impact of Caregiving: A Comparison of Black and White Dementia Family Caregivers and Non-Caregivers." *Psychology and Aging*, 10(1995):540-552.

Harris, P. B., and Sterin, G. J., et al. "Insider's Perspective: Defining and Preserving the Self of Dementia." *Journal of Mental Health and Aging*, 5(1999):241-256.

Henderson, V., et al. "Estrogen Replacement Therapy in Older Women." *Archives of Neurology*, 51(1994):896-900.

Henig, R. *The Myth of Senility: Misconceptions About the Brain and Aging*. Doubleday: Anchor Press, 1981.

Henry, J. P. "Relation of Psychosocial Factors to the Senile Dementias." *In The Dementias: Policy and Management*, M. L. Gilhooley et al., eds., pp. 38-65. Englewood Cliffs, NJ: Prentice-Hall, 1986.

Hill, P H., and Henderson, V. "Estrogen Deficiency and Risk of Alzheimer's Disease in Women." *American Journal of Epidemiology*, 140(1994):256-261.

Hirai, Shunsaku. "Alzheimer's Disease: Current Therapy and Future Therapeutic Strategies." *Alzheimer's Disease and Associated Disorders*, 14(2000):S11-S17.

Hyman, B. T., et al. "Alzheimer's Disease: Cell-Specific Pathology Isolates the Hippocampal Formation." *Science*, 225(1984): 1168-1170.

lqbal, K., and Wisniewski, H. "Neurofibrillary Tangles." In *Alzheimer's Disease: The Standard Reference*, B. Reisberg, ed., pp. 48-57. New York: The Free Press, 1983.

Jenike, M. A. *Handbook of Geriatric Psychopharmdcology*. Littleton, MA: PSG Publishing Co., Inc., 1985.

Jenike, M. A., et al. "Combinatioh Therapy with Lecithin and Ergoloid Mesylates for Alzheimer's Disease." *Journal of American Psychiatry*, 47(1986):249-251.

Jorm, A. F. "Subtypes of Alzheimer's Dementia: A Conceptual Analysis and Critical View." *Psychological Medicine*, 15(1985):543-553.

Justice, B. *Who Gets Sick: Thinking and Health*. Houston, TX: Peak Press, 1987.

Katzman, R. "The Prevalence and Malignancy of Alzheimer's Disease: A Major Killer." *Archives of Neurology*, 33(1976):217.

Katzman, R. "Current Research on Alzheimer's Disease in a Historical Perspective." In *Alzheimer's Disease: Cause(s), Diagnosis, Treatment and Care*, Z. Khachaturian and T. Radebaugh, eds., pp. 15-29. New York: CRC Press, Inc., 1996.

Kaye, W. H., Sitaram, N., et al. "Modest Facilitation of Memory in Dementia with Combined Lecithin and Anticholinesterase Treatment." *Biological Psychiatry*, 17(1982): 275-280.

Kemper, T. "Neuroanatomical and Neuropathological Changes in Normal Aging and in Dementia." In *Clinical Neurology of Aging*, M. Albert, ed. New York: Oxford University Press, 1984.

Kiecolt-Glaser, J. K., et al. "Spousal Caregivers of Dementia Victims: Longitudinal Changes in Immunity and Health." *Psychosomatic Medicine*, 53(1991): 345-362.

Kitwood, T. "Person and Process in Dementia." *International Journal of Geriatric Psychiatry*, 8(1993):541-545.

Knop, D. S., et al. "In Sickness and in Health: An Exploration of the Perceived Quality of the Marital Relationship, Coping, and Depression in Caregivers of Spouses with Alzheimer's Disease." *Journal of Psychosocial Nursing and Mental Health Services*, 36(1998): 16-21.

Kolb, B., and Whishaw, I. *Fundamentals of Human Neuropsychology*, San Francisco: W. H. Freeman and Co., 1980.

Kubler-Ross, E. *On Death and Dying*. New York: Macmillan, 1969.

Lawton, M. P. "Environmental Approaches to Research and Treatment of Alzheimer's Disease." In A*lzheimer's Disease Treatment and Family Stress: Directions for Research*, pp. 340-362. U.S. Department of Health and Human Services, DHHS Publication No. (ADM) 89-1569, 1989.

Leon, J., et al "Alzheimer's Disease Care: Costs and Potential Savings." *Health Affairs*.

17(1998):206-216.

Mace, N. "The Management of Problem Behaviors." In *Dementia Care: Patient. Family, and Community*, N. Mace, ed., pp. 74-112. Baltimore: John Hopkin's University Press, 1990.

Mace, N., and Rabins, P. *The 36-Hour Day*. New York: John Hopkin's University Press, 1985.

Mace, N., and Rabins, P. *The 36-Hour Day*, rev. ed. Baltimore: John Hopkin's University Press, 1991.

Madrazo, L., et al. "Open Microsurgical Autograft of Adrenal Medulla to the Right Caudate Nucleus in Two Patients with Intractable Parkinson's Disease." *New England Journal of Medicine*, 316(1987):831-834.

Markesbery, W "Trace Elements in Alzheimer's Disease." In *Alzheimer's Disease: Cause(s), Diagnosis. Treatment and Care*, Z. Khachaturian and T. Radebaugh, eds., pp. 233-236. New York: CRC Press, Inc., 1996.

Mayeux, R. "Putative Risk Factors for Alzheimer's Disease." In *Alzheimer"s Disease: Cause(s), Diagnosis, Treatment and Care*, Z. Khachaturian and T. Radebaugh, eds., pp. 39-49. New York: CRC Press, Inc., 1996.

Mayeux, R., et al. "Heterogeneity in Dementia of the Alzheimer's Type: Evidence of Sub-groups." *Neurology*, 35(1985):435-461.

McGreer, P., and McGreer, E. "Neuroimmune Mechanisms in the Pathogenesis of Alzheimer's Disease." In *Alzheimer's Disease: Cause(s), Diagnosis, Treatment and Care*, Z. Khachaturian and T. Radebaugh, eds., pp. 217-225. New York: CRC Press, Inc., 1996.

Melton, L. "Neural Transplantation: New Cells of Old Brains." *The Lancet*, 355(June 17, 2000):2142.

Merz, B. "Adrenal-to-Brain Transplants Improve the Prognosis for Parkinson's Disease." *Journal of the American Medical Association*, 257(1987):2691-2692.

Meyer, M. R., et al. "APOE Genotype Predicts When—Not Whether—One Is Predisposed to Develop Alzheimer Disease." *Nature Genetics*, 19(1998):321-322.

Migliorelli, R., et al. "Prevalence and Correlates of Dysthymia and Major Depression Among Patients with Alzheimer's Disease." *American Journal of Psychiatry*. 152(January 1995):37-44.

Miller, J. "Family Support of the Elderly." *Aging and Health Promotion*, Collected works by T. Wells. Rockville, MD: Aspen Publications, 1982.

Mittelman, M., et al. "A Comprehensive Support Program: Effect on Depression in Spouse-Caregivers of AD Patients." *The Gerontologist*, 35(1995):792-802.

Mohs, R. C., et al. "Defining Treatment Efficacy in Patients with Alzheimer's Disease." In *Alzheimer's Disease: A Report of Progress in Research* (Aging, Vol. 19), S. Corkin et al., eds. pp. 351-356. New York: Raven Press, 1982.

Mohs, R. C., Davis, B. M., et al. "Clinical Studies of the Cholinergic Deficit in Alzheimer's Disease." *Journal of the American Geriatric Society*, 33(1985):749-757.

Moore, R. Y. "Parkinson's Disease—A New Therapy?" *New England Journal of Medicine*, 316(1987):872-873.

Nee, L. E., et al. "A Family with Histologically Confirmed Alzheimer's Disease." *Archives of Neurology*, 40(1983):203-208.

O'Connor, J. "Drug Gets Impressive Results in Alzheimer's Patients." *Psychiatric News*, 21(Dec. 5, 1986):1, 7, 25.

Paganini-Hill, A., and Henderson, V. W. "Estrogen Deficiency and Risk of Alzheimer's Disease in Women." *American Journal of Epidemiology*, 140(1994):256-261.

Payne, J. L., et al. "Relationship of Cognitive and Functional Impairment to Depressive Features in Alzheimer's Disease and Other Dementias." *Journal of Neuropsychiatry and Clinical Neurosciences*, 10(Fall 1998):440-447.

Pearlin, L., Turner, H., and Semple, S. "Coping and the Mediation of Caregiver Stress." In *Alzheimer's Disease Treatment and Family Stress: Directions for Research*, pp. 198-217. Washington, DC: U.S. Department of Health and Human Services, 1989.

Pearlin, L., et al. "Caregiving and the Stress Process: An Overview of Concepts and Their Measures." *Gerontologist*, 30(1990):583-594.

Pericak-Vance, et al. "Linkage Studies in Familial Alzheimer's Disease: Evidence for Chromosome 19 Linkage." *American Journal of Human Genetics,* 48(1991): 1034-1050.

Perry, E. K., and Perry, R. H. "Acetylcholinesterase in Alzheimer's Disease." In *Alzheimer's Disease: The Stdndard Reference*, B. Reisberg, ed., pp. 93-99. New York: The Free Press, 1983.

Perry, E. K., and Perry, R. H. "A Review of Neuropathological and Neurochemical Correlates of Alzheimer's Disease." *DMG. Gerontology*, I (1985):27-34.

Peskind, E. "Neurobiology of Alzheimer's Disease." *Journal of Clinical Psychiatry*, 57(Supplement) (1996) : 5-8.

Peters, B. H., and Levin, H. S. "Chronic Oral Physostigmine and Lecithin Administration in Memory Disorders of Aging." In *Alzheimer's Disease: A Report of Progress in Research* (Aging, Vol. 19), S. Corkin et al., eds., pp. 42-46. New York: Raven Press, 1982.

Prien, R. F. "Psychostimulants in the Treatment of Senile Dementia." In *Alzheimer's Disease: The Stdndard Reference*, B. Reisberg, ed., pp. 381-386. New York: The Free Press, 1983.

Pruchno, R., and Resch, N. "Husbands and Wives as Caregivers: Antecedents of Depression and Burden." *Gerontologist*, 29(1989): 159-165.

Prusiner, S. B. "Some Speculations About Prions, Amyloid, and Alzheimer's Disease." *New England Journal of Medicine*, 310(1984):661-663.

Reisberg, B. A *Guide to Alzheimer's Disease: For Families, Spouses and Friends*. New York: The Free Press, 1981.

Reisberg, B., et al. "Signs, Symptoms and Course of Age-Associated Cognitive Decline." In *Alzheimer's Disease: A Report of Progress in Research* (Aging, Vol. 19), S. Corkin et al., eds., pp. 177-182. NewYork: Raven Press, 1982.

Reisberg, B., et al. "Effects of Naloxone in Senile Dementia." *New England Journal of Medicine*, 308(1983):721-722.

Reisberg, B., et al. "Memantine in Moderately Severe to Severe Alzheimer's Disease (AD): Results of a Placebo-Controlled 6-Month Trial." Presented at the World Alzheimer's Congress 2000. 7th International Conference on Alzheimer's Disease and Related Disorders, July 13, 2000, Washington, D.C.

Restak, Richard M. *The Brain*. New York: Bantam Books, 1984.

Rogers, J., et al. "Immune-Related Mechanisms of Alzheimer's Disease Pathogenesis." In *Alzheimer's Disease: New Treatment Strategies*, Z. Khachaturian and J. Blass, eds., pp. 147-163. New York: Marcel Dekker, Inc., 1992.

Rosenberg, G. S., et al. "Pharmacologic Treatment of Aizheimer's Disease: An Overview." In *Alzheimer's Disease: The Standard Reference*, B. Reisberg, ed., pp. 329-339. New York: The Free Press, 1983.

Roses, A. "The Metabolism of Apolipoprotein E and the Alzheimer's Diseases." In *Alzheimer's Disease: Cause(s), Diagnosis, Treatment and Care,* Z. Khachaturian and T. Radebaugh, eds., pp. 207-216. New York: CRC Press, Inc., 1996.

Roses, A., et al. "Clinical Application of Apolipoprotein E Genotyping to Alzheimer's Disease." *Lancet*, 343(1994): 1564-1565.

St. George-Hyslop, P. H., et al. "The Genetic Defect Causing Familial Alzheimer's Disease Maps on Chromosome 2 L." *Science*, 235(1987):885-889.

Sano, M., et al. "A Controlled Trial of Selegiline, Alpha-Tocoperol, or Both as Treatment for Alzheimer's Disease." *New England Journal of Medicine*, 336(1997): 1216-1222.

Schneck, M. K. "Nootropics." In *Alzheimer's Disease: The Standard Reference*, B. Reisberg, ed., pp. 362-368. New York: The Free Press, 1983.

Schulz, R., and Williamson, G. M. "A Two Year Longitudinal Study of Depression Among Alzheimer's Caregivers." *Psychology and Aging*, 6(1991):569-578.

Schulz, R., et al. "Psychiatric and Physical Morbidity Effects of Dementia Caregiving: Prevalence, Correlates, and Causes." *The Gerontologist*, 35(1995):771-791.

Selkoe, D. J., et al. "Conservation of Brain Amyloid Proteins in Aged Mammals and Humans with Alzheimer's Disease." *Science*, 235(1987):873-877.

Selye, Hans. *Stress without Distress*. New York: Dutton, 1974.

Semple, S. "Conflict in Alzheimer's Caregiving Families: Its Dimensions and Consequences." *The Gerontologist*, 32(1992):648-655.

Shihabuddin, L., and Davis, K. "Treatment of Alzheimer's Disease." In *Alzheimer's Disease: Cause(s), Diagnosis, Treatment and Care*, Z. Khachaturian and T. Radebaugh, eds., pp. 257-274. New York: CRC Press, Inc., 1996.

Shomaker, D. "Problematic Behavior and the Alzheimer's Patient: Retrospection as a Method of Understanding and Counseling." *Gerontologist*, 27(1987):370-375.

Shore, P., and Wyatt, R. J. "Aluminum and Alzheimer's Disease." *Journal of Nervous Mental Disease*, 171(1983):353-558.

Shua-Haim, J. R., and Ross, J. S. "Current and the Near Future Medications for Alzheimer's Disease: What can we expect from them?" *American Journal of Alzheimer's Disease*, 14(September/October 1999):294-307.

Siegler, I., and Hyer, L. "Common Crises in the Family Life of Older Persons." In A *Family Approach to Health Care of the Elderly*, D. Blazer and I. Siegler, eds., pp. 33-50. Menlo Park, CA: Addison-Wesley; 1984.

Simpkins, J., et al. "The Potential Role for Estrogen Replacement Therapy in Treatment of the Cognitive Decline and Neurodegeneration Associated with Alzheimer's Disease." *Neurobiology of Aging*, 15(1994):S195-S197.

Sitaram, N., and Weingartner, H. "Cholinergic Mechanisms in Human Memory." In *Alzheimer's Disease: Early Recognition of Potentially Reversible Deficits*, A. I. M. Glen and L. J. Whalley, eds., pp. 159-162. London and New York: Churchill Livingstone, 1979.

Sitaram, N., et al. "Combination Treatment of Alzheimer's Dementia." In *Alzheimer's Disease: The Standard Reference*, B. Reisberg, ed., pp. 355-361. New York: The Free Press, 1983.

Skaff, M., and Pearlin, L. "Caregiving: Role Engulfment and the Loss of Self." *The Gerontologist*, 32(1992):656-664.

Smith, C. M., et al. "Effects of Cholinergic Drugs on Memory in Alzheimer's Disease." In *Alzheimer's Disease: Early Recognition of Potentially Reversible Deficits*. A. I. M. Glen and L. J. Whalley; eds., pp. 148-153. London and New York: Churchill Livingstone, 1979.

Stearn, R., and Davis, K. "Research in Treating Cognitive Impairment in Alzheimer's Disease." In *The Dementias: Diagnosis, Management, and Research*, 2nd ed., M. Weiner, ed., pp.331-353. Washington, D.C.: American Psychiatric Press, Inc., 1996.

Steffen, A., Futterman, A., and Gallager-Thompson, D. "Depressed Caregivers: Comparative Outcome of Two Interventions." *Clinical Gerontologist*, 19(1998):3-15.

Stephenson, J. "Researchers Find Evidence of a New Gene for Late-Onset Alzheimer's Disease." *Journal of the American Medical Association*, 277(1997):775.

Stewart, W. "Risk of Alzheimer's Disease and Duration of NSAID Use." *Neurology*, 48(1997): 626-632.

Strauss, A. L., et al. *Chronic Illness and the Quality of LIfe.* St. Louis: C. V. Mosby, 1984.

Summers, W. K., Viesselman, J. O., Marsh, G. M., and Candelora, K. "Use of THA in Treatment of Alzheimer-Like Dementia: Pilot Study in 12 Patients." *Biological Psychiatry*, 16(1981):145-153.

Summers, W.K., et al. "Oral Tetrahydroaminoacridine in Long-Term Treatment of Senile Dementia." *New England Journal of Medicine*, 315(1986):1242-1245.

Tagliavini, F, and Pilleri, G. "Neuronal Counts in Basal Nucleus of Meynert in Alzheimer's Disease." *The Lancet* (Feb. 26, 1983):469-470.

Tamminga, N. L., et al. "Alzheimer's Disease: Low Cerebral Somatostatin Levels Correlate with Impaired Cognitive Function and Cortical Metabolism." *Neurology*, 37(1987):161-165.

Tang, M. X., et al. "Effect of Estrogen During Menopause on Risk and Age at Onset in Alzheimer's Disease." *The Lancet*, 348(1996):429-432.

Terri, L. "Behavioral Treatment of Depression in Patients with Dementia." *Alzheimer Disease Association of Disorders*, 8(1994) :66-74.

Terri, L., and Gallagher-Thompson, D. "Cognitive-Behavioral Interventions for Treatment of Depression in Alzheimer's Patients." *Gerontologist*, 31(1991):413-416.

Teusink, J. P, and Mahler, S. "Helping Families Cope with Alzheimer's Disease." *Hospital and Community Psychiatry*, 35(1984) :152-156.

Thal, L., and Fuld, P. "Memory Enhancement with Oral Physostigmine in Alzheimer's Disease" *New England Journal of Medicine*, 308(1983):720.

Thienhaus, O. J., et al. "Biologic Markers in Alzheimer's Disease." *Journal of the American Geriatric Society*, 33(1985):715-726.

Thompson, E. H., et al. "Social Support and Caregiving Burden in Family Caregivers of Frail Elders." *Journal of Gerontology: Social Sciences*, 48(1993):S245-S254.

Visser, P. J., et al. "Distinction Between Preclinical Alzheimer's Disease and Depression." *Journal of the American Geriatric Society*, 48(May 2000):467-605.

Vitaliano, P., Young, H. M., and Russo, J. "Burden: A Review of Measures Used Among Caregivers of Individuals with Dementia." *The Gerontologist*, 31(1991):67-75.

Volicer, L., et al. "Serotoninergic System in Dementia of the Alzheimer Type." *Archives of Neurology*, 42(Dec. 85):1158-1161.

Weiner, M. "Introduction." In *The Dementias: Diagnosis, Management, and Research*, 2nd ed., M. Weiner, ed., pp. xix-xxiii. Washington, DC: American Psychiatric Press, Inc. 1996.

Weiner, M., and Gray, K. "Differential Diagnosis." In *The Dementias: Diagnosis, Management. and Research*, 2nd ed., M. Weiner, ed., pp. 101-138. Washington, DC: American Psychiatric Press, Inc. 1996.

White, L., et al. "Prevalence of Dementia in Older Japanese-American Men in Hawaii: The Honolulu-Asia Aging Study:" *Journal of the American Medical Association*, 276(1996):955-960.

Williamson, G., and Schulz, R. "Coping with Specific Stressors in Alzheimer's Disease Caregiving." *The Gerontologist*, 33(1993):747-755.

Winblad, B., et al. "Biogenic Amines in Brains of Patients with Alzheimer's Disease." In *Alzheimer's Disease: A Report of Progress in Research* (Aging, Vol. 19), S. Corkin et al., eds., pp. 25-34. New York: Raven Press, 1982.

Wisniewski, H. M. "Possible Viral Etiology of NeurofibrillaryTangles, Changes, and Neuritic Plaques." In *Alzheimer's Disease: Senile Dementia and Related Disorders* (Aging, Vol. 7), R. Katzman et al., eds., pp. 555-558. New York: Raven Press, 1978.

Wisniewski, H. M. "Neuritic (Senile) and Amyloid Plaques." In *Alzheimer's Disease: The Standard Reference*, B. Reisberg, ed., pp. 57-61. New York: The Free Press, 1983.

索　引

A

アセトアミノフェン（acetaminophen）　319
アセチルコリン（acetylcholine）
　　――の欠損は治療の標的　302-303
　　――およびもつれ（神経原線維変化）　282
　　――神経安定薬の作用　326
　　――とコリンエステラーゼ阻害薬　120, 303, 309-312
　　――とコリン作動性受容体のアゴニスト　312
　　――とコリン作動性の系　294-297
　　――とコリン作動性作因　303, 306-309
アセチルコリンエステラーゼ（AChE）　295-296
悪化　6
　　――変化の程度　9-10, 26
悪性貧血（pernicious anemia）
　　――と認知症　15
　　――と老衰　84
Alpha2-macroglobulin　90
Alprazolam（Xanax）　328t
アルミニウム説
　　――アルツハイマー病の　73-74
Alzheimer, Alois　7
アルツハイマー病，下記も見よ
　　――行動の変化；脳；介護すること；認知症；うつ病；
　　　　薬物；家族；治療
　　――亜型　305-306
　　――中等度の認知症　32-35
　　――段階　26-37
　　――合衆国における費用　10
　　――原因　7-9, 67-74
　　――遺伝的理論　8-9, 68-71
　　――インターネットとWeb資源　358-360
　　――自助グループと組織　351-357
　　――介護者たちと専門家たちのための作業進行表
　　　　335-350
　　――危険因子　81-82
　　――後期の認知症　35-37
　　――後期の錯乱の段階　28-29
　　――免疫系の理論　72-73
　　――に付属する要求のための支持的な活動　57-61
　　――に対する神経安定薬の作用　326-327
　　――についての神話　83-91
　　――の前駆症状の段階としてのうつ病　39
　　――老衰および晩年に帰せられた　276
　　――心理社会的因子　74-82
　　――症状　13-26
　　――症例の病歴　3-5
　　――早期の発見　5-6
　　――早期の認知症　30-32
　　――早期の錯乱の段階　27-28
　　――他の原因に帰せられる症状　9
　　――統計値　9-10
　　――ウイルス説　71-72, 285-286
　　――有病数　9-10
アルツハイマー病型の認知症
　　――DSM-Ⅳの診断基準　16
アルツハイマー病協会　351
　　――安全復帰プログラム　211
　　――保険の適用範囲と払戻しの情報　87
　　――ホームケア　123-124
アルツハイマー病の家族の救護計画　351
アルツハイマー病の危険についての人種的，文化的相違
　　――アフリカ系アメリカ人とスペイン系アメリカ人でよ
　　　　り高いであろう　9, 81
　　――ハワイにいる日系米人男性は増大した危険をもって
　　　　いる　81
　　――介護者のうつ病　223-225
アルツハイマー病の錐体外路性の亜型　305-306
アルツハイマー病の典型的な亜型　305-306
アルツハイマー病のウイルス説　71-72, 285-286
アメリカ健康援助基金（AHAF）　351
アメリカ高齢者法　270, 352
Amitriptyline（Elavil）　55, 329t
Amoxapine（Asendin）　329t
amygdala（扁桃核）　279-281, 297
アミロイド→βアミロイド；軸索のプラックを見よ
アミロイド前駆体蛋白（APP）遺伝子　69, 89, 286
Annafranil（Clomipramine）　329t
安全復帰プログラム（アルツハイマー病協会）　211
安全の問題　105
アパシー（無感情）　51
apo E-4（対立）遺伝子　8, 69-71, 81, 90
apo E-3 遺伝子　8, 70-71, 90
apo E-2 遺伝子　8, 70-71, 90
　　――とスタチン　320-321
アポプトーシス apoptosis　317
アポリポ蛋白E　8, 69-71
　　――およびエストロゲン　318
arecoline　312
アリセプト Aricept（donepezil）　56, 120, 303, 310
Arlidin / Arlidin Forte（nylidrin）　314
Asendin（Amoxapine）　329t
aspirin　318-319
新しい世代の抗うつ薬　55-57
Ativan（Lorazepam）　328t
誤った希望　158

B

晩発性のアルツハイマー病　90
　　――と常染色体性優性遺伝　8, 69-71
ベビーブーム期に生まれた人　9
benthanechol chloride　312
βアミロイド　7, 67, 69
　　→軸索のプラックも見よ
　　――に対するスタチンの影響　320-321
　　――およびコンゴーレッド好性のアンギオパチー
　　　　290-292
　　――と炎症性の反応　72-73
　　――とプラック　284-287
　　――と神経原線維変化　283
ビンスワンガー病　23
微小管　7
微小管付属蛋白質．microtubule-associated protein（MAP）
　　288
　　――と神経原線維変化　282-283
膀胱の偶発的な出来事　208-209
膀胱と腸の偶発的な出来事　209
没入（involvement），介護における家族の成員たちの

169-170
文化→アルツハイマー病の危険についての人種的および文化的相違を見よ
分担されたケアの休息　262-263
Bupropion（Wellbutrin）　56, 329t
物質Ｐ（サブスタンスＰ）　299

C

Carbamazepine（Tegretol）　327
CAT スキャン
　──卒中による損傷を確認するための　25
celexa（citalopram）　55-57, 329
Centrax（Prazepam）　328t
着（更）衣　31, 119, 132, 249
遅発性ジスキネジア　325
地域社会の精神衛生センター　260, 263-264
地域社会の資源　82, 259-270
治療（treatment）→薬物（drugs）も見よ
　──における薬物の役割　302-303
　──神経の移植　303, 321-322
　──とアルツハイマー病の亜型　303, 305-306
　──と早期の発見　5-6
　──うつ病　55-61
知的能力　14-17
Chlordiazepoxide HCl（Librium）　328t
chlorpromazine（Thorazine）　327t
聴覚障害→感覚障害を見よ
長期間の在宅ケア　269-270
cholecystokin（コレシストキン）　299
cholesterol（コレステロール），食事中の　8, 320-321
choline コリン　307, 316-317
　── piracetam とともに　313-314
choline acetyltransferase, コリンアセチルトランスフェラーゼ（CAT）　293-296
コリンエステラーゼ阻害薬　120, 303, 309-312
コリン作動性受容体のアゴニスト（作動薬）　312
コリン作動性の系　293-297
　──治療の欠損性の標的　302
コリン作動性の作用因　303, 306-309
腸の偶発的な出来事　208-209
抽象的思考の障害　16, 18-19
中枢神経刺激薬（Psychostimulants）　315
中等度の認知症　32-35
中等度の認知症における乱暴な行動　33
citalopram（Celexa）　55-57, 329
clomipramine（Annafranil）　329t
clorazepate／dipotassium（Tranxene）　328t
Cognex（タクリン tacrine）　303, 309-310, 311
コンゴーレッド好性のアンギオパチー　290-292
Creutzfeldt-Jacob 病（クロイツフエルトヤコブ病）　23, 71-72, 285

D

第二の意見（セカンドオピニオン：Second Opinion）　96
大脳皮質　278-279, 280
　──における変化　277
　──におけるプラック　285
　──における神経原線維変化　281-282
代理人の永続性ある能力　105
大うつ病性障害　40-41, 45, 216-217
男性たち→性の類似性と相違点を見よ

ディプログラム，スタッフストレス測定様式　348-350
電解質の平衡異常　84
Depakote（バルプロ酸 valproic acid）　327
deprenyl　319
Desipramine（Norpramine）　55, 329t
Desyrel（Trazadone）　57, 329t
Diazepam（Valium）　328t
donepezil（Aricept）　56, 120, 303, 310
ドパミンと神経原線維変化　282
洞察，障害された　18, 41
Down syndrome（ダウン症候群）
　──コンゴーレッド好性のアンギオパチー　290-291
　──における軸索のプラック　286
　──における神経原線維変化　68, 283
Doxepin（Sinnequan《Adapin》）　55, 329t
drawing skills（素描を描くことのスキル）　20

E

Effexor（venlafaxine）　56, 329
Elavil（amitriptyline）　55, 329
怨恨
　──死に対する適応の段階　154-155
　──と悲嘆　61-62
エストロゲン（estrogen）　303, 317-318
　──危険を減じる因子としての　81
エストロゲンの代償療法　317-318
Exelon（rivastigmine）　56, 120, 303, 310-311

F

フィードバック　144-146
Fluoxetine（Prozac）　55, 329t
Fluphenazine HCl（Prolixin）　327t
Fluvoxamine（Luvox）　55, 57, 329
不安　13, 76
　──および記憶喪失　120
　──うつ病による　57
　──全般性の不安障害　219-220
不安定さ
　──中等度の認知症　32
　──早期の認知症　30-31
夫婦間の問題　122
復員軍人局（VA）病院への配置　269
不眠症　119
ふたごの研究　81

G

概日周期（circadian rhythms）　47
学究的な無力さ　81
学習，危険を軽減する因子として　81-82
　──海馬の役割　280
galantamine（Reminyl）　311-312
癌　215, 218, 285
激越興奮　13, 76, 78-79
　──中等度の認知症　32-33, 35
　──環境のストレッサーに対する反応として　117-120
　──に対して反応すること　201-202
　──早期の認知症　30
　──うつ病の徴候　39, 41, 43, 47, 48, 56, 57
言語の能力　13, 19-20
　──と卒中発作　24
言語的な表現　13, 18-19

幻覚　7, 13
　　——中等度の認知症における　32
　　——感覚障害が〜の一因になる　76-77, 80
　　——に対して反応すること　199-200
　　——と不眠症　119
　　——と卒中発作　25
原発性変性認知症　13
Gerovital H3　315
Gerstman-Straussler症候群（ゲルストマン-ストラウスラー症候群）　71-72
偽性（仮性）認知症　15, 23
犠牲者の役割　174-175
Glutaminergic system（グルタミン作動系）　299-300
グルタミン作動性の作因　315-316
Glutamate　299-300
合理的な感情的療法　241-242
granulovascular degeneration（GVD）顆粒空胞変性　288-289

H

配偶者の喪失に対する反応　75
徘徊　119, 209-211
　　——に対して反応すること　205
　　——夜に家を安全にすること　78
胚性の幹細胞　321-322
恥　61-62
破局的な反応　76, 140, 148-149
Halcion（Triazolam）　328t
Haldol（Haloperidol）　327t
Haloperidol（Haldol）　327t
判断
　　——によって問題を見逃すこと　6
　　——障害された　13, 18
　　——早期の認知症の段階　30
反復性の行動　118-119
　　——中等度の認知症における　32-33
　　——に対して反応すること　189-190
発達　129
Huntington's disease（ハンチントン病）　23
平板な感じ　281
辺縁系　279-281, 297
　　——および平板な感じ　281
変化する役割　124-125, 165
左半球　278, 279
ひきこもり→社会的ひきこもりを見よ
否認
　　——アルツハイマー病に対する適応の段階　156-158
　　——中等度の認知症の段階における　32
　　——記憶障害の　17
　　——行動の変化　4, 94
　　——後期の錯乱的段階における　29
　　——に対して反応すること　192
　　——死に対する適応の段階　153-155
　　——早期の錯乱的段階における　28
　　——喪失に対処する防衛として　53
平野小体　289-290
疲労　49
非ステロイド性抗炎症薬（NSAIDs）　318-319
　　——危険軽減因子として　81
　　——と免疫系の理論　72-73
悲嘆　113, 119
　　——配偶者の喪失に対する反応　75
　　——介護者のうつ病　214-215
　　——と対処の方法　61-66
非定型抗精神病薬　57
非特徴的な行動→行動の変化を見よ
HIV-I連合認知症複合　15
保護（guardianship）　270
保護的な助力（protective services）　270
ホジキン病（Hodgkin's disease）　285
幇助自殺（assisted suicide）　51
保健の専門家たち→専門家たちを見よ
保険の適用範囲　87
法律上の問題（legal matters）　105
法律的なサービス　263
ホスピス手当金，メディケアの　123

I

イブプロフェン　319
遺伝学的因子　8-9, 68-71, 89-90
　　——環境的因子との相互作用　8-9
遺伝学的な選別，apoE遺伝子のための　71, 90-91
医学的情報と指示の計画　260, 351
医学的な評価　94-95
医学的なケア　86
医学的な適格，ナーシングホーム入所の適用範囲　268-270
怒り　75-76
　　——アルツハイマー病に対する適応の段階　156, 159-160
　　——介護者たちに対する直接的な　107, 118-119
　　——に対して反応すること　193
　　——および悲嘆　61, 63-65
　　——最愛の人に対する　180-181
　　——死に対する適応の段階　154-155
生き残った人たち（Newtonによる詩）　274-275
Imipramine（Tofranil）　329t
インドメタシン（indomethacin）　319
インターネット，アルツハイマー病と介護することの資源　358-360
意思（wills）　105
いたずらできなくすること　105
意図　135-136
意図的な信念　136-139
医薬（pharmaceutical）→薬物（drug）を見よ
依存性および過度の無能力　149

J

自暴自棄，そして怒り　159-160
自助グループ　351
実行機能　16
自己同一性　65-66
自己概念　65-66, 186
自己評価（自尊心）　79
　　——介護者の　125-126
　　——とうつ病　42, 65-66
自己免疫理論，アルツハイマー病の　72
自己に話しかけること　239-241, 254
自己の意味　62, 64
自己の喪失　62
　　——と役割に圧倒されること　227-230
軸索（axon）　292-294
軸索のプラック（老人斑，アミロイド斑）　7, 282, 284-288

——ダウン症候群における　68
　　　——脳の異常と障害　277, 287-288
　　　——とマウスによるワクチン　303
　　　——と免疫系　72-73
　　　——と神経原線維変化　283
人格の変化　78
　　　——後期の錯乱の段階　28-29
　　　——見落すこと　6
　　　——認知症とともに生じる　20
　　　——に対して反応すること　190-191
　　　——早期の錯乱的段階　27-28
　　　——喪失を気づかせるものとして　113
　　　——と人のかすかなしるし　130, 151
自立　185-186
　　　——早期の認知症における　31
　　　——を主張することへの固執，～に対して反応すること　193
自殺の考え　50
情動に集中した対処の方法　252-254
情動的反応の欠如　281
情動的な変化　141-146
　　　——中等度の認知症　32-33
　　　——フィードバックの根源として　144-146
　　　——およびモラル　143-144
　　　——早期の認知症　30-31
　　　——早期の錯乱的段階　28
　　　——とコリン作動系　297
　　　——と神経原線維変化　280-281
　　　——と卒中発作　25
　　　——とストレス　250
　　　——とうつ病　63, 66
情動的なコミュニケーション　144-146
助力する人の役割　173-174
女性→性による類似性と相違点を見よ
常染色体性優性遺伝　8, 68-70
樹状突起，ニューロンの　292-294

K

過度の没入（overinvolvement）　88
　　　——アルツハイマー病に対する適応の段階　156, 158-159
　　　——巻き込まれた家族たち　172-173
海馬　279
　　　——アセチルコリンの欠乏　296-297
　　　——コリン作動性の機能障害　296
　　　——における平野小体　289-290
　　　——における神経原線維変化　280-281
　　　——ノルアドレナリンの欠乏　298
　　　——と顆粒空胞変性（GVD）　288-289
介護者の権利の憲章　181-183
介護者たち　110-111, 177-183
　　　——アルツハイマー病の診断を明白にする必要　14
　　　——地域社会の資源が重圧を軽減する　259-270
　　　——同一性の喪失　125-126
　　　——過度に没入した人のための援助　159
　　　——過度の没入　88, 158-159
　　　——かれら自身に尋ねるための質問　232-233
　　　——期待されない，また望まれていない役割，またはその一方　112-113
　　　——行動についての期待を修正すること　132-134
　　　——行動についての信念　115-118, 184-188
　　　——～のための12の歩み　258

　　　——～のための作業進行表　335-350
　　　——をケアすること　180-182
　　　——社会的接触が～に重要　78-79
　　　——身体的および精神的健康に対するアルツハイマー病の否定的な衝撃　10
　　　——早期認知症においては支持を必要とする　32
　　　——ストレスの管理　99-101, 231-258
　　　——うつ病　212-230
　　　——役割が圧倒すること　125, 227-230
　　　——役割と生活様式の変化　124-125, 165
介護すること　iv, v, 1, 104-106, 177-183
　　　——中等度の認知症の段階で必要とされる支持グループ　34-35
　　　——中等度の認知症の段階でより孤独に，そしてより孤立的になる　34
　　　——どのように最愛の人たちはあなたたちを感知しているか　107-108
　　　——夫婦間の，そして家族の諸問題　122
　　　——変化に適応すること　121
　　　——変化の分析と管理　231-233
　　　——インターネットとWeb資源　358-360
　　　——情動的な面　179-181
　　　——行動についての新しい見解　106-107
　　　——後期の認知症の段階で限界を認めること　35
　　　——慢性疾患に共通の諸問題　114-126
　　　——目標　261
　　　——～の肯定的な面　101
　　　——～の資金の供与　123-124
　　　——～のための動機づけ　126-128
　　　——正常な相互作用　121-122
　　　——社会的な孤立化を管理すること　122
　　　——仕事と安全の問題　105
　　　——支持グループ　34-35, 201
　　　——症状と行動を管理すること　115-120
　　　——対処の方法，ステップごとの手引き　92-101
　　　——対照とされる伝統的な家族のケア　111-114
　　　——より孤独になる　34
角回症状群　25
患者の役割　177
感じること（Newtonによる詩）　102-103
感覚障害（視力および聴力）
　　　——幻覚および妄想の一因になる　76-78, 80
　　　——孤立化の一因になる　80
　　　——老衰についての誤った判断をさせる見解を生み出す　84
関係がなくなった家族たち　172
環境的諸因子　7, 67, 71-74
　　　——アルツハイマー病に対する対処の方法　78-82
　　　——遺伝子との相互作用　8-9
　　　——とアルツハイマー病にとっての危険　81-82
管理人の役割　175-176
幹細胞　321-322
感染性のウイルス説，アルツハイマー病の監督　71-72
　　　——中等度の認知症の段階　32-33
　　　——介護者たちのための欠如　178-179
　　　——後期の認知症の段階　36
　　　——後期の錯乱の段階　29
加齢
　　　——アルツハイマー病の症状は～の正常な徴候ではない　83
　　　——アミロイド産出因子　287
　　　——危険因子として　81

加齢に対する部門　352
加齢に対する地域の機関　82, 252, 260, 270
　——介護者たちのための充分な援助の不足　126
　——州ごとの表示　351-357
顆粒空胞変性（GVD）　288-289
仮性認知症（または偽性認知症）　15, 23
仮性パーキンソニズム　325
家庭医　95-96
家族
　——アルツハイマー病の診断について話さない理由　14
　——アルツハイマー病の進行の段階を理解する必要がある　26-27
　——団結的対分断された　168-169
　——危機の間の役割　173-177
　——何故最愛の人がアルツハイマー病を発現したかについての信念　75-76
　——生産的対非生産的　169-170
　——専門家の援助を探し求めること　94-95
　——症状の確実な歴史を確立する　95
　——初期の症状に注意すること　93-94
　——喪失の知覚は個人的な体験である　155
　——対処方法，ステップごとの手引き　92-101
　——適合する家族たち対抗争的な家族たち　165-168
　——適応の段階　153-163
　——役割と通則　171-173
　——脆弱な対安定した　170-171
家族のケア　110-111
　——計画をたてること　98-99
　——対照的な介護すること　111-114
家族の争い　74
　——直面すること　122
　——適応する家族たち対抗争的な家族たち　165-168
家族の支持　74, 164-165
家族の支持グループ　261, 262
家族性アルツハイマー病　89
ケアマネージメントストレス様式　100, 346-347
ケアを休息させなさい　262, 270
計画された細胞の死　317
計画をたてることの障害　16, 28
警告　234
結核　285
血管拡張薬　313-314
血管のアミロイド　287
血管の閉塞
　——によって引き起こされた卒中発作　24
血管性認知症　15, 23, 73
　——を除外すること　23-24
倦怠　51
決定を行うこと
　——後期の錯乱的な段階において　28
　——早期の認知症において　31
気分変調性障害　40, 45, 216-218
気分の変化　30-31
　——に対して反応すること　203
機関　351-357
危険を軽減する因子としての教育水準　81-82
記憶　129
記憶の諸問題　15
　——アルツハイマー病から正常の加齢を区別すること　6, 83-85
　——アルツハイマー病型の認知症のための基準　16-18
　——中等度の認知症の段階　33-34
　——キレート療法（chelation therapy）　73-74
　——後期の錯乱の段階　28
　——見落されること　6
　——に反応すること　190-192, 196-197
　——に対する反応における妄想的な信念　77-78
　——についての非現実的な期待　184-185
　——せん妄が引き起こした　21
　——早期の認知症　30-31
　——早期の錯乱的な段階　27
　——と平野小体　289-290
　——と悲嘆の過程　62-63
　——と顆粒空胞変性　288-289
　——とコリン作動系　297
　——と卒中発作　24-25
　——とうつ病　43-44, 46, 54
行動の変化　3-4, 129-131
　→脳，ストレス，特殊な行動も見よ
　——あなたの期待を修正すること　132-134
　——フィードバックの根源として　144-146
　——破局的な反応　76, 140, 148-149
　——管理すること　115-120
　——に対して肯定的に反応すること　189-211
　——についての介護者の見解　106-107
　——についての介護者たちの信念　115-118, 184-187
　——理解のための試み　132
　——喪失を思い出すものとして　113
　——と介護者のうつ病　220-221
　——とストレス　233-234, 249-250
行動のプロフィール　95, 335-338
行動の統制　139-140
行動的コミュニケーション　144-146
抗炎症薬　303, 318-319
抗不安薬　327-328
興奮性毒性　299-300
個人衛生　4
個人的／社会的支持
　——からの資源　97, 339-341
甲状腺機能亢進症　84, 218
甲状腺機能低下症　84, 218
甲状腺の障害
　——と認知症　15
　——と老衰　84
　——とうつ病　218
後期の認知症　35-37
後期の錯乱の段階　28-29
公務（サービス）／資源例，作業進行表　262, 350
孤立化→社会的ひきこもりも見よ
　——中年を過ぎた人々に対する影響　79-80
　——中等度の認知症の段階における介護者たち　33-35
　——管理すること　122
　——死に対する適応の段階　154-155
抗酸化剤　303, 319-320
　——としてのエストロゲン　317-318
抗精神病薬　326-327
　——非定型〜　57
高脂肪の飲食物および高いコレステロールのレベル　8, 320
交渉すること，死への適応の段階　154
言葉を発見することの問題　19

――早期の錯乱的な段階において　27
後頭葉　278-280
抗うつ薬　55-57, 326, 328-330, 329t
――三環系～　55
Kübler-Rossの段階，承認についての　154-155
Kuru（クールー）　23, 71, 72
教会，～から離れ去っていく　3
極端な能力低下　81, 149
急性のストレス　248-249
休息，ストレス軽減のための　226-227, 251

L

レシチン（Lecithin）　302, 307-308
――併用薬の研究　316-317
――レシチンにおけるコリン　307
――レヴィー小体（Lewy body）をもつ認知症　15, 23
――Librium（Chlordiazepoxide HCl）　328t
――Lorazepam（Ativan）　（288t）328t
――Loxapine Succinate（Loxitane）　327t
――Ludiomil（Maprotiline）　329t
――Luvox（fluvoxamine）　55, 57, 329
――タクリンについて　309-310

M

マイネルト基底核　280, 282, 295, 296
毎日の家事はおろそかにされた　4
毎日の面倒なこと　249
毎日の生活の活動　120-121
――中等度の認知症における　33
マイオクロニック型亜型，アルツハイマー病の　306
巻き込まれた家族たち　172-173
慢性のストレス　248
――介護者たち　212-213, 220-221
MAP（microtubule-associated protein）（微小管付属蛋白質）　288
Maprotiline（Ludiomil）　329t
目立たない（hidden）患者たち　177
Medicaid（メディケイド）　123-124, 268
Medicare　123-124
メディケアのホスピス手当金　123
Mellaril（Thioridazine）　324, 327t
Memantine　300, 316
免疫系（組織）
――アルツハイマー病の理論　72-73
――介護者たち　227
――とアミロイド　285
Metrazol　315
Metrifonate　311
microtubule-associated protein（微小管付属蛋白質《MAP》）　288
右半球　278, 279
身ぎれいにすることの問題　31, 119
――に対する反応　203-204
民間の保険　123-124
――ナーシングホーム　268-269
mirtazapine（Remeron）　56, 329
Moban（Molindone HCl）　327t
目標に向けられた行動　138
Molindone HCl（Moban）　327t
モノアミン酸化酵素阻害薬（MAOs）　329-330
物語，途方もない，あるいは普通でない　195
モラル　143-144

模写することのスキル　18
妄想　5, 13
――中等度の認知症における　32
――感覚障害は～の一因になる　76-78, 80
――に対して反応すること　199-200
――と不眠症　119
妄想的な信念　76-78
もつれ→神経原線維変化を見よ
無価値の感情　49-50

N

内科的疾患
――介護者のうつ病　226-227
――認知症症状を促進することによるトラウマ　74
――による気分障害　218
――の結果としての老衰　84-85
――卒中の危険　26
naloxone　312-313
naltrexone　312-313
naproxen　319
Navane（Thiothixene）　327t
なぜ（Newtonによる詩）　11-12
謎（Newtonによる詩）　271
nefazodone（Serzone）　56, 329
neuroleptics（神経安定薬）　326-327
neurons（ニューロン）　292-295
――アルツハイマー病における変化　277
――と神経原線維変化　281-283
ニューロンの移植　303, 321-322
neuropeptides（神経ペプチド）　299, 314-315
ニューロテンシン（neurotensin）　299
neurotransmitters（神経伝達物質）　293-295
――コリン作動性の系　294, 295-297
――グルタミン作動系　299-300
――欠陥を治療すること　300-301
――欠損は治療の標的である　302
――ノルアドレナリン作動系　298-299
――セロトニン作動系　297-298
――ソマトスタチン　299
――と神経原線維変化　282
――うつ病における　52
――およびグルタミン作動系　300
日没現象　46-47
認知に集中した対処　254-255
認知症　9-10
――アルツハイマー病はもっともふつうのタイプの認知症　9, 23
――医学的トラウマによる　74
――～の非可逆的な原因　22, 23
――の可逆的な原因　21-22
――のタイプ　13-16
――のための精神医学的投薬　323-330
――ナーシングホームにおける　265
――神経安定薬の副作用　325-326
――心理社会的因子　74-82
――～とアルミニウム　73-74
――とうつ病　38-39, 40-41
――有病数　9
認知障害
――アルツハイマー型の認知症のための基準　16-21
――うつ病　46
NMDA受容体　315-316

脳（brain）→軸索のプラック，神経原線維変化，ニューロン，卒中発作も見よ
　——アルツハイマー病によって冒される領域　280
　——コンゴーレッド好性のアンギオパチー　290-292
　——平野小体　289-290
　——皮質の萎縮　7
　——解剖学　278-279
　——顆粒空胞変性（GVD）　288-289
　——ニューロンの移植　303, 321-322
　——における物質的変化　277-292
　——における化学的変化　292-301
脳炎後のパーキンソン病　283
脳梗塞　7
脳のアミロイド血管病　70
脳の炎症　7
nootropic agents（向知性薬）　313-314
nonsteroidal antiinflammatory drugs（NSAIDs，非ステロイド抗炎症薬）　318-319
　——危険軽減因子として　81
　——と免疫系の理論　72-73
脳障害の行動　1
　→行動の変化も見よ
ノルアドレナリン（ノルエピネフリン）
　—— noradrenaline（norepinephrine）　298-299
　——と神経原線維変化　282
　——うつ病における　52
ノルアドレナリン作動系　298-299
ノルエピネフリン→ノルアドレナリンを見よ
Norpramine（Desipramine）　55, 329t
Nortriptyline（Pamelor / Aventyl）　55, 329t
ナーシングホーム　264-268
　——ケアの費用　123-124
　——認知された利益によって影響された患者の反応　80-81
　——入所の決定に対する罪の意識の感情　162
　——スタッフのストレス測定様式　100, 348-350
　——財政状態　268-269
ナーシングホームのオンブズマン計画　352
nylidrin（Arlidin / Arlidin Forte）　313, 314
尿路系の感染症　84-85
入浴の問題　115, 120-121
　——中等度の認知症　33
　——に対する反応　203-204
　——によるストレス　249

O

落ち着きのない，激越興奮を見よ
Olanzapine（Zyprexa）　327
穏和安定薬　327-328, 328t
Oxazepam（Serax）　328t

P

Pamelor / Avenyl（Nortriptyline）　55, 329t
Paranoia（パラノイア，妄想症）
　——中等度の認知症　32
　——に対して反応すること　199-200
　——とアルツハイマー病型の認知症　76
　——と行動の変化の否認　4
　——と妄想的な信念　77
パーキンソン病　21, 23, 325
　——アルツハイマー病のための危険因子　81-82
　——に対して反応すること　207

　——脳炎後　283
　——のための神経の移植　321-322
　——と気分障害　218
　——とレヴィ小体認知症　15
Paroxetine（Paxil）　55-57, 298, 329t
Perphenazine（Trilafon）　327t
Phosphatidylcholine（フォスファチジルコリン）　307
Physostigmine（フィゾスチグミン）　302-303, 308-309, 317
ピック病　23, 283
Piracetam（ピラセタム）　313-314
プラック→軸索のプラックを見よ
PMS Nylidrin（nylidrin）　314
Prazepam（Centrax）　328t
Prednisone　318
Presenilin 1 遺伝子　69, 89
Presenilin 2 遺伝子　70, 89
プリオン（prions）　72
　——とアミロイド　285-286
Procaine hydrochloride　315
Prolixin（Fluphenazine HCL）　327t
Prozac（Fluoxetine）　55-56, 329t

Q-R

クエチアピン（quetiapine）（Seroquel）　327
乱打による脳損傷（dementia pugilistica, punch-drunkeness）　283
Remeron（mirtazapine）　56, 329
Reminyl（galantamine）　311-312
連合野皮質　281
Restoril（Temazepam）　328t
ribosomes（リボソーム）　290
理解　19
理性的でない信念　241, 244, 249
Risperdal（risperidone）　327
Risperidone（Risperdal）　327
Ritalin（リタリン）　315
Rivastigmine（Exelon）　56, 120, 303, 310-311
老衰　13, 276
　→アルツハイマー病；認知症も見よ
　——アルツハイマー病に対する二者択一的な診断　5-6
　——否認についての信念　156-157
　——についての神話　84-85-86
Rs86　312
料理　18
良性の亜型，アルツハイマー病の　306
両親たち　108
　——（両）親についての新しい考え　168
老人斑→軸索のプラック（アミロイド斑）を見よ
老人性認知症　13, 305

S

再接合すること　166
叫ぶ発作　30-31
錯覚　77
錯乱　140-141
　——後期の錯乱的段階における　29
　——早期の錯乱的段階における　27
三環系抗うつ薬　55
scrapie（スクレピー）　72, 285-286
成人のデイケア　263, 270

成人の保護事業　270
成人の子供たち　112, 133
　　——および介護者のうつ病　222-223, 228-229
正常圧水頭症　84
生活する意志　105
生活様式の変化　124-125
性による類似性と差異
　　——アルツハイマー病をもつうつ病　40
　　——アルツハイマー病は男性よりも女性においてより多く一般的である　9, 81, 318
　　——介護者のうつ病　221-222, 223
　　——介護者の役割についての見解　99, 112-113
　　——社会的な支持　224-226
精神 (mind)　130
精神保健的介入　264
精神医学的エピソード　76
精神医学的評価　157
精神医学的ケア　86
精神医学的問題　76, 86-88
　　——と過度の無能力　149
精神医学的投薬, 副作用　325-326
精神科の病院　264
精神療法 (therapy)　57, 60-61, 157-158
精神的に集中した対処　257
性的な関心　193-194
selegiline　319, 320
せん妄, 認知症の可能な原因として除外するための必要　21-23
　　——および卒中発作　25
　　——神経安定薬の副作用　325-326
専門家たち
　　——アルツハイマー病の進行の段階を理解することが必要である　26-27
　　——地域の資源としての　259-261
　　——評価にかかわること　94-96, 157-158
　　——介護者たちに対する充分な援助の欠乏　126
　　——のための作業進行表　335-350
　　——〜と社会的支持として接触する　225
染色体　8-9, 68-71, 89-90, 283, 286
Serax (Oxazepam)　328t
Seroquel (quetiapine)　327
セロトニン　297-298, 299
　　——および神経原線維変化　282
　　——選択的セロトニン再取り込み阻害薬 (SSRIs)　55-57, 298, 329
　　——うつ病における　52
セロトニン作動系　297-298
Sertraline (Zoloft)　55, 288, 329t
Serzone (nefazodone)　56, 329
摂食障害　36, 118-119
　　——中等度の認知症　33
　　——後期の認知症　36
　　——に対して反応すること　205-206
　　——とうつ病　50
社会的ひきこもり　119
　　——に帰着する感覚障害　84
　　——に対して反応すること　200-201
　　——早期の認知症における　31-32
　　——とうつ病　51
社会的な経歴　157-158
社会的な支持, 介護者たち　224-226
社会的接触　78-79

資源　88
　　——地域社会　82, 259-270
　　——インターネットとWeb　358-360
　　——ケアの費用に資金を供与するための　123-124
　　——を確保すること　97
紙幣, 支払われない　4, 13, 17, 20
　　——に対して反応すること　194-195
支持グループ　34-35, 261
失行症　16, 19
思考　13
　　——に対する反応　236-239
　　——とストレス　236, 249, 254
指向的なもの　105
神経安定薬　326-327
神経原線維変化　7, 279-283
　　——ダウン症候群における　68
　　——脳の異常と障害　277, 287
　　——および免疫系　72
　　——と顆粒空胞変性　288-289
神経成長因子　318
進行麻痺　23
進行性核上麻痺　283
信念　59
　　——古い信念について疑いをもつこと　134-141, 150-151
　　——行動についての　130, 133
　　——〜の犠牲者　138-139
　　——および介護者の体験　184-188
　　——および対処　64-65
　　——理性的な古い信念とストレス　241-244, 249, 254
　　——と行動管理　116, 117
　　——うつ病のための援助の取得に対する障壁　215
死の考え　42, 50-51
心理学的因子と認知症　74-82
心理学的環境　79
心理学的／神経心理学的検査　158
振戦　207
身体的な機能の統制　208-209
親族関係 (関係づけること)　130-131
　　——と介護者のうつ病　221-223
　　——と役割が圧倒すること　227-230
親族関係に集中した対処　255-257
視力障害→感覚障害を見よ
施設に収容すること　34
視床　280
　　——の中の老人斑　285
視床下部　280
　　——ノルアドレナリンの欠乏　298
死と瀕死について (Kübler-Ross)　153
失語症　16, 19
失見当識　17
　　——中等度の認知症の段階における　33-34
　　——後期の錯乱的状態における　29
　　——せん妄が原因の　21
　　——と日没現象　46-47
　　——と頭頂葉の障害　278
失認症　16, 19-20, 77-78
　　——に対して反応すること　204
書字の熟練　20
食餌中のコレステロール　8, 320
食餌の中の脂肪　8, 320
食欲の変化　119

——およびうつ病　50
承認　153-155
　　——アルツハイマー病に対する適応の段階　156, 162-163
　　——死に対する適応の段階　154-155
小脳　280
　　——の中のプラック　285
初老期認知症　305
州の機関　352-357
趣味，ストレス軽減のための　251
Sinnesquan / Adapin（Doxepin）　55, 329t
卒中発作（脳出血）
　　——コンゴー色素好性のアンギオパチー　290-291
　　——によって生じた認知症　15, 21-22, 24-26
　　——損傷を確認するためのCATスキャン　25
　　——とグルタミン作動系　300
　　——と気分障害　218
　　——と脳のアミロイドアンギオパチー　70
早発性のアルツハイマー病　68-69, 89
　　——と常染色体性優性遺伝　8
　　——とうつ病　40-41
早期の認知症　30-32
早期の錯乱的段階　27-28
側頭葉　278-281
ソマトスタチン（Somatostatin）　299
組織　351-357
スタッフのストレス測定書式　100, 349-350
スタチン（Statin）　320-321
Stelazine（Trifluoperazine HCl）　327t
ストレス　233-236
　　——アルツハイマー病の介護と伝統的な家族のケアの相違点　111-112
　　——意図的な信念からの　136-137
　　——状況／出来事の管理　250-251
　　——管理する介護者のストレス　99-101, 114-115, 231-258
　　——に対する反応　249-250
　　——のタイプ　248-249
　　——と自己に話しかけること　239-241, 254
　　——と過度の没入　159
　　——と介護者のうつ病　212-213, 220-221
　　——と行動　146-148
　　——と理性的でない信念　241-244, 249
ストレス反応　234-236
ストレスの軽減　147-148
ストレッサー　233-236
　　——異なるストレッサーに対する対処的接近法　251-258
　　——に対して反応すること　236-239
睡眠覚醒周期（sleep-wake cycle）　47
睡眠障害　119-120
　　——中等度の認知症における　32
　　——に対する反応　205
　　——ノルアドレナリン作動系　298-299
　　——とセロトニン作動系　297-298
　　——とうつ病　47-48, 56-57
推論　13
　　——アルツハイマー病の患者による〜は議論に帰着する　106
　　——早期の認知症の段階　31, 32
錐体外路性の反応　325
筋道を立てる推論の障害　16

——数的な熟練　20, 194-195
シナプス（synapse）　292, 294

T
Tacrine タクリン（Cognex）　303, 309-311
体重の変化　50
対立遺伝子（alleles）　8
対処
　　——情動に集中した　252-254
　　——介護することのストレス　221-222, 233-236, 244-248, 250-258
　　——異なったストレッサーのための対処方法　251-258
　　——慢性疾患の問題　114-126
　　——認知に集中した　254-255
　　——のような受動的な抑うつ症状　42-43
　　——および悲嘆　61-66
　　——精神的に集中した　257
　　——親族関係に集中した　255-257
　　——ステップごとの手引き　92-101
対処の方式　137-138
たそがれ（Newtonの詩）　x
タウ蛋白（tau protein）　7, 288
　　——認知症　15
　　——ともつれ　282-283
テグレトール（Carbamazepine）　327
低血圧　325
低血糖症　84
適応障害　216, 218-219
Temazepam（Restoril）　328t
Tetrahydroacridine（THAあるいはタクリン）　302-303, 309-310, 316-317
Thioridazine（Mellaril）　324, 327t
Thiothixene（Navane）　327t
Thorazine（Chlorpromazine）　327t
逃亡者の役割　176
頭頂葉　278-281
トフラニール Tofranil（Imipramine）　329t
統合失調症　23
突起（processes），ニューロンの　292-293
特徴的でない行動
　　→行動の変化を見よ
糖尿病とうつ病　218
投薬→薬物を見よ
Tranxene（Clorazepate dipotassium）　328t
Trazadone（Desyrel）　57, 329t
Triazolam（Halcion）　328t
Trifluoperazine HCl（Stelazine）　327t
Trilafon（Perphenazine）　327t
対になったらせん状のフィラメント（paired helical filament）　280
罪の意識
　　——アルツハイマー病に対する適応の段階　156, 160-162
　　——最愛の人に対する怒りの結果　180
　　——と怒りの反応　160
　　——とうつ病　49-50

U
受け入れること（Acceptance《Newtonの詩》）　152
うっ血性心不全　84
運動　57, 60

──ストレス軽減のための　227, 250-251
運動の問題
　　　──中等度の認知症における　33
　　　──後期認知症における　36
　　　──に対して反応すること　207
運転の障害　18, 105, 106
　　　──後期の錯乱の段階　29
　　　──に対して反応すること　197-198
　　　──親族関係に集中した対処　255-257
　　　──早期の認知症　30
　　　──早期の錯乱的な段階　27
うつ病
　　　── ADの患者たちのための危険因子　40-41
　　　──アルツハイマー病にとっての深刻な危険因子である既往歴　81
　　　──アルツハイマー病の症状　7, 13, 38-40, 119
　　　──アルツハイマー病の前駆的段階として　39
　　　──治療　55-61
　　　──治療の保険による補償範囲　123-124
　　　──原因　52-54
　　　──配偶者の喪失　75
　　　──悲嘆と対処の方法　61-66
　　　──介護者のための危険因子　220-230
　　　──介護者たち　212-230
　　　──後期の錯乱の段階における　29
　　　──興味と喜びの喪失　51-52
　　　──に関連した要求のための支持的な活動　57-61
　　　──認知症との類似　15-16
　　　──認知的障害　46
　　　──老衰として見過されること　85
　　　──死への適応の段階　154-155
　　　──身体的な愁訴　49
　　　──死と自殺の考え　50-51
　　　──症状　41-44
　　　──睡眠障害　47-48, 57
　　　──ための精神医学的投薬　323-330
　　　──とアルツハイマー病型の認知症　75-77
　　　──と疲労　49
　　　──と食欲および体重における変化　45, 50
　　　──と卒中発作　25
　　　──とストレス　234-235
　　　──と罪の意識　49-50
　　　──われわれが認めそこなう理由　214-216

V

Valium（Diazepam）　328t
バルプロ酸, valproic ascid（Depakote）　327
バゾプレッシン（vasopressin）　314-315
Venlafaxine（Effexor）　56, 329
ビタミンB 12 欠乏　218
　　　──と認知症　15
　　　──と老衰　84-86
ビタミンE（alpha-tocopherol）　319-320

W

忘れっぽさ→記憶の問題を見よ
　　　──記憶の問題　13-14, 17-18
ウイルソン病　23
Wellbutrin（Bupropion）　56, 329t
World Wide Web，介護することの資源　358-360

X, Z

財務管理　28
　　　──についての問題に反応すること　194-195
財政的な適格, ナーシングホーム入所のための　268-269
在宅看護　263
在宅ケア　264-265
　　　──長期間の　269-270
在宅ケアの表　98, 342-345
Xanax（Alprazolam）　328t
全般性不安障害　219-220
全身性エリテマトーデス（systemic）lupus erythematosus　218
前頭葉　278-280
前頭側頭型認知症　15, 283
絶望的なこと　42
Zoloft（sertraline）　55-56, 298, 329t
Zyprexa（olanzapine）　327

Y

薬物→特殊な薬物も見よ
　　　──アルツハイマー病に類似した副作用　85
　　　──新しい世代の抗うつ薬　55-57
　　　──鎮静化する，そして日中うたた寝すること　47-48
　　　──治療における役割　302-303
　　　──コリンエステラーゼ阻害薬　120, 303, 309-312
　　　──コリン作動性の受容体のアゴニスト（作動薬）　312
　　　──コリン作動性の作因　302-303, 306-309
　　　──中枢神経刺激薬　315
　　　──エストロゲン（estrogen）　81, 303, 317-318
　　　──グルタミン作動性の作因　315-316
　　　──非定型抗精神病薬　57
　　　──血管拡張薬　313-314
　　　──抗知性薬性作因　313-314
　　　──抗炎症薬　303, 318-319
　　　──抗不安薬　327-328
　　　──抗酸化剤　303, 319-320
　　　──抗精神病薬　326-327
　　　──抗うつ薬　55-57, 326, 328-330, 329t
　　　── naloxoneおよびnaltrexone　312-313
　　　──ニューロペプチド　314-315
　　　──穏和安定薬　327-328, 328t
　　　──三環系抗うつ薬　55
　　　──精神医学的薬物　323-330
　　　──神経安定薬（抗精神病薬）　324-327, 327t
　　　──神経伝達物質の欠乏のために　300-301
　　　──スタチン　320-321
　　　──と過度の無能力　149
薬物の調査研究　304-306
　　　──併用薬の研究　316-317
役割が圧倒すること　125
　　　──とうつ病　227-230
欲求不満　129
浴室の照明　78
抑うつ的な障害　44-52, 216-219
余命に対するアルツハイマー病の影響　7-8, 124
遊離基の損傷　7, 303, 319

　以上は，原文の索引を日本語に訳し，さらにそれを下位分類を含めてアルファベット順に並び変えたものです．頁数のあとのtは表の中にあるという意味です．

［原著者紹介］

ハワード・グリュツナー

監察医．
テキサス地方の精神保健，精神遅滞センター――高齢者部門の中心（heart）の所長．
また地域のアルツハイマー病の家族支持グループの創立者でもある．認知症および他の老人医学的精神保健の諸問題に関するセミナーを指導している．

［訳者略歴］
菊池　貞雄
きくち　さだお

1932 年　　中国青島市で出生
1958 年　　日本医科大学医学部卒業
1959 年　　医師国家試験に合格し，以後精神科医として東京大学医学部精神医学教室等で臨床と研究に携わる
1966 年　　東京大学より医学博士の学位を授与される
1968-1969 年　　フランス政府給費留学生としてパリ大学医学部精神科へ留学．その後，精神科病院常勤医，
　　　　　　副院長，総合病院精神神経科担当の副院長を歴任した．
1982 年　　東邦大学医学部精神神経科教室客員講師
1984 年　　癌研究会高等看護学院講師
1999 年　　医療法人社団幸悠会鈴木慈光病院院長
2004 年　　同病院名誉院長

資格：精神保健指定医，日本精神神経学会精神科専門医（指導医），日本臨床神経生理学会認定医
所属学会：日本精神神経学会，東京精神医学会，日本臨床神経生理学会
訳書：ジャン・ドレイ，ピエール・ビショー著『医学的視点からの心理学』東京，学文社，1998 年

アルツハイマー病　Alzheimer's-A Caregiver's Guide and Sourcebook

2010年12月10日　　第一版第一刷発行

著　者　ハワード・グリュツナー
訳　者　菊　池　貞　雄
発行所　株式会社　学　文　社
発行者　田　中　千津子

郵便番号 153-0064　東京都目黒区下目黒 3-6-1
電話 (03)3715-1501（代表）　振替 00130-9-98842
http://www.gakubunsha.com

落丁・乱丁本は，本社にてお取り替えします．　　　印刷／新灯印刷株式会社
定価は，カバー，売上カードに表示してあります．　　　〈検印省略〉

©2010 KIKUCHI Sadao　Printed in Japan
ISBN 978-4-7620-2107-7